한국사상과
인간성찰

한국사상과 인간성찰

초판 1쇄 발행 2020년 12월 10일

지은이 이현중
펴낸이 장길수
펴낸곳 지식과감성#
출판등록 제2012-000081호

디자인 박예은
편집 박예은, 정윤솔, 이현
교정 김혜련
마케팅 고은빛, 정연우

주소 서울시 금천구 벚꽃로298 대륭포스트타워6차 1212호
전화 070-4651-3730~4
팩스 070-4325-7006
이메일 ksbookup@naver.com
홈페이지 www.knsbookup.com

ISBN 979-11-6552-579-8(93150)
값 30,000원

ⓒ 이현중 2020 Printed in Korea

잘못된 책은 구입하신 곳에서 바꾸어 드립니다.
이 책의 전부 또는 일부 내용을 재사용하려면 사전에 저작 권자와 펴낸곳의 동의를 받아야 합니다.

이 도서의 국립중앙도서관 출판예정도서목록(CIP)은 서지정보유통지원시스템
홈페이지(http://seoji.nl.go.kr)와 국가자료공동목록시스템(http://www.nl.go.kr/kolisnet)에서
이용하실 수 있습니다. (CIP제어번호 : CIP2020051203)

홈페이지 바로가기

한국사상과 인간성찰

이현중 지음

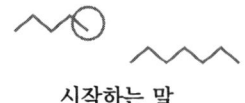

시작하는 말

　2020년 세계는 코로나19 팬데믹pandemic으로 인하여 경제적인 어려움을 겪고 있을 뿐만 아니라 오랫동안 쏟아지는 폭우와 평균 기온을 넘어가는 폭염 그리고 지진, 화재와 같은 자연재해 때문에 몸살을 앓고 있다.
　오늘날 인류가 겪고 있는 현상은 과거와 단절되거나 미래와 단절되어 갑자기 나타난 것이 아니다. 그것은 인류가 살아온 과거가 원인이 되어 현재의 결과로 나타나고, 오늘날의 우리가 어떻게 살아가느냐에 따라서 그것이 원인이 되어 미래가 결정됨을 뜻한다.
　오늘날 세계 각국이 겪고 있는 코로나19 사태를 비롯한 여러 현상들은 인류의 위기이면서도 동시에 기회이다. 위기는 저절로 기회가 되지 않는다. 오직 우리가 위기를 인식하고 그것을 극복하여 기회로 만들고자 노력할 때 비로소 위기가 기회가 된다. 그러면 오늘날 인류에게 필요한 것은 무엇인가?
　인류가 겪고 있는 코로나19 사태를 비롯하여 폭우, 폭염, 지진, 화재와 같은 자연재해를 극복하는 일도 중요하지만 더 중요한 것은 온갖 재난災難을 대하는 인류의 태도이다. 인류가 일상의 삶을 영위할 때는 서로의 삶을 존중하고 살아가지만 세계적인 재난의 상황에서는 각국이 힘을 합하여 함께 어려움을 극복해야 한다.

그러나 현재 세계의 각국은 서로 힘을 합하여 어려움을 극복하기보다는 재난을 통하여 자국自國의 이익을 추구하거나 재난의 원인을 남의 나라 탓으로 돌리고, 책임을 피하려는 이기적利己的인 태도를 보인다.

오늘날의 인류사회는 유물론적인 세계관과 인간관, 가치관에 의하여 개인의 자유와 사회의 평등이 둘이라고 여기고, 나와 남, 사람과 자연, 자기 나라와 남의 나라 역시 둘로 보아 극단적인 대립과 갈등 그리고 투쟁 속에서 살아가고 있다.

지금 인류에게 가장 필요한 것은 인간과 자연의 공생共生, 인문학과 과학, 사람과 기술의 공존共存, 민주주의와 사회주의, 자본주의와 공산주의를 비롯한 이념, 사상, 종교의 화해和解와 공생共生, 국가와 국가가 공영共營할 수 있는 새로운 세계관, 인간관, 가치관이다.

현재 세계의 각국의 사람들은 코로나19에 대한 방역활동을 비롯하여 문화, 예술, 경제, 교육을 비롯하여 여러 분야에서 우리나라를 주목하고 있다.

그들은 우리의 체계적인 의료 시스템, 발달한 과학기술의 활용, 첨단의 의료장비와 진단기구, 공격적인 검사와 같은 외적인 측면보다는 정부와 국민이 하나가 되는 방역활동에 주목하고 있다. 그들은 우리나라의 방역활동이 개인의 권리와 국가의 이익이 조화를 이루어 양자의 이익이 극대화되는 방향에서 이루어지고 있음에 관심을 갖는다.

오늘날 우리나라는 세계가 한강의 기적이라고 부르는 경제발전을 이룬 결과, 세계의 10대 경제대국이 되었을 뿐만 아니라 2017년에는 개인소득 3만 달러를 넘어서는 OECD 가입국이 되었다. 그리고 우리나라는 반도체와 같은 첨단 기술에서 두각을 나타내고 있고, 영화, 음식, 스포츠를 비롯하여 문화, 예술, 교육을 비롯한 다양한 분야에서 세계의 관심을 받고 있다.

그러나 오늘날 우리나라의 국토와 국민은 외세를 벗어나서 독립을 하였지만 우리나라의 정신문화는 여전히 독립하지 못하였다. 우리 국민들은 아직도 사상주권, 문화주권, 정치주권을 세우지 못하고 중국사상이나 서구의 과학적 세계관, 가치관, 인간관에 빠져서 그들을 향하는 사대주의事大主義에서 벗어나지 못하고 있다.

오늘날 우리 사회에서 가장 필요한 것은 한국인으로서의 우리 자신을 돌아보고, 우리다움으로써의 한국정신, 한국문화, 한국사상을 통하여 우리의 중심을 세우는 일이다. 우리가 한국인으로서의 우리의 정신, 사상, 문화를 경제, 정치, 문화, 예술, 스포츠를 비롯한 생활에 담아낼 수 있을 때 비로소 세계의 구성원으로서의 자기 역할을 할 수 있다.

우리나라는 5천 년을 이어온 역사를 갖고 있다. 고조선 이후 비록 여러 나라가 바뀌어서 오늘날에 이르렀지만 역사정신은 끊어지지 않고 이어져왔다. 그럼에도 불구하고 오늘날의 우리 사회는 정치, 교육, 문화, 종교, 예술, 학문을 비롯하여 모든 분야에서 우리의 전통문화를 바탕으로 한국적 삶을 영위할 수 있는 경영철학經營哲學을 세우지 못하고 있다.

우리가 비록 인식하고 있지 못하지만 우리의 전통문화, 전통사상이 위기의 순간마다 국민에 의하여 표출되어 왔다. 우리는 IMF 사태를 당하였을 때 국민들이 보여준 적극적인 참여가 조기에 사태를 수습할 수 있는 힘이 되었듯이 코로나19 사태에도 온 국민들이 함께하여 다른 나라보다 큰 피해가 없이 모범적인 방역활동을 하고 있음을 알고 있다.

우리나라는 고조선을 건국한 이래 5천여 년의 세월 동안 다른 나라로부터 온갖 굴욕屈辱과 간난艱難, 침탈侵奪을 당하면서도 널리 인간을 이롭게 하고자 하는 홍익인간弘益人間의 이념을 바탕으로 다른 나라와 공생共生하려고 노력해 왔던 역사적 전통을 갖고 있다.

이제 우리나라는 우리의 전통적인 사상을 바탕으로 인간과 자연, 인간과 기술, 인문학과 과학, 인간과 기술이 조화를 이루면서 함께하는 한국사상, 한국문화를 체계화하고, 현대화하여 인류와 공유하는 역할을 해야 한다. 그것은 우리 자신의 정체성을 재자각하여 한국사상, 한국문화를 우리 국민들이 공유共有해야 할 뿐만 아니라 더 나아가서 인류가 함께 공유해야 할 필요가 있음을 뜻한다.

지금 인류사회는 스스로 오늘날을 4차 산업혁명의 시대로 규정하고, 과학기술의 발전을 통하여 혁명적인 발전을 기대하고 있다. 그동안 인류는 물질적 세계인 자연을 대상으로 하는 과학적 세계관, 가치관, 인간관을 중심으로 인간을 이해하고 세계를 이해하였다.

어떤 역사학자는 "인간은 40억 년 전에 출현한 생명이 자연의 선택에 의하여 진화해 왔던 것을 과학을 통하여 지적설계로 대체함으로써 유기적 생명의 시대를 마감하고 비유기적 생명의 시대로 대체하고 있는 중"이라고 말하면서 "과학이 인간에게 자신의 몸과 마음을 스스로 재설계할 수 있는 수단을 제공하고 있다"고 말한다.

그러나 과학은 물리에 의하여 움직이는 인과적因果的이고, 기계적인 자연自然을 대상으로 하는 학문이다. 과학자들은 자연을 대상으로 물리物理를 발견하고, 과학기술을 발견할 수 있지만 그것을 사용하여 인간과 세계를 어떻게 변화시킬 것인지는 알 수 없다.

과학은 현상을 대상으로 실험과 관찰을 통하여 법칙을 찾는 탐구활동을 하고, 법칙을 발견하여 그것을 바탕으로 미래를 예측할 수 있다. 그러나 탐구하는 인간 자신이 어떤 존재인지는 알 수 없을 뿐만 아니라 결정되지 않는 인간의 삶과 세계의 미래는 알 수 없다.

그것은 우리가 과학적 학문방법을 통하여 자연이라는 현상을 대상으로 탐구활동을 할 수 있지만 탐구활동을 하는 인간 자신을 대상으로 실험과 관찰을 넘어선 인간의 심층을 밝혀낼 수 없을 뿐만 아니라 세계의 심층 곧 물질적 차원을 넘어선 본질적인 세계를 탐구할 수 없음을 뜻한다.

과학이 대상으로 하는 결정론적 세계, 인과因果의 세계 너머에 인간의 심층이 있고, 세계의 심층이 있다. 그렇기 때문에 인간의 심층을 파악하기 위해서는 과학이 아닌 인문학의 도움을 받아야 하고, 세계의 심층에 도달하기 위해서는 인문학을 넘어선 신도학神道學, 천문학天文學의 도움을 받아야 한다.

인문학은 과학을 연구하는 인간 자체를 대상으로 하는 학문이다. 인간에 의하여 이루어지는 활동, 인간에 의하여 드러난 세계를 대상으로 연구하는 학문이 인문학이다. 인문학은 인간이 어떤 존재인지, 인간의 본성은 무엇인지 그리고 인간은 어떻게 살아야 하는지를 연구하는 학문이다. 따라서 과학의 연구 성과를 어떻게 활용할 것인지는 물론 과학의 가치, 의미와 과학이 나아가야 할 방향을 결정하는 것도 인문학에 의하여 이루어진다.

그런데 인간의 본성은 세계의 본성과 다르지 않다. 그렇기 때문에 세계의 본성의 차원, 인간과 자연, 사물의 구분이 없는 일체의 차원을 대상으로 하는 신도학, 천문학을 통하여 인간과 세계 그리고 사물의 관계와 특성을 밝힐 수 있다.

우리는 이 책에서 오늘날 우리나라는 물론 인류에게 가장 먼저 해결해야 할 문제인 인간이 어떤 존재인가를 한국사상을 통하여 살펴보았다. 먼저 자연을 대상으로 하는 과학에서는 인간을 어떻게 이해하는지를 살펴보았고, 이어서 인문人文을 대상으로 중국사상에서는 인간을 어떻게 이해하고 있는지 살펴보았으며, 마지막으로 천문天文, 신문神文을 대상으로 한국사상에서는 인간을 어떻게 이해하고 있는지를 고찰하였다.

제1부와 제2부에서는 과학적 관점에서 인간은 곧 육신임을 전제로 물질적 차원에서 인간의 본성은 DNA의 생명을 지속하고자 하는 속성에 의하여 결정되거나 사회적 환경에 의하여 결정되고, 양자의 상호작용에 의하여 결정된다는 결정론적 관점에서 인간의 본성에 대하여 고찰하였다.

제3부에서는 인문학의 관점에서 인간은 표층의 물질적 측면으로서의 육신과 육신의 이면에 있는 마음 그리로 마음의 이면에 본성이 있음을 고찰하였고, 제4부에서는 중국사상의 삼대三大 지주支柱인 유불도儒佛道의 원연인 『주역』을 순역順逆을 통하여 고찰하였으며, 제5부에서는 중국불교를 중심으로 인간의 표층에서 심층의 내면을 향하는 역逆방향의 수도修道를 통하여 인간이 무엇인지를 고찰하였으며, 제6부에서는 중국유학을 중심으로 순방향에서 이루어지는 도제천하를 통하여 인간을 고찰하였다.

제7부에서는 한국사상의 특성이 순역합일順逆合一의 차원에서 이루어짐을 고조선사상, 한글창제, 19세기의 김일부金一夫의 사상 그리고 20세기에서 21세기를 살다 간 대행大行 선사禪師의 사상을 통하여 살펴보고, 제8부에서는 한국사상의 학문적 특성을 김일부의 도학道學을 중심으로 살펴보고, 이어서 한국사상의 수행론을 대행불교를 통하여 살펴보았으며, 마지막으로 한국사상의 미래에 대하여 살펴보았다.

우리는 이 책을 통하여 지도地道, 과학 중심의 서구문화를 벗어나서 인도人道 중심의 중국문화, 중국사상에 이를 수 있으며, 중국문화, 중국사상을 벗어나야 천도天道, 신도神道 중심의 한국문화, 한국사상에 이를 수 있고, 한국사상, 한국문화를 통하여 비로소 서구문화, 서구사상과 중국문화, 중국사상 그리고 한국사상, 한국문화가 가치상의 우열優劣이나 시비是非가 없는 하나의 다양한 드러남임을 알 수 있음을 살펴보았다.

한국문화, 한국사상을 통하여 인류의 다양한 문화가 모두 인간성, 본성本性, 자성自性의 다양한 드러남임이 밝혀지기 때문에 오늘날의 인류는 모든 문화, 모든 사상이 그대로 가치가 있고, 의미가 있음을 느끼고, 한국사상, 한국문화를 바탕으로 세계의 다양한 문화를 공유共有하고, 공용共用하면서, 공생共生하고, 공영共榮해야 한다.

우리는 아름다운 초록별 지구에서 한 철 여행을 하고 있다. 그럼에도 불구하고 우리들은 여행을 통하여 배우고 경험하면서 주변의 사람들과 함께 즐겁고 행복한 시간을 보내지 못한다. 그것은 우리가 자신으로 살기보다는 다른 누군가가 되기를 원하고, 이곳이 아닌 다른 곳을 원하며, 지금이 아닌 미래를 찾기 때문에 일어나는 현상이다.

지금 여기의 나보다 소중한 것은 없다. 지금 여기의 내가 없다면 지구에서의 삶도 없고, 지금 여기의 내가 없다면 돈, 명예, 권력을 비롯하여 온갖 종류의 힘을 소유하려는 시도 자체도 불가능하다. 지금 여기의 내가 없다면 이상적인 인격체로서의 성인이나 무한한 능력을 가진 신神, 아름다운 세상으로서의 천국天國이나 극락極樂이 무슨 필요가 있겠는가?

지금 여기의 나의 지금은 과거와 미래가 하나가 된 시간이다. 그것은 바로 지금이라는 시간 속에 모든 시간이 다 있음을 뜻한다. 우리는 과거로 돌아가서 무엇을 찾을 것도 없으며, 미래를 향하여 뭔가를 갖고자 애타게 바랄 필요가 없다. 우리는 단지 매 순간 최선을 다하여 살아갈 필요가 있을 뿐이다.

지금 여기의 나의 여기는 천국과 지옥, 정토淨土와 예토穢土가 하나가 된 곳이다. 이곳과 저곳이 하나가 된 곳인 여기에 온 우주가 다 함께 있다. 그렇기 때문에 여기를 떠나서 천국을 찾거나 이상세계를 찾는 것은 어리석은 것이다. 우리가 바로 여기에서의 삶을 어떻게 살아가느냐에 따라서 그대로 천국의 삶이 되고, 지옥의 삶이 된다.

지금 여기의 나는 과거와 미래가 하나가 된 현재로서의 지금과 천상과 지하가 하나가 된 온 우주의 중심으로서의 여기가 하나가 된 나인 점에서 남과 구분되는 내가 아니며, 세계와 구분되는 내가 아니다.

나는 시간상으로 영원하여 어느 한 순간에 나타났다가 사라지는 내가 아니기 때문에 없지만 매 순간 새롭게 드러나는 나이고, 공간상으로 모든 사물과 일체일 뿐만 아니라 온 우주에 두루하기 때문에 내가 아님이 없어서 무아無我이지만 매 순간 온갖 만물로 드러나는 자아自我로서의 나이다.

지금은 때로는 과거와 미래로 드러나고, 현재로 드러나며, 여기는 천국으로 드러나고, 지옥으로 드러나며, 나는 온 우주의 모든 존재가 나아님이 없어서 무아無我이지만 남과 다른 나로 드러나는 자아自我이다.

지금 여기의 나의 삶을 다양한 관점에서 구분하여 나타냄으로써 다양한 세계가 드러날 뿐으로 세계도, 삶도, 나도 고정된 것이 아니다. 따라서 지금 여기의 나를 떠나고, 지금 여기의 삶을 떠나서 종교, 학문, 예술, 문학이 존재하지 않는다.

나를 물질적 차원에서 보면 삶과 죽음의 사이에서 고통에 빠져서, 앎보다는 모름이 많고, 할 수 있는 것보다는 할 수 없는 것이 많은 불완전한 존재, 부족한 존재로 느껴지지만, 마음의 차원에서 보면 모든 것이 마음이 만들어낸 환상이기 때문에 집착할 것이 없음을 알게 되고, 본래성의 차원에서 보면 완전하고, 가득 차서 언제나 즐겁고, 영원한 삶을 살아가는 자신을 발견하게 되며, 본래성의 차원마저도 벗어나면 그저 살아갈 뿐으로 그 어떤 것에도 걸림이 없는 자유자재한 삶을 살게 된다.

삶도 세계도 참으로 공평公平하고, 무사無私하여 금수저와 흙수저가 따로 없다. 돈, 명예, 권력과 같은 외적인 힘을 원하는 사람에게는 힘이 주어진다. 그러나 그 힘은 공유共有할 수 없기 때문에 잠시 동안 어느 한 사람에게 머물지만 영원하지 않는다.

만약 나와 무관한 자신 밖의 불필요한 힘을 찾지 않고 참 자기를 찾아서 자신의 삶을 살고자 하는 사람은 온 세상의 모든 존재가 나 아님이 없어서 영원히 온 세상과 함께하는 즐거운 삶을 살게 된다.

그러나 그 어떤 것에 얽매임이 없이 자유롭게 살고자 하는 사람은 삶이 본래 그러함을 알고 정토淨土와 예토穢土, 낙원樂園과 지옥地獄의 어디에도 걸림이 없고, 사람과 사물의 그 어떤 것에도 걸림이 없이 자유자재한 삶을 살아감이 없이 살아간다.

자신을 불완전하고, 부족하고, 악한 사람으로 여기고 삶을 고통으로 여기는 것도 자신이고, 자신을 완전한 존재로 여기고, 삶이 행복하다고 여기는 것도 자신이며, 고통과 행복, 완전함과 불완전함을 떠나서 자유롭게 살아가는 것도 자신이다.

자신을 떠나서 완전한 사람, 완전한 인격체를 찾고, 이곳을 떠나서 청정淸淨하고, 지선至善한 세계를 찾으며, 지금이 아니라 먼 미래에 무엇이 되고, 어떤 것을 얻겠다는 생각을 버려야 한다. 여기가 바로 찾고자 하는 그곳이며, 지금이 바로 희망하고 소망하는 그때이고, 내가 바로 완전하며, 이상적이고 자유로운 존재이다.

지금 여기의 삶은 한순간도 고정되지 않아서 항상 새롭다. 이미 지나간 것을 붙잡고, 시비是非, 선악善惡, 의불의義不義를 헤아릴 필요가 없으며, 아직 오지 않은 일들을 미리 걱정하고, 시비, 선악, 의불의를 논할 필요가 없다.

그저 물이 흘러가듯이 지켜보면서 삶을 살아가면 된다. 우리는 항상 삶이 하나로부터 시작됨을 알기에 마음을 하나로 하여 무심無心하면서도 때로는 인연에 따라서 공심共心이 되어 사물과 하나가 되어줄 뿐이다.

이제 우리는 육신과 육신의 기능으로서의 의식을 자신으로 여기는 뒤바뀐 태도, 자신에 대한 그릇된 태도(顚倒見)를 버려야 한다. 육신을 자신으로 여기고, 물질을 중심으로 세계를 보는 태도를 버리고, 그것을 넘어선 자신을 느끼고, 물질과 마음을 넘어선 차원에서 세계를 이해하려는 태도를 가져야 한다.

동양의 여러 고전에서는 우리가 몰랐던 자유롭고, 완전하며, 영원하고, 온 우주에 편재하는 우리 자신을 참자기, 본래면목本來面目, 본래성本來性, 자성自性, 불성佛性, 인성人性과 같은 다양한 개념으로 나타내고 있다.

본래성이라는 시공을 초월하면서도 시공을 통하여 자신을 드러내는 완전하고 자유로운 세계, 나와 남의 구분이 없으면서도 때로는 나와 남으로 다양하게 드러나는 경지, 모든 분별과 무분별을 넘어선 차원 그것이 우리 자신이다.

본래 씨와 열매는 둘이 아니어서 없다. 그러나 씨를 심어서 가꾸는 과정이 없다면 싹과 꽃을 볼 수 없을 뿐만 아니라 수많은 열매를 수확하여 함께 먹을 수 없다. 마찬가지로 우리의 삶도 씨를 심어서 열매를 맺는 노력이 필요하다.

삶은, 씨의 측면에서는 자신을 끊임없이 새롭게 경험하고, 체험함으로써 자신으로 살아가는 연습의 연속인 동시에 열매의 측면에서는 때로는 싹으로, 때로는 꽃으로, 때로는 열매로 끊임없이 자신을 새롭게 드러나는 과정이다.

지구라는 아름다운 초록색의 별에서 한 철을 보내는 삶이 아름다운 것은 그 어떤 곳에서의 여행보다 많은 것을 보고 배울 수 있기 때문이다. 지구는 우리가 자신을 체험하고, 경험하고, 느끼면서 자신으로 살아가기에 가장 적합한 곳이다.

삶 자체는 나도 없고, 남도 없으며, 정해진 이치도 없기 때문에 이론화하여 나타내거나 사건화事件化하여 일생이라는 긴 인과계열로 나타낼 수 없을 뿐만 아니라 남과 구분하여 나의 삶, 나의 언행이라고 나타낼 만한 것이 없다.

그러나 삶은 시공時空이 없기에 시간을 통하여 시종始終의 인과적因果的 사건으로 나타낼 수 있고, 공간을 통하여 나와 남의 만남으로써의 언행으로 나타낼 수 있다. 그것은 마치 호랑이가 굴에 있으면 그의 용맹함을 알 수 없으나 굴 밖으로 나와서 사냥을 할 때 비로소 빠르고 힘이 있음을 알 수 있는 것과 같다.

삶의 어느 순간에 문득 나 아닌 나에 대하여 눈을 뜨면 삶의 매 순간이 아름다운 여행임을 경험하게 된다. 지구에서 한 철을 나면서 이루어지는 자유로운 여행, 자재自在한 여행, 날마다 자신을 새롭게 드러내면서, 날마다 아름다운 세상을 창조하면서, 날마다 좋은 날을 살아간다.

삶은 끝없는 자비慈悲의 현현顯現이기에 삶에서 만난 모든 인연들에게 감사를 드린다. 이 책의 출판으로 나타난 수많은 인연들에게 감사를 드리면서 모든 인연이 나타나기 이전의 자리에 회향한다. 앞으로 이 책을 만나는 모든 사람들이 이 책을 통하여 자신을 느끼고 자신으로 살아가는 데 조금이라도 도움이 되기를 바란다.

낳아주시고 길러주신 부모님의 은혜에 감사를 드린다. 그리고 석사과정의 지도교수이신 전북대학교의 최영찬崔英攢 교수님, 박사과정의 지도교수이신 충남대학교의 남명진南明鎭 교수님, 정역正易과 주역周易을 중심으로 역학易學을 가르쳐 주신 유남상柳南相 교수님께 감사를 드린다.

그리고 삶은 이론이 아니라 실천이기에 삶 자체가 되어 자유롭게 살아가도록 이끌어 주시면서 항상 함께해 주시는 묘공당妙空堂 대행大行 스님의 은혜에 깊은 감사를 드린다.

어떤 상황에서도 말없이 삶을 함께하는 아내 강혜인姜慧仁이 한없이 고맙고, 반듯하게 성장하여 열심히 살아가는 두 아들인 주연과 성호가 대견스럽다.

끝으로 법문을 통하여 대행 스님과 처음 만났던 순간에 겪었던 아름다운 경험을 되돌아보면서 그만 붓을 놓고자 한다.

얼마나 울었던가 순간의 긴 세월을.　　子規永鳴刹那聲
떠나지 않은 임을 홀로 그리워하였구나.　處處東君空慕仰
나와 내가 부여잡고 웃음 짓는 밤.　　　父子相笑長夜兮
철 맞은 붉은 꽃이 절로 활짝 피었구나.　丹花滿開好時節

2020년 10월 31일에 유성儒城의 향적산방香積山房에서
겸산謙山 이현중李鉉中이 삼가 쓰다.

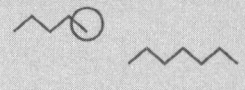

차례

시작하는 말 4

제1부 과학의 대상인 자연과 나   20
  1. 자연 안에서 살아가는 나
  2. 나를 통하여 드러나는 자연
  3. 나와 세계로 나누기 이전

제2부 대상을 보는 의식과 나의 유무有無   67
  1. 버려야 할 대상으로서의 자아自我
  2. 찾아야 할 대상으로서의 무아無我
  3. 무아와 자아를 넘어선 중도中道

제3부 마음 따라 드러나는 인간의 심층과 표층   98
  1. 흙에 가려진 뿌리와 본래성
  2. 하나의 줄기와 마음
  3. 계절에 따라 변화하는 잎과 육신

제4부 중국사상의 연원淵源인 주역周易과 순역順逆   129
  1. 역易과 순역順逆
  2. 성명性命과 순역順逆
  3. 삶과 순역順逆

제5부 **순역과 중국불교의 성불론成佛論**   **174**
    1. 역방향의 전도견顚倒見과 순방향의 정견正見
    2. 역방향의 회상귀성會相歸性과 증오성불론證悟成佛論
    3. 순방향의 성기론性起論과 본래성불론本來成佛論

제6부 **순역과 중국유학의 군자의 도**   **226**
    1. 수기修己안인安人과 군자의 도
    2. 역방향의 하학이상달下學而上達과 지천명知天命
    3. 순방향의 순천휴명順天休命과 도제천하道濟天下

제7부 **순역합일順逆合一과 한국사상의 세계관**   **265**
    1. 고조선 사상의 훈님桓因과 순역합일의 이화적理化的 세계관
    2. 한글의 창제 원리와 순역합일의 삼재합일적三才合一的 세계관
    3. 19세기 『정역』의 도역생성倒逆生成과 순역합일의 생성적生成的 세계관
    4. 20세기 대행불교大行佛敎의 평등공법平等空法과
       순역합일의 나툼의 세계관

제8부 **한국사상과 창신적創新的 인간관**   **347**
    1. 재세이화在世理化와 홍익인간의 인간관
    2. 성리性理와 심법心法의 도학적道學的 인간관
    3. 관법觀法과 대행大行의 공생적共生的 인간관
    4. 끊임없이 화化하여 나투는 자유자재自由自在의 인간관

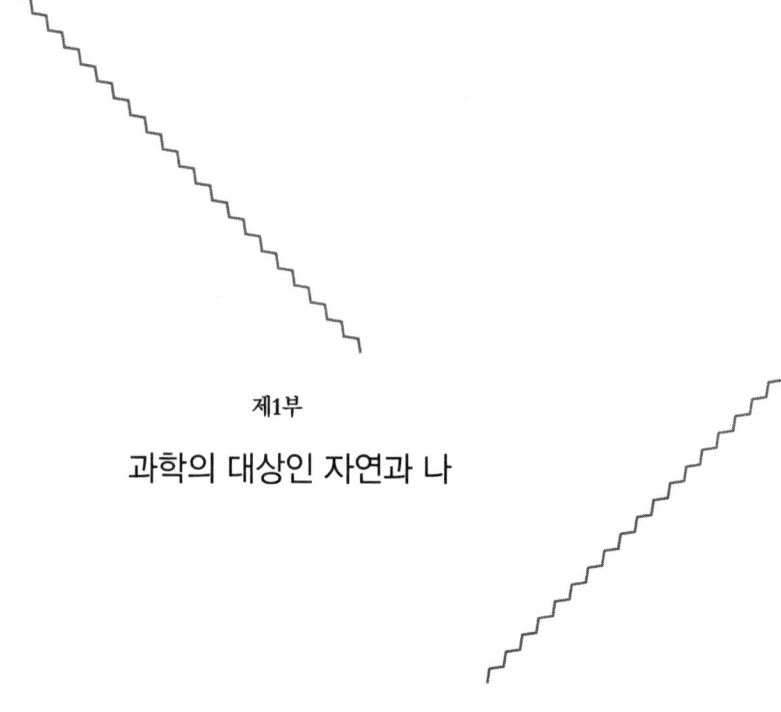

제1부

과학의 대상인 자연과 나

우리는 살아가면서 수없이 많은 어려운 일을 만나고 그때마다 스스로에게 "인간으로서의 나는 누구이며, 자연과 어떤 관계이고, 사물과는 어떤 관계이며, 어떻게 사는 것이 사람답게 사는 것인가?"의 물음을 던진다.

이때 우리가 생각할 문제는 이 물음이 인간으로서의 내가 있음을 전제로 한다는 점이다. 만약 내가 있지 않으면 나는 누구인가의 물음 자체가 제기되지 않을 뿐만 아니라 제기되어도 아무런 의미가 없다. 그러면 남과 구분되고, 자연과 구분되는 나는 누구인가?

남과 구분되는 나는 나의 여러 측면 가운데서 하나일 뿐이다. 그것은 남과 구분되는 나는 오로지 물질적인 나로서의 육신의 측면에 불과함을 뜻한다. 물질적 측면에서의 나로서의 육신은 밖의 대상세계의 사물과 다르지 않다.

우리가 만약 물리학의 관점에서 나의 육신을 분석하여 구성요소를 살펴보면 동물이나 식물 또는 생명이 없는 물체와 나의 차이를 찾을 수 없다.

마찬가지로 화학의 관점에서 분석을 하면 인간과 다른 물체의 차이는 발견되지 않는다.

생명이 없는 물체와 생명을 가진 인간의 차이는 다세포 생명체로서의 육신에 이르러서 비로소 나타난다. 그러나 그것이 동물과 사람을 구분하는 특성을 나타냄을 뜻하지 않는다. 동물과 사람의 차이는 종교, 예술, 문학을 비롯하여 인문학, 사회학의 관점에서 고찰할 때 비로소 드러나게 된다.

인간으로서의 내가 무엇인가, 어떤 존재인가의 문제가 갖는 의미는 물리학이나 화학과 같은 자연을 대상으로 하는 과학을 통해서 드러나는 것이 아니라 사회학이나 문학, 예술, 종교를 비롯하여 인간의 정신적인 활동과 관련된 학문 또는 인간 자신을 대상으로 하는 인문학을 통하여 비로소 드러난다. 그러면 인간으로서의 내가 누구인가의 문제가 갖는 의미는 무엇인가?

인간으로서의 나는 누구인가의 문제는 종교, 예술, 문학을 비롯하여 여러 분야에서 이루어지는 다양한 활동들과 인문학, 사회학, 과학을 비롯하여 여러 학문을 연구하는 등의 인간의 모든 활동이 갖는 의미, 가치, 방법, 방향과 같은 여러 요소들을 결정하기 위하여 가장 먼저 해결되어야 할 주제이다.

우리가 일상적으로 나를 나타내는 방법은 지금 여기의 나라는 개념이다. 지금이라는 개념에는 과거도 아니고 미래도 아닌 현재라는 의미가 포함되어 있고, 여기라는 개념에는 저 먼 곳도 아니고, 가까운 곳도 아닌 바로 여기를 가리킨다. 따라서 지금 여기의 나는 과거나 미래의 그 어떤 사람도 아니고, 천국이나 지옥과 같은 다른 어떤 공간도 아닌 지구 그리고 그 가운데서 다른 곳이 아닌 이곳의 나라는 의미를 나타낸다.

지금이라는 시간에는 태어난 순간부터 살아온 과거와 앞으로 죽는 순간까지의 시간들이 포함되어 있고, 여기라는 공간에는 지구에서 태양을 거쳐서 목성, 화성을 비롯한 태양계는 물론 은하계를 넘어서 수많은 우주를 포함하고 있다. 따라서 지금 여기의 나라는 말은 시공을 통하여 나를 나타내고 있음을 보여준다.

그런데 내가 시공의 좌표에 의하여 규정된다는 것은 인간으로서의 내가 시공이라는 삶의 조건, 삶의 환경을 벗어나서 존재할 수 없음을 뜻한다.

우리는 다른 사람과의 관계가 멀거나 가깝거나 소중하거나 소중하지 않거나를 막론하고 끊임없는 관계의 연속이 인생의 전부라고 해도 과언이 아님을 안다. 우리는 태어나는 순간 맺어지는 부모와 자식의 관계를 시작으로 형제와 자매의 가족 관계로부터 친구, 스승과 제자, 동문의 관계를 비롯하여 수많은 관계를 맺으면서 살아간다.

시간과 공간이라는 범주範疇를 통하여 인간을 비롯한 사물을 고찰하는 방법은 동서와 고금을 막론하고 사용되어 왔다. 동아시아 문화의 연원으로 여겨지는 『주역周易』에서는 시간을 천天으로 그리고 공간을 지地로 나타내어 천지인天地人의 삼재三才를 중심으로 인간이 어떤 존재인지[1]를 제시하고 있다.

인도에서 발생하여 중국에 수입되어 중국화한 중국불교를 나타내는 『능엄경楞嚴經』에서는 세계의 "세世는 시간을 나타내고, 계界는 공간을

---

1 『周易』의 繫辭下篇 第十章에서는 "易之爲書也 廣大悉備하야 有天道焉하며 有人道焉하며 有地道焉하니 兼三才而兩之라 故로 六이니 六者는 非他也라 三才의 道也니"라고 하여 『주역』의 내용을 三才의 道로 밝히고 있고, 說卦 제이장에서는 "是以 立天之道曰陰與이오 立地之道曰柔與剛이오 立人之道曰仁與義니"라고 하여 삼재의 도의 내용인 천도와 지도 그리고 인도가 무엇인지를 밝히고 있다.

나타낸다"[2]고 하였으며, 『회남자淮南子』에서는 "상하사방을 우주라고 하며, 지나간 과거와 다가오는 지금을 주宙라고 한다"[3]고 하여 공간과 시간이 하나가 된 것을 우주로 나타내고 있다.

근대의 과학자인 뉴턴은 절대시간과 절대공간을 상정하고 그 안에서 살아가는 존재가 인간임을 주장하였고, 데카르트는 인간의 정신/영혼과 육신/물질이라는 두 실체를 중심으로 인간을 규정하였다.

21세기에 이르러서 과학자들은 정신을 실체로 인정하지 않고, 육신에 속한 기능으로 여기고, 시간과 공간이 둘이 아니라 하나의 시공임을 밝히고 있을 뿐만 아니라 시공 역시 물질임을 밝히고 있다. 그러면 인간과 시공은 어떤 관계인가?

인간과 시공 곧 자연, 세계를 물질적 차원이라는 하나의 동일한 차원에서 이해하면 인간과 자연, 세계는 다음과 같은 세 가지의 관계를 통하여 이해할 수 있다. 첫째는 시공에 의하여 인간이 존재함으로써 인간은 수동적이고, 제한적이며, 구속된 삶을 살아가는 객체적인 존재가 되며, 둘째는 앞의 경우와 반대로 인간에 의하여 자연, 세계가 계발되고, 통제됨으로써 가치가 높아지고, 보존되는 점에서 인간이 능동적인 삶을 살아가는 주체적인 존재가 되며, 셋째는 양자가 상호작용을 하여 조화와 균형을 이루면서 살아간다는 것이다.

그런데 인간 중심과 세계, 자연 중심의 서로 다른 관계와 동일한 차원에서는 인간과 자연이 조화와 균형을 이루는 관계는 있을 수 없다. 그것은

---

[2] 『首楞嚴經』(大正藏 19, 7, 0138b21), "阿難 云何名為世界顚倒 是有所有分段妄生 因此界立 非因所因無住所住遷流不住 因此世成 三世四方和合相涉 變化眾生成十二類."
[3] 『淮南子』, 齊俗訓, "上下四方曰宇 往古來今曰宙."

양자가 조화와 균형을 이루는 관계가 되기 위해서는 양자가 하나가 될 때 비로소 가능함을 뜻한다.

인간과 자연, 인간과 세계가 하나가 되는 차원은 둘로 나누어진 차원과는 다르다. 나와 남을 전제로 하여 나와 남이 모여서 하나가 됨과 나와 남이 없는 하나를 바탕으로 그것을 둘로 나누어서 나와 남으로 달리 나타냄은 동일한 차원이 아니다. 후자는 전자를 벗어날 때 비로소 드러나는 높은 차원이다.

그것은 나와 남의 구분을 벗어나서 하나의 차원에 이르러야 비로소 나와 남을 전제로 하여 양자가 하나라는 의미를 올바로 이해하게 됨을 뜻한다. 그렇기 때문에 나와 남을 물리적으로 결합한 것과 같은 우리와 나와 남의 구분이 없는 하나는 그 차원이 다를 뿐만 아니라 양자가 하나임을 알아야 비로소 나와 남을 올바로 이해할 수 있을 뿐만 아니라 우리의 의미도 올바로 파악할 수 있다.

나와 남, 나와 자연, 나와 세계를 구분하여 양자의 관계를 중심으로 인간을 이해하는 것이 과학의 학문적 태도이다. 그것은 남과 구분되고, 자연과 구분되는 자아, 나를 전제로 하는 점에서 오직 유有의 관점에서 인간을 고찰하는 작업이다. 그러면 지금부터 과학적 관점 곧 나와 지금 여기라는 시공, 자연을 구분하는 관점에서 인간으로서의 나는 존재인지를 살펴보자.

먼저 시공, 세계, 자연의 관점에서 인간이 어떤 존재인지를 살펴보고, 이어서 인간을 중심으로 시공, 자연, 세계의 관계를 통하여 인간이 어떤 존재인지를 살펴본 후에 나, 자아가 무엇인지를 그 답을 찾기 위해서는 양자의 관점 곧 나와 자연을 동일한 차원에서 고정불변하게 있다는 관점을 통해서는 드러나지 않음을 살펴볼 것이다.

1. 자연 안에서 살아가는 나

　오늘날 영국, 독일, 프랑스를 비롯한 유럽의 여러 국가들과 미국이 보여주는 서구문화의 특징은 물질적 세계관과 인간관이다. 그들의 유물론적 세계관, 가치관, 인간관은 철학을 비롯하여 문학과 예술은 물론 종교에 이르기까지 관통하고 있다.

　서양의 유물론적 전통은 자연철학의 시대부터 오늘에 이르기까지 세계와 인간을 물질적 관점에서 이해한다. 그리스의 철학자들은 세계를 물, 불, 수數, 원자와 같은 근본요소를 통하여 분석하여 이해하고자 하였다.

　그리고 아리스토텔레스가 보여주듯이 인간의 세계를 중심으로 그 밖에 태양과 신의 세계를 구성하는 인간 중심의 세계관을 통하여 신이라는 인간 세계 밖의 특수한 존재에 의하여 인간이 구성되고, 인간을 중심으로 세계가 구성되었다고 생각하였다.[4]

　그들은 인간이 신의 형상 곧 본질을 그대로 부여받는 존재라고 생각하였다. 데카르트가 정신과 육신이라는 두 가지의 실체를 통하여 인간을 이해하고, 뉴턴에 의하여 절대시간과 절대공간의 자연이 제시되면서도 여전히 신 중심의 세계관과 인간관이 유지되었다.

　그러나 지구가 중심이 되어 우주가 운행하는 것이 아니라 지구가 태양을 중심으로 운행하는 지동설地動說이 제기되면서 우주 가운데서 특별했던 지구가 우주의 변두리의 조그마한 행성에 불과함을 알게 되었다.

---

[4] 소광섭, 『물리학과 대승기신론』, 서울대학교출판문화원, 2015, 1~8쪽.

그리고 다윈이 인간은 다른 생물과 달리 신의 특별한 사랑을 받고 창조된 존재가 아니라 모든 생물이 자연의 선택에 의하여 진화되었다는 진화론을 제기하면서 인간과 다른 생물과의 차이가 사라졌다.

또한 프로이트에 의하여 데카르트에 의하여 인간은 정신/영혼과 물질/육신의 두 실체를 가진 존재이며, 정신이 육신보다 근원이라는 인간관 역시 깨지게 되었다. 프로이트는 모든 신학이나 초월적 형이상학을 거부하고, 인간의 생활의 모든 현상들을 과학적으로 설명하고자 하였다.[5]

그것은 그가 인간의 정신을 육신의 속성으로 이해하였음을 뜻한다. 그는 정신적인 결정론을 바탕으로 인간을 이해하여 의식적인 자아와 더불어 무의식적인 이드와 초자아를 제시하여 본능적인 이드와 도덕적인 초자아 사이에서 조화와 균형을 추구하는 자아를 제시하였다.

과학자들은 생명의 최소단위인 세포를 더욱 분석하여 DNA를 중심으로 인간을 이해하였다. 생물학자인 도킨스DawKins(1976)는 생물은 유전적으로 프로그램된 생존기계survival machine이라고 정의하였다. 그에 의하면 인간은 유전자를 나르는 노예와 같은 짐꾼으로 전락하고 만다. 그리고 유전자는 이기적이기 때문에 오로지 유전자의 번식을 위하여 인간의 삶이 이루어진다.[6]

도킨스와 달리 요아힘 바우어는 "생명은 소위 말해 RNA 세계에서 시작되었다. 최초의 생명은 자기복제와 재생산이 가능한 RNA 분자들과 단백질 분자들이 협력하고 소통하는 형태로 구성되었다. 이와 같은 생명체의

---

[5] 레슬리 스티븐슨 외 지음, 박중서 옮김, 『인간의 본성에 관한 10가지 이론』, 갈라파고스, 2015, 288쪽.
[6] 프란츠 부케티츠, 김영철 옮김, 『사회생물적 논쟁』, 사이언스북스, 1999, 17~20쪽.

특징은 유대connectedness였다. 최초의 생명체는 그들의 개별 부분을 합한 것보다 결정적으로 더 많았다. 하나의 생명체—RNA도 아니고 단백질도 아닌—내에 있는 구성성분들 가운데 그 어떤 것도 독자적이지 않았다. 이들은 예외 없이 상호종속적인 관계에 있있다. 협력하지 않으면 진화과정에서 그 어떤 일도 일어나지 않았다. 리처드 도킨스가 생명체의 출발점이라고 말했던 이기적인 복제자(유전자의 선구자를 그는 이렇게 불렀다)는 결코 존재하지 않았으며, 그런 것은 환상으로 인해 나온 산물일 따름이다"[7]라고 말한다.

유전자는 결코 이기적이지 않을 뿐만 아니라 독립적이지도 않다. "유전자, 세포, 그리고 유기체는 지속적으로 의사소통을 한다. 유전자는 혼자서 아무것도 할 수 없으며, 유전자가 활성화되려면 다양한 세포들과의 협력이 전제되어야 한다. 다시 말해 유전자는 소통자communicator이자 협력자cooperator이다. 또 유전자 전체, 다른 말로 하면 게놈은 세포들과 유기체의 지휘를 받는다. 게놈은 생물학적 과정을 진행하고 유지하기 위해 모듈 시스템으로 구성되어 있다. 세포에서 일어나는 모든 생물학적 과정은 주변 환경으로부터 영향을 받는다. 그리하여 주변에서 들어오는 신호들은 게놈에서 일어나는 과정에 항상 영향을 준다."[8]

그러나 DNA를 중심으로 인간을 규정하는 생물학주의자들과 달리 문화주의자들은 "사회적, 문화적 여러 현상들은 생물적 요인들과 무관하며, 인간은 대체적으로 사회 문화적 요인들에 의하여 조건 지워진다"[9]고 말한다.

---

7 요아힘 바우어 지음, 이미옥 옮김, 『협력하는 유전자』, 생각의 나무, 2010, 38~39쪽.
8 요아힘 바우어 지음, 앞의 책, 26쪽.
9 프란츠 부케티츠, 김영철 옮김, 『사회생물적 논쟁』, 사이언스북스, 1999, 28쪽.

그것은 인간의 인간다움이 생물학적 요인에 의하여 선천적으로 결정되는 것이 아니라 교육이나 문화적인 생활과 같은 후천적인 요인에 의하여 얻어짐을 뜻한다. 그러면 인간의 인간다움은 선천적인가 아니면 후천적인가?

인간의 인간다움이 선천적이라면 물리적 생명과 함께 주어진 것이기 때문에 물리적 생명이 소멸되는 때에 함께 사라질 것이고, 후천적이라고 하면 역시 어느 때인가는 변화하기 때문에 항상하지 않다. 그것은 만약 인간의 본성을 육신의 속성으로 이해하게 되면 인간은 언제나 인과의 세계, 기계적 세계를 벗어나지 못함을 뜻한다.

우리가 스스로 4차 산업혁명으로 시대라고 규정한 오늘날에도 우리의 삶은 여전히 자연의 에너지에 절대적으로 의지하고 있다. 그것은 시간과 공간이 하나가 된 시공이라는 세계가 있고, 그 안에서 존재하는 것이 인간으로서의 나라는 존재임을 뜻한다.

영원으로 표현되는 무한한 시간 가운데서 내가 존재하기 때문에 나는 시간상으로 영원하지 못하고 유한하지 않을 수 없다. 그리고 나는 무한한 공간 가운데서 그 일부분으로 존재하기 때문에 공간상의 한계를 갖지 않을 수 없다.

영원한 시간의 한 부분을 살아가는 나는 시간상으로 반드시 시작과 끝이라는 한계 안에서 살아간다. 그것은 태어남과 죽음이라는 시작과 끝의 한계 속에서 살아가는 것이 인간의 삶임을 뜻한다. 우리가 삶을 나타낼 때 몇 년, 몇 월, 며칠, 몇 시에 태어나서 얼마의 시간 동안 살다가 몇 년, 몇 월, 며칠, 몇 시에 죽었다고 하는 것이 바로 이것이다.

공간적으로 나는 태양계에 속하는 지구의 대한민국에 살고 있다. 공간적으로 광활한 우주의 한 부분에서 살고 있기 때문에 여기에 살면서 동시에 미국에 살 수 없을 뿐만 아니라 나로 살면서 동시에 남이 되어 살아갈 수 없다.

  시간과 공간이 하나가 된 시공이라는 세계에서 살아가는 나, 나의 삶은 생사의 한계와 더불어 남과 하나가 될 수 없고, 태어나서 죽을 때까지 자신의 육신을 벗어나지 못하고, 지구를 벗어나지 못하고 살아간다.

  육신과 지구의 대기권은 표면적으로 나의 생명을 보호하는 것 같지만 나의 삶을 구속하는 감옥監獄과 같다. 육신은 끊임없이 뭔가를 요구하여 그칠 줄을 모른다. 우리는 먹어야 에너지를 보충할 수 있고, 배가 부르면 소화를 시켜야 하고, 소화를 시켰으면 배설을 해야 하며, 배설을 했으면 다시 먹어야 한다.

  저녁에는 잠을 자야 하고, 아침에는 일어나서 씻어야 하며, 먹기 위하여 그리고 살기 위하여 끊임없이 움직여야 하고, 남과 만나서 경쟁하고, 이겨야 한다. 우리는 생명을 보존하기 위하여 경제적인 행위를 하고, 경쟁하면서 살아가는 것이 당연하다고 여긴다.

  그런데 남과 구분되고, 자연과 구분되는 나라고 할 수 있는 육신도 내가 스스로 만든 것이 아니라 아버지와 어머니라는 남이 자신들의 일부를 나누어서 만들어준 것이다. 어머니는 아버지와 함께 자신들의 생명을 하나로 합하여 몸에서 10개월 동안 키워서 사람의 형체를 만들어서 자궁 밖으로 내보내고, 그 후에도 어머니는 아버지와 함께 자식이 스스로 홀로 살아갈 수 있을 때까지 혼신의 힘을 다하여 기른다.

  우리는 성인이 되어서도 자연이 베풀어준 공기와 물이 없으면 생명을 유지할 수 없다. 그리고 매일 자연이 길러준 음식을 섭취하지 않으면 생명 활동을 계속할 수 없다. 인간은 태어나서 죽음에 이르기까지 한순간도 자연과 무관하게 사는 것이 아니라 자연 안에서 살아간다. 따라서 자연의 구성요소로서의 인간이 있을 뿐이다. 그러면 물질과 다르고, 동물이나 식물과 다른 인간만의 특성은 없는가?

우리는 인간과 동물의 차이를 불을 사용하고, 직립하며, 도구를 사용할 줄 아는 것에서 찾는다. 그것은 인간이 자연 속에서 살아가면서도 자연을 사용하고, 통제하는 존재임을 뜻한다. 오늘날의 인류는 발달한 과학기술의 의하여 그 어떤 시대보다도 자연을 잘 활용하고 있다.

오늘날 세계는 과학기술을 통하여 비행기, 자동차, 고속열차, 쾌속선과 같은 다양한 교통수단과 인터넷, 스마트폰을 비롯한 여러 정보매체의 발달로 하나가 되었다고 해도 과언이 아니다. 지구가 하나의 생활권으로 연결되면서 한 사람, 한 나라의 의식과 언행이 그대로 세계에 영향을 미치게 되었다.

오늘날 세계를 하나로 묶어서 하루 생활권으로 만든 것은 인간의 육신이나 정신, 의식이 갖춘 능력에 의하여 이루어진 것이 아니다. 그것은 인간이 사용하는 도구를 고도로 발달시켜서 그 기능을 극대화한 결과라고 할 수 있다.

현대의 인류는 인터넷과 컴퓨터, 스마트폰의 발달로 앉은 자리에서 세계의 각국을 보고, 세계의 사람들과 대화하며, 의사를 소통할 수 있을 뿐만 아니라 원하면 비행기와 같은 교통수단을 빌려서 세계의 각국에 갈 수 있게 되었다.

현대의 과학자들 가운데 일부의 사람들은 인간의 진화가 신이나 자연의 선택이 아니라 인간 자신의 지적 설계에 의하여 가능하다고 생각할 뿐만 아니라 실제로 발달하는 과학기술을 활용하여 생체의 한계를 벗어난 진화한 인간이 되고자 한다.

트랜스휴머니스트transhumanist들은 테크놀로지의 발달을 통하여 인간의 한계인 죽음을 극복하고, 뇌의 한계를 극복하기 위하여 컴퓨터와 같이 뇌뇌의 기능을 향상시키고, 생체가 갖는 한계를 극복하기 위하여 생체를 대신하여 사이버 공간에서 살아가는 인공생명을 창조하여 휴먼을 넘어서 새로운 종족인 포스트휴먼posthuman이 되는 것을 추구한다. 그들은 인공지능이 폭발적으로 발달하면서 인간의 지능을 능가할 때 인공지능에 의하여 인간의 생명을 능가하는 인공생명artificial life이 나타날 것이라고 기대한다.

그런데 만약 우리가 과학기술을 통하여 생체의 한계를 극복한다고 할지라도 여전히 신과 같은 자유로움을 얻었다고 할 수 없다. 왜냐하면 우리가 과학기술에 의하여 인간의 육신이 갖는 여러 가지 한계를 벗어날지라도 인간이 테크놀로지technology에 의존하고 있는 점에서는 여전히 테크놀로지의 지배를 벗어났다고 할 수 없기 때문이다.

트랜스휴머니스트transhumanist들의 주장처럼 우리가 생체가 없는 포스트휴먼이 될지라도 여전히 사이버 공간이라는 공간을 필요로 하는 점에서는 한계를 갖는다. 그것은 포스트휴먼이 비록 생체가 없어서 자유로울지라도 여전히 생사生死를 벗어난 것이 아님을 뜻한다.

그들은 삶과 죽음을 둘로 보고 죽음에서 벗어나려고 하지만 여전히 삶에서 벗어나지 못하고 있다. 사실 삶과 죽음은 동전의 양면처럼 하나임에도 불구하고 둘로 구분하여 이해하기 때문에 죽음에서 벗어나려고 할수록 더욱 삶에 얽매이게 된다.

그것은 우리가 스스로 자신을 물질적 차원에서 자연을 구성하는 일부로 여기기 때문에 자연으로부터 자유로워질 수 없음을 뜻한다. 우리가 만약 자신을 물질로 여기고 물질을 통하여 인간다움을 찾고자 하면 결코 물질과 다른 인간다움을 찾을 수 없을 뿐만 아니라 거대한 자연의 일부라는 점에서 자연과 같을 수 없다.

우리가 물질적 차원에서 인간을 이해함은 시간이 흐르지 않고 멈추었다는 가정을 하고 세계를 분석하여 그 가운데서 인간을 찾는 방법이다.

우리는 앞에서 세계를 대상으로 분석하여 그 가운데서 우주로부터 태양계를 떼어내고, 태양계로부터 지구, 지구로부터 인간으로 초점을 점점 확대하여 인간을 대상으로 세포로 분석하고 다시 DNA로 분석하여 인간다움을 찾고자 하였으나 여전히 자연과 다른 인간다움은 찾을 수 없었다.

인간은 DNA가 아니며, 양자量子와 같은 미립자도 아니고, 세포와 같은 생명체도 아니며, 동물과 같은 생명을 갖고 있으면서도 동물과 다른 특성을 갖는다. 또한 인간은 물질로 구성된 시공으로서의 자연과 다르다. 따라서 우리 자신을 오로지 물질적 관점에서 입자나 세포, 생명, 동물, 자연과 동일시할 수 없다. 그러면 자연과 다르고, 물질과 다른 인간의 측면은 무엇인가?

아리스토텔레스는 인간을 사회적 동물이라고 하였다. 그것은 인간이 동물과 같이 물질적인 요소를 갖고 있으면서도 동물과 다른 사회적 특성이 있음을 뜻한다. 인간은 사람이 모여서 형성된 가족, 가족과 가족이 모여 형성된 국가사회 그리고 국가와 국가가 모여서 형성된 인류사회의 구성원으로 존재한다.

사람은 가족의 구성원이자 국가의 구성원이고, 인류의 구성원이라는 점에서 가족과 함께하고, 국민과 함께하며, 인류와 함께하는 삶이 있다. 그것은 사람의 사람다움이 육신에 있는 것이 아니라 사람과 사람이 함께 살아감에 있음을 뜻한다. 사람들은 함께하기 위하여 서로가 지켜야 할 법을 만들고, 그것도 부족하여 사람이 지켜야 할 법 이전의 도리인 윤리, 도덕을 지키면서 다른 사람을 자신과 동등하게 대하면서 살아가고자 한다.

그러나 제1차 세계대전과 제2차 세계대전을 비롯하여 인류의 역사와 함께해온 전쟁은 인류가 서로를 존중하고, 서로를 위하는 공동체의 삶을 목적으로 한다고 보기는 어려운 측면이 있음을 보여준다. 지금 세계가 겪고 있는 코로나19 사태 역시 인류가 자기 나라의 이익을 다투는 과정에서 나타난 하나의 전쟁일 뿐이다.

지난 2019년 12월 중국의 무한武漢에서 발생한 바이러스성 호흡기 질환인 우한폐렴은 신종의 코로나바이러스에 의한 유행성 질환이다. 코로나19로도 불리는 이 질환은 호흡기를 통해 감염되며, 증상이 거의 없는 감염 초기에 전염성이 강한 특징을 보인다.

2020년 3월 코로나19가 전 세계로 확산되자 세계보건기구는 이 질환에 대해 팬데믹pandemic을 선언했다. 2020년 5월 5일 현재 세계의 누적 확진자 수는 3,563,359명이며, 누적 사망자 수는 248,137명이다.

바이러스virus는 생물과 무생물의 특징을 모두 갖춘 개체로, 기본적으로 단백질로 구성된 외피 안에 유전물질인 DNA 혹은 RNA가 든 단순한 구조다. 단독으로는 생명 활동을 하지 못하지만 숙주세포에 유입되면 숙주세포의 생명 활동 과정에 기생해서 유전물질과 단백질 외피를 복제해 개체 수를 증식시킨다.

현대의 인류는 다른 시대에 비교할 수 없을 정도로 과학기술을 발전시켰지만 아직은 코로나19의 백신이나 치료제를 만들지 못하고 있다. 인류는 20세기 초에 이미 바이러스의 특성을 파악하였지만 아직도 인간과 물질의 차이와 관계를 분명하게 파악하지 못하였다. 그러면 코로나19의 사태에 대한 인류의 태도는 어떤가?

　중국에서 시작하여 우리나라에서 확산될 때에는 유럽이나 미국은 물론 동남아의 각국에서도 중국인이나 한국인에게 "코로나!"라고 부르며, 침을 뱉고, 발길질하며, 인종차별을 했을 뿐만 아니라 코로나19가 세계로 확산된 지금도 독일, 프랑스, 영국, 미국을 비롯한 서구의 나라에서는 여전히 동양인에 대하여 인종차별을 가하고 있다.

　세계 각국의 사람들은 매스컴을 통하여 유언비어流言蜚語를 확산시키면서 화장지와 생필품을 사재기하고, 진단키트와 보호 장구, 마스크를 비롯한 의료용품의 부족으로 미국은 다른 나라로 가야 할 의료용품을 중간에서 가로채기도 하였다.

　세계의 초강대국이라는 미국이나 선진국이라는 영국, 호주를 비롯하여 세계의 각국은 자기의 나라가 입은 피해의 책임을 중국에게 요구하고 있다.

　중국은 우한폐렴이 발생할 때부터 정보를 은폐하고 공개하지 않음으로써 확산을 도왔을 뿐만 아니라 자국이 안정세로 접어들자 코로나19가 미국에서 발생했다고 주장하다가 다른 나라에서 발생했다고 주장하였다.

　그들은 세계의 마스크와 의약품, 의료용품을 사재기하여 되팔면서 자국의 이익을 추구하고 있을 뿐만 아니라 공산당 일당 독재체제의 우수성을 세계에 선전하는 계기로 삼고 있다. 그러면 우리나라의 상황은 어떤가?

　우리나라는 첫 확진자가 나온 후에 국경을 봉쇄하지 않으면서도 국민들의 적극적인 참여와 의료인들의 희생 그리고 질병대책본부의 체계적인 대처에 의하여 다른 나라와 달리 사재기도 없고, 마스크와 진단키트를 비롯한 의료장비의 부족도 없었을 뿐만 아니라 2020년 4월 22일 현재 전체 확진자는 10,694명, 사망 238명, 격리해제 8,277명, 신규 확진자는 11명이다.

미국과 유럽의 선진국들은 우리나라의 코로나19 방역에 대하여 찬사를 아끼지 않는다. 그들은 CNN, BBC, 슈피겔과 같은 각국을 대표하는 외신들을 통하여 우리나라가 개인의 권리를 침해하지 않으면서도 투명한 정보공개와 전수검사를 통하여 코로나19 방역에 성공했다고 평가한다.[10]

세계는 한국이 유일하게 코로나19에도 불구하고 선거를 치른 국가라는 점도 주목하고 있다. 우리나라는 코로나19 상황에서도 지역구와 비례대표의 국회의원을 선출하는 선거를 전국에서 실시하였다. 우리나라는 4월 10일과 11일 양일에 사전투표를 하였고, 4월 15일에는 본 투표를 실시하였다.

독일과 프랑스, 미국을 비롯한 세계의 나라들은 동양의 조그만 나라인 한국이 자신들의 자유민주주의가 사회주의, 공산주의보다 우월함을 보여주었음에 감동하였을지도 모른다. 일부의 나라에서는 한국의 의료제도를 비롯하여 경제제도까지 배우고자 한다.

지금 우리나라는 중국이 제조한 진단키트를 비롯한 의료기구가 부정확한 데 비하여 정확도가 높아서 세계로 수출하고 있을 뿐만 아니라 라면을 비롯하여 생필품이 세계로 수출되고 있어서 의료한류를 일으키고 있을 뿐만 아니라 정치한류가 일어날 수도 있다고 기대한다.

우리나라가 코로나19로부터 자유민주주의를 지킬 수 있었던 것은 반도체, 인터넷, 스마트폰을 비롯하여 발달한 첨단과학을 의료와 보건에 적용한 결과이다. 2020년 5월 6일 현재 우리나라는 사회적 거리두기를 종료하고 생활 속 거리두기, 생활방역으로 전환하였다.

---

[10] 류재복 기자, "미국-유럽 등 선진국, 코로나19 방역에 한국 찬사 계속", 코리아데일리 2020. 4. 23.

현재 우리나라가 비록 코로나19를 완전하게 극복한 것은 아니지만 의료용품과 생필품의 수출이 많아지면서 IMF에서는 우리나라는 세계의 다른 나라에 비하여 경제적인 타격이 가장 적을 것으로 예측하고 있다. 이와 더불어 일부의 사람들은 코로나19 사태가 진정된 후에 세계의 질서가 재편되면서 우리나라가 세계의 중심이 될 것이라는 희망적인 미래를 점치기도 한다.

그러나 우리나라의 상황이 다른 나라보다 나은 편이라고 하여 근본적으로 문제를 해결한 것은 아니다. 그것은 생물도 무생물도 아닌 미세한 물질인 코로나19에 의하여 인류가 농락을 당하여 나라와 나라는 물론 개인과 개인이 서로를 물고 뜯으면서 쟁탈전을 벌이는 상황에서 우리나라가 완전하게 벗어났다고 할 수 없음을 뜻한다.

우리는 지금 여기의 내가 누구인가를 파악하기 위해서는 하나의 현상을 원인과 결과를 통하여 설명하고자 하는 과학적인 방법과 달리 인문학적 관점에서 그것이 어떤 의미를 갖는지를 살펴볼 필요가 있다.

지난 2020년 4월 15일에 치렀던 총선의 결과는 여당의 압승이었다.[11] 여당은 국회 의석 253석 가운데 과반이 넘는 180석을 확보하였다. 그러면 이것이 우리나라의 국민들이 모두 정부가 시행한 모든 정책을 지지하는 것을 뜻하는가?

---

[11] 코로나19 사태와 겹쳐서 하루가 멀다 하고 일어나는 국내와 국외의 충격적인 사건들이 연속되면서 4.15 선거에 대한 국민의 관심은 이미 사라졌다. 그럼에도 불구하고 일부의 사람들에 의하여 4.15선거가 중국이 개입되어 이루어진 선관위의 조직적인 부정선거라는 주장이 제기되었다. (이보배 한경닷컴 객원기자, "민경욱, 美 백악관 앞 피켓시위…'4 · 15 총선은 부정선거'" 한국경제신문, 2020.10.2.). 다만 우리는 4.15 선거의 결과가 국민의 민의가 그대로 드러난 결과임을 전제로 논의를 진행하고자 한다.

우리는 여당의 압승이라는 사태가 갖는 의미를 파악하기 위하여 이 하나의 사태가 일어나기 이전의 상황을 살펴볼 필요가 있다. 이 정부가 출발할 수 있었던 것은 그들이 국민들 모두가 함께할 수 있는 행복한 미래를 제시할 수 있는 능력을 갖추었을 뿐만 아니라 그것을 성취하기 위하여 국민과 함께 자신들의 역할을 다할 것이라고 기대를 했기 때문이다.

국가사회는 물론 시민사회나 학교사회를 비롯하여 어떤 사회를 막론하고 다양한 능력과 사고, 주장을 가진 사람들이 하나가 되어 살아간다. 그렇기 때문에 하나의 사회를 이끌어가는 지도자는 어떤 상황에서도 구성원의 마음을 하나로 결집하여 항상 최대의 역량을 나타내도록 이끌어가야 한다.

그러나 정부와 여당은 오로지 자신들을 지지하는 소수의 세력들을 하나로 뭉쳐서 오로지 정권의 재창출을 도모할 뿐으로 정작 국민의 행복과 안녕을 위하여 자신들에게 주어진 역할을 하지 못하였다.

코로나19가 본격적으로 환산되기 시작한 2020년 1월까지 우리 사회는 정치와 외교, 안보, 교육, 종교, 사회를 막론하고 여러 분야에서 여당과 야당, 보수와 진보, 전라도와 경상도, 자유주의와 사회주의, 자본주의와 공산주의와 같은 이념, 지역, 종교, 학연, 혈연과 다양한 요인에 의하여 서로 편을 갈라서 나와 함께 하지 않는 사람이나 무리를 적으로 여기고 우리 사회에서 배제하려는 투쟁의 연속이었다.

정부와 여당은 민족, 평화, 평등, 정의를 내세워서 헌법을 개정하려고 하고, 적폐청산, 사법개혁, 검찰개혁, 부동산 안정, 근로 시간 단축과 같은 수많은 정책들을 쏟아내었지만 소리만 요란하였을 뿐으로 결과를 보면 정치, 경제, 안보, 외교, 교육, 문화, 예술을 비롯한 모든 분야에서 어느 하나 올바로 시행한 정책이 하나도 없다.

그들은 국적도 없는 설익은 경제이론과 이미 사라진 낡은 좌파 이념에 사로잡혀서 국제관계를 고려하지 않고 친중親中, 종북從北, 반미反美 외교로 일관하여 중국에는 사대적이고 굴욕적인 외교를 하고, 북한에는 국가의 원수로서의 대접을 받기는커녕 일개 하위 공무원 취급을 받으면서도 민족, 평화를 내세워서 국민들의 안위보다도 김정은과 김여정의 눈치를 보는 한심한 작태를 보임으로써 국민들로 하여금 분노와 절망에 빠지게 하고 있다.

우리는 정부와 여당에 대한 국민들의 분노와 절망이 단순한 오해이길 바란다. 비록 지금은 정부와 여당이 국민들과 세계의 사람들로부터 오해와 원망을 듣지만 겉으로 드러나는 현상과 달리 그들이 다른 나라의 어떤 지도자들도 갖지 못한 원대한 이상을 통하여 미래를 내다보고 자신들을 희생하면서 언젠가는 국민과 세계가 자신들을 이해하는 날이 오기를 기다리는 애타는 마음으로 묵묵히 일을 하는 과정이기를 진심으로 기대한다. 그러면 총선에서 여당의 손을 들어준 국민의 뜻은 무엇인가?

우리는 국민들이 공간적 측면에서 자연과 인간, 세계와 인간을 생각하듯이 영원한 긴 시간 가운데서 현재의 정부가 운영하는 5년이라는 짧은 순간에 모든 것을 이룰 수 없을 뿐만 아니라 이제 겨우 임기의 절반을 지났기 때문에 일단 정부와 여당에 대한 평가를 뒤로 하고 오로지 그동안의 코로나19 사태에 대한 방역 성과만을 중심으로 정부를 평가했다고 생각할 수 있다.

그러나 우리 국민들이 불과 3개월 전까지의 상황을 까마득하게 잊었거나 불과 몇 년 후에 나타날 코로나19 사태 이후의 상황을 전혀 고려하지 않았다고 할 수 없다. 따라서 4·15선거를 통하여 우리 국민이 정부와 여당에게 전한 뜻은 과거에 대한 평가가 아니라 미래에 대한 주문이었다고 할 수 있다.

우리 국민들은 코로나19라는 엄중한 사태를 맞아서 잠시 정부의 잘함과 잘못함을 떠나서 오로지 온 나라의 모든 국민들이 한마음이 되어 위기를 기회로 만들어 나가야 한다는 뜻을 총선을 통하여 정부와 여당에게 전달한 것이다.

우리나라의 코로나19 사태에 대한 방역은 오로지 현재의 정부만의 공적이 아니다. 왜냐하면 시간상으로 과거가 없는 현재는 없고, 현재가 없는 미래가 없기 때문이다. 그것은 현 정부가 과거의 정부가 없는 상태에서 갑자기 나타난 것이 아님을 뜻한다.

그 어떤 정부도 하나의 오점도 없이 완벽하게 정책을 실천할 수 없다. 비록 이전의 정부가 대통령의 탄핵을 통하여 무너졌지만 그들의 모든 것이 잘못되거나 이전 정부의 모든 정책이 잘못되었다고 할 수 없듯이 지금의 정부도 임기를 마친 후에 평가를 할 때 그 전의 정부보다 뛰어난 정부라고 보장할 수 없다.

앞으로 정부와 여당은 국민들의 요구에 따라서 항상 겸손한 태도로 국민의 소리에 귀를 기울이고, 야당과도 소통하면서 공감하는 정치를 해야 한다.

앞에서 우리사회에서 일어나는 현상을 통하여 살펴본 바와 같이 동아시아에서는 개체적인 측면에서 인간을 이해하기보다는 국가사회를 중심으로 인간을 이해하는 경향이 있기 때문에 다른 지역의 사람들과 달리 정치에 관심이 많다.

우리나라의 국민들이 정치에 관심이 높은 까닭은 정치가 개인의 삶에 미치는 영향이 크다고 여기기 때문이다. 우리는 개인으로서의 자신보다는 사회의 구성원으로서의 자신을 더 소중하게 여긴다. 그렇기 때문에 우리 자신의 삶에 대한 욕구를 희생해서라도 가정에서 바라는 사람이나 국가에서 요구하는 사람이 되어 살아가기를 원한다.

　오늘날의 국가사회는 개인의 힘을 능가하는 엄청난 힘을 갖고 있다. 그렇기 때문에 개인의 자유와 인권을 보장받기 위해서도 국가의 권력에 의지하려는 경향이 높다.

　오늘날의 인류사회를 살펴보면 자유민주주의 진영과 공산주의, 사회주의 진영이 서로 집단을 이루어서 대결하고 있을 뿐만 아니라 유럽의 여러 나라들은 EU라는 집단을 결성하여 집단의 이익을 추구하고 있다.

　그것은 지금 여기의 나는 개체적인 측면에서 의미와 가치도 있지만 사회 안에서 더불어 살아갈 때 더욱 가치와 의미가 빛남을 뜻한다. 결국 우리는 지금 여기의 나이지만 가정의 구성원으로서의 나이고, 국가의 구성원으로서의 나이며, 인류의 구성원으로서의 나이다.

　지금까지 살펴본 바와 같이 지금 여기의 나를 육신을 중심으로 그것을 분석하여 고찰하거나 다시 육신과 육신이 모여서 형성된 집단으로서의 사회를 중심으로 살펴보아도 남과 구분되고, 자연과 구분되며, 사회와 구분되는 내가 있는 것이 아니라 남과 구분되는 나, 가정 안의 나, 국가 안의 나, 인류 안의 내가 있을 뿐임을 알 수 있다.

　그것은 남이 없는 내가 있을 수 없고, 가정이 없는 내가 있을 수 없으며, 국가가 없는 내가 있을 수 없고, 인류가 없는 내가 있을 수 없음을 뜻한다.

　그러나 지금 여기에서 컴퓨터의 화면을 보면서 자판기를 두드려서 지금 여기의 내가 누구인지의 문제를 중심으로 글을 쓰는 내가 없다고 할 수는 없다. 그러면 나는 누구인가?

　우리는 처음 출발점에서 제시했던 주제 곧 지금 여기의 나는 누구인간의 문제를 해결하기 위한 방법에 대하여 고민할 필요가 있다. 왜냐하면 어떤 문제를 막론하고 그 문제를 해결할 수 있는 올바른 방법을 사용하지 않으면 해결할 수 없기 때문이다. 그러면 우리가 앞에서 문제의 해결을 위하여 사용했던 방법에 어떤 문제가 있는가?

우리는 인간으로서의 나는 누구인가를 살펴보기 위하여 현상적 관점에서 자연, 사회, 시공을 중심으로 분석과 종합이라는 방법을 사용하였다. 이러한 과정을 통하여 다음과 같은 점에서 한계가 있음을 알 수 있다.

첫째는 인간이 자연, 시공이라는 전체 가운데서 그 일부를 구성하는 요소임을 전제로 인간을 고찰하는 순간 출발점 자체가 인간의 한계가 전제된다는 점이다. 물건적 관점에서 자연을 분석하면 자연 안에서 인간이고, 인간을 분석하면 다시 인간 안에 미립자이기 때문에 자연이라는 범주를 벗어나서 인간의 삶이 이루어질 수 없는 점에서 필연적으로 인간은 자연에 종속되고 물질에 종속된 존재라고 하지 않을 수 없다.

둘째는 인간과 자연을 막론하고 고정된 존재가 아니라 끊임없이 변화하기 때문에 시간을 정지시킨 상태에서 자연을 분석하여 그 가운데서 사람의 특성을 발견하려는 방법은 이미 과거화된 세계, 죽은 세계를 대상으로 하는 점에서 인간의 인간다움을 찾을 수 없다.

그것은 분석과 종합이라는 방법이 갖는 한계라고 할 수 있다. 시간과 공간이 하나가 된 시공으로서의 자연을 대상으로 시간을 고려하지 않고 오로지 공간적 관점에서 입자적 상태, 물건적 상태로 자연을 분석하면 그 전모가 드러날 수 없다.

우리가 자연이라는 무한히 넓은 공간에서 키 2m, 몸무게 100kg 이내의 육신을 중심으로 인간을 이해하면 나는 한없이 왜소하고, 영원한 시간 가운데서 길어야 100년을 살아가는 나는 잠깐 존재할 뿐이다.

우리가 만약 국가사회를 중심으로 그 안의 나를 생각하면 나의 존재감은 국가보다 상대적으로 약하지 않을 수 없다. 그러면 지금 여기의 나는 오로지 지금 여기라는 시공, 자연, 세계에 종속된 노예에 불과한가?

만약 시간과 공간이라는 세계가 있고 그 안에 내가 있다면 나는 필연적으로 세계에 종속될 수밖에 없다. 그러나 시간과 공간이라는 범주에 의하여 사고를 하고, 분석과 종합을 하는 일은 똑같은 생명체이지만 동물들이 할 수 있는 것은 아니며, 생명이 없는 물체가 시간과 공간에 대하여 사고하고 그것을 언어나 수에 의하여 나타내는 것은 아니다.

세 번째는 물질에 의하여 구성된 시간과 공간의 세계, 자연의 특징은 인과적 세계라는 점이다. 그것은 원인이 있으면 반드시 결과로 드러나는 결정론적인 세계이다. 이러한 인과론적 세계에서는 인간의 자유의지가 존재할 수 없다.

그런데 만약 나의 미래, 우리나라의 미래, 인류의 미래, 우주의 미래가 결정되었다면 내가 무엇을 하여도 결과는 같기 때문에 어떤 노력도 아무런 소용이 없다. 미래가 잘 살게 결정되어 있는 사람은 어떻게 살아도 잘 살고, 미래가 가난하게 결정되어 있는 사람은 아무리 노력하여도 가난할 수밖에 없다.

그리고 우리가 선善한 행동을 하고, 선善한 생각을 하면서 살아가려는 노력을 할 필요가 없다. 왜냐하면 우리의 미래가 결정이 되어 있기 때문에 아무리 선하게 살려고 해도 살인을 할 수밖에 없는 사람은 살인을 하게 되기 때문이다. 그렇다면 우리는 죄를 지은 그 어떤 사람에게도 책임을 물을 수 없다. 그러면 시공과 우리는 어떤 관계인가?

우리는 앞에서 살펴보았듯이 지금 여기의 내가 지금 여기라는 시공 곧 자연의 구성요소로 존재한다고 할 수 있다. 그러나 한편으로는 지금 여기의 나는 지금과 여기라는 시공時空에 종속되어 있는 것이 아니라 나로부터 지금과 여기라는 시공時空이 규정된다. 그것은 세계 자체가 인과因果에 의하여 구성된 결정론적 세계로서의 자연의 측면만이 있는 것이 아니라 다른 측면도 있음을 뜻한다.

인간의 삶 역시 모두가 결정된 것이 아닐 뿐만 아니라 인과적인 측면도 있지만 자유의지에 의하여 결정되는 측면도 있다. 그렇기 때문에 내가 속한 국가사회로서의 우리나라 역시 미래가 결정되어 있지 않다.

우리나라의 미래는 지금 우리 국민이 어떤 마음으로 시간을 운영하고, 공간을 운영하느냐에 따라서 결정된다. 그것은 지금 우리나라의 코로나19 방역 활동이나 우리 사회의 모든 상황은 세계가 극찬할 정도로 세계의 다른 나라와 다름을 통해서도 확인된다.

세계의 각국이 똑같이 코로나19 사태를 당하였지만 각각의 대처방법에 따라서 다양한 결과가 나타나고 있다. 우리나라는 코로나19를 맞이하여 개인의 인권과 국가사회의 이익이 충돌하지 않고 조화를 이루어서 대처하였을 뿐만 아니라 더 나아가서 세계적인 위기를 기회로 만들고 있다.

이제 우리나라의 국민들은 스스로 인식하지 못하면서도 코로나19 사태를 맞이하여 세계의 다른 나라 국민들이 보여주지 못하였던 남다른 대처를 통해서 드러나는 우리 자신의 정체성을 찾아야 한다.

그것은 한국 사람으로서의 내가 어떤 존재인지를 파악하고, 우리의 전통문화, 우리의 전통사상이 무엇인지를 파악하여 그것을 바탕으로 오늘날의 우리 사회에 알맞은 정치, 경제, 종교, 사회, 교육, 문화, 예술을 새롭게 창조해야 함을 뜻한다.

사람은 저마다 남과 다른 자신만의 삶을 살아가고 있다. 그리고 저마다의 삶이 서로 공유共有되면서 서로의 삶을 완성해준다. 따라서 우리 자신이 가정과 국가, 인류사회를 구성하는 근본인 동시에 시공, 자연을 완성해가는 주체이다.

사람은 자연, 시공, 사물에 갇혀서 그들의 통제 안에서 살아가는 무기력한 존재가 아니라 온갖 이념이나 사상, 철학, 종교를 탄생시키고 발전시킨 주인공主人公이다. 따라서 시공, 자연, 사물, 종교, 자연, 자본주의, 공산주의, 민주주의, 사회주의, 과학, 기술과 같은 우리 자신이 창조한 온갖 사물에 얽매이지 말고 자신이 주체적으로 살아야 한다.

지금 우리나라는 대한민국이 건국된 이후에 경제적인 측면에서 그리고 첨단기술의 측면에서 세계를 선도할 수 있는 역량을 갖추었지만 정작 우리 자신이 어떤 존재인지, 한국이라는 나라의 정체성이 무엇인지를 파악하지 못한 점에서 아직도 여전히 수많은 이념, 종교, 정치적인 외세에 눌려서 독립하지 못한 상태이다.

지금이야말로 우리나라가 온 인류가 함께 살아가고, 함께 번영하는 홍익인간弘益人間, 접화군생接化群生의 이념으로 시작된 고조선사상 곧 우리 문화의 원형을 현대적 관점에서 재창조하여 그것을 바탕으로 온 국민이 하나가 되어 자유자재한 삶을 보여주어야 할 때이다.

그것은 앞으로 우리나라가 민주주의와 사회주의, 자본주의와 공산주의라는 낡은 이념의 틀을 넘어서 발전된 인류사회를 세계에 보여주고, 공유共有하여 함께 번영하는 길로 가야 함을 뜻한다. 온 인류가 하나가 되어 서로 다른 다양한 삶을 살아가면서도 함께 번영하는 이상적인 삶을 살아갈 수 있도록 그 길을 선도하는 것이 오늘날의 우리나라에게 주어진 국가적 사명임을 자임自任해야 한다.

2. 나를 통하여 드러나는 자연

우리는 앞에서 나를 지금 여기라는 시공을 중심으로 때로는 자연을 중심으로, 때로는 인류를 중심으로, 때로는 국가를 중심으로, 때로는 생명을 가진 세포를 분석하여 미립자의 상태를 중심으로 살펴보았다.

그것은 우리가 앞에서 실체적 세계관, 인간관을 바탕으로 물질적 차원에서 육신을 중심으로 인간을 살펴보았음을 뜻한다. 우리는 절대시간과 절대공간에 의하여 구성된 물질의 세계로서의 자연이 있고, 그 안에서 살아가는 사물 가운데 하나인 내가 있음을 전제로 하여 육신을 중심으로 분석을 하여 세포, 미립자로 나아가는 동시에 육신과 육신이 결합된 사회, 국가, 자연으로 종합적인 관점에서 고찰하였다.

그런데 20세기 초반부터 연구되기 시작한 양자역학量子力學에 의하면 절대시간, 절대공간 그리고 그 가운데 존재하는 물질이라는 세계관이 바뀌게 된다. 그것은 "모든 것이 물질로 구성되어 있고, 모든 것은 기본적인 물질 입자로 환원될 수 있다고 본다. 모든 원인들은 이들 기본적인 블록 쌓기 혹은 기본 입자들의 상호작용으로부터 생성된다. 그러나 궁극적인 원인은 항상 기본 입자들 상호 간의 작용에 있다고 본다. 이것이 바로 모든 원인이

기본 입자로부터 오는 운동에 의하여 발생한다는 신념"[12]의 붕괴를 뜻한다.

과학자들은 사람을 물건적 차원에서 하나의 물질로 이해하고, 물질을 구성하는 요소를 드러내기 위하여 육체를 분석하여 구성요소인 세포를 드러내고, 다시 세포를 분석하여 미립자의 상태로 분석하여 결국은 더 이상 입자의 상태로 이해할 수 없는 지경에 이르렀다.

그것은 더 이상 분석이 가능한 입자적 존재, 구성요소의 결합에 의하여 형성되는 물질적 존재는 없다는 것을 뜻한다. 양자역학자들은 여기에서 한 발 더 나아가서 "'정신이 물질세계를 창조했다'거나 '정신이 모든 물질의 모체'라고 하거나 '시공간은 의식부터 온다'고 결론짓는다."[13] 그러면 정신, 의식에 의하여 시공이 창조되거나 모든 물질의 모체라는 것은 어떤 의미인가?

양자역학자들은 "어떤 현상도 그것이 관찰되기 전까지는 현상이 아니다"[14]라고 말한다. 사실 그것은 과학자들의 연구 성과를 빌리지 않더라도 우리가 일상의 삶을 살아가면서 겪는 많은 일들을 통하여 자연스럽게 이해할 수 있다.

자연과 사회를 막론하고 인간이 없다면 그 의미와 가치가 드러나지 않는다. 그것은 바꾸어 말하면 자연과 사회라는 객관적인 세계가 있는 것이 아니라 인간에 의하여 인지된 자연과 세계가 있음을 뜻한다.

요즈음의 우리나라 상황을 중심으로 이 문제를 살펴보자. 지금 세계는 코로나19 사태로 인하여 불안한 마음을 안고 살아간다. 이와 달리 우리나라는 국경을 봉쇄하지 않고도 코로나19가 확산되는 것을 막아서 다른 나

---

[12] Graham Smetham, 박은영 역, 『양자역학과 불교』, 홍릉과학출판사, 2012, 37쪽.
[13] Graham Smetham, 박은영 역, 『양자역학과 불교』, 홍릉과학출판사, 2012, 45쪽.
[14] Graham Smetham, 박은영 역, 『양자역학과 불교』, 홍릉과학출판사, 2012, 39쪽.

라에 비하여 경제적인 타격을 적을 뿐만 아니라 일상의 생활을 하고 있다. 그렇다면 우리 국민들은 다른 나라 사람들에 비하여 행복한가?

오늘날의 한국사회에서 살아가는 사람들은 경제를 비롯하여 여러 측면에서 다른 나라의 국민들이 겪는 어려움보다 적게 받으면서 살아가고 있지만 인간의 삶이 갖는 근본적인 문제들을 해결한 것은 아니다.

그것은 코로나19 사태 속에서 나타나는 우리사회의 현상들을 분석하여 원인과 결과를 통하여 설명하려는 과학적인 방법과 달리 그것이 우리 자신에게 그리고 우리의 삶에 어떤 의미를 갖는지를 밝히는 인문학적인 방법을 활용하는 것이 필요함을 뜻한다.

오늘을 살아가는 우리나라의 가장들은 사랑하는 가족들의 편안하고 아늑한 삶을 위하여 일터에서 남과 경쟁적으로 일을 한다. 그럼에도 불구하고 그들은 일을 하는 데 모든 시간을 소비하여 정작 자신이 함께하고 싶은 가족들과 함께 보내는 시간이 거의 없다.

남편들은 때로는 가족들의 행복을 위하여 자식들을 해외로 유학을 보내고, 아이들을 돌보기 위하여 아내도 함께 보낸다. 그리고 그들은 외롭고 힘든 생활을 버티면서 돈을 벌어서 그들의 뒷바라지를 한다. 그러나 그들은 아내와 자식들로부터 오로지 돈밖에 모른다고 배척을 당할 뿐만 아니라 심지어는 이혼까지 당한다. 그러면 도대체 무엇이 문제일까?

왜 우리가 남을 속이지 않고, 나 스스로 열심히 살려고 노력함에도 불구하고 왜 아무것도 마음대로 되는 것이 없을까? 왜 삶은 이다지도 고통스러운 것일까?

석가모니는 중생의 삶은 고통이라고 하였다. 그는 삶의 고통이 너무 커서 불타는 집에서 사는 것과 같다고 하였다. 그것은 우리의 삶이 물속에서

허우적거리다가 잠시 숨을 쉬기 위하여 물 밖으로 머리를 내밀면 그 머리를 다시 물속으로 집어넣는 것과도 같다.

우리의 삶은 즐거운 일보다는 슬픈 일이 많고, 기쁜 일보다는 화가 나는 일이 많다. 우리는 삶을 살아가면서 만나고 싶은 사람은 만날 수 없기 때문에 고통스럽고, 만나기 싫은 사람은 반드시 만나야 하기 때문에 고통을 느낀다.

우리는 살아가면서 하고 싶은 일이 있어도 하지 못하여 고통스럽고, 하고 싶지 않은 일도 어쩔 수 없이 해야 하기 때문에 고통스럽다. 우리가 사람으로 태어나고 싶지 않은데도 불구하고 선택의 여지가 없이 사람으로 태어나서 고통스럽고, 병들고, 늙어가기 싫어도 병들고 늙어가는 것도 고통스럽다.

우리가 만나고 싶은 사람을 만나기 위하여 억지로 그와 만나거나 남과 함께 살아가는 사람을 빼앗는다고 하여도 남의 마음을 억지로 소유할 수 없기 때문에 함께할 수 없어서 더욱 고통스럽다.

그리고 우리가 만나기 싫은 사람을 죽이거나 만나지 않는다고 하여 문제가 해결되는 것은 아니다. 왜냐하면 사람의 마음은 자꾸 변하여 설사 원하는 사람을 만났을지라도 다시 다른 사람을 만나기를 원할 뿐만 아니라 싫어하는 사람으로부터 벗어났을지라도 다시 다른 사람들이 싫어지기 때문이다. 그러면 인간의 삶 자체가 고통스러운 것인가?

만약 우리의 삶 자체가 고통이라면 인간으로 살아가는 삶을 더 이상 연장하지 않으면 고통에서 벗어날 수 있을 것이다. 그러나 우리가 삶의 고통에서 벗어나기 위하여 자살自殺을 한다면 그것은 잠시 고통을 벗어날 수는 있을지라도 그것이 근본적으로 문제를 해결한 것은 아니다.

만약 죽음으로 모든 고통이 끝이 난다면 지금 도덕적이고 윤리적으로 살아가거나 종교적인 삶을 추구할 필요가 없다. 오로지 지금 이 순간의 삶을 위하여 본능에 따라서 하고 싶은 대로 남을 의식하지 않고, 그리고 다음 순간을 의식하지 않고 살아가면 될 것이다.

그러나 우리는 자신들이 죽은 후에라도 자식들에게 어떤 영향을 미칠까 염려하여 함부로 살아가지 않을 뿐만 아니라 자신들의 삶의 결과가 다른 사람들이나 후대의 사람들에게 영향을 미칠 것을 염려하여 항상 올바른 삶을 살아가기 위하여 노력한다.

만약 세계, 자연에 의하여 나의 삶이 결정되었다면 내가 죽음을 통하여 이곳을 떠나도 다시 처음 삶을 시작했던 것처럼 다시 돌아오게 될 것이다. 우리의 삶이 자연 또는 세계에 의하여 결정된다면 우리는 아무리 발버둥 쳐도 어찌할 수 없을 것이다.

우리가 우주선을 타고 대기권을 벗어나서 우주로 나가면 지구에서 멀어질수록 지구는 점점 작아져서 하나의 점이 되었다가 나중에는 흔적도 보이지 않는다. 이 광활한 우주의 한 부분인 태양계에 속한 지구, 그 안에서 살아가는 나는 과연 어떤 의미를 갖는 것일까?

어린 시절에 우리는 들판에서 뛰놀며 자랐다. 한번은 길을 가다가 개미집을 발견하고 그들이 움직이는 모습에 넋이 빠져서 한나절을 본 일이 있었다. 비록 어린 나이였지만 조그만 개미들이 잠시도 쉬지 않고 바쁘게 움직이는 것을 보면서 "저들을 무엇을 위하여 저렇게 바쁘게 움직이는 걸까" 하고 생각하였다.

한 마리의 개미가 옮기지 못하고 몇 마리가 함께 움직이는 물건들은 어린 내 손으로도 가볍게 들어서 옮겨줄 수 있다. 그리고 그들의 집을 발로

지그시 누르면 한순간에 무너질 수 있다. 만약 내가 한 발로 개미집을 지그시 눌러 허물면 그들은 아마도 "우주가 무너졌다"고 놀랄 것이다.

성인이 되어 도시로 나와서 사회생활을 하다가 어느 때인가 건물의 옥상에서 길 위를 빠르게 달리는 차들을 보면서 어렸을 때를 떠올린 적이 있다. "저들은 도대체 무엇을 위하여 저렇게 달리는 것일까? 저들은 성냥갑 같은 아파트를 나와서 종일 차를 타고 달리고 차에서 내려서 달리다가 결국은 아파트로 다시 들어가지 않는가? 저들의 삶과 어릴 때 보았던 개미들의 삶과 무엇이 다른가?"

하늘을 자유롭게 이동할 수 있는 존재가 있다면 그들 역시 우리가 개미들을 보면서 생각하듯이 우리 인간들을 똑같이 생각할 것이다. 저들은 우리가 "지구라는 약간 큰 개미집에 태어나서 평생을 그곳을 벗어나지 못하고 살다가 다시 그곳에서 죽음을 맞이한다"고 생각할 것이다. 그러면 인간의 삶은 고통스러운 것인가?

만약 우리의 삶이 본래 고통 그 자체라면 고통에서 벗어나려고 노력할 필요가 없다. 그러나 우리가 삶을 고통으로 여기고, 삶의 고통에서 벗어나려고 노력한다는 것은 삶이 본래 고통스럽지 않음을 뜻한다. 그렇다면 삶이 고통스럽다는 것은 어떤 의미인가?

삶 자체는 고통스럽거나 행복하지 않은데도 불구하고 오로지 인간이 스스로 삶에 대하여 고통스럽다고 여기고, 행복하다고 여긴다.

우리는 나라는 존재가 있고, 나에 의하여 이루어지는 행복한 삶과 불행한 삶이 있는 것이 아니라 행복한 삶이라는 의식이 있고, 불행한 삶이라는 의식이 있을 뿐임을 안다.

이제 우리는 지금 여기의 나를 파악하기 위해서는 나 밖에서 일어나는 자연 현상을 대상으로 분석하여 설명하려는 과학적 방법을 벗어나서 세상을 분석하고 설명하려는 나 자신을 대상으로 내면의 깊은 곳을 살펴야 한다.

우리가 아무리 아름다운 음악을 듣더라도 마음이 다른 곳에 있으면 그 음악은 나에게 없다. 그것은 "마음이 없으면 보아도 보이지 않고, 들어도 들리지 않으며, 먹어도 그 맛을 모른다"[15]는 말이다.

우리가 사랑하는 사람을 생각하면서 그 생각에 깊이 몰입되어 있으면 아무리 앞에서 천둥 치는 소리가 요란하게 일어나도 전혀 들리지 않는다. 그와 달리 사람은 때로는 아무리 다른 사람이 추한 사람이라고 할지라도 그 사람을 처음 보는 순간 이 세상에서 가장 아름다운 사람으로 느끼기도 한다.

소리가 있어서 우리가 듣고, 아름다운 사람이 있어서 우리가 보는 것이 아니라 내가 아름다운 소리를 듣는 순간 아름다운 소리가 있고, 우리가 아름다운 사람을 보는 순간 아름다운 사람이 있다.

아무리 어느 곳에 아름다운 꽃이 있어도 내가 그 꽃을 보지 못했다면 나에게 있어서는 그 꽃은 없다. 그것은 아무리 세계가 존재한다고 하여도 그것을 수용하는 인간이 없으면 있다고 할 수 없음을 뜻한다.

우리는 단순하게 밖에 있는 사물과 세계를 받아들이는 것에 그치지 않고, 그것을 가공하여 받아들인다. 사냥꾼이 밤길을 걸으면서 갑자기 뛰어오는 호랑이를 활로 쏘아서 죽이고 나서 다음 날 마을 사람들을 이끌고 그곳에 가 보니 바위에 화살이 꽂혀 있었다는 일화는 우리의 마음이 그대로 대상세계를 복사하지 않음을 알려준다.

문학작품이나 예술작품은 우리 마음의 창조적인 기능을 극적으로 보여

---

[15] 朱熹, 『大學章句』 傳七章, "心不在焉 視而不見 聽而不聞 食而不知其味."

준다. 김춘수 시인은 그의 시에서 사람과 사람의 만남이 수동적인 것이 아니라 능동적으로 작용함을 알 수 있다. 그는 '꽃'을 통하여 다른 사람을 자신의 마음속에서 하나의 의미체로 받아들이고 싶은 마음을 나타내고 있다. 이처럼 우리는 세상을 그대로 받아들이는 것이 아니라 능동적으로 창조하여 받아들인다.

과학자들은 우리의 감각지각이 밖의 사물을 그대로 복사하는 것이 아니라 선택적으로 수용할 뿐만 아니라 그것을 다시 이미 기억하고 있는 자료들을 통하여 가공하여 지각함을 밝히고 있다.

유식불교唯識佛敎에서는 인간의 육신과 마음을 모두 심의식心意識이라는 일종의 마음으로 이해하고, 마음에 의하여 세계가 구성됨을 밝히고 있다. 그것은 일상의 사람들은 자신과 세계를 마음에 의하여 구성하여 이해하고 있음을 뜻한다.

유식불교의 관점에서 보면 우리가 육신으로 여기고 오로지 그것만이 자신이라고 여기는 눈, 귀, 코, 혀, 몸은 가장 전방에 있는 마음이라는 점에서 전오식前五識이다. 전오식前五識은 밖에 있는 사물로부터 감각자료를 받아들이는 작용을 한다.

밖에서 받아들인 자료를 분별하는 기능을 하는 마음이 제육식第六識이다. 이는 사고를 통하여 이것과 저것으로 구분하는 작용을 한다. 밖으로부터 받아들인 자료를 분석한 내용을 실체화하는 기능을 하는 마음이 제칠식第七識이다. 이 칠식七識에 의하여 나, 나의 것, 저것과 구분되는 이것이라는 실체화가 이루어진다.

칠식七識에 의하여 이루어진 대상화, 실체화한 자료를 저장하는 것이 제팔식第八識이다. 제팔식第八識은 가장 깊은 곳에 있는 마음이다. 이 팔식八識은 밖에서 받아들인 자료를 저장하는 수동적인 작용을 하지만 한편으로는 팔식은 씨가 되어 나머지 마음들이 이루어지는 능동적인 작용을 한다.

우리가 전오식으로부터 제팔식을 향하는 방향은 표층의 마음으로 심층의 마음으로 향하는 방향이라면 제팔식에 의하여 제칠식과 육식 및 전오식이 규정하는 삼능변三能變의 방향이 있다. 그것은 이미 팔식에 내재된 종자가 발아하여 칠식과 육식 및 전오식을 낳기 때문에 대상을 그대로 받아들이는 것이 아니라 능동적으로 관여함을 뜻한다.[16]

제팔식인 아뢰야식阿賴耶識의 영향을 받아서 여러 식들이 형성되고, 식과 대상으로서의 경境이 형성됨으로써 나와 세계가 형성되는 점에서 보면 이 세계는 오직 식만이 있을 뿐으로 식과 대응하는 사물의 세계는 없기 때문에 유식무경唯識無境이라고 할 수 있다.

인간이 스스로 자신의 마음에 의하여 변경된 세계, 사물만은 볼 수 있다면 그것은 사물 자체나 세계 자체라고 할 수 없다. 그것은 본래 나와 구분되는 세계와 그 안의 사물이 있음을 전제로 하여 그 자체를 일상의 감각지각이나 이른바 마음을 통하여 파악할 수 없음을 뜻한다.

현대의 과학자들은 신神에 의하여 인간이 창조된 것도 아니며, 자연의 선택에 의하여 인간이 진화한 것도 아니고 인간은 스스로의 지적 설계에 의하여 진화할 것[17]이라고 말한다. 그것은 인간이 스스로를 통제하고 육신의 한계인 죽음마저도 극복하여 자연을 능가하는 존재가 될 수 있음을 뜻한다. 그러면 인간에 의하여 지각되고, 통제되는 자연, 인간에 의하여 구성

---

[16] 太田久紀 著, 鄭柄朝 譯, 『불교의 심층심리』, 玄音社, 1992, 143~190쪽.
[17] 유발하라리, 조현욱 옮김, 『사피엔스』, 김영사, 2016, 6~7쪽.

된 세계는 실재인가?

뇌과학자들은 시각에 의하여 눈을 통하여 감각자료가 수용되는 것도 현상 그대로를 받아들이는 것이 아니라 선택적으로 수용하며, 그것이 뇌에 전달되는 것도 편집되어 전달되고, 이어서 인식을 통하여 뇌에 저장하는 것도 기존의 저장된 정보에 의하여 각색된 정보를 저장한다고 말한다.[18]

그것은 마치 우리가 밤에 볼 수 있는 수많은 별들 가운데는 이미 사라지고 없지만 너무 멀리서 그 빛이 오기 때문에 우리 눈에는 지금 있는 것처럼 느끼는 것과 같다고 할 수 있다. 그것은 칸트가 말했듯이 우리는 사물 자체를 보고, 듣고, 냄새 맡고, 느끼는 것이 아니라 우리 스스로 구성한 것만을 알 수 있기 때문에 물자체物自體를 알 수 없다는 불가지론不可知論과 유사하다.

불교에서는 인간이 스스로 자신으로 인식하는 마음과 육신을 환상幻相으로 규정한다. 그리고 육신과 마음을 통하여 인식하는 세계 역시 실재하지 않는 환상이라고 규정한다.[19] 그것은 양자역학자들이 미립자에 의하여 구성된 세계는 없으며, 정신, 의식에 의하여 물질의 세계가 형성되었다고 하지만 그것마저도 실재하지 않음을 뜻한다.

실재하지 않는 물질의 세계를 화성化成하는 것이 의식이라면 그것이야말로 의식, 정신, 영혼이 물질적 존재인 시공, 자연과 다름을 뜻한다. 그렇

---

[18] 마치오 카쿠, 박병철 옮김, 『마음의 미래』, 김영사, 2019, 74~107쪽.

[19] 『圓覺經』(大正藏 17, 1, 0913b19), "一切眾生從無始來種種顛倒 猶如迷人四方易處 妄認四大為自身相 六塵緣影為自心相 譬彼病目見空中花 及第二月 善男子 空實無花 病者妄執 由妄執故 非唯惑此虛空自性 亦復迷彼實花生處 由此妄有輪轉生死 故名無明 善男子 此無明者非實有體 如夢中人夢時非無 及至於醒了無所得 如眾空花滅於虛空 不可說言有定滅處 何以故 無生處故 一切眾生於無生中 妄見生滅 是故說名輪轉生死."

기 때문에 중국불교에서는 인간의 의식, 마음, 정신에 의하여 형성된 세계가 실재하지 않는 환상으로 규정할 뿐만 아니라 그렇기 때문에 벗어나라고 주장한다.[20]

그러나 중국유학儒學에서는 한 걸음 더 나아가서 "희로애락喜怒哀樂의 감정으로 드러내기 이전을 중中이라고 하며, 희로애락의 강점을 절도에 맞게 드러낸 것을 화和라고 한다. 중은 천하의 달도達道이고, 화는 천하의 달덕達德이다. 중화中和를 이루면 천지가 제 자리를 잡고, 만물이 길러진다"[21]고 하였다.

그것은 실재하지 않는 환상인 의식과 달리 중화中和를 이루어서 천지가 천지로 존재하게 하고, 만물이 만물로 존재하게 하는 인간의 심층이 있음을 뜻한다. 따라서 우리가 인간으로서 우리 자신이 어떤 존재인지를 파악하기 위해서는 의식과 다른 심층의 우리를 고찰하는 것이 필요하다.

3. 나와 세계로 나누기 이전

우리는 앞에서 인간과 자연의 관계를 중심으로 나는 누구인가를 해결하고자 하였다. 세계가 있기 때문에 내가 세계가 있음을 보고, 듣고, 맛보고,

---

20 『圓覺經』(大正藏 17, 1, 0914a10), "一切菩薩及末世眾生 應當遠離一切幻化虛妄境界 由堅執持遠離心故 心如幻者亦復遠離 遠離為幻亦復遠離 離遠離幻亦復遠離 得無所離即除諸幻."

21 朱熹『中庸章句』第一章, "喜怒哀樂之未發 謂之中 發而皆中節 謂之和 中也者 天下之大本也 和也者 天下之達 道也 致中和 天地位焉 萬物育焉."

만져보면서 느끼는 것일까? 아니면 우리가 있어서 세계를 보고, 세계라고 표현하는 것일까?

만약 세계 가운데 일부가 인간으로서의 나라면 자연을 떠나서 존재할 수 없는데 어찌 나를 자연과 구분하여 나라고 할 수 있을까? 우리는 자연이 있고, 세계가 있으며, 부모가 있어서 자신들의 몸을 빌려주었기 때문에 우리가 비로소 태어날 수 있었음을 안다. 따라서 부모라는 나 이외의 존재가 없었다면 나는 존재할 수 없었을 것이다.

또한 설사 부모가 나의 육신을 낳았다고 할지라도 자연이 물과 공기를 비롯하여 먹고 움직일 수 있는 에너지원으로서의 이른바 음식을 주지 않았다면 우리가 살아갈 수 없다. 따라서 자연을 떠나서 인간이 존재할 수 없는 점에서 인간으로서의 나라는 존재를 인정할 수 없다.

그러나 내가 없다면 부모는 단지 부부일 뿐으로 부모가 될 수 없고, 내가 나와 구분하여 자연으로 인식하지 않는 이상 자연이 존재할 수 없다. 우리는 언제나 우리에 의하여 인식된 자연과 세계를 볼 수 있을 뿐으로 우리를 떠난 자연, 우리가 인식하지 않는 자연이란 있을 수 없다. 그러면 내가 있어 비로소 자연이 드러나는가? 아니면 자연이 있기 때문에 비로소 내가 자연을 아는 것인가?

그것은 우리가 앞에서 살펴본 바와 같이 물질적 차원에서는 인간과 자연이 동일한 요소에 의하여 구성된 점에서 자연, 사물과 인간이 다르지 않음을 뜻하고, 의식의 차원에서는 인간이 자연, 사물과 다름을 뜻한다. 그러면 인간은 자연, 사물과 같은가? 다른가?

물질적 차원에서 인간과 자연의 관계가 같은가 다른가는 곧 하나인가 둘인가의 문제이다. 만약 인간과 자연이 다르지 않다면 굳이 다른 문제는 발생하지 않는다. 그러나 만약 둘이라면 양자의 관계는 무엇인가 다시 말하면 자연이 인간의 근본인가 아니면 인간이 자연의 근본인가의 문제가 발생한다.

그것은 마치 닭이 먼저인가? 아니면 알이 먼저인가의 문제와 같다. 알이 없었다면 알에서 닭이 깨어날 수 없었을 것이고, 닭이 알을 낳지 않았다면 알이 존재할 수 없었을 것이다. 이 문제를 해결하는 방법은 간단하다.

만약 우리가 알과 닭이라는 실체가 있다고 여기고 이 문제에 접근하면 결코 해답을 얻을 수 없다. 그것은 닭과 알의 사이에 양자를 알고, 나타내는 인간이 있음을 통하여 문제를 해결해야 함을 뜻한다. 사실 해결방법은 닭과 알에 있는 것이 아니라 양자의 관계가 무엇인가를 문제로 삼는 인간 자신에게 있다.

그것은 닭과 알이라는 어떤 것이 있다고 여기고, 그것의 선후관계를 논하는 인간의 생각, 사고에 문제가 있음을 뜻한다. 만약 닭과 알이라는 실체가 없거나 선후라는 시간이 없다면 양자의 선후관계는 아무런 문제가 되지 않는다.

만약 닭과 알을 동시적으로 보면 아무런 문제가 없다. 뿐만 아니라 알이 부화되어 병아리가 나오는 것과 어미닭이 알을 낳는 것 사이에는 아무런 시비是非의 관계가 없다. 단지 인간이 양자의 시간적 선후관계, 논리적 선후관계를 따질 때 비로소 문제가 있는 것처럼 여겨질 뿐이다. 그러면 이 문제를 어떻게 해결할 수 있을까?

우리는 다음과 같은 일화를 통하여 이 문제를 정리해볼 수 있다. 어떤 두 사람이 깃발이 강한 바람에 의하여 펄럭이는 것을 보았다고 해보자. 두 사람 가운데 한 사람은 "바람이 분다"라고 말하고, 한 사람은 "깃발이 펄럭인다"고 말한다. 그리고 서로 자신의 말이 옳다고 주장한다. 그러자 두 사람의 대화를 들은 지나가는 사람이 이렇게 말하였다. "그것은 바람이 부는 것도 아니고, 깃발이 펄럭이는 것도 아니며, 당신들의 마음이 움직인 것이다."[22]

앞의 두 사람은 현상 자체를 중심으로 서로 다른 주장을 하기 때문에 그 관점이 같다. 그러나 세 번째의 사람은 앞의 두 사람의 관점과 다르다. 세 번째 사람의 주장은 현상을 대상으로 하는 것이 아니라 현상을 대상으로 하는 사람의 마음을 대상으로 하는 점에서 앞의 두 사람과 차이가 있다.

그것은 마치 중세의 신학자들이 신이 있음을 증명하고, 신의 특성을 증명하려는 노력을 하였던 것과 달리 근세에 이르러서 신을 문제로 삼는 인간 자신을 문제로 삼았던 인식론적 관점과 비슷하다.

바람이 분다고 하거나 깃발이 움직인다는 주장은 동일한 현상에 대하여 서로 다른 관점에서 제기되는 주장이다. 그것은 마치 새가 소리를 내는 것을 들으면서 한 사람은 "내가 노래한다"고 말하고, 한 사람은 "새가 운다"고 말하는 것과 같다. 새는 노래하거나 울지 않는다. 다만 새의 소리를 듣는 사람이 그렇게 들을 뿐이다. 그러면 세 번째 입장은 사람의 마음에 의하여 현상이 각색됨을 말하는가?

그것은 물질적 차원에서 육신과 자연을 구분하기보다는 그 양자를 놓아 버리고 양자를 구분하는 자신을 보라는 의미이다. 그가 두 사람을 향하여 말하고자 한 것은 바람이 불거나 깃발이 펄럭이는 현상을 떠나서 그것을 바라보는 자신을 바라보라는 것이다.

바람이나 깃발을 보는 것은 바람이나 깃발이 아니라 인간의 마음이다. 바람이나 깃발이 아닌 그것을 바라보는 나의 입장에서 보면 바람이 부는

---

[22] 『無門關』(大正藏 48, 1, 0296c18), "六祖因風颺刹幡 有二僧對論 一云幡動 一云風動 往復曾未契理 祖云 不是風動不是幡動 仁者心動 二僧悚然."

것이나 깃발이 펄럭이는 것은 내 마음이 바람이 분다고 생각하고, 깃발이 펄럭인다고 생각하여 각각 표현한 것이다.

현상에 얽매여서 시비是非를 구분하고 선악善惡을 분별하여 마치 현상 자체가 고정되게 있는 것처럼 생각하지만 사실은 마음이 스스로 현상을 그렇게 느낄 뿐이다. 그렇기 때문에 현상을 올바로 파악하기 위해서는 현상을 보는 나를 보지 않을 수 없다.

그것은 현상에 빠져서 시비是非, 선악善惡을 구분하여 버리거나 소유하려고 하지 말고 그것을 바라보는 나의 마음을 보고, 그것에서 다시 벗어나서 마음으로 드러나기 이전을 보아 그 자리에 "새가 운다"라거나 "새가 노래한다"는 것이 있는가를 돌아보라는 뜻이다.

현상으로부터 마음으로 그리고 마음으로부터 다시 한 발짝 더 내면으로 깊이 들어가 보자. 우리가 즐거운 일이 생겨서 마음이 즐거우면 모든 일이 즐거워서 온 세상이 즐겁게 느껴진다. 우리가 어떤 사람과 사랑에 빠졌다고 가정해 보자. 그는 떠오른 태양도 아름답고, 부는 바람도 아름다우며, 흘러가는 구름도 아름다울 뿐만 아니라 온 세상이 아름답다고 느낀다. 그의 귀에 들리는 모든 소리는 아름다운 음악이다. 이 사람이 새의 소리를 들으면 새가 노래한다고 할 것이다.

만약 이 사람이 사랑하는 사람으로부터 이별을 통보받았다면 그 순간부터 세상을 온통 슬픔이 가득한 잿빛으로 변할 것이다. 그는 태양이 더 이상 아름답지 않고 그저 뜨거울 뿐이며, 구름도, 바람도 모두 슬프게 느껴질 뿐이다. 그가 듣는 새의 소리도 역시 슬프게 울 뿐이다. 그러면 새가 노래하는가? 아니면 우는가?

우리는 여기서 새의 소리라는 대상을 벗어나서 그 대상을 대하는 나 곧 새의 소리를 듣는 나를 돌아볼 필요가 있다. 새의 소리는 고정되어 언제나 같은 것이 아니라 소리를 듣는 나의 감정 상태에 따라서 달리 들린다.

즐거울 때 나는 새의 소리를 노랫소리로 듣는다. 그러나 내가 슬플 때는 나는 새의 소리를 울음소리로 듣는다. 이때 때로는 노랫소리로 듣기도 하고, 때로는 울음소리로 듣기도 하는 나는 둘이 아니다. 그것은 노래한다고 느끼거나 운다고 느끼는 내 느낌, 생각은 서로 다르지만 그것이 나오기 이전은 하나임을 뜻한다. 만약 노래한다고 느끼는 사람과 운다고 느끼는 사람이 둘이 되면 우리는 그를 정신분열증에 빠진 환자라고 한다.

새가 운다고 생각하거나 노래한다고 생각하기 이전의 나는 둘이 아니라 하나이다. 그렇기 때문에 새가 운다고 느끼는 나도 없고, 새가 노래한다고 느끼는 나도 없다. 다만 새가 운다고 생각함도 없고, 새가 노래한다고 생각함도 없는 그 자리에서 때로는 새가 노래한다고 생각하고 때로는 새가 운다고 생각할 뿐이다.

그것은 마음의 여러 작용으로 드러나기 이전은 이것과 저것으로 구분할 수 있는 분별이 없음을 뜻한다. 이처럼 마음 이전의 자리에 울거나 노래함이 없음은 공간상으로 나와 남의 구분이 없고, 시간상으로 과거와 미래의 구분이 없다.

우리는 여기서 지금 여기의 내가 어떤 존재인지를 밝히기 위해서는 나와 지금 여기라는 내 삶의 환경으로서의 세계를 동일한 차원에서 접근하여 둘로 구분하고 양자의 관계를 중심으로 고찰할 때 결코 그것이 무엇인지를 밝힐 수 없음을 알 수 있다. 따라서 우리는 자신의 내면으로 더욱 깊이 들어가서 인간과 세계, 인간과 자연을 구분할 수 없는 하나의 측면을 고찰하는 것이 필요하다.

우리가 앞에서 자연을 중심으로 인간과의 관계를 고찰하고, 인간을 중심으로 자연과의 관계를 고찰한 것은 물질적 차원에서 양자를 분석하여 관계를 밝히려는 것이다.

그것은 구체적으로는 인간과 자연이 하나인가 아니면 둘인가의 문제 곧 동일한지 아니면 다른지의 문제라고 할 수 있다. 이때 인간과 자연이 그것을 문제로 삼는 나와 무관하지 않기 때문에 하나의 문제가 발생한다.

우리가 자신을 대상으로 분석과 종합을 통하여 인간이 무엇인지를 고찰할 때 만나는 중대한 문제는 우리가 우리 자신을 대상으로 분석을 할 때 분석의 대상으로서의 나와 분석의 주체로서의 내가 구분된다는 점이다.

우리는 지금 자연과 하나가 되어 구분할 수 없는 육신을 언급하고, 그와 달리 육신을 바라보는 우리 자신으로서의 의식, 정신을 말하지만 사실은 육신과 정신이 구분되어 있는 것은 아니다. 따라서 우리가 인간으로서의 우리 자신에 대하여 고찰하기 위해서는 의식, 정신으로부터 출발하여 의식으로 드러나기 이전을 고찰하는 것이 필요하다.

그것은 우리와 별개로 존재하는 대상의 사물과 나를 동일한 차원에서 구분하여 나를 대상으로 분석함으로써 드러나는 나는 물질적 나에 불과할 뿐만 아니라 나의 가장 표면적인 측면에 불과하기 때문에 사물과 동일한 차원에서 나를 고찰하는 것을 벗어나서 사물을 대하는 나, 나를 대상으로 연구하는 나를 대상으로 탐구함을 뜻한다. 우리가 앞에서 살펴본 내용을 간단하게 정리하여 하나의 도표로 나타내면 다음과 같다.

```
                마음(의식) 이전
            앞으로 살펴볼 내용 ↑
                   의식/정신
                        ↑ 이미 살펴본 내용
            육신, 나 ↔ 시공(세계), 사물
```

지금 여기의 물질적 차원의 나

우리가 우리 자신을 물질적 차원에서 지금 여기라는 시공時空, 자연自然을 바탕으로 우리를 이해하게 되면 우리의 가장 표층적인 일부만을 알 수 있다. 그것은 우리가 물질적 차원에서 육신을 통하여 자신을 파악하면 인간은 물질적 요소에 의하여 구성된 일종의 물체일 뿐으로 다른 물체와 차별성이 없음을 뜻한다.

아리스토텔레스는 인간을 사회적 동물, 이성적 동물로 규정하여 동물과 인간을 구분하였다. 그러나 인간이 아무리 이성理性을 갖고 있거나 사회를 이루어서 생활하는 존재일지라도 결국은 동물이라는 점에서 움직이는 물체 곧 생명을 가진 물체에서 벗어날 수 없다.

현대의 과학자들에 의하여 인식되는 인간은 오로지 물질로 구성된 물체일 뿐이다. 정신, 영혼의 모든 작용도 물체가 갖는 속성으로서의 기능에 불과하다. 그렇기 때문에 그들은 인간의 육신이 갖고 있는 기능을 무한하게 향상시켜서 한계를 극복하는 것이 이 바로 인간을 진화進化시키고, 향상向上시키는 것으로 오해誤解하게 된다.

그러나 우리가 과학기술을 발달시켜서 인간의 기능을 향상시키는 것이 올바른 것인지 인간을 행복하게 할 것인지를 해결하고자 하는 정신적 활동은 물질적인 기능이 아니다. 그것은 인간의 마음에 의하여 일어나는 여러 작용이 물질이 원인이 되어 나타나는 결과를 넘어서 있음을 뜻한다.

인과의 세계에서는 원인을 알면 모든 결과를 예측할 수 있다. 그러나 모든 사람이 언제나 한결같은 행동을 하지 않는다. 그것은 사람의 미래가 결정되지 않았기 때문에 사람의 미래는 예측을 할 수 없음을 뜻한다.

사람의 미래는 인간의 자유의지에 따라서 결정된다. 우리가 만약 자신을 죽이려는 사람을 만났을 때 작용과 반작용의 법칙에 의하여 모든 사람이 그를 죽이고자 하지 않는다. 오히려 예수가 주장하듯이 원수를 사랑하는 마음으로 대신 죽어가기도 한다. 따라서 죽음은 본래 인간의 한계가 아닐 뿐만 아니라 모든 사람이 죽음을 극복하려고 하지 않는다.

어떤 사람은 사람의 육신이라는 물질이 갖고 있는 태어나고, 늙고, 병들고, 죽어가는 모든 현상은 겉으로 드러날 것일 뿐으로 드러나도 드러남이 없기 때문에 태어남을 좋아하고, 죽음을 싫어하지 않는다.

그는 지혜롭기 때문에 생사生死가 없음을 알고 생사生死에 얽매이지 않을 뿐만 아니라 자비慈悲롭기 때문에 생사生死를 싫어하여 떠나지 않고 모든 생명과 생사를 함께 한다. 그는 부모가 자식을 사랑하듯이 모든 존재를 사랑한다.

그는 자식의 몸이 아프면 부모의 몸이 아프고, 자식의 몸이 나으면 부모의 몸이 낫듯이 인간을 비롯한 모든 생명체를 아무런 조건이 없이 사랑하기 때문에 심지어는 다른 사람의 병마저도 자신의 병으로 느낀다.[23]

---

[23] 『維摩詰所說經』(大正藏 14, 2, 0544b20), "維摩詰言 從癡有愛 則我病生 以一切眾生病 是故我病 若一切眾生病滅 則我病滅 所以者何 菩薩爲眾生故入生死 有生死則有病 若眾生得離病者 則菩薩無復病 譬如長者 唯有一子 其子得病 父母亦病 若子病愈 父母亦愈 菩薩如是 於諸眾生 愛之若子 眾生病則菩薩病 眾生病愈 菩薩亦愈 又言是疾 何所因起 菩薩病者 以大悲起."

대승불교의 이상적 인격체인 보살菩薩만이 온갖 지혜와 방편을 동원하여 아무런 조건이 없이 모든 사람을 자비慈悲로 대하는 것만은 아니다. 오늘날 우리 사회에 볼 수 있는 일상의 삶을 살아가는 평범한 가장家長들은 매 순간 아내를 위하고, 자식을 위하며, 친척을 위하고, 친구, 내 민족, 인류라는 사랑하는 존재를 위하여 자신의 생명을 버려가면서 살아간다.

우리는 아내와 가족, 친구, 민족, 인류라는 사랑하는 사람을 위하여 살아가는 삶을 상대방을 꺾고 이겨야 하는 경쟁이라고 생각하지 않으며, 우리의 삶이 가족을 위하여 희생犧牲된다고 생각하지 않는다. 우리는 단지 내가 사랑하는 사람들, 내가 좋아하는 사람들을 위하여 그들과 함께 살아갈 뿐이다.

우리는 앞에서 물질의 차원에서 자연의 일부로서의 인간의 다른 종種과 다른 특성을 찾고자 하였으나 인간 역시 미립자微粒子에 의하여 구성된 물체에 불과한 점에서 사물과 다르다고 할 수 없음을 살펴보았다.

우리는 과학적인 탐구를 통하지 않더라도 인간의 물질과 다른 정신적인 측면이 있을 뿐만 아니라 그것이 육신이라는 물체의 속성으로서의 기능이 아니라 육신을 넘어서 있음을 안다. 그럼에도 불구하고 일부의 과학을 맹신盲信하는 과학자들과 그들에 광적狂的으로 동조하는 사람들은 오로지 육신만을 인간으로 여기는 태도를 버리지 못하고 따라간다.

우리는 자연이 없다거나 과학의 가치를 부정하지 않는다. 우리는 다만 자연이나 과학의 가치를 올바로 평가하고, 올바로 사용하기 위해서는 오로지 자연만이 있다거나 과학적인 이치理致만이 진리라는 편협한 태도를 버려야 함을 말할 뿐이다.

오로지 물질적 차원에서 인간을 이해할 때 갖는 문제는 바로 육신이 생사生死의 한계에서 벗어나지 못한다는 점이다. 오늘날의 과학자들 가운데는 육신의 한계인 생사生死를 벗어나는 것을 가장 최우선의 과제로 여긴다.

자연이라는 물질적 차원을 대상으로 하는 과학적 인간관의 한계는 현대 인류의 삶을 통해서도 확인할 수 있다. 현대사회는 전체주의와 개인주의, 사회주의와 민주주의, 공산주의와 자본주의의 공산주의와 같은 이분법적인 이념의 대립에 의하여 국가와 국가, 사람과 사람들이 서로 갈등을 빚고 있다.

현대인류가 겪고 있는 갈등은 인간을 육신을 중심으로 이해하여 인간을 하나의 개체로 여기기 때문에 그들의 인권과 자유를 보장하는 민주주의, 자본주의 자유주의를 추구하느냐 아니면 개인이 모여서 형성된 평등의 사회, 국가의 이익을 추구하는 전체주의, 사회주의, 공산주의를 추구하느냐의 문제이다.

개인과 개인, 개인과 전체, 사람과 사회는 본래 대립과 갈등의 관계가 아니다. 단지 우리가 물질적 차원에서 자신을 이해하여 우리의 삶에서 일어나는 모든 일들을 대립과 갈등의 연속으로 착각하고 있을 뿐이다.

그러나 오늘날의 인류사회를 보면 개인이나 사회의 어느 일면의 가치를 중시하는 양측이 모두 실제로는 개인의 자유를 보장하거나 사회의 평등과 이익을 보장하지 않는다는 점이다. 개인 중심의 자유민주주의, 자본주의와 전체 중심의 사회주의, 공산주의를 막론하고 오로지 특정한 집단에 속한 개인의 이익을 추구하거나 소수 집단의 이익을 추구하는 이기주의를 낳을 뿐이다.

오늘날 인류사회가 해결해야 할 과제는 바로 자유민주주의와 사회주의, 자본주의와 공산주의라는 이념의 틀을 넘어서 새로운 이상적인 사회를 제시해야 한다는 점이다. 그것은 세계의 단일정부를 만들어서 새로운 세계질서를 세우겠다는 것과 같은 또 하나의 새로운 이념이나 새로운 형태의 집단이기주의의 표출로는 해결되지 않는다. 그 문제는 오직 우리가 스스로 물질적 인간관, 기계적 인간관, 과학적 인간관을 넘어설 때 비로소 해소된다.

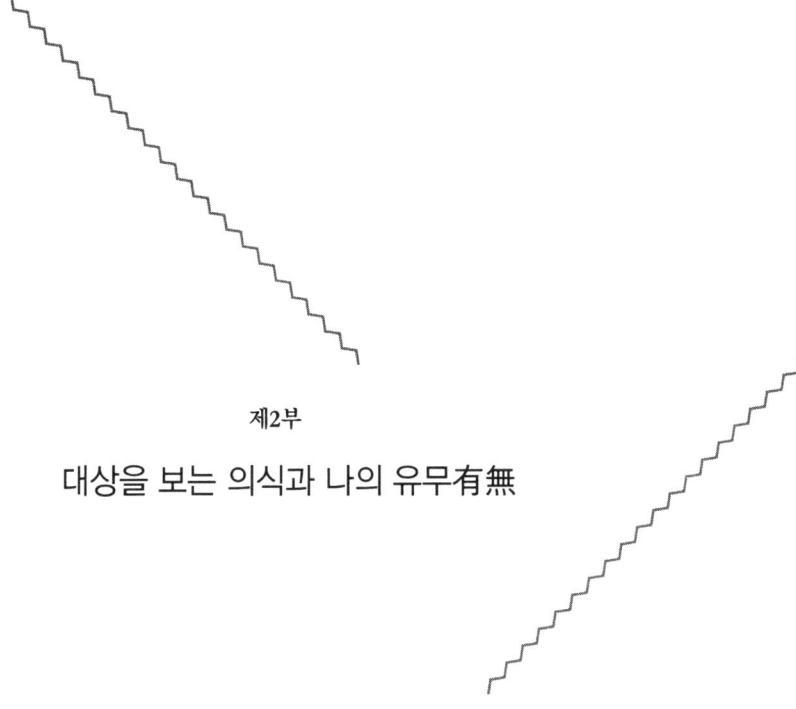

제2부

대상을 보는 의식과 나의 유무有無

　우리는 앞에서 물건적 관점에서 나와 남, 세계, 시공을 구분하여 양자의 관계를 중심으로 내가 어떤 존재인가를 고찰하였다. 그것은 내가 있고, 나와 구분되는 남이 있으며, 나와 함께 살아가는 삶의 터전으로서의 세계가 있음을 전제로 내가 누구인지를 고찰하였음을 뜻한다.

　그런데 만약 자연이 있고 그 안에 인간이라는 물체가 있다면 자연만이 있을 뿐으로 인간은 없다고 할 수 있다. 그와 반대로 인간이 있고, 자연이 없다가 인간에 의하여 인식이 이루어짐으로써 비로소 자연이 존재한다고 하면 자연은 없다. 따라서 우리가 출발점으로 삼았던 자연과 인간이 있다는 전제를 다시 살펴봐야 한다. 그러면 다른 존재와 구분되는 인간으로서의 나 그리고 세계는 있는가 아니면 없는가?

　상식적인 차원에서 우리가 자신을 없다고 할 수 없다. 왜냐하면 내가 굶주림에 시달린다고 하여 남의 배가 고프지 않으며, 남이 배불리 음식을 먹는다고 하여 나의 배가 부르지 않기 때문이다. 또한 우리가 눈을 뜨고 잠

자리에서 일어나는 순간 날씨에 따라서 그날의 컨디션이 좌우된다. 그런데 어찌 나와 자연이 없다고 하겠는가?

그럼에도 불구하고 불교에서는 "모든 물건은 실체가 없다. 모든 현상은 항상하지 않다. 항상하지 않는 것은 고통이다. 그렇기 때문에 그것을 아는 사람은 (현상에 대한) 번뇌가 사라져서 고요하다"[24]고 하여 무상無常, 무아無我, 열반涅槃을 주장한다.

천하天下를 화평和平하게 하고자 하는 유학儒學에서도 "선생님은 네 가지를 넘어섰다. 뭔가를 하겠다는 뜻이 없고(毋意), 뭔가를 반드시 하겠다는 것이 없으며(毋必), 뭔가를 함에 고착됨이 없고(毋固), 내가 없다(毋我)"[25]고 하여 무아無我를 언급하고 있을 뿐만 아니라 무지無知[26]를 언급하고 있다.

『노자』에서도 "도道는 항상 함이 없으면서도 하지 않음이 없다(道常無爲而無不爲)"[27]고 하여 무위無爲와 유위有爲를 언급하고 있을 뿐만 아니라 유有와 무無, 대大와 소小, 장長과 단短이라는 분별의 세계를 언급하고 있다.

중국불교나 중국유학 그리고 노장老莊 관련의 여러 전적에서는 유有와 더불어 무無를 언급하고, 공空과 색色, 공空과 불공不空, 공불공空不空,

---

24 『增壹阿含經』(大正藏 2, 23, 0668b28), "諸比丘 欲得免死者 當思惟四法本 云何為四 一切行無常, 是謂初法本 當念修行 一切行苦 是謂第二法本 當共思惟 一切法無我 此第三法本 當共思惟 滅盡為涅槃 是謂第四法本 當共思惟 如是 諸比丘 當共思惟此四法本."

25 『論語』子罕第九, "子絶四, 毋意, 毋必, 毋固, 毋我."

26 『論語』子罕, "子曰 吾有知乎哉 無知也 有鄙夫問於我, 空空如也. 我叩其兩端而竭焉."

27 『道德經』第三十七章, "道常無爲而無不爲, 侯王若能守之, 萬物將自化, 化而欲作, 吾將鎭之以無名之樸, 無名之樸, 夫亦將無欲, 不欲以靜, 天下將自定."

무위無爲와 유위有爲, 무지無知와 지知, 무아無我와 자아自我를 구분하여 언급하고 있다.

  무와 유, 무위와 유위, 무지와 지, 무상無相과 유상有相, 무념과 유념, 무분별과 분별은 모두 무아無我와 자아自我의 양자와 관련된 개념들이다. 그것들은 자아의 관점에서 유有와 관련된 유위, 분별이 성립되고, 무아와 관련하여 무상, 무분별, 무지가 성립된다. 따라서 유무有無와 관련된 다양한 개념들을 모두 무아와 자아로 집약하여 이해할 수 있다.

  그런데 유有는 무無를 전제로 하지 않으면 성립되지 않으며, 무無는 유有를 전제로 하지 않으면 성립되지 않는다. 그것은 유와 무를 동일한 차원에서 이해하면 양립이 불가능한 모순관계를 형성하지만 사물의 차원에서는 모순관계가 없음을 뜻한다. 그러면 그것이 무엇을 의미하는가?

  현상의 세계에는 모순관계가 없다. 다만 인간이 현상에 대하여 제기하는 주장을 통하여 비로소 모순관계가 형성된다. 그리고 주장에는 인간의 의식이 담겨 있다. 따라서 모순관계는 의식이 반영되어 나타난 현상이라고 할 수 있다. 그러면 유무有無는 어떤 의미인가?

  의식은 이것과 저것을 구분하여 달리 나타냄으로써 고정화하는 특성이 있다. 그렇기 때문에 의식에 의하여 인간을 고찰하면 자연과 다른 인간이 있음을 전제로 하기 때문에 인간과 자연을 바탕으로 양자가 하나인가 아니면 둘인가, 둘이라면 어느 것이 근본적인가의 문제를 제기하게 된다. 따라서 자아自我와 무아無我의 유무有無의 문제는 의식의 차원에서 제기되는 문제라고 할 수 있다. 그러면 자아와 무아가 의식의 문제라는 것은 어떤 의미를 갖는가?

  자아는 남과 구분되고, 자연, 사물과 구분되는 내가 있음을 나타낸다. 따라서 자아는 내가 있음으로써의 유아有我를 나타내며, 무아는 자아가 없음을 나타낸다. 그러면 인간은 있는 것인가? 없는 것인가?

노장老莊에서는 무無를 통하여 도道를 규정하고 현상으로부터 벗어나서 도로 돌아갈 것을 강조하며, 불교에서는 인간을 중심으로 자아를 벗어나서 무아에 이를 것을 권한다. 자아를 벗어나서 무아에 이름으로써 비로소 중도中道, 실상實相에 도달할 수 있다는 것이다.

그것은 자아와 무아의 관계를 통하여 드러내고자 하는 것이 인간의 존재 자체의 부정이 아니라 자아 곧 육신과 그 기능으로서의 의식이 인간의 본래면목이 아니며, 인간의 인간다움이 육신과 의식에 있지 않음을 뜻한다.

노장, 불교와 달리 유학儒學에서는 현실에서 천하를 도道로 제도濟度할 것을 강조한다. 이는 노장이 현실로부터 도를 향하는 방향에서 이론체계를 세운 것과 달리 유학은 도로부터 현실을 향하는 방향에서 이론을 전개하고 있음을 뜻한다. 이 또한 육신, 의식과 다른 차원의 인간의 존재를 전제로 하고 있음을 보여준다.

그러면 지금부터 우리는 일상적으로 그리고 당연하게 내가 있다고 여기고 있는 나를 나타내는 개념인 자아와 자아라고 표현할 수 있는 내가 없다고 말하는 무아 그리고 자아와 무아의 차원을 넘어선 심층의 나를 나타내는 중도를 중심으로 나는 누구인가의 문제를 살펴보자.

1. 버려야 할 대상으로서의 자아自我

　우리가 앞으로 살펴보아야 할 문제의 성격을 파악하기 위하여 앞에서 살펴보았던 내용들을 다시 정리해보자. 우리는 앞에서 인간으로서의 자신이 어떤 존재인지 그 정체성을 밝히기 위하여 분석적인 방법을 동원하였다.

　육신을 분석하면 머리와 몸통, 팔과 다리로 구분할 수 있고, 그것을 다시 분석하면 75조兆 이상의 세포로 나눌 수 있으며, 세포를 다시 분석하면 인간과 시공을 구성하는 양자量子에까지 이를 수 있다.

　그리고 육신을 중심으로 사람과 사람이 모여서 형성된 사회인 가족, 국가, 인류를 바탕으로 인간이 어떤 존재인지를 파악하기도 하고, 더 나아가서 자연을 바탕으로 그 안에서 살아가는 자연의 구성요소로서의 인간을 살펴보았다.

　과학자들은 인간의 육신을 분석하여 다음과 같은 요소로 구성된다고 말한다. 인체는 주로 수분, 지질, 단백질, 탄수화물, 핵산과 같은 유기화합물로 구성된다. 수분은 혈장, 림프액, 간질액과 같은 세포 밖의 액체와 세포 내의 액체로 존재한다. 인체의 대부분을 차지하는 수분은 생명의 화학작용에 필요한 용매로서 작용한다. 그 밖에 지방, 인지질, 스테로이드 같은 지질은 인체의 주요 구성성분이다.

　이를 다시 분석하면 인체는 산소 65%, 탄소 18%, 수소 10%와 질소, 칼슘 외에도 인, 칼륨, 황, 나트륨, 염소, 마그네슘과 기타 미량의 미네랄인 아연, 철, 구리, 셀레늄, 붕소, 크롬, 망간, 코발트, 요오드, 몰리브덴, 바나듐, 실리콤으로 구성된다.

불교에서는 과학자들이 말하는 여러 요소들을 흙(地), 물(水), 불(火), 바람(風)의 넷으로 종합하여 말한다. 그들은 뼈, 살갗과 같은 단단한 것은 흙으로 그리고 혈액, 눈물, 콧물과 같은 액체는 물로 그리고 호흡은 바람으로, 에너지는 불로 종합하여 나타낸 것이다.[28] 그러면 앞에서 언급된 화학적 요소를 더하고, 지수화풍地水火風을 결합하면 인간이 되는가?

우리는 앞에서 물질적 차원에서 육신을 대상으로 분석하고 분석하여 생명을 가진 세포를 비롯하여 생명이 없는 미립자에 이르고, 다시 육신으로부터 출발하여 가족, 국가, 인류 그리고 자연, 우주의 측면에서 인간이 어떤 존재인지를 살펴보았다.

그런데 우리는 여기서 양자, 세포, 입, 코, 혀, 몸, 육신, 시공, 세계라는 개념들로 나타내는 물건적 존재가 있다고 할 수 있느냐의 문제와 만난다. 만약 우리가 자신을 대상으로 아무리 분석과 종합을 하여도 그 결과가 실재하지 않는다면 성공했다고 할 수 없다.

그것은 우리를 대상으로 분석과 종합을 하는 나는 분석과 종합의 대상으로서의 육신, 물질과 같은가의 문제이기도 하다. 우리가 분석과 종합을 하는 나는 대상으로서의 나와 다르다. 왜냐하면 우리가 분석과 종합하는 행위 자체는 물질적 현상이 아니라 물질과 다른 현상이기 때문이다.

우리는 일반적으로 눈에 보이고, 모습을 갖고 있으며, 두드리면 소리가 나고, 색깔이 있으며, 가까이 다가가서 냄새를 맡으면 냄새가 나고, 입에 넣어서 맛을 보면 맛이 있는 것은 분명하게 나와 다른 별개의 물건으로 있

---

[28] 『圓覺經』(大正藏 17, 1, 0914b19), "我今此身四大和合 所謂髮毛爪齒皮肉筋骨髓腦垢色皆歸於地 唾涕膿血津液涎沫痰淚精氣大小便利皆歸於水 暖氣歸火 動轉歸風 四大各離 今者妄身當在何處"

다고 생각한다.

그것은 보고, 듣고, 냄새를 맡고, 말하고, 감촉을 느끼는 기능을 통하여 있음을 알게 됨을 뜻한다. 우리는 평상시에는 손이나 발과 같은 육신을 느끼지 못한다. 그러나 어느 순간에 손의 일부에 통증이 있을 때 비로소 손을 있음을 알게 된다. 이를 통하여 물질적 요소가 내가 아니라 남과 구분되는 나를 아는 요소가 나라고 할 수 있다.

불교에서는 의식, 정신, 마음과 같은 여러 개념들을 통하여 나타내는 물질적 요소인 색色과 다른 인간의 측면을 느낌(受), 사고(想), 의지(行), 인식(識)으로 나타낸다. 그러면 이러한 요소들이 결합된 것이 사람인가?

사람은 마음만을 갖고 있지 않다. 우리는 앞에서 살펴본 바와 같이 물질적인 측면으로서의 육신이 있음을 확인하였다. 따라서 마음만으로 사람이 될 수 없을 뿐만 아니라 육신만으로 사람이 될 수 없기 때문에 육신이나 마음은 없다고 한다.[29] 그러면 육신과 마음이 결합된 내가 있는가?

육신을 중심으로 나를 이해하면 남과 나는 분명하게 구분이 된다. 내가 배가 고프면 내가 먹어야 배가 부르지 남이 먹는다고 하여 내가 배부르지 않다. 그리고 밖에서 일어나는 슬픈 일을 보면 내가 슬프고 눈물을 흘릴 뿐으로 남이 슬프고 남이 울지 않는다.

이미 살펴본 바와 같이 인간의 육신은 다양한 요소들이 결합하여 일시적으로 형성된 것일 뿐이다. 그렇기 때문에 한순간도 머물지 않고 끊임없이 변화하여 어느 순간에는 사라지고 만다. 우리는 것을 각각 태어나고 죽는

---

[29] 『圓覺經』(大正藏 17, 1, 0913b19), "一切眾生從無始來種種顛倒, 猶如迷人四方易處, 妄認四大為自身相, 六塵緣影為自心相 譬彼病目見空中花及第二月 善男子 空實無花, 病者妄執 由妄執故 非唯惑此虛空自性, 亦復迷彼實花生處, 由此妄有輪轉生死, 故名無明."

다고 말한다. 그러면 태어나서 죽기 이전까지는 육신이 있는가?

　태어남과 죽음이라는 것도 하나의 개념일 뿐으로 실재하는 것은 아니다. 그것은 우리가 어느 때를 태어남이라고 하고, 어느 때를 죽음이라고 하느냐에 따라서 달라지는 것을 보아도 알 수 있다.

　우리가 만약 정자와 난자가 결합하는 순간을 태어남으로 규정하면 태아가 어머니의 자궁 안에 있을 때부터 한 사람의 개체로 인정을 하게 된다. 그렇기 때문에 우리는 아이가 태어나는 순간 자궁 안에서의 시간과 합하여 2살이라고 말한다.

　그러나 완전한 사람의 형태를 갖추고 어머니의 자궁 밖으로 나왔을 때 비로소 사람으로 태어났다고 인정하면 그때는 1살이 된다. 우리가 서양식의 만이라고 하는 나이의 셈법이 바로 이러한 관점을 나타낸다.

　죽음도 어느 때를 죽음으로 규정하느냐에 따라서 그 내용이 달라진다. 뇌가 작용을 하지 않을 때 곧 뇌사腦死를 죽음으로 인정하느냐 아니면 심장이 멈추었을 때를 죽음으로 인정하느냐에 따라서 심장사心臟死라고 구분하여 나타낸다.

　그러나 수정하기 이전에도 그리고 수정한 후에도 자궁 안이나 자궁 밖으로 나왔거나를 막론하고 육신은 끊임없이 변화하여 한순간도 동일한 모습을 갖고 있지 않다. 그럼에도 불구하고 우리는 갑돌이, 을순이라고 이름을 지어서 죽을 때까지 고정화하여 마치 변하지 않는 어떤 것이 있는 것처럼 나타낸다.

　그리고 설사 지수화풍의 네 요소에 의하여 결합된 어떤 것이 변화하지 않고 있다고 할지라도 그것이 스스로 존재하는 것은 아니다. 육신이 형성되기 위하여 이루어지는 정자와 난자와 결합은 아버지와 어머니라는 다른 개체의 도움을 받아서 이루어진다.

  수정 이후에도 어머니로부터 영양을 공급받지 않으면 살아남을 수 없을 뿐만 아니라 어머니의 자궁 밖으로 나와서도 스스로 살아갈 수 있을 때까지 성장하기 위해서는 부모의 도움을 받지 않을 수 없다.

  육신이 성장하여 어른이 되었다고 하여도 자신이 혼자 살아갈 수 없다. 당장 몸의 80%를 구성하고 있는 물은 한번 마시면 우리 몸을 통과하면서 오염이 되어 밖으로 배출되면 자연이 정화해주지 않으면 다시 마실 수 없다.

  우리가 마시는 공기 역시 우리 몸을 통과하면 오염된다. 그것을 다시 자연이 정화해주지 않으면 우리가 다시 마실 수 없다. 우리는 자연이라는 다른 대상이 없다면 먹고, 마시고, 호흡하면서 살아갈 수 없다.

  죽음의 완성도 다른 존재의 도움이 없이는 불가능하다. 우리가 우습게 알고 무시하는 세균이 육신을 분해해주지 않으면 부패腐敗가 되지 않아서 본래의 곳으로 돌아갈 수 없다. 따라서 사람은 태어나는 순간부터 죽음에 이르기까지 홀로 존재하는 것이 아니라 모든 존재의 도움에 의하여 살아간다.

  남과 무관한 나, 세계와 아무런 관련이 없는 나, 사물과 별개의 나는 존재하지 않는다. 그런 점에서 독립하여 스스로 존재하는 자아는 없다. 그렇다면 우리는 왜 남과 구분되고, 자연과 구분되며, 사물과 구분되는 내가 있다고 여기는가?

  그것은 남과 나를 구분하는 의식意識이 만들어낸 환상幻相이다. 우리의 눈앞에 아무리 아름다운 여인이 있어도 내 의식이 다른 생각에 빠져 있다면 볼 수 없다. 마찬가지로 내 앞에서 아무리 큰 소리가 나도 의식이 다른 곳에 있으면 들리지 않는다. "마음(의식)이 없으면 보아도 보이지 않고, 들어도 들리지 않으며, 먹어도 그 맛을 알 수 없다."[30] 이를 통하여 인간은 육신을 통제하고, 다스리는 의식이라는 측면을 갖고 있음을 알 수 있다.

의식은 지각을 비롯하여 사고하고, 분별하며, 인식하고, 의지작용을 한다. 그것은 육신을 통하여 밖의 사물과 만났을 때 내가 본 순간 물건 자체는 이미 변화하여 없을 뿐만 아니라 내가 감각하고 지각하는 물건의 상태도 이미 사라지고 없는 상태를 지각할 뿐임을 뜻한다.

내가 어떤 소리를 들을 때는 이미 그 소리는 사라지고 없다. 비록 짧은 순간이지만 매 순간 변화하고 있기 때문에 순간적으로 만나는 현상은 언제나 과거화될 뿐이어서 현재의 물건을 만날 수 없다.

그것은 육신에 의하여 이루어지는 의식의 작용으로서의 지각이나 인식, 분별, 의지에 의하여 육신이 있다고 여길 뿐임을 뜻한다. 이러한 의식의 작용은 소극적인 측면에서는 이미 존재하는 사물을 받아들인다고 할 수 있지만 적극적인 측면에서는 조작을 한다.

불교에서 "오로지 의식 작용만이 있을 뿐으로 밖의 대상 세계는 없다"고 하거나 "모든 것은 오로지 마음이 만든 것이다"는 언급은 의식의 적극적인 측면을 강조한 것이다. 그러면 인간은 의식은 있는가?

만약 의식이 몸과 별개로 있어서 몸 밖에서 몸을 운용한다면 그것은 내 몸과 상관이 없다. 그렇기 때문에 내 의식이라고 할 수 없다. 그렇다고 하여 의식이 몸에 있다고 주장한다면 몸에 널리 퍼져 있는가 아니면 몸의 일부분에 있는가?

만약 의식이 몸 안에 있다면 몸 안의 오장육부를 밖의 사물들을 보듯이

---

30 朱熹,「大學章句」傳第七章, "心不在焉 視而不見 聽而不聞 食而不知其味."

볼 수 있어야 한다. 마찬가지로 코가 밖의 냄새를 맡듯이 몸 안의 냄새를 맡고, 귀가 밖의 소리를 듣듯이 몸 안의 소리를 들어야 한다. 그러나 눈과 귀는 몸 밖의 다른 형상과 소리를 보고 들을 뿐이다. 그러면 의식이 귀나 눈 또는 머리에 있는가?

만약 우리의 의식이 밖의 사물에 있다면 귀나 눈이 필요가 없고, 눈이나 귀에 있다면 사물이 필요가 없다. 그리고 귀나 눈에만 있다면 볼 수 있거나 들을 수 있을 뿐으로 동시에 보고 들을 수는 없다. 그러면 의식이 온몸에 퍼져 있는가?

만약 우리가 다리를 다쳤다면 의식이 온몸에 있기 때문에 팔도 아프고, 귀와 손도 아파야 한다. 그러나 다리를 다치면 다리가 아프고, 손을 다치면 손만 아프다. 그렇기 때문에 의식이 몸의 모든 부분에 퍼져 있다고 할 수 없다. 따라서 의식은 몸의 안에 있는 것도 아니고 몸의 밖에 있는 것도 아니다.

지금까지 우리는 공간적 측면에서 의식을 육신에 속한 기능이라고 가정하고 의식이 있는지를 살펴보았다. 그러나 육신의 어느 일부분에 속하거나 전체에 속하는 것도 아니며, 그렇다고 하여 육신의 밖에 있는 것도 아님을 살펴보았다. 그러면 이제는 시간적 측면에서 의식을 살펴보자.

의식도 육신과 마찬가지로 매 순간 끊임없이 변變하여 다른 것으로 화化한다. 우리가 잠시 어떤 사람을 사랑한다는 생각으로 그 사람의 모든 것을 이해하다가 어느 순간 그가 오래전에 내 이익을 해치는 행동을 했음을 생각하면 갑자기 마음이 변하여 그 사람을 나쁜 사람이기 때문에 믿을 수 없다고 생각한다. 그러면 그 사람을 사랑스럽다는 생각을 할 때가 내 의식인가? 아니면 그 사람을 나쁜 사람이라고 생각할 때가 내 의식인가?

만약 우리가 어떤 사람을 사랑스러운 사람으로 생각할 때 그 생각이 의식이라면 생각이 나기 이전에는 의식은 없었다가 나타나고, 생각이 사라지면 그 의식도 따라서 사라지는 것인가? 생각이 나기 이전에는 생각이 없으니 의식도 없고, 생각이 사라진 후에는 의식도 없으니 생각도 없다. 그러면 의식은 있는 것인가? 없는 것인가?

우리는 과거의 기억을 소환하여 그것을 확대하여 재생산함으로써 새로운 기억으로 저장한다. 그리고 다음 순간에서는 이미 저장된 기억을 현재의 받아들이는 내용과 결합하여 다시 확대하여 생산하고 그것을 또다시 저장한다.

만약 우리가 이처럼 변하여 다른 것으로 화化하는 의식을 자신이라고 여기고 그것이 내 의식이라고 한다면 한순간도 의식이 편할 날이 없을 것이다. 왜냐하면 끊임없이 다양한 사고를 하고, 이것과 저것을 구분하는 의식을 실체로 여기고 여기에 다시 가치를 부여하여 그것을 소유하려는 의식이 강해져서 행동으로 드러나게 되면 삶이 고통스러워지기 때문이다.

의식은 끝이 없이 무엇을 소유하기를 원하지만 원하는 것을 모두 얻을 수 없다. 왜냐하면 내가 원한다면 다른 사람도 역시 원하기 때문이다. 원하는 대상은 한정이 되고, 원하는 사람은 많기 때문에 결국은 경쟁을 할 수밖에 없을 뿐만 아니라 결국은 투쟁鬪爭하여 승리하는 사람이 쟁취하게 된다.

그런데 원하는 것을 얻지 못한 사람은 얻지 못해서 고통스럽지만 원하는 것을 얻은 사람도 또한 고통스럽다. 왜냐하면 원하는 것을 얻으면 얻을수록 더욱더 많은 것을 얻고 싶은 의식이 일어나서 스스로 여전히 소유하는 것이 적다고 여기기 때문이다. 그러면 남과 구분되는 내 의식이 있는가?

남과 무관한 독립된 나로서의 육신이 없다면 육신의 기능으로서의 의식

역시 있을 수 없다. 만약 내 의식이 내 육신과 남의 육신이 구분되듯이 남의 의식과 무관하게 있다면 어찌 삶이 내 의식대로 되지 않는가?

내 의식은 모든 것을 알고 싶고, 모든 것을 할 수 있기를 원하며, 모든 것을 갖기를 원한다. 그럼에도 불구하고 내 의식이 원하는 대로 모든 것을 할 수는 없다. 의식이 뭔가를 원하더라도 때로는 그 의식을 억누르고 실천하지 못하도록 하는 의식도 있다. 그것은 의식이 항상 같은 차원에서 일어나는 것이 아니라 여러 차원으로 드러남을 뜻한다. 이처럼 다양한 의식이 있다는 것은 의식이 주체적 존재가 아니라 다양한 의식으로 드러나는 근원이 있음을 뜻한다.

우리는 "너는 내 마음을 믿지"라고 말하거나 "너는 왜 내 마음을 모르느냐"고 말하고, "내가 내 마음을 모르는데 내가 너의 마음을 어떻게 아느냐"고 말한다. 우리가 내 마음과 너의 마음이 서로 다르다고 말할 수 있는 것은 마음이 본래 하나이기 때문이다. 이때 내 마음과 네 마음은 정확하게는 내 의식과 네 의식이라고 할 수 있다. 우리는 여기에서 육신의 기능으로서의 의식과 마음을 구분하여 이해할 필요가 있음을 알 수 있다.

우리는 마음을 하나로 모은다고 말한다. 그것은 내가 집중執中하여 마음이 하나로 모아지면 나의 마음과 너의 마음이 하나가 됨을 뜻한다. 이때 만약 우리가 하나의 마음이라는 것을 모른다면 어떻게 너의 마음과 나의 마음이 하나가 되었음을 알 수 있는가?

하나의 마음, 한마음이 되었을 때는 그 어떤 것을 보아도 봄이 없고, 들어도 들음이 없는 무심無心의 상태가 된다. 무심은 마음이 없음이 아니라 사고, 분별, 인식, 의지의 어떤 작용을 하여도 그 작용에 얽매임이 없음을 뜻한다.

2. 찾아야 할 대상으로서의 무아無我

우리는 앞에서 지수화풍을 비롯한 다양한 요소에 의하여 결합되어 형성되어 끊임없이 변하여 다른 것으로 화化하는 육신이 고정되게 남과 구분되는 어떤 것이 없는 점에서 자아自我가 없음을 알 수 있다.

그리고 매 순간 다양하게 사고하고, 분별하며, 인식하고 의지하는 마음도 고정되게 남과 구분되는 나라는 어떤 것이 없는 점에서 내 마음이라는 것이 없음을 알 수 있다.

우리가 적극적으로 생각해보면 남과 구분되는 내 육신이 있다는 생각은 버려야 할 착각임을 알 수 있다. 나라고 할 수 있는 남과 구분되는 변하여 화하지 않는 육신이 없을 뿐만 아니라 나라고 여기는 육신도 남의 도움, 베풂을 받지 않고서는 살아갈 수 없기 때문이다.

의식도 밖의 사물이 육신에 반영되어 나타난 그림자와 같다. 왜냐하면 밖의 사물에 의하여 받아들여진 감각자료들을 선택적으로 수용하고, 그것을 다시 이미 저장된 내용과 결합하여 변화를 시켜서 판단을 하고 그것을 다시 저장함으로써 의식이 형성되기 때문이다.

불교에서는 남과 구분되는 나의 육신과 내 의식이 있다는 것은 환상일 뿐임을 다음과 같이 밝히고 있다.

> 모든 중생은 무시無始 이래로 여러 가지로 전도顚倒됨이 마치 미혹한 사람이 동서남북의 사방을 바꾸어서 이해하는 것과 같다. 망령되게 지수화풍地水火風의 사대四大를 자신으로 여기고, 육진六塵을 반연한

그림자를 자신의 마음으로 여긴다.³¹

우리는 위의 내용을 통하여 육신과 의식으로 구성된 자아가 있다는 생각을 버려야 함을 알 수 있다. 그것은 지혜知慧가 사라진 어리석음으로서의 무명無明으로부터 나타난 그릇된 지견知見이기 때문에 그것으로부터 벗어나야 한다. 그렇기 때문에 일상의 자아에 집착하는 의식을 벗어나고자 하는 원리심遠離心을 갖고 올바른 삶을 살아가고자 하는 수행을 해야 함을 밝히고 있다.

육신과 육신의 기능으로서의 의식의 실체성의 부정을 나타내는 개념이 무아無我이다. 무아의 아我는 남과 구분되는 실체적 존재를 나타낸다. 따라서 무아는 남과 구분되고, 자연과 구분되는 나라는 실체적 존재가 없음을 나타내는 개념이다.

불교에서는 육신을 구성하는 지수화풍地水火風의 네 가지 요소와 마음을 구성하는 수상행식受想行識의 네 가지 요소인 오온五蘊이 공空함을 통하여 무아를 밝히고 있다. 그것은 일상의 사람들이 자신으로 여기는 육신과 마음이 지수화풍의 색色과 수상행식에 의하여 잠시 하나가 된 인연의 소산물일 뿐이기 때문에 자아가 없음을 나타낸다.

그런데 만약 지수화풍의 사대와 색수상행식의 오온의 분석을 통하여 무아를 주장하게 되면 우리가 일상적으로 이해하는 육신과 그 기능으로서의 의식에 의하여 형성된 사람은 없다는 인무아人無我는 성립되지만 지수화풍의 사대는 실재한다고 오해할 수 있다.

---

31 『圓覺經』(大正藏 17, 1, 0913b19), "一切衆生 從無始來 種種顛倒 猶如迷人 四方易處 妄認四大 爲自身相 六塵緣形 爲自心相."

사람의 육신을 형성하는 지수화풍의 사대四大 역시 항상하는 실체적 존재가 아니라는 점에서 법무아法無我라고 한다. 그것은 인간뿐만 아니라 물질에 의하여 구성된 사물, 세계도 역시 고정되어 항상하지 않음을 뜻한다. 그러면 인무아와 법무아를 내용으로 하는 무아사상은 결국 실체적 존재가 아무것도 없음을 나타내는가?

자아와 대응하여 무아無我를 제기하는 것은 자아의 실체성實體性을 부정하는 것일 뿐으로 인간 자체의 존재함을 부정하려는 것이 아니다. 그렇기 때문에 무아는 자아와 대립되는 모순관계가 아니라 양립이 가능한 관계이다.

그것은 인간의 자아가 일상적인 자아의 측면만이 있는 것이 아니라 그것을 넘어선 다른 측면의 자아가 있음을 나타내기 위함이다. 『원각경』에서는 육신과 의식을 자신으로 여기는 그릇된 지견知見의 문제가 자신을 그릇되게 여기는 것에 그치지 않고 인간의 가장 심층의 자신마저도 혼미하게 됨을 다음과 같이 밝히고 있다.

> 비유하자면 저 병든 눈으로 허공의 꽃과 제2의 달을 보는 것과 같다. 허공에는 실제로 꽃이 없는데 눈병이 난 사람이 망령되게 집착한다. 망령되게 집착함으로 말미암아 허공의 자성自性을 혼미할 뿐만 아니라 또한 더불어 저 꽃이 피는 곳도 혼미한 것이다. 이로 말미암아 허망하게 생사의 윤전이 있기 때문에 무명無明이라고 말한다.[32]

허공의 꽃과 제2의 달은 각각 육신과 육신의 기능으로서의 의식에 의하

---

32 『圓覺經』(大正藏 17, 1, 0913b19), "譬彼病目 見空中華 及第二月 空實無華 病者妄執 由妄執故 非唯惑此虛空自性 亦復迷彼實華生處 由此 妄有輪轉生死 故名無明."

여 형성된 의식이라고 할 수 있다. 이때 허공의 꽃과 제2의 달을 자신으로 여김은 곧 허공과 실재하지 않는 꽃, 제2의 달을 혼동하는 것이다. 그러면 무아는 무엇인가?

무아는 육신과 의식을 넘어선 인간의 심층을 가리킨다. 그것은 시공의 한계를 갖는 색신과 구분하여 법신法身이라고 말하기도 하고, 의식에 의하여 형성된 지식과 비교하여 진지眞知라고 말하기도 하며, 분별을 특징으로 하는 의식과 다름을 나타내기 위하여 진심眞心이라고 말하기도 한다. 조선朝鮮의 기화己和는 무명에 대하여 다음과 같이 밝히고 있다.

> 묘명妙明한 진심眞心은 적조寂照가 동시에 이루어져서 조照에 사무친 적寂을 법신法身이라고 하고, 적寂에 사무친 조照를 진지眞智라고 한다. 진지는 생각이 끊어지고, 법신은 모습이 없다. 무상無相의 신身이 법신인데도 색신色身을 자신으로 삼고, 연려가 끊어진 지智가 진심인데도 연려緣慮를 자심自心으로 삼는다. 연려를 자심으로 삼았기 때문에 진지를 미혹하고, 색신을 자신으로 삼았으므로 법신을 미혹했다. 그 결과 법신과 진지를 미혹할 뿐만 아니라 또한 색신과 연려가 진실이 아님도 모른다.[33]

인용문을 통하여 육신과 다른 법신法身, 의식과 다른 진심眞心으로서의 진지眞知를 나타내기 위하여 육신과 의식을 자신自身과 자심自心으로 여

---

[33] 己和解,「大方廣圓覺修多羅了儀經說誼」文殊章,"蓋妙明眞心 寂照同時 卽照而寂 名爲法身 卽寂而照 名爲眞智 眞智絶慮 法身無相 無相之身 是眞身也 認色身爲自身 絶慮之智 是眞心也 認緣慮爲自心 認緣慮爲自心 故迷眞智也 認色身爲自身故 迷法身也 此則非唯迷彼法身眞智 亦復不知色身緣慮之爲 非眞也."

기는 것이 전도顚倒된 것이라고 하였음을 알 수 있다.

그것은 전도된 견해를 낳는 것이 바로 지혜가 없는 무명임을 뜻한다. 이때 무명도 역시 명명으로 인하여 상대적으로 존재할 뿐으로 실체적 존재가 아니다. 무명이 변하면 명명이 되고, 명명이 변하여 무명이 된다. 따라서 무명과 명명은 인연에 따라서 발생한 것일 뿐으로 둘이 아니다. 그러면 법신은 무엇인가?

법신은 색신 곧 육신이 무상한 것과 달리 항상하다.『열반경』에서는 법신이 여래의 몸임을 다음과 같이 밝히고 있다.

> 여래의 몸은 항상 머무는 몸이며, 깨뜨릴 수 없는 몸이고, 금강과 같은 몸이며, 잡식하지 않는 몸으로 곧 법신이다.[34]

인용문을 통하여 법신이 바로 여래의 몸임을 알 수 있다. 그것은 생사生死와 열반涅槃으로 나타나는 색신色身과 다르다. 법신은 나지도 않고 없어지지도 않으며, 마음도 아니고, 마음의 작용도 아니며, 있지 않으나 있기도 하며, 있음도 아니고 없음도 아니며, 볼 수 없으나 가히 보기도 하고, 중생이 아니나 중생이 아님도 아니고, 지수화풍의 사대가 아니나 사대가 아님도 아니고, 볼 수도 없고, 형상도 없어서 열반에 들어도 열반에 들지 않는다.[35]

법신은 모든 집착을 벗어나서 그 어떤 얽매임도 없기 때문에 열반이자

---

34 『大般涅槃經』(大正藏 12, 3, 0622c14), "善男子 如來身者 是常住身 不可壞身 金剛之身 非雜食身 即是法身."

35 『大般涅槃經』(大正藏 12, 3, 0622c18, 0623a09, 0623a17)

해탈解脫이라고 한다. 그러므로 해탈이 여래이며, 여래의 성품이 해탈이다.[36] 여래의 성품인 불성은 모든 중생들이 갖고 있는 점에서 여래장이라고 한다.[37] 그러면 법신, 불성, 여래장은 있는가?

우리는 지금 남과 구분하고, 자연과 구분하며, 사물과 구분하여 나타낼 내가 없기 때문에 자아가 없다고 말한다. 그러나 자아가 없다고 말하는 나는 없다고 할 수 없다. 그렇기 때문에 자아를 버려야 한다는 것은 나와 남을 구분하여 보는 의식의 차원을 벗어나서 나를 고찰하는 것이 필요함을 뜻한다.

우리는 새의 소리를 들을 때 때로는 "새가 노래를 한다"고 말하고, 때로는 "새가 운다"고 말한다. 그러나 새는 노래하지 않을 뿐만 아니라 울지도 않는다. 다만 사람이 스스로 그렇게 생각하고, 그렇게 느낄 뿐이다. 이때 운다고 생각하고, 노래한다고 생각하기 이전의 세계, 다양한 사고, 다양한 생각으로 나타나기 이전의 세계는 울거나 노래함이 없다.

그것은 이것과 저것이 분별이 없는 점에서 보면 온갖 분별이 사라진 무분별의 상태라고 할 수 있다. 생각나기 이전 곧 마음을 내기 이전은 시간상으로 영원할 뿐만 아니라 공간상으로 온 우주에 퍼져서 없는 곳이 없다.

먼저 시간상으로 마음 내기 이전이 영원함을 살펴보자. 우리가 어렸을 때 보았던 강물을 젊었을 때도 보고, 늙었을 때도 본다. 이때 희미하게 보거나 확실하게 보는 차이 곧 눈의 기능에 의하여 일어나는 차이는 있지만

---

36 『大般涅槃經』(大正藏 12, 5, 0636b28), "當知解脫即是如來 如來之性 即是解脫 解脫如來 無二無別."

37 『大般涅槃經』(大正藏 12, 8, 0648b06), "我者即是 如來藏義 一切眾生 悉有佛性 即是我義 如是我義 從本已來常 為無量煩惱所覆 是故眾生不能得見."

보는 능력 자체는 질적으로 차이가 없다. 그것은 어린아이나 젊은이, 늙은 이를 막론하고 볼 수 있는 능력 자체가 같음을 뜻한다. 따라서 보는 몸과 마음을 통하여 드러나는 보는 능력 자체는 영원하다.

그리고 우리가 어떤 소리를 들을 때 소리나 나지 않는다고 하여 들을 수 있는 능력 자체가 사라지는 것도 아니며, 소리를 듣는다고 하여 없었던 들을 수 있는 능력이 갑자기 순간적으로 나타난 것이 아니다. 그것은 귀도 아니고 마음도 아니어서 마음과 귀를 통하여 소리를 듣는 기능으로 나타나는 들을 수 있는 능력 자체는 영원함을 뜻한다. 그러면 보고, 듣고, 냄새를 맡는 능력이 서로 다른가?

우리는 동일한 육신과 마음을 통하여 보고, 듣고, 냄새를 맡으며, 말하고, 움직인다. 따라서 보는 능력, 듣는 능력, 말하는 능력, 움직이는 능력 자체는 하나이다. 이 하나가 때와 장소에 따라서 우리 몸과 마음을 통하여 다양한 작용으로 나타난다. 이 하나는 때로는 봄으로, 때로는 들음으로, 때로는 냄새를 맡음으로 때로는 말하고, 움직임으로 드러난다. 그러면 이러한 육신과 마음을 통하여 다양하게 드러나는 하나는 나와 남의 구분이 있는가?

우리는 죽어서 육신이 없는 사람들의 말씀을 기록한 문자를 통하여 그들의 뜻을 파악하려고 한다. 부처와 공자, 노자, 예수, 소크라테스와 같은 이른바 인류의 스승들의 가르침은 그들의 말씀을 기록한 전적典籍을 통하여 파악할 수 있다.

그런데 만약 죽어서 육신이 없는 그들의 뜻을 파악하기 위해서는 육신, 마음과 달리 시공을 벗어나서 영원한 인간의 측면이 오늘날의 육신을 가진 나와 공유共有되지 않는다면 불가능하다.

지금 여기의 내가 책을 통하여 이미 죽어서 육신이 없는 사람들의 뜻을 파악할 수 있는 것은 오늘날의 나의 육신, 마음을 넘어선 측면 곧 마음 내기 이전과 이미 죽어서 육신이 없는 사람들의 마음 내기 이전이 일체이기 때문이다.

마음을 내기 이전 곧 의식에 의하여 분별이 일어나기 이전은 의식에 의한 분별을 넘어서 있다. 마음을 내기 이전은 그것은 나와 남의 구분이 없고, 나와 자연, 나와 사물의 구분이 없으며, 과거와 미래의 구분이 없고, 짧은 순간과 긴 영원이라는 구분이 없으며, 나와 시간, 나와 공간의 구분이 없다.

불교에서는 일상의 사람들이 자신으로 알고 있는 인간으로서의 자아自我의 실재를 부정하고 더 깊은 곳에 있는 인간의 측면을 드러내고자 한다. 인도로부터 불교를 받아들여 자국自國의 사상을 바탕으로 중국화하여 형성된 중국불교에서는 현상의 세계가 항상하지 않기 때문에 고통이라는 무상無常, 고苦와 더불어 무상한 고통에서 살아가는 자아가 없음을 나타내는 무아無我를 불교의 세 가지 핵심인 삼법인三法印으로 이해하였다.

중국불교에서 불교사상을 무아사상으로 나타낸 것은 삼법인을 무아로 집약하여 이해한 결과라고 할 수 있다. 무아는 글자 그대로 인간의 존재 자체를 부정한 것이 아니라 일상이 사람들이 인식하고 있는 인간은 실재하지 않음을 나타내는 동시에 실재하는 자아로서의 진아眞我를 나타내기 위하여 사용된 개념이다.

『아함경』에서는 삼법인에 열반涅槃을 더하여 무상, 고, 무아, 열반의 사법인四法印을 제시하고 있다. 그것은 중국불교에서 자아를 넘어선 무아의 세계를 열반의 세계이자 진아眞我의 세계로 이해하였음을 뜻한다. 『대반

『열반경』에서는 "열반涅槃은 상락아정常樂我淨이다"[38]라고 하여 열반의 경지의 아我가 있음을 밝히고 있는데 그 구체적인 내용은 다음과 같다.

> 선남자여! 열반涅槃이라고 할 뿐으로 대열반이라고 하지 않는다. 어찌하여 열반이라고 말하고 대열반大涅槃이라고 말하지 않는가? 불성佛性을 보지 않고 번뇌를 끊는 것을 이름하여 대열반이 아닌 열반이라고 한다. 불성을 보지 않았기 때문에 무상無常, 무아無我이며 오직 낙樂과 정淨이 있을 뿐이다. 만약 불성을 보아서 능히 번뇌를 끊으면 이를 일러 대열반이라고 한다. 불성을 보았기 때문에 상락아정常樂我淨이라고 이름하며, 이러한 의미에서 번뇌를 끊어서 없앴기 때문에 또한 대열반大涅槃이라고 부르게 된다.[39]

인용문을 보면 무아는 자아에 대하여 집착하지 않도록 하기 위하여 사용된 개념일 뿐으로 자아 자체를 부정하는 것이 아님을 알 수 있다. "소승小乘이 자아에 갇혀서 누가 되기 때문에 무아를 존숭한다. 이미 무아를 존숭하면 아我와 더불어 둘이 된다. 대승大乘에서는 시비是非를 둘로 보지 않아서 둘이 다르지 않음을 무아無我의 뜻으로 삼는다."[40]

그것은 무아가 자아가 없음을 나타내는 것이 아니라 "무아는 본래 생사

---

38 『大般涅槃經』(大正藏, 12, 25, 0513a24), "涅槃即是常樂我淨."

39 『大般涅槃經』(大正藏, 12, 25, 0514c08), "善男子 有名涅槃非大涅槃 云何涅槃非大涅槃 不見佛性而斷煩惱 是名涅槃非大涅槃 以不見佛性故 無常無我 惟有樂淨 以是義故 雖斷煩惱 不得名為大般涅槃 若見佛性能斷煩惱 是則名為大涅槃也 以見佛性故 得名為常樂我淨 以是義故 斷除煩惱 亦得稱為大般涅槃."

40 僧肇選,『注維摩詰經』(大正藏, 38, 3, 0354b18), "肇曰 小乘以封我為累 故尊於無我 無我 既尊則於我為二 大乘是非齊旨 二者不殊為無我義也."

生死에 빠져 있는 자아가 없음을 말하는 것으로 불성아佛性我가 없음을 뜻하지 않는다."⁴¹ 따라서 무아는 우리가 일상적으로 인식하고 있는 자아를 넘어선 심층의 자아를 나타내기 위하여 사용된 개념이라고 할 수 있다. 그러면 자아와 무아無我 또는 불성佛性은 어떤 관계인가?

자아와 다른 불성을 무아라고 하면 자아가 유아有我인 것과 달리 무아無我라는 의미로 이해하게 된다. 그렇기 때문에 무아無我, 불성佛性을 대아大我라고 한다. 대아의 상태를 나타내는 개념이 대열반大涅槃으로서의 상락아정常樂我淨이다. 이에 대하여 『대반열반경大般涅槃經』에서는 다음과 같이 밝히고 있다.

> 어찌하여 대열반大涅槃이라고 부르는가? 대아大我가 있기 때문에 대열반大涅槃이라고 이름하며, 열반은 무아無我이지만 대자재大自在하기 때문에 대아大我라고 부른다.⁴²

인용문을 통하여 자아가 소아인 것과 달리 불성은 대아이기 때문에 불성을 보지 못하고 이룬 자아의 열반은 대열반이 아닌 열반임을 알 수 있다. 이처럼 자아와 무아, 열반, 불성은 비록 유무의 개념을 통하여 나타내고 있지만 양자가 함께 할 수 없는 모순관계가 아니라 양립이 가능한 소아와 대아의 관계임을 알 수 있다.

---

41 僧肇選,『注維摩詰經』(大正藏, 38, 3, 0354b18), "生曰 理既不從我為空 豈有我能制之哉 則無我矣 無我本無生死中我 非不有佛性我也."

42 『大般涅槃經』(大正藏, 12, 25, 0502c09), "善男子 大名不可思議 若不可思議 一切眾生 所不能信 是則名為大般涅槃 唯佛菩薩之所見故名大涅槃 以何因緣復名為大 以無量因緣 然後乃得故名為大 善男子 如世間人 以多因緣之所得者 則名為大 涅槃亦爾 以多因緣 之所得 故名為大 云何復名為大涅槃 有大我故 名大涅槃 涅槃無我 大自在故 名為大我."

3. 무아와 자아를 넘어선 중도中道

우리는 앞에서 육신과 마음을 통하여 남과 구분되는 자아라고 표현할 수 있는 측면이 없음을 살펴본 후에 자아를 벗어난 나와 남의 구분이 없는 무아라고 표현할 수 있는 측면 곧 육신과 다른 불성佛性이라는 심층이 있음을 살펴보았다.

자아는 남과 구분되는 나를 가리키는 개념이며, 무아는 남과 내가 일체여서 구분할 수 없는 측면을 나타내는 개념이다. 그럼에도 불구하고 우리가 만약 피상적으로 자아와 무아를 이해하면 자아自我는 남과 구분되는 내가 있음으로써의 유아有我이며, 무아無我는 남과 구분되는 내가 없음을 나타낸다고 할 수 있다. 그렇기 때문에 자아와 무아는 양립할 수 없는 개념으로 오해할 수 있다.

그러나 자아와 무아는 인간의 두 측면을 나타낼 뿐으로 어느 하나만이 성립할 수 있는 모순관계가 아니다. 먼저 모순관계가 갖는 성격을 살펴보자. 첫째는 모순관계를 이루는 양자는 동일한 차원에서 나타나는 현상으로 서로 다른 차원에서는 성립되지 않는다. 둘째는 모순관계는 사물의 관계가 아니라 그것에 대한 인간의 주장과 주장 사이에서 나타나는 양립이 불가능한 관계일 뿐이다.

자아와 무아라는 개념은 별개의 사물을 나타내는 것이 아니라 인간에 대하여 각각 서로 다른 차원에서 나타낸 개념이다. 그렇기 때문에 양자는 모순관계가 아니라 양자를 벗어나 보다 깊은 측면의 인간을 나타내기 위한 방편이라고 할 수 있다.

우리는 의식에서 출발하여 의식의 차원에서 인간을 나타내는 자아는 없기 때문에 자아를 벗어나야 한다고 하였고, 의식을 넘어선 마음의 차원에서 인간을 나타내어 무아를 찾아야 한다고 말하였다.

그것은 의식의 차원에서 언급되는 자아를 넘어서 마음에 이르고, 마음의 차원에서 언급되는 무아를 벗어나서 인간의 심층에 이르게 됨을 뜻한다. 따라서 자아를 버리거나 무아를 찾을 필요가 없다.

인간을 서로 다른 세 측면에서 나타내기 위하여 자아와 무아를 언급하였기 때문에 자아와 무아를 함께 이해할 때 비로소 인간의 가장 심층에 도달할 수 있다. 따라서 자아를 버리면 무아도 따라서 사라지고, 무아를 찾으면 자아도 함께 드러난다.

자아를 버려야 한다면 무아라는 것도 버려야 하며, 무아를 찾아야 한다면 자아도 찾아야 한다. 자아가 없다면 무아가 없고, 무아가 없다면 자아도 없다. 사실 자아도 무아도 나의 한 측면일 뿐이기 때문에 어느 하나를 버리고 찾을 것이 아니다.

자아라는 물건적 실체가 없듯이 무아라는 실체도 없다. 이처럼 자아와 무아를 벗어날 때 비로소 자아와 무아를 넘어서면서도 양자를 포괄하고 있는 인간의 심층에 도달하게 된다. 이때 우리가 논리적 측면에서 삼자를 구분하여 자아, 무아를 벗어나서 심층에 이른다고 하였지만 본래 구분할 수 없는 일체이기 때문에 찾거나 버리고 이를 필요가 없다.

찾아도 그 자리이고, 찾지 않아도 그 자리이며, 버려도 그 자리이고, 버리지 않아도 그 자리이며, 도달하지 않아도 그 자리이고, 도달하여도 그 자리일 뿐이다. 따라서 찾거나 버리는 어떤 인위적인 행위를 벗어나 있는 것이 인간의 심층으로서의 그 자리이다.

이제 자아와 무아의 의미를 보다 깊게 이해하기 위하여 마음과 의식의 관계를 분명하게 정리하여 보자. 우리는 일반적으로 마음과 의식을 동일한 차원으로 이해한다. 그러나 마음은 인간의 심층이 그대로 드러난 측면 곧 심층의 작용을 나타내는 개념이다. 그리고 의식은 육신의 기능으로서의 분별작용을 가리킨다. 그렇기 때문에 의식은 육신의 차원이지만 마음은 육신을 넘어선 차원인 점에서 양자를 구분하는 것이 필요하다.

무아의 개념 역시 두 관점에서 이해할 수 있다. 육신의 관점에서 남과 나를 분별하여 나타내는 개념이 자아이며, 마음의 차원에서 나와 남의 구분이 없기 때문에 그것이 자아적인 차원을 넘어서 있음을 나타내기 위하여 무아라는 개념을 사용한다.

그런데 『열반경涅槃經』에서 자아와 무아를 소아小我와 대아大我의 관점에서 중생과 부처의 경계로 이해하여 무아를 유적有的 관점에서 이해한 것과 달리 근본불교에서는 유아有我, 자아自我와 무아無我를 넘어선 중도中道를 표방하는 점에서 차이가 있다. 이에 대하여 『잡아함경雜阿含經』에서는 다음과 같이 기록하고 있다.

> 만약 내가 있다고 말하면 상견常見에 떨어지고, 만약 내가 없다고 말하면 단견斷見에 떨어진다. 여래의 설법은 이변二邊을 떠나 중도中道에 합한다. 이 모든 법은 무너지기 때문에 항상하지 않으며, 상속相續하기 때문에 끊어지지 않아서 항상하지도 않고, 끊어지지도 않는다.[43]

---

[43] 『別譯雜阿含經』(大正藏, 2, 10, 0444c09), "若說有我 即墮常見 若說無我 即墮斷見 如來說法 捨離二邊 會於中道 以此諸法壞故不常 續故不斷 不常不斷 因是有是 因是生故 彼則得生 若因不生 則彼不生."

인용문의 내용을 통하여 무아와 자아는 동시에 성립될 수 없는 점에서 양자를 포괄하여 넘어선 중도의 세계가 필요함을 알 수 있다. 그러면 우리는 두 입장을 어떻게 이해할 것인가?

그것은 우리가 인간을 자아와 무아의 두 측면에서 이해하느냐 아니면 자아와 무아 그리고 중도의 세 측면에서 이해하느냐 아니면 셋이나 둘이 아닌 하나의 관점에서 이해하느냐의 문제가 있음을 뜻한다.

만약 우리가 무아를 중도를 포함한 세 관점에서 이해하면 중도와 무아, 그리고 자아의 세 측면에서 인간을 이해할 수 있다. 인간의 심층이 육신과 의식, 마음을 넘어선 다른 차원, 자아와 무아를 넘어선 차원임을 나타내는 개념이 중도이다.

의식의 차원에서 나와 남, 나와 세계, 나와 자연, 나와 사물이 구분되는 것과 달리 마음을 넘어선 중도의 차원에서는 모든 분별이 사라진다. 모든 분별이 사라지면 내가 살기 위하여 남과 경쟁하고, 자연을 해치며, 세계를 정복할 필요가 없다. 내가 생명을 유지하여 죽지 않고 오래 살기 위하여 몸부림을 칠 필요도 없고, 죽음을 피할 필요도 없다. 왜냐하면 내가 없다면 태어나고 죽음 자체가 없기 때문이다. 그러면 자아와 마음 그리고 무아가 하나가 된 것이 인간인가?

그것은 중도라는 것이 세 차원, 경지를 합한 것인가의 문제이다. 자아와 마음 그리고 무아는 셋이나 하나로 구분할 수 있는 물건적 존재가 아니다. 다만 인간을 세 관점에서 구분하여 나타낸 것일 뿐이다. 따라서 마음 이전의 무아와 마음 그리고 자아의 세 측면을 모두 나타낼 때 비로소 사람의 모든 부분을 나타낼 수 있다.

그러나 세 측면이 물건처럼 구분되는 것이 아니기 때문에 합하여 하나가 될 수 없을 뿐만 아니라 세 측면을 합한다고 하여 그것이 인간이라고 할 수 없다. 그것은 세 측면을 합하여도 내가 아니기 때문에 하나라고 할 수 없으며, 세 측면으로 구분할 수 없기 때문에 하나여서 셋이라고 할 수 없음을 뜻한다.

세 측면을 합하여 하나로 하여도 나는 아니고, 하나를 세 측면으로 구분하여 나타내어도 나는 아니다. 그렇기 때문에 나를 하나로 나타낼 수도 있고, 셋으로 나타낼 수도 있다. 그러면 삼자의 관계는 무엇인가?

우리는 중도와 자아 그리고 무아의 관계를 꿈과 깨어난 세계의 비유를 통하여 확인해 볼 수 있다. 자아의 세계는 꿈과 같아서 실재하지 않지만 실재하는 것으로 착각한 상태라고 할 수 있다. 그렇기 때문에 육신과 마음이 있다고 여기는 상태를 환화幻化, 환상幻像의 상태라고 규정하고 있다. 그것은 자아의 상태가 머물지 말고 벗어나야 할 상태임을 뜻한다.

환상의 세계인 자아의 상태를 벗어나면 무아의 상태이다. 그것은 꿈에서 깨어났기 때문에 비로소 꿈에서 느꼈던 모든 것들이 실재하지 않음을 아는 점에서 지혜로운 세계인 동시에 어리석음에서 벗어난 세계라고 할 수 있다.

그런데 꿈에서 깨어난 세계로서의 무아의 세계는 본래 없던 것이 새롭게 생겨난 것이 아니라 착각에서 벗어났을 뿐이다. 그렇기 때문에 깨어난 세계로서의 무아의 세계라고 하여 다른 세계가 아니라 본래의 세계일뿐이다.

그것은 무아가 지금 여기의 나를 벗어난 새로운 나이거나 지금 여기의 나를 버렸을 때 비로소 드러나는 내가 아님을 뜻한다. 그렇기 때문에 꿈을 전제로 할 때 비로소 깨어난 세계가 성립할 뿐으로 세계 자체는 꿈의 세계로서의 자아나 깨어난 상태로서의 무아가 없다.

자아와 무아를 벗어난 중도의 세계는 꿈과 깨어남을 벗어난 점에서는 양자와 다르지만 양자가 있는 것이 아니기 때문에 양자와 다르지 않다. 본래 꿈이 없다면 깨어남도 없고, 깨어남이 없다면 양자를 넘어선 중도라는 것도 없다. 따라서 꿈에서 깨어났을지라도 깨어남 자체에 얽매이지 않아야 한다.

꿈에서 깨어나서도 깨어남 자체에 얽매이지 않을 때 비로소 중도에 이르렀다고 할 수 있다. 그것은 자아도 없고, 무아도 없을 뿐만 아니라 양자를 넘어선 중도마저도 없음을 뜻한다. 그러면 왜 무아와 자아 그리고 중도를 언급하는가?

자아를 실체로 여길 때 비로소 그것을 벗어나는 수행, 수기, 수양이 필요하다. 그리고 그것을 벗어날 때 비로소 무아의 상태에 이르게 된다. 따라서 자아와 무아의 상태가 없지 않지만 그것에 얽매이지 않아서 중도에 이르러야 할 뿐만 아니라 중도에도 머물지 않아야 함을 뜻한다. 지금까지 살펴본 내용을 간단하게 정리하여 하나의 도표로 나타내면 다음과 같다.

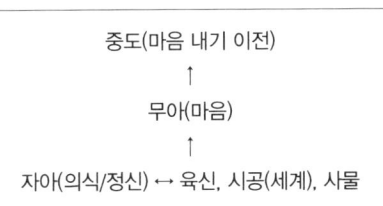

의식과 마음을 통해본 자아와 무아

앞에서 살펴본 바와 같이 자아와 무아는 동일한 차원에서 발생하는 상대적인 주장이 아니라 서로 다른 차원에서 제기된 문제이다. 그것은 나와 남 그리고 세계와 사물의 관계를 평면적 측면에서 이해할 때는 인간의 다른 측면이 드러나지 않기 때문에 인간이 다양한 측면을 이해하기 위해서는 다양한 차원에서 접근해야 함을 뜻한다.

우리가 육신과 밖의 사물을 둘로 나누어서 보면 육신이나 세계 그리고 사물을 모두 물질이라는 하나의 동일한 차원에서 보게 된다. 그렇기 때문에 아무리 양자의 관계를 고찰하고자 하여도 사람도 역시 물질의 차원만이 드러나기 때문에 인간과 사물이 동일하다고 결론을 내리지 않을 수 없다.

인간과 사물의 구분이 없기 때문에 나와 남이라는 구분도 그리고 나와 세계의 구분이 없다. 따라서 아무리 나와 남을 구분하여 자아를 주장하여도 자아는 없다고 하지 않을 수 없다. 그럼에도 불구하고 우리는 물건적 관점에서 모습을 중심으로 남과 나를 구분하여 자아가 있다고 여긴다.

중국불교에서는 일상의 사람들이 자아와 자아에 대립하여 있는 것처럼 느껴지는 남, 세계, 사물이 모두 실제로는 있지 않은 관념적 존재인 상相이라고 규정하고 있다. 자아와 시공, 사물이 환상일 뿐으로 실재하지 않는 것을 아는 차원은 마음이다.

마음은 나와 남을 구분하여 보는 분별심分別心으로서의 의식과 다르다. 그것은 자아가 있다고 여기고 자아 밖의 세계, 사물이 있다고 여기는 의식意識의 차원을 넘어설 때 비로소 마음의 차원에 도달할 수 있음을 뜻한다.

마음의 차원에서 나를 보면 고정되지 않기 때문에 무아라고 한다. 그것은 어떤 때의 나를 나라고 할 수 없기 때문에 무아이며, 모든 존재가 하나여서 나와 남의 구분이 없기 때문에 내가 아님이 없음으로써의 무아이다.

나와 남 그리고 세계, 사물이 없음을 아는 마음은 더 깊은 차원을 이해할 때 비로소 온전하게 드러난다. 그것은 인간의 심층에 자아와 무아를 넘어선 다른 측면이 있음을 뜻한다.

중도로 표현된 인간의 심층은 자아와 다른 측면일 뿐만 아니라 무아와 도 다른 측면이다. 따라서 우리가 자신의 전모를 파악하기 위해서는 중도中道 곧 가장 심층으로부터 출발하여 무아와 자아의 측면을 함께 고찰하는 것이 필요하다.

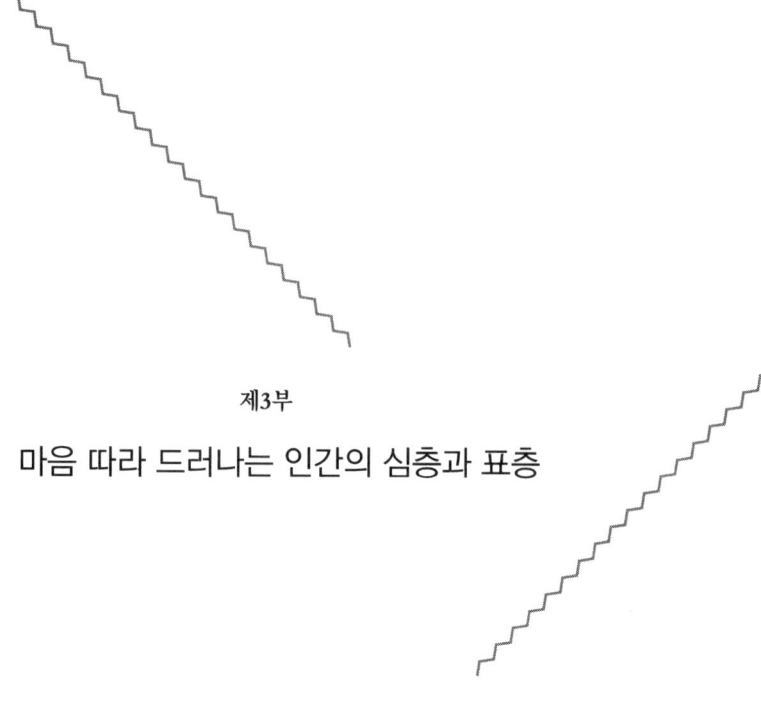

제3부

마음 따라 드러나는 인간의 심층과 표층

　우리는 앞에서 물질, 시공, 자연의 차원에서 인간으로서의 나를 이해하기 위하여 분석적 관점에서 접근한 결과 남과 구분되고, 자연과 구분되며, 사물과 구분되는 내가 있다고 하거나 없다고 할 수 없음을 살펴보았다.

　우리는 자아의 유무有無의 문제를 해결하기 위해서는 육신이라는 물질의 차원과 의식 그리고 양자를 넘어선 마음의 차원마저도 넘어선 중도中道의 차원에서 나에 대하여 고찰할 필요가 있다.

　우리는 육신이라는 물질적 차원에서 나를 파악함으로써 유무有無의 문제가 발생하였기 때문에 육신을 넘어서 마음의 차원에서 나를 파악하는 것이 필요하다.

　육신의 차원에서의 자아와 무아의 유무의 문제는 마음의 차원에서는 지부지知不知의 문제가 된다. 그것은 의식의 차원에서 이루어지는 분별에 의하여 발생한 유무의 문제는 마음에 있어서는 지부지知不知의 문제가 됨을 뜻한다. 따라서 육신과 마음을 넘어서 중도의 차원에서 인간을 이해함은 지부지의 문제를 중심으로 인간을 이해함이다.

그런데 지부지의 문제는 접근하는 방향에 따라서 그 의미가 달라진다. 그것은 지금 여기의 내가 어떤 존재인지를 밝히는 문제를 두 방향에서 이해할 수 있음을 뜻한다. 그 하나는 표층인 육신으로부터 심층인 중도, 마음 내기 이전에 도달하는 방향이며, 나머지 하나는 심층인 중도로부터 시작하여 마음을 거쳐서 표층인 육신에 이르는 방향이다.

우리는 앞에서 지금 여기의 내가 어떤 존재인가를 파악하기 위하여 물질적 차원에서 육신으로부터 출발하여 의식을 중심으로 나를 살펴본 후에 이어서 마음을 중심으로 나에 대하여 살펴보고, 마지막으로 마음으로 드러나기 이전의 심층 곧 중도의 관점에서 나를 살펴보았다.

지금부터 우리는 앞에서 살펴본 방향과 달리 인간의 심층인 중도로부터 출발하여 마음을 거쳐서 육신에 이르는 방향에서 인간이 어떤 존재인지를 살펴볼 것이다.

우리가 어떤 방향에서 인간을 고찰하느냐에 따라서 지부지의 문제를 비롯하여 불성, 자아와 무아를 비롯한 모든 문제의 의미가 달라진다.

표층에서 심층의 중도를 향하는 방향에서는 지부지知不知는 수도修道를 통하여 이루어지는 깨달음의 문제이다. 우리가 수행을 통하여 깨달음을 얻을 때 비로소 성불成佛이 가능하기 때문에 앎의 문제는 그대로 성불의 문제가 된다.

그러나 심층에서 표층을 향하는 방향에서 지부지知不知는 중도를 다양하게 드러냄의 의미가 된다. 그것은 중도를 때로는 지知로 때로는 부지不知로 드러내어 나타냄으로써 다른 사람으로 하여금 지知와 부지不知의 어느 하나에 얽매임이 없도록 이끌어주는 제도濟度의 문제가 된다.

우리가 지금 여기의 나를 표층과 심층으로 구분하거나 중도, 마음, 육신으로 구분하는 것과 달리 두 방향에서 이해함은 물건적物件的 관점에서 우리 자신을 이해하는 방법을 버리고 사건적 관점에서 우리 자신을 이해함을 뜻한다.

그러면 사건의 관점에서 심층에서 표층을 향하는 방향을 중심으로 우리 자신을 고찰하기 위하여 먼저 앞에서 중도, 마음 내기 이전으로 나타내었던 심층이 무엇인지를 살펴보자.

중도의 차원에서 인간으로서의 나를 나타내는 개념은 다양하다. 우리가 일상적으로 "사람이면 다 사람이 아니다. 사람이 사람다워야 비로소 사람이다"라는 말을 한다. 그것은 사람을 사람이게 하는 가장 근원적인 요소를 사람다움으로 규정하였음을 보여준다.

사람을 사람이게 하는 가장 심층의 나를 인성人性이라고 한다. 그것은 사람이면 누구나 갖고 있는 공통적인 특성이라는 점에서 성품性品이라고 한다. 그리고 본래부터 갖고 있는 본유한 성품이라는 점에서는 본성本性이라고 한다.

불교에서는 불도를 이룰 수 있는 성품이라는 점에서 불성佛性이라고도 하고, 사람마다 갖추고 있는 성품이라는 측면에서 자성自性이라고 하였다. 이와 더불어 주인공主人公, 주인옹主人翁, 무저선無低船, 본래면목本來面目을 비롯하여 수많은 개념들을 통하여 다양한 측면에서 나타내고 있다.

과거와 미래를 일관하여 존재하는 영원한 나라는 측면에서 인간을 나타내면 본래성本來性이라고 할 수 있다. 그것은 육신과 마음을 넘어선 가장 심층의 인간이 과거적 본성本性인 동시에 미래적 이상으로서의 래성來性이 하나가 된 본래성임을 뜻한다. 『대반열반경』에서는 인간의 심층을 불성으로 나타내어 다음과 같이 밝히고 있다.

일체의 중생은 모두 불성이 있으니 여래가 항상 머물러서 변화가 없다.[44]

우리는 인용문에서 불성이 시공을 초월한 존재임을 나타내기 위하여 변화가 없다고 나타내었음을 볼 수 있다. 그러면 우리는 인간의 심층을 나타내기 위하여 왜 다양한 개념들을 사용하는가?

우리는 마음에 따라서 우리의 가장 심층을 본래성, 자성, 주인공主人空이라고 말하기도 하고, 다시 그것을 바탕으로 이루어지는 작용의 측면에서 사고, 분별, 인식, 의지와 같이 말하기도 하며, 행주좌와 어묵동정으로 말하기도 한다.

인간을 육신을 중심으로 나타내거나 자아와 무아의 두 측면에서 나타내고, 자아와 무아 그리고 양자를 넘어선 중도中道를 중심으로 두 측면 또는 세 측면으로 나타내는 것은 인간이 고정된 물건처럼 나누어서 저것과 다른 이것이라고 달리 나타낼 수 없음을 뜻한다.

우리가 물건적 관점에서 우리 자신을 대상으로 둘 또는 셋으로 분석하고, 사건적 관점에서 두 방향으로 나타낼 수 있는 것은 우리 자신이 고정된 것이 아니라 마음에 따라서 다양하게 드러낼 수 있음을 뜻한다.

우리는 인간으로서의 자신이 어떤 존재인가를 밝히기 위해서 방편方便으로 때로는 물질적 차원에서 육신으로 나타내기도 하고, 때로는 그것과 다른 차원에서 자성, 본래성, 주인공으로 나타내기도 하며, 양자를 구분하기

---

[44] 「大般涅槃經」(大正藏, 12, 25, 0767a14), "一切眾生悉有佛性 如來常住 無有變易."

도 하고 하나로 연결하기도 하는 마음의 측면에서 나타내기도 할 뿐이다.

인간의 여러 측면을 나타내는 본성, 자성, 본래성과 자아의 관계에 대하여 『대반열반경』에서는 다음과 같이 언급하고 있다.

> 불성佛性은 실로 내가 없지만 중생을 위하여 나라고 이름을 지어서 말한다. 선남자야, 여래如來는 인연이 있는 까닭에 무아無我를 말하여 내가 있다고 하지만 진실로 나는 없다. 비록 이러한 말을 하지만 허망하지 않다. 선남자야, 인연이 있기 때문에 나를 말하여 무아無我라고 하지만 실은 내가 있다. 세계가 되는 까닭에 비록 무아를 말하지만 허망하지 않다. 불성은 실체가 없음에도 여래가 나를 말함은 항상함으로 말하는 까닭이며, 여래가 이 나를 무아로 말하는 것은 자재함을 얻었기 때문이다.[45]

인용문의 내용을 보면 자아와 무아의 관계는 고정된 것이 아니라 때로는 불성을 자아로 말하기도 하고, 때로는 자아를 무아로 말하기도 함을 알 수 있다. 그것은 불성을 작용이 드러난 결과의 측면에서 보면 자아이고, 현상에서 불성을 향하는 측면에서 보면 무아임을 뜻한다.

그런데 우리가 육신에서 출발하여 불성하는 향하는 방향에서 자신을 이해하면 세 측면이 분명하게 구분되지만 불성하여 출발하여 육신을 향하는 측면에서는 세 측면의 구분이 없어서 하나이다.

---

[45] 『大般涅槃經』(大正藏, 12, 25, 0769c13) "善男子 是佛性者 實非我也 為眾生故 說名為我 善男子 如來有因緣故 說無我為我 真實無我 雖作是說 無有虛妄 善男子 有因緣故 說我 為無我 而實有我 為世界故 雖說無我而無虛妄 佛性無我 如來說我 以是常故 如來是我 而說無我 得自在故."

불성을 향하는 방향에서 보면 인간의 심층은 의식에 의하여 이루어지는 지부지知不知를 넘어서 있다. 그것은 우리가 자신의 심층을 알아도 심층이고, 몰라도 심층이어서 지부지知不知와 상관이 없음을 뜻한다. 인간의 심층은 어떤 인위적인 것을 넘어서 있는 점에서 영원하면서도 무소부재無所不在하다.

그러나 불성은 지부지知不知를 넘어서고, 생사生死를 넘어서 있기만 한 것이 아니라 지知와 부지不知로 자신을 나타내고, 생生과 사死로 자신을 나타낸다. 그렇기 때문에 유무有無를 벗어나면서도 유무有無를 버리지 않아서 포괄한다고 할 수 있다.

인간의 심층을 중도로 나타낸 것은 자아와 무아의 중간의 뜻이 아니라 양면을 넘어서면서도 양자를 포괄하고 있음을 나타내기 위함이다. 그것은 모든 존재가 내가 아님이 없기 때문에 무아이고, 모든 존재가 나이기 때문에 자아임을 뜻한다.

육신과 마음을 넘어선 가장 심층의 나는 육신의 측면에서는 남과 구분되는 자아가 있는 것 같지만 마음의 차원에서는 나와 남이 일체여서 나 아님이 없기 때문에 무아여서 자아와 무아를 넘어선 점에서 중도라고 표현하였을 뿐이다.

그것은 자아로부터 출발하여 자아를 넘어서 무아에 이르고, 무아에서 다시 출발하여 그것을 넘어섬으로써 가장 심층에 있는 중도적 차원에서 인간으로서의 내가 어떤 존재인가를 확인하는 과정이었다. 그러면 중도로서의 나의 심층은 그냥 머물러 있는가?

만약 자아와 무아를 넘어서 있는 중도적 측면의 내가 그냥 머물러 있다면 그것은 죽어 있는 것과 같다. 우리가 지금 차원을 다양하게 변하게 하고 그에 따라서 인간의 다양한 측면을 드러낸 것 자체가 그대로 심층의 내가 변하여 다양하게 화化하는 증거이다.

우리의 일상의 삶은 중도적인 내가 변하여 일체적 존재로 화하기도 하고, 때로는 부모, 자식, 형제, 스승, 제자와 같은 다양한 자아로 화하기도 한다. 그것을 선불교에서는 "자성自性이 만법을 들이고 낸다"[46]고 표현한다. 그러면 심층의 나와 무아, 자아가 어떤 관계인지 살펴보자.

본래성과 마음 그리고 육신은 나무의 뿌리와 줄기 그리고 나뭇잎의 관계를 통하여 상징적으로 나타낼 수 있다. 본래성은 흙에 덮여서 겉으로 드러나지 않지만 줄기와 가지 그리고 나뭇잎에 영양분을 공급하여 생명을 유지하게 한다.

그리고 마음은 뿌리를 바탕으로 드러나는 하나의 줄기처럼 하나이다. 그렇기 때문에 본래성이 드러난 마음은 나의 마음과 남의 마음의 구분이 없는 하나이다. 이처럼 일심一心이기 때문에 나의 마음이 없음을 나타내기 위하여 무심無心이라고 한다.

육신은 뿌리로부터 줄기를 거치고 가지를 거쳐서 가장 겉에서 잎으로 드러난다. 나뭇잎의 특징은 때에 따라서 그 모습이 다르다는 점이다. 봄이 시작되면 싹이 나면서 겉으로 드러나기 시작하여 여름이 되면 무성하다가 가을이 되면 단풍이 들면서 가을의 끝자락에는 땅으로 떨어져서 겨울에서는 그 모습을 볼 수 없다.

나뭇잎이 춘하추동의 시간에 따라서 모습이 다르듯이 인간의 육신은 태

---

[46] 『法寶壇經』(大正藏 48, 1, 0349a12), "惠能言下大悟 一切萬法 不離自性 遂啓祖言 何期自性 本自淸淨 何期自性 本不生滅 何期自性 本自具足 何期自性 本無動搖 何期自性 能生萬法."

어나서 자라고 성장하면 늙고 병들어서 죽게 된다. 그렇기 때문에 우리가 나뭇잎과 같은 육신만을 보면 태어나고 죽는 현상이 있는 것 같지만 뿌리의 관점에서 보면 생사는 그저 겉으로 드러난 다양한 모습일 뿐이다.

그러면 지금부터는 본래성이 무엇인지 살펴본 후에 이어서 마음을 살펴보고, 그다음에 마지막으로 육신에 대하여 살펴보고자 한다.

1. 흙에 가려진 뿌리와 본래성

우리는 앞에서 의식, 육신의 차원과 마음의 차원이 다르며, 마음의 차원과 중도의 차원이 서로 다름을 살펴보았다. 그것은 의식, 육신의 차원에서 마음의 차원을 이해할 수 없고, 마음의 차원에서 중도의 차원을 이해할 수 없음을 뜻한다.

중도로 표현된 인간의 심층은 육신, 마음의 차원에서 드러나지 않는다는 것은 그것이 양자의 근원임을 뜻한다. 이처럼 인간의 세 층차의 관계는 나무를 통하여 이해하면 가장 쉽게 접근할 수 있다. 인간의 가장 깊은 측면이 뿌리라면 뿌리가 드러나서 하나의 큰 줄기가 형성되고, 줄기가 여러 개의 가지로 나누어지면서 가지 끝에 수많은 나뭇잎들이 달린다.

우리는 세계의 신화에서 우주를 하나의 나무로 나타내는 것을 볼 수 있다. 세계나무, 세계수world tree로 표현된 한 그루의 나무는 우주가 하나의 뿌리, 근원에서 발원하여 하나의 줄기로 나타나고 그것이 다시 여러 개의 가지와 같이 여러 우주로 나누어지고, 모든 가지 끝에 매달려 있는 나뭇잎처럼 다양한 존재로 나타남을 상징적으로 나타내고 있다.

우주의 세 측면을 그대로 반영하여 나타낸 것이 인간의 세 측면이다. 인간의 가장 깊은 측면은 뿌리와 같아서 흙 속에 묻혀서 겉으로 드러나지 않는다. 이와 더불어 인간에게는 뿌리가 땅 밖으로 드러난 줄기와 같은 측면과 수많은 가지로 나누어진 가지 끝에 매달려 있는 나뭇잎과 같은 측면이 있다.

인간의 세 측면이 각각 뿌리와 줄기 그리고 나뭇잎과 같은 관계라는 것은 세 측면이 서로 다르면서도 일체임을 뜻한다. 흙 속에 묻힌 뿌리는 겉으로 드러나지 않지만 줄기, 나뭇잎은 겉으로 드러나는 점에서 그 특성이 서로 다르다.

그것은 뿌리와 줄기, 잎이 서로 다를 뿐만 아니라 줄기와 잎의 특성이 서로 다름을 뜻한다. 그러면 먼저 뿌리와 줄기, 잎을 구분하는 가장 전형적인 특성인 흙에 덮여 있음이 무엇을 뜻하는지 살펴보자.

흙은 뿌리로 하여금 겉으로 드러나지 않도록 막고 있다. 그것은 줄기, 잎을 접근하는 방법과 뿌리에 접근하는 방법이 서로 달라야 함을 뜻한다. 줄기, 잎은 육신의 차원에서 눈, 귀, 코, 혀, 몸을 통하여 접촉할 수 있다. 그것은 모양, 빛, 냄새, 소리, 감촉과 같은 감각지각을 통하여 지각하고, 수용하여 인식할 수 있는 것이 줄기, 잎임을 뜻한다.

그러나 뿌리는 육신이 갖는 기능을 통해서는 접근할 수 없다. 눈으로 볼 수 없고, 귀로 소리를 들을 수 없으며, 손으로 만지거나 냄새를 맡을 수도 없고, 사고를 통하여 접근할 수 없다. 따라서 뿌리는 형상을 가진 사물을 대상으로 하는 육안肉眼에 의하여 파악이 되지 않는다. 그러면 육안에 의하여 뿌리를 파악할 수 없음은 무엇을 뜻하는가?

인간의 가장 깊은 측면이 나무의 뿌리처럼 겉으로 드러나지 않도록 덮고 있는 흙은 글자 그대로 어두워서 밝음이 없음의 의미인 무명無明이라고 할 수 있다. 그것은 심층과 표면의 두 측면을 막고 있는 점에서 그렇다.

무명은 줄기나 가지, 나뭇잎을 보는 안목을 통하여 뿌리를 볼 수 없음을 나타낸다. 그것은 줄기, 가지, 나뭇잎을 보는 안목의 한계를 나타낸다고 할 수 있지만 한편으로는 뿌리와 다른 장점을 나타낸다고 할 수 있다. 나무의 줄기와 가지, 나뭇잎이 없다면 뿌리가 있는 것을 알 수 없을 뿐만 아니라 그것이 어떤 나무의 뿌리인지를 알 수 없다. 그러면 무명은 무엇인가?

뿌리와 같은 인간의 심층과 줄기, 잎과 같은 마음, 육신을 구분할 수 있는 특성은 시공時空이다. 뿌리는 시공을 초월하는 반면에 줄기, 잎은 시공의 한계에 갇혀 있다. 따라서 무명의 의미는 시공을 통하여 밝힐 수 있다.

나무의 줄기는 춘하추동의 사계절에도 여전히 그 모습을 유지하고 있지만 잎은 가을에는 낙엽이 되어 가지로부터 떨어져서 겨울에는 없다. 그리고 다음 해 봄이 되어야 비로소 싹이 나고 여름에 이르러서 그것이 무성하게 자라서 제 모습을 갖추게 된다. 잎이 갖는 시간의 흐름에 따르는 변화와 줄기가 갖는 시간의 흐름을 초월하는 특성의 두 측면을 동시에 갖고 있는 것이 뿌리이다.

그리고 공간적으로는 줄기는 하나이지만 가지는 많을 뿐만 아니라 잎은 더욱 많아서 여름에는 온 나무를 뒤덮어서 마치 나무 전체가 잎인 것처럼 느껴진다. 나무의 잎과 같이 서로 구분되는 다양한 물건적 측면과 줄기처럼 구분되지 않아서 개체적인 이것과 저것이 없는 측면을 넘어서 있으면서도 두 측면으로 드러나는 특성을 갖고 있는 것이 뿌리이다.

무명은 일차적으로 지부지知不知의 세계, 원각과 구분되는 지혜가 드러나지 않는 세계, 자아의 세계, 자아와 무아를 구분하여 이해하는 분별의 세계를 나타낸다. 따라서 무명은 뿌리와 다른 줄기와 가지 그리고 잎을 나타내기 위하여 사용되는 개념이라고 할 수 있다.

이제 물건적 관점에서 인간의 세 측면을 중심으로 그 특성을 살펴보자. 인간의 깊은 심연에 있는 뿌리와 같은 측면은 일차적으로는 시간과 공간을 초월해 있다. 인간의 겉으로 드러난 육신과 달리 뿌리와 같은 심연은 시간상으로 영원하다. 그것은 인간이 심층의 측면에서 보면 태어나고 늙고 병들어 죽어가는 생사生死가 없음을 뜻한다.

인간을 심층의 차원에서 시간을 중심으로 이해하면 육신을 갖고 태어나기 이전에도 이미 있었다는 점에서 과거라는 시간의 시간다움을 나타내는 의미로 본성本性이라고 하며, 육신이 소멸된 후에도 있을 것이라는 점에서 미래라는 시간의 시간다움을 나타내는 의미로 래성來性이라고 한다. 따라서 인간의 가장 깊은 측면을 시간의 차원에서 나타내면 시간을 초월하여 영원한 본래성本來性이라고 할 수 있다.

공간적 측면에서 보면 인간의 심층은 온 우주에 있지 않은 곳이 없다. 그것은 하나의 뿌리에 의하여 줄기가 형성되고, 수많은 가지와 나뭇잎이 나타나듯이 세계의 근원과 같은 뿌리의 측면에서 인간을 이해하면 인간의 인간다움과 세계의 세계다움이 하나이면서도 서로 구분됨을 나타낸다. 이처럼 뿌리는 인간의 입장에서는 인간의 인간다움을 나타내는 인성人性인 동시에 세계의 입장에서는 세계성世界性을 나타낸다.

본래성은 사람마다 스스로 갖추고 있는 인간다움이라는 측면에서 자성自性이라고 하고, 부처가 될 수 있는 가능성이라는 점에서 불성佛性이라고 한다. 『주역』에서는 인간의 심층을 겉으로 드러난 측면과 합하여 성명性命으로 나타내기도 하고, 본래성을 이치의 측면에서 리理, 성명性命의

리理로 나타내기도 하였다.

그런데 나뭇잎에서 출발하여 뿌리를 나타내는 관점에 보면 자성自性, 성품性品, 인성人性, 불성佛性이 시공을 초월했을 뿐만 아니라 분별을 초월했기 때문에 무분별無分別로 나타내기도 하고, 형상을 넘어선 측면에서 무상無相으로 나타내기도 하며, 이름을 지어서 구분할 수 없기 때문에 무명無名이라고 하기도 하고, 사고 곧 의식에 의하여 나타낼 수 없는 점에서 무사無思, 무념無念으로 나타내기도 하며, 고정되게 무엇이라고 나타낼 수 없는 점에서 공空이라고 나타내기도 하였다.[47]

본성, 자성의 세계는 나뭇잎처럼 계절에 따라서 싹이 트고, 자라서 물이 들고 낙엽으로 떨어지는 변화가 없다. 그것을 나타내기 위하여 무위無爲, 무사無思하여 적연寂然하여 움직임이 없는 적연부동寂然不動이라고 표현하기도 한다.

그런데 자성, 본성, 인성은 물건이 아니기 때문에 하나의 상태에 머물러 있지 않는다. 그것은 자성이 육신과 달리 시간상으로 영원하고, 공간상으로 무소부재할 뿐만 아니라 나와 남의 구분이 없어서 일체인 마음의 특성과

---

47 知訥,『眞心直說』(大正藏 48, 1, 0999c12), "菩薩戒. 呼爲心地. 發生萬善故. 般若經 喚作菩提. 與覺爲體故. 華嚴經 立爲法界. 交徹融攝故. 金剛經 號爲如來. 無所從來故. 般若經 呼爲涅槃. 衆聖所歸故. 金光明 號曰如如. 眞常不變故. 淨名經 號曰法身. 報化依止故. 起信論 名曰眞如. 不生不滅故. 涅槃經 呼爲佛性. 三身本體故. 圓覺中 名曰總持. 流出功德故. 勝鬘經 號曰如來藏. 隱覆含攝故. 了義經 名爲圓覺. 破暗獨照故. 由是壽禪師. 唯心訣云. 一法千名. 應緣立號. 備在衆經. 不能具引. 或曰佛敎已知. 祖敎何如. 曰祖師門下. 杜絕名言. 一名不立 何更多名. 應感隨機. 具名亦衆. 有時呼爲自己. 衆生本性故. 有時名爲正眼. 鑑諸有相故. 有時曰妙心. 虛靈寂照故. 有時名曰主人翁. 從來荷負故. 有時呼爲無底鉢. 隨處生涯故. 有時喚作沒絃琴. 韻出今時故. 有時號曰. 無盡燈 照破迷情故. 有時名曰無根樹. 根蒂堅牢故. 有是呼曰吹毛劒. 截斷塵根故. 有時喚作無爲國. 海宴河清故. 有時號曰牟尼珠. 濟益貧窮故. 有時名曰無鑐鎖. 關閉六情故. 乃至名泥牛木馬. 心源心印心鏡心月心珠."

마음과 달리 시간상으로 생로병사의 현상과 공간상으로 이것과 저것이 구분되고, 나와 남이 구분되는 측면을 넘어서면서도 포괄하고 있음을 뜻한다.

자성, 본래성은 육신으로부터 마음을 향하는 방향을 중심으로 이해하면 마음의 측면에서 잎과 다른 측면을 나타내지만 자성으로부터 육신을 향하는 측면에서 보면 잎처럼 다양한 형상으로 드러남을 밝히지 않을 수 없다.

그것은 자성이 항상 자신의 상태에 머물러 있는 것이 아니라 인연에 따라서 자신의 상태에서 벗어나서 타자화他者化함을 뜻한다. 자성, 본성은 스스로 존재할 뿐으로 다른 존재가 필요하지 않은 완전한 상태이기 때문에 자유自由로우며, 충만充滿하여 부족함이 없다. 그것이 자성, 본성이 갖는 스스로 탈자脫自하여 타자화他者化하는 현상現相, 자기 현현顯現의 특성이다.

본성, 자성은 공空한 상태에 머물러 있는 것이 아니라 끊임없이 자신을 드러내기 때문에 공空하지 않는 불공不空이다. 그것을 반야심경에서는 공空과 색色의 관계를 통하여 현상의 변화 곧 나뭇잎의 변화와 같은 색色은 뿌리의 차원에서는 없기 때문에 공空이라고 하면서도 다시 공空한 뿌리가 나뭇잎으로 나타나는 측면에서는 색色이라고 하여 공空과 색色이 서로 다르지 않음을 나타내고 있다.[48]

자성이 공하지 않아서 그대로 색이라는 것은 뿌리가 줄기와 가지 그리고 여러 가지에 달린 잎으로 나타남을 뜻한다. 인간의 관점에서는 지각, 사고, 분별, 인식, 의지와 같은 여러 작용들과 행주좌와行住坐臥 어묵동정語默動靜으로 드러날 뿐만 아니라 생노병사生老病死의 현상으로 드러난다.

---

[48] 『般若波羅蜜多心經』(大正藏 8, 1, 0848c08), "色不異空 空不異色 色即是空 空即是色 受想行識 亦復如是."

2. 하나의 줄기와 마음

　나무의 뿌리와 같은 인간의 심층인 자성, 본래성, 본성은 줄기와 같은 마음으로 드러난다. 그것은 하나와 여럿의 두 측면을 넘어선 뿌리가 하나의 줄기와 같은 마음으로 나타남을 뜻한다. 이처럼 잎과 같은 다양함으로 드러나기 이전의 마음은 하나이기 때문에 일심一心이라고 한다.

　일심의 특성은 이것과 저것의 구분이 없을 뿐만 아니라 나와 남, 나와 세계의 물건적 구분이 없는 동시에 과거와 미래, 영원과 순간이라는 시간적 구분이 없다. 이처럼 시간과 공간상의 분별이 없는 점에서 무분별심無分別心, 무심無心이라고 할 수 있다.

　무심은 마음이 없음을 나타내는 것이 아니라 모든 것이 마음이 아님이 없음을 뜻한다. 따라서 무심은 모든 마음이 하나임을 나타내는 일심과 다르지 않다.

　일심一心은 죽어 있는 것이 아니라 작용을 한다. 그것은 본성이 고정된 물건이 아니라 마음을 통하여 다양하게 자신을 드러냄을 뜻한다. 『화엄경華嚴經』에서는 마음에 대하여 다음과 같이 밝히고 있다.

> 마음은 화가와 같아서 모든 세간世間을 그려낸다. 오온五蘊도 모두 마음 따라 생기니 무슨 법法이나 짓지 못함이 없다. 마음과 부처도 또한 그러하며, 부처와 중생도 그러하다.[49]

---

[49] 『華嚴經』(大正藏 10, 19, 0102a09), "心如工畫師 能畫諸世間 五蘊悉從生 無法而不造 如心佛亦爾 如佛眾生然 應知佛與心 體性皆無盡."

인용문에서 인간을 구성하는 색色, 수상행식受想行識의 오온五蘊이 모두 마음에 의하여 생겼을 뿐만 아니라 부처와 중생 역시 마음에 의하여 나타낸 것이라고 밝히고 있다. 그것은 본성, 불성, 부처나 중생, 오온, 세간이라는 고정된 실체가 있는 것이 아니라 마음에 의하여 다양하게 현현顯現된 것임을 뜻한다.

마음을 중심으로 본성을 나타내어 일심, 무심이라고 규정한 것은 일심이나 무심이라는 실체적 존재가 있음을 나타내는 것이 아니라 대상이 아닌 대상을 실체화하여 나타낸 것이 일심, 무심임을 나타낸다.

본성이 나무의 뿌리와 같고, 뿌리에 의하여 형성되는 줄기와 같은 것이 마음이라고 하였지만 마음과 육신 역시 하나라고 하거나 둘이라고 할 수 있다. 그러면 몸과 마음은 어떤 관계인가?

> 마음은 육신에 머물지 않고, 육신 또한 마음에 머물지 않으면서도 능히 불사佛事를 일으켜서 자재하니 미증유未曾有하다.[50]

마음이 부처와 중생을 그려내고, 세간을 그려내지만 육신으로 인하여 짓는 것도 아니고, 육신과 무관하게 짓는 것도 아니어서 자연自然과 인연因緣을 넘어서 있다. 그것은 마음이 자재自在함을 나타낸 것이다.

마음에 의하여 뿌리와 같은 본성이 현현되기 때문에 "만약 어떤 사람이 세간이 모두 마음의 작용에 의하여 지어진 것임을 알면 그는 부처를 보는 것이며, 부처의 진실성을 안 것이다.[51]"

---

[50] 『華嚴經』(大正藏 10, 19, 0102a09), "心不住於身 身亦不住心 而能作佛事 自在未曾有."
[51] 『華嚴經』(大正藏 10, 19, 0102a09), "若人知心行 普造諸世間 是人則見佛 了佛眞實性."

마음의 본체인 부처의 성품은 법계法界의 성품과 다르지 않다. 그렇기 때문에 삼세의 모든 부처를 알기 위해서는 세계가 모두 마음에 의하여 이루어진 것임을 알아야 한다.

　　만약 어떤 사람이 삼세의 모든 부처에 대하여 요지了知하려고 하면 그는 마땅히 법계의 성품을 관觀해야 한다. 일체는 오직 마음에 의하여 만들어진 것이다.[52]

　법계의 성품이 마음에 의하여 삼계三界로 드러나기 때문에 법계의 성품이 부처의 성품이고, 마음의 본체가 부처이다. 이처럼 마음은 법계의 상태에 머물지 않고 끊임없이 현현하는 점에서 성기론性起論이 제기된다.
　『금강경』에서는 "과거심도 잡을 수 없고, 미래심도 잡을 수 없으며, 현재심도 잡을 수 없다"[53]고 하여 마음이 실체적 존재가 아니어서 다양하게 드러나면서도 드러남이 없음을 밝히고 있다.
　그것은 이전의 마음과 지금 일어나는 마음 그리고 앞으로 일어날 마음이 다르지 않으며, 너의 마음과 나의 마음이 다르지 않아서 없기 때문에 무심無心이라고 함을 뜻한다.
　무심의 상태에서는 무엇을 하여도 함이 없기 때문에 그것을 나타내어 무위無爲라고 하고, 생각을 하여도 생각함이 없기 때문에 무사無思이다.
　『주역』에서는 "역易은 생각함이 없고, 함이 없어서 고요하여 움직임이 없

---

[52] 『華嚴經』(大正藏 10, 19, 0102a09), "若人欲了知 三世一切佛 應觀法界性 一切唯心造."
[53] 『金剛般若波羅蜜經』(大正藏 25, 1, 0751b24), "過去心不可得 現在心不可得 未來心不可得."

다"⁵⁴고 하였다. 적연하여 움직임이 없다는 것은 움직임 자체가 없음을 나타내는 것이 아니라 개체적인 측면에서는 움직여도 그것이 뿌리의 작용이기 때문에 잎과 같은 육신에 의한 개체적인 움직이라고 할 수 없음을 뜻한다.

무심은 시간적 측면에서 과거와 미래 그리고 현재의 구분이 없을 뿐만 아니라 나와 남의 구분이 없어서 공적公的이기 때문에 사적私的 마음이 아닌 공심公心이다. 마음은 본래성, 자성의 작용이기 때문에 없는 것은 아니지만 있어도 없는 것과 같기 아서 공심空心이다.

마음이 무심이면서 공심公心, 공심空心이기 때문에 어느 순간에 또 다른 나인 남이 되기도 하고, 사물이 되기도 하며, 세계와 하나가 되기도 한다. 따라서 무심은 그냥 무심이나 공심이 아니라 그 어떤 존재와도 하나가 되는 점에서 공심共心이다.

그런데 마음은 뿌리와 같은 자성, 본성에 의하여 형성되기 때문에 본성, 자성과 관련하여 이해하지 않을 수 없다. 본성, 자성과 마음의 관계를 중심으로 마음을 이해하면 본성, 자성自性이 본체라면 마음은 작용이라고 할 수 있다.

본성, 자성과 마음이 다르기 때문에 하나라고 할 수 없지만 본체에 의하여 작용이 이루어지고, 작용을 통하여 본체가 드러나기 때문에 자성, 본성과 마음이 일체이면서도 구분된다고 할 수 있다.

그것은 허공과 그것을 담아내는 여러 가지 모양의 그릇의 관계를 통하여 비유적으로 이해할 수 있다. 마음은 허공과 같아서 나의 마음과 남의 마음의 구분이 없다. 다만 방편상 남의 마음이라고 말하고, 나의 마음이라고

---

54 『周易』繫辭上篇 第十章, "易은 无思也하며 无爲也하야 寂然不動이라가 感而遂通天下之故하나니 非天下之至神이면 其孰能與於此리오."

나타내지만 남의 마음과 나의 마음을 구분한다고 하여 마음이 줄어드는 것도 아니고, 나의 마음과 남의 마음을 하나로 합한다고 하여 허공이 늘어나지 않듯이 마음이 늘어나지도 않는다.[55]

예로부터 마음에 대하여 수많은 의론議論이 있어 왔다. 마음을 인심人心과 도심道心으로 구분하기도 하고, 마음과 의식을 구분하기도 한다. 『서경』에서는 마음을 도심과 인심으로 구분하여 다음과 같이 나타내고 있다.

> 인심人心은 위태롭고, 도심道心은 의미하니 오직 정치하고 한결같아야 진실로 그 중中을 잡을 수 있다.[56]

인용문에서 도심道心은 본체인 자성이 드러난 측면에서 마음을 나타내기 때문에 지선至善, 순선純善이라고 말할 수 있지만 인심人心은 그것이 드러난 현상의 측면 곧 육신의 측면에서 나타내기 때문에 선善과 악惡의 양면을 모두 갖고 있다. 그렇기 때문에 인심을 위태롭다고 말하고, 도심을 은미하다고 하였다.

인심이 은미하다는 것은 본성을 주체로 하여 도심道心으로 드러내기 어려움을 나타내고, 위태롭다는 것은 밖의 사물에 끌려가서 사물의 노예가 되기 쉬움을 나타낸다.

그것은 우리가 육신을 나로 여기고 육신의 속성인 본능에 따라서 의식

---

55 『楞嚴經』(大正藏 19, 2, 0111c15), "譬如方器, 中見方空, 吾復問汝, 此方器中所見方空, 為復定方 為不定方 若定方者, 別安圓器空應不圓 若不定者 在方器中應無方空 汝言不知斯義所在, 義性如是云何為在 阿難 若復欲令入無方圓, 但除器方空體無方, 不應說言更除虛空方相所在."
56 『書經』大禹謨, "人心惟危, 道心惟微, 惟精惟一, 允執厥中."

중심으로 살아가면 그 어떤 종류의 사물이나 재력財力, 권력權力, 지력知力과 같은 힘은 물론 온갖 종교의 이치, 이념을 막론하고 모든 밖의 대상 사물에 속박束縛됨을 뜻한다.

우리는 마음에 도심과 인심의 구분이 없음에도 불구하고 밖의 사물에 마음이 끌려 다니기 때문에 자아와 무아, 공空과 색色, 형이상과 형이하, 유有와 무無와 같은 온갖 구분을 할 뿐만 아니라 구분 지은 것을 다시 달리 여겨서 선악, 대소, 미추와 같은 가치를 부여하여 소유하고자 집착한다.

분별分別과 소유욕 그리고 집착執着은 자유자재自由自在하여 걸림이 없는 마음을 우리 스스로 마음대로 사용하지 못하고 오로지 하나의 경계, 하나의 방법에 얽매여 있음을 뜻한다.

마음은 무심無心이고, 공심空心이기 때문에 공심公心임에도 불구하고 사심私心, 욕심으로 드러나기 쉽기 때문에 집중執中하기가 어렵다고 한다.

우리는 집중을 어느 하나에 초점을 맞추어서 그것에 모든 것을 모으는 하나 됨, 합일슴一로 이해한다. 이러한 집중은 뿌리인 본성, 자성에 마음을 모으는 일심一心의 측면에서 나타낸 것이라고 할 수 있다.

그러나 허공을 동그란 그릇에 담고, 네모난 그릇에 담아서 나타낸다고 하여 허공 자체가 변하지 않듯이 마음을 인간이라는 육신의 측면에서 인심人心이라고 말하고, 뿌리의 측면에서 도심道心이라고 하여도 양자의 차이는 없다.

우리가 마음을 육신의 관점에서 나타내면 의식이라고 할 수 있다. 이때 의식은 본질인 분별에 의하여 나누고 가치를 부여하여 달리한다. 그렇기 때문에 마음과 의식의 차원이 다르다고 할 수 있다. 의식이 육신과 같은 차원인 것과 달리 그것을 넘어선 상위上位의 차원이 마음이다.

그런데 뿌리와 줄기 그리고 잎이 서로 다르지 않다. 만약 뿌리만 있을 뿐으로 줄기와 잎이 없다면 뿌리는 겉으로 드러나지 않는다. 비록 줄기에 의하여 뿌리가 드러날지라도 여름에는 잎이 줄기와 가지를 모두 덮어서 잎을 보면 뿌리와 줄기를 알 수 있다.

거울에 잎이 모두 떨어지고 줄기와 가지만이 남아 있으면 그 나무가 어떤 나무인지를 알기가 어렵다. 이처럼 저것과 다른 이것으로 마음을 나타낸 것을 의식이라고 할 때 그것은 마음이 그대로 드러난 결과를 나타낸 점에서 마음과 다르지 않다.

마음의 다양한 상태를 하나로 잘 나타내는 개념은 무아無我이다. 일반적으로 우리는 무아를 남과 다른 내가 없음으로 이해한다. 그러나 물건적 관점이 아닌 사건적 관점에서는 아我는 실체화작용을 뜻한다. 따라서 무아는 실체화작용이 없음을 나타낸다.

마음은 글자 그대로 마음대로 작용한다. 마음은 이것과 저것을 나누고, 가치를 부여하여, 고정화하고 실체화하는 특성이 없기 때문에 인연에 따라서 드러날 뿐이다. 이처럼 마음을 쓰기 위하여 필요한 조건은 아무것도 없다.

우리가 마음을 쓸 때 선善하게 쓰는 경우와 악惡하게 쓰는 경우의 차이가 없다. 그것은 마음을 어떻게 쓰느냐에 따라서 나타나는 서로 다른 결과가 모두 그것을 쓰는 사람에게 돌아가는 점에서도 보아도 그렇다.

무아를 사건적 관점에서 이해하면 마음도 무아이며, 육신도 무아이고, 본성도 무아이다. 육신의 측면에서는 가고, 머물고, 앉고, 눕고, 서고, 말하고, 침묵하고, 움직이고, 가만히 있는 것이 모두 고정된 실체가 아니기 때문에 무아이며, 본성도 저것과 구분하여 이것이라고 할 수 없어서 무아일 뿐만 아니라 육신과 마음을 차원을 넘어서 있으면서도 양자를 포괄하여 고정되지 않기 때문에 무아이다.

그러나 우리가 마음을 실체적인 관점에서 이해하여 내 마음을 확장하여 온 우주에 채워서 우주심이 된다면 그것은 여전히 사심私心일 뿐으로 공심空心이 아니다. 우리가 아무리 마음을 확장하여도 여전히 내 마음과 남의 마음이라는 분별이 있으면 육신을 바탕으로 육신의 기능으로서의 의식을 자신의 마음으로 여기는 것이기 때문에 사심私心일 뿐으로 공심空心이 아니다.

공심, 무심, 무아일 때의 앎은 알면서도 앎이 없는 무지無知이다. 무지는 앎이 없는 부지不知와 달라서 지지이지만 앎이 있으면서도 앎이 없기 때문에 지지와 다른 부지不知이다. 따라서 무지는 지부지知不知를 넘어선 차원을 가리킨다.

공자는 무아를 언급하였을 뿐만 아니라 무지無知를 언급하였다. 그는 제자들이 자신을 앎이 많은 사람으로 여기고 자꾸만 지식을 요구하자 다음과 같이 말을 한다.

> 너희들은 내가 앎이 있는 줄 아느냐. 나는 앎이 없다. 어떤 비루한 사람이 나에게 물어오기를 아무런 의미가 없는 하찮은 것일지라도 나는 그 양단을 살펴서 모두 드러내 보인다.[57]

인용문에서 양단은 지지, 부지不知의 두 측면이라고 할 수 있다. 그것은 질문하는 사람이 어떤 것을 모르고 어떤 것을 알고 있는지를 살펴서 그 모르는 것을 알게 하여 아는 것과 모르는 것을 모두 드러나게 해준다는 것이

---

57 『論語』子罕, "子曰 吾有知乎哉 無知也. 有鄙夫問於我, 空空如也. 我叩其兩端而竭焉."

다. 그러면 공자는 앎과 모름을 모두 알고 있는 것인가?

그는 먼저 자신의 무지無知를 전제로 하였다. 무지는 알면서도 앎에 얽매이지 않아서 앎이 없음을 나타낸다. 그렇기 때문에 아는 사람이나 모르는 사람을 막론하고 아는 사람을 만나면 앎으로부터 벗어나서 자유롭게 해줄 수 있고, 모르는 사람을 만나면 알게 해줌으로써 모름을 벗어나서 자유롭게 해줄 수 있다.

우리는 그가 앎에 대하여 논하고 있는 다음의 부분을 통하여 공자가 앎을 어떻게 이해하고 있는지를 살펴볼 수 있다.

> 유由야! 너에게 앎을 알려주겠다. 아는 것은 앎으로 드러내고, 모르는 것은 모름으로 드러내는 것 이것이 앎이다.[58]

여기서 처음과 끝부분의 지知와 지지위지知之爲知之 그리고 부지위부지不知爲不知의 차원은 서로 다르다. 그가 앎(知)이라고 나타낸 것은 무지를 가리킨다. 그리고 지지는 앎을 나타내고, 부지는 앎을 통하여 드러낼 수 없음을 나타낸다. 따라서 지지위지知之爲知之는 앎을 통하여 나타낼 수 있는 것은 앎으로 나타내고, 부지위부지不知爲不知는 앎으로 나타낼 수 없는 것은 알지 못함으로 나타냄을 뜻한다. 따라서 진정한 앎은 지부지知不知의 차원을 넘어선 앎인 점에서 치지致知이면서 알면서도 앎이 없는 점에서 무지無知이다.

마음의 특성인 무심을 육신의 관점 곧 작용의 결과를 중심으로 나타내면

---

58 『論語』爲政, "子曰 由 誨女知之乎 知之爲知之, 不知爲不知, 是知也."

무위無爲이다. 일상의 삶을 살아가는 우리는 항상 눈이 보고, 귀가 듣고, 코가 냄새를 맡으며, 혀로 맛을 보고, 몸으로 느낀다.

우리가 잠을 자는 동안에도 심장이 뛰고 피가 돌며, 신진대사가 이루어지고 꿈을 꾸기 때문에 항상 움직이고 있어서 움직임이 없다고 할 수 없다. 만약 우리의 몸이 한순간이라도 숨을 쉬지 않거나 혈액순환을 하지 않는다면 그 순간 죽음에 이르게 된다. 그러면 무위라는 것은 무엇을 나타내는가?

무위는 행위가 없음을 나타내는 것이 아니라 마음을 작용의 결과인 육신의 관점에서 나타낸 것이라고 할 수 있다. 육신은 스스로 움직이는 것이 아니다. 그렇기 때문에 육신이 움직였다고 할 수 없는 점에서 무위일 뿐만 아니라 몸의 움직임은 본성의 작용의 결과라는 점에서 무위無爲이다. 그러면 본성과 마음을 구분하여 나타낼 수 있는가?

뿌리가 없다면 마음이라는 작용이 있지 않기 때문에 본성이 없다면 마음이 없고, 마음이 없다면 본성도 없다. 따라서 둘을 하나라고 할 수 없다. 그러나 줄기는 뿌리로부터 나올 뿐으로 줄기가 뿌리를 낳는 것은 아니다. 그러므로 뿌리와 줄기가 둘이나 하나라고 하거나 어떤 것이 있고, 어떤 것이 없다고 할 수 없다.

3. 계절에 따라 변화하는 잎과 육신

뿌리와 같은 자성, 본성이 줄기와 같은 하나의 마음으로 드러나서 다시 최종적으로 나타나는 것은 잎과 같은 육신이다. 육신은 자성, 본성과 달리 시공時空의 한계를 갖는다.

  인간의 육신은 시간상으로 태어나서 늙고 병들어 죽는 생사의 한계에 갇혀 있다. 그리고 공간상으로는 나의 육신이 남의 육신과 하나가 아니어서 내가 먹는다고 하여 남이 배부르지 않고, 내가 안다고 하여 남이 알지 못한다. 그렇기 때문에 나와 남이 하나일 수 없을 뿐만 아니라 내가 여기에 있으면서 동시에 다른 장소에 있을 수 없다.

  또한 육신은 가고, 머물고, 앉고, 눕고, 말하고, 침묵하고, 움직이고, 고요하여 때와 장소에 따라서 다양한 언행으로 나타난다. 잎과 같은 육신의 측면에서 보면 인간은 태어나서 죽는 순간까지 시간이 한정되어 있고, 머무는 공간 역시 작게는 육신에 갇혀 있고, 크게는 대기권을 벗어나지 못하고 지구의 표면表面에서 다람쥐처럼 이리저리 움직이다가 결국은 지구에 흩어진다.

  육신의 차원에서 보면 남과 구분되고, 자연과 구분되며, 우주와 구분되는 내가 있다. 이 서로 구분되는 자아의 측면에서 보면 인간은 그야말로 미약微弱하고, 불완전하며, 무능無能하기 한이 없다.

  사자, 호랑이와 같은 강한 힘이나 치타, 표범과 같은 날렵함이 없으며, 새와 같이 날아가지도 못하고, 하마나 코끼리와 같은 육중한 몸이 없어서 힘이 약하며, 정보를 기억하고, 처리하는 속도와 양이 컴퓨터와 비교하여 느리고 적으며, 인간의 팔과 다리는 물체처럼 독성물질에 강하지도 않아서 폭탄이나 화학물질에 약할 뿐만 아니라 광활한 우주에 비하여 한 톨의 먼지보다도 작아서 그 존재의미를 어디에서도 찾을 수 없다. 인간의 행위와 마음을 쓰는 것을 보면 어떤가?

  지구를 가장 빠른 속도로 광범위하게 오염시키는 종족이 인간이며, 지구의 자원을 가장 많이 사용하는 종족도 인간이고, 지구를 가장 빠른 속도로 파괴시키는 종족도 인간이다. 사자는 배고플 때만 사냥을 할 뿐으로 인간처럼 즐기기 위하여 사냥을 하거나 낚시와 같은 다른 생명을 오락의 수단으로 여기는 행위를 하지 않는다.

자성, 본성의 차원에서 보면 육신이 갖는 물리적 생명은 개인의 것이 아니기 때문에 소유할 수 없을 뿐만 아니라 소우주로서의 인간의 생명을 탄생시키는 거룩한 현장이다. 그럼에도 불구하고 인간은 생명의 탄생을 위하여 교미交尾를 하는 짐승과 달리 육신을 쾌락의 도구로 사용할 뿐만 아니라 상품으로 매매를 한다.

짐승들도 자신의 생명을 보존하기 위하여 사냥을 하지만 자신의 배가 부르면 남은 사냥감을 다른 동물에게 주어서 함께 먹는다. 그러나 인간은 자연이 베풀어준 사물을 활용하여 불필요하게 재화를 생산하고 그것을 보관하여 소유하고자 한다.

사람이 스스로 가장 소중하게 여기는 육신도 자신이 스스로 갖고 온 것이 아니라 남인 부모의 몸을 빌려서 사용하고 있다. 부모의 정혈精血을 받아서 그것을 몸으로 삼아서 모체母體에서 열 달 동안의 보살핌을 받고 자궁子宮 밖으로 나와서도 성인이 되기까지 부모에 의하여 성장할 뿐만 아니라 성인이 되어서도 남이 베풀어준 사랑에 의하여 살아간다.

남이 만들어준 옷을 입고, 남이 만들어준 집에서 잠을 자며, 남이 만들어준 식재료를, 남이 만들어준 전기와 가스에 의하여, 남이 만들어준 조리도구를 사용하여, 음식을 만들어서 먹고, 매 순간 자연이 정화해준 공기를 마시면서 호흡을 하고, 물을 마시면서 생명을 유지한다.

만약 우리가 겉으로 보이는 육신만을 자신으로 여기면 인간은 생사의 한계를 갖고 있을 뿐만 아니라 늙고 병들기 때문에 삶이 그대로 고통이 된다.

  육신이 중심이 된 인간의 삶은 오로지 생명의 연장, 생명의 보존만이 목적이 될 수밖에 없다. 그렇기 때문에 자신의 생명을 보존하기 위하여 남을 죽이거나 남을 이용하는 것을 정당하다고 여기게 된다.

  모든 정신적인 현상이 육신에 의하여 나타나는 기능일 뿐이기 때문에 자비慈悲, 문화文化, 진실眞實, 정의正義와 같은 가치의 문제가 존재할 수 없다. 따라서 유물론적 사고에 빠지면 거짓과 진실은 없고, 오로지 힘만이 진실이고, 정의라고 생각하게 된다.

  육신을 중심으로 나를 이해하면 남과 구분되는 내가 존재한다고 생각하기 때문에 함께 살아가는 공존共存, 공생共生은 없다. 오로지 나의 삶을 위하여 남을 이용하는 투쟁과 탈취 그리고 지배와 복종만이 있다. 그러므로 개체의 힘이 약하기 때문에 혈연, 지연, 학연을 연결하여 패거리를 만들어서 집단이기주의를 표출하게 된다.

  우리가 의식을 중심으로 나를 생각하면 현상은 별로 중요하게 여기지 않는다. 그들은 육신에 의하여 나타나는 모든 현상이 의식에 이루어진다고 여긴다. 그리고 몸을 중심으로 일어나는 모든 현상들이 뇌의 기능 곧 육신에 의하여 일어나는 분별의식에 의하여 만들어진 환상일 뿐으로 실재하지 않는다고 생각한다.

  의식이라고 일컫는 모든 것은 밖의 사물이 육신에 반영되어 나타난 것으로 마치 거울에 모습이 나타난 것과 같음에도 불구하고 그것을 마음이라고 말하면서 나의 마음과 남의 마음을 구분하여 실재하는 것으로 착각한다는 것이다.

  의식과 육신이 실재하지 않음은 마치 꿈속에서 온갖 일을 하고 고통을 느끼며, 사랑도 하고, 수많은 일들을 하지만 꿈에서 깨어나면 사라지는 것과 같다. 이처럼 모든 것을 의식을 중심으로 이해하면 허무주의에 빠지게 된다.

삶의 의미가 없을 뿐만 아니라 목표도 없어서 삶과 죽음이 다르지 않게 되어 살 필요를 느끼지 않게 된다. 내가 없을 뿐만 아니라 나의 삶이 없다면 굳이 힘들게 살 필요가 없다. 이처럼 허무에 빠지면 육신을 중심으로 이루어지는 이기주의보다 벗어나기 더 어렵다. 그러면 본래성이라는 육신과 마음을 넘어선 존재는 있다고 할 수 있는가?

만약 육신과 무관하게 있다면 그것이 아무리 있을지라도 육신에 아무런 의미가 없을 뿐만 아니라 마음과도 관련이 없다면 무슨 필요가 있겠는가. 그렇기 때문에 비록 본래성이 육신, 마음과 달리 영원하고, 일체적이어서 분별이 없기 때문에 다르다고 할 수 있지만 무관하다고는 할 수 없다. 그러면 셋은 어떤 관계인가?

앞에서 우리가 인간으로서의 자신을 고찰하는 과정에서 사용한 방법은 물건적 관점에서 이루어지는 분석과 종합이다. 그것은 지지와 부지不知를 구분하여 부지不知에서 지지를 향하며, 유무有無를 분별하여 유有에서 출발하여 무無에 이르고, 다시 무無를 넘어서 중도中道에 이르는 방법이다.

우리가 인간을 뿌리와 같은 본성과 줄기와 같은 마음 그리고 잎과 같은 육신의 세 요소로 나타낸 것은 입자적 관점에서 셋을 구분하여 나타낸 것이다.

그러나 셋의 어느 부분을 제거하면 사람이라고 할 수 없다. 그렇다고 하여 만약 셋을 합한다고 하여도 사람이라고 할 수 없다. 따라서 인간으로서의 우리 자신은 물건적 관점에서 분석과 종합을 통하여 드러나지 않음을 알 수 있다. 어떻게 해야 우리가 어떤 존재인지를 밝힐 수 있는가?

우리는 육신으로부터 의식으로, 의식으로부터 마음으로 그리고 마음으로부터 본성을 향하여 고찰하였듯이 본성을 바탕으로 마음을 고찰하고, 그리고 마음을 통하여 육신을 고찰하는 방향을 함께 살펴보는 것이 필요하다. 그것은 우리가 본성과 마음 그리고 육신을 동일한 차원이 아닌 서로 다른 차원에서 입체적으로 고찰하는 방법이다.

우리는 일반적으로 본래성이 마음과 육신의 차원을 넘어서 있기 때문에 육신과 마음의 차원을 벗어날 때 비로소 본래성의 차원에 도달한다고 말한다. 이는 셋이 서로 다른 차원에 존재함을 뜻한다.

우리가 육신을 출발점으로 하여 본래성을 향하는 방향에서 본래성과 마음 그리고 육신의 관계를 살펴보면 육신의 차원에서는 마음의 차원이 드러나지 않고, 마음의 차원에서는 본래성이 드러나지 않는다. 따라서 셋은 결코 하나가 될 수 없어서 셋이라고 하지 않을 수 없다.

그러나 물질적 차원에서 그것을 넘어서 마음에 이르고, 마음의 차원을 넘어서 본래성에 이르는 방향과 달리 본래성으로부터 마음에 이르고, 마음으로부터 다시 육신에 이르는 방향에서 보면 셋은 일체이다.

본래성이 마음을 통하여 드러나고, 그것이 다시 육신을 드러난다. 이러한 방향에서 보면 마음으로 드러나지 않는 본래성은 있을 수 없고, 육신을 통하여 드러나지 않는 마음은 있을 수 없다. 따라서 셋으로 나타낸 본성, 마음, 육신은 하나이다.

우리는 단지 감각지각에 의하여 본래성이 드러나지 않기 때문에 본래성과 육신을 구분하고 마음을 구분하여 나타낼 뿐이다. 본래성의 사고, 인식, 판단, 의지와 같은 여러 작용을 실체화하여 나타내어 마음이라고 하고, 그것이 다시 행주좌와의 행동과 말로 드러나는 것을 실체화하여 육신이라고 구분하여 셋으로 나타낸 것이다.

본래성과 마음 그리고 육신을 셋으로 구분하여 나타내면 육신으로부터 시작하여 그것을 넘어서 마음에 이르고, 마음을 넘어서 본래성에 이르는 과정이 필요하다. 그것은 저절로 이루어지는 것이 아니라 일종의 행위의 결과로 얻어지는 점에서 반드시 필요한 것이다.

그것은 셋을 합하여 하나로 만드는 합일合一이라고 할 수 있다. 이를 육신을 중심으로 나타내어 자기를 이기는 극기克己, 극복克復, 수기修己, 수신修身이라고 말한다. 그리고 마음을 중심으로 나타내어 수심修心, 수양修養이라고 말하기도 한다.

그러나 본래성이 마음과 육신으로 드러나는 현상의 측면에서 보면 굳이 인위적인 행위를 통하여 셋을 하나로 만드는 합일의 과정이 필요하지 않다. 왜냐하면 본래성은 반드시 마음으로 작용하고, 육신으로 드러나는 본성을 갖고 있기 때문이다. 지금까지 살펴본 내용을 간단하게 정리하여 하나의 도표로 나타내면 다음과 같다.

```
공불공空不空, 실상(뿌리): 본래성, 부처, 성인
            ↓ ↑
지각, 분별, 인식, 의지(줄기): 마음, 보살, 군자
            ↓ ↑
행주좌와(行住坐臥), 언행(나뭇잎): 중생, 소인
```

마음을 통해 본 인간의 표층과 심층

우리가 지금까지 인간으로서의 나에 대하여 고찰한 결과는 가장 심층의 나와 남, 나와 세계를 구분할 수 없는, 그리고 하나라거나 둘이라고 할 수 없는 실상實相, 공불공空不空의 경지가 고정되지 않고 지각, 분별, 인식,

의지와 같은 다양한 작용에 의하여 가고 멈추고, 앉고 눕는 여러 행동들과 말을 하게 됨을 살펴보았다.

우리는 그 과정을 통하여 가장 심층의 나 아닌 나를 마치 어떤 것처럼 물건화하여 나타내어 본래성本來性이라고 부르고, 나무의 뿌리와 같은 본래성으로부터 이루어지는 여러 작용을 물건화하여 마음이라고 나타내며, 마음의 작용에 의하여 드러나는 다양한 언행을 물건화하여 육신이라고 하였음을 알 수 있다. 따라서 나는 본래성도 아니고, 마음도 아니며, 육신도 아니다. 그러므로 그 어떤 것을 나라고 실체화하는 마음이 없어야 한다. 그것은 마음에 의하여 그 근원을 찾아서 본래성이라고 나타내고, 본래성에 의하여 이루어지는 작용의 결과를 나타내어 육신의 언행이라고 나타내었음을 뜻한다.

그런데 우리는 앞에서 자연, 시공과 나를 분석하고 다시 나를 세포, 미립자로 분석하며, 나를 출발점으로 삼아서 나와 남을 합하여 가족, 국가, 인류의 사회로 종합하는 방법을 통하여 나는 자연과 사회의 일부이거나 자연과 사회를 구성하는 기본 요소가 아니라 의식에 의하여 구분하고 하나로 이해할 뿐임을 살펴보았고, 이어서 자연과 나, 사회와 나를 분석과 종합하는 것은 자연과 사회 자체가 아니라 나의 의식이며, 자연, 사회와 나의 관계는 자아의 유무가 됨을 살펴보았다. 그리고 이어서 의식을 넘어선 마음의 차원에서는 자아와 무아가 심층의 본래성과 표층의 육신으로 나타나면서 뿌리와 잎의 관계와 같음을 살펴보았다.

우리는 제1부와 제2부에서 육신이라는 표층을 중심으로 의식을 찾아가고, 다시 의식을 넘어서 마음을 찾으며, 마음을 넘어서 다시 본래성이라는 심층에 이르렀고, 제3부에서 본래성을 출발점으로 삼아서 마음과 육신으로 향하였다. 따라서 제1부, 제2부와 제3부의 인간에 대한 고찰 방향이 서로 다르다.

우리가 앞으로 고찰해야 할 문제는 이 두 방향의 나를 나타내는 내용이 우리의 삶과 어떤 관계가 있는지를 살펴보는 일이다. 그것은 지금까지의 고찰을 통하여 다음과 같은 문제가 제기됨을 뜻한다.

지금 우리가 해결해야 할 문제는 지금 이 글을 쓰고 있는 것은 본성인가, 마음인가, 육신인가이다. 나는 셋으로 나눌 수 없다. 만약 셋으로 나누어진다면 그것은 죽은 사람이지 산 사람은 아니다. 그와 반대로 하나라고 하여도 나는 아니다. 그 점은 육신이나 의식, 마음, 본래성을 찾아가는 과정에서 끊임없이 살펴보았다. 그러면 지금 이 글을 쓰고 있는 나는 누구인가?

육신도 아니고, 마음도 아니며, 본래성도 아니어서 셋을 넘어서 있으면서도 본래성으로 표현되고, 마음으로 나타나며, 육신으로 드러나는 나는 본래성이기도 하고, 마음이기도 하고, 육신이기도 하다. 나는 내가 아니기 때문에 무아無我이지만 나는 나이기 때문에 자아自我이기도 하고, 양자를 넘어서 있기 때문에 중도이지만 자아와 무아로 드러나는 점에서는 중도中道도 아니다. 그러면 셋의 그 어느 것도 아니면서도 그 모든 것이기도 한 그 무엇이 이 글을 쓰는가?

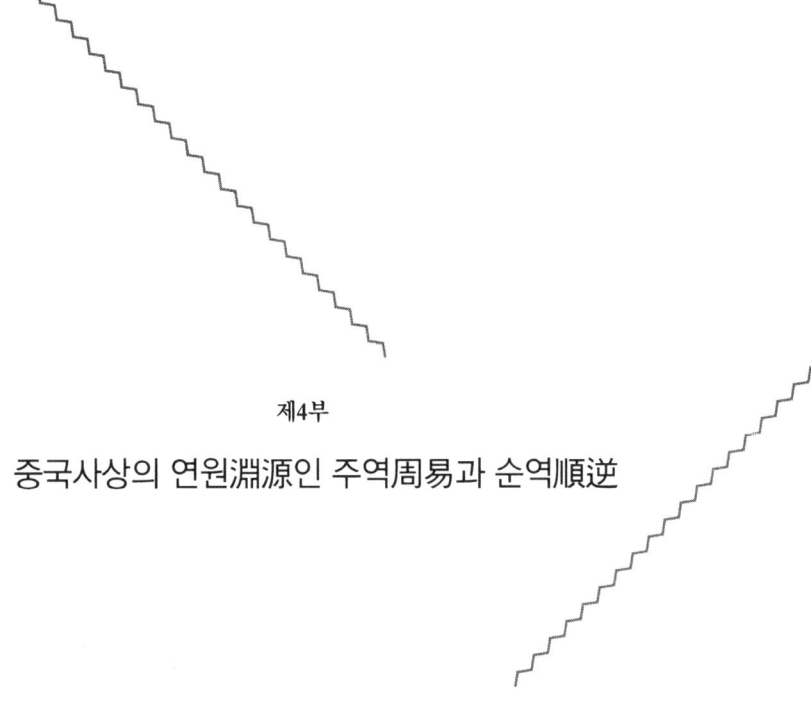

제4부

중국사상의 연원淵源인 주역周易과 순역順逆

　우리는 앞에서 인간으로서의 나는 어떤 존재인가를 파악하기 위하여 과학이 바탕으로 하는 유물론적 세계관, 실체적 세계관에 의하여 기계론적이고, 인과적인 세계를 바탕으로 형성된 유물론적 인간관을 중심으로 인간을 고찰하였다.

　그 과정에서 육신으로부터 의식으로, 마음으로 그리고 본성으로 점차 심층으로 나아가는 방향을 중심으로 시공이라는 물질과 인간의 육신이 어떤 관계를 살펴보고 이어서 양자의 관계를 통하여 물질과 구분할 수 있는 인간이 있는가를 살펴보았으며, 이어서 물질적 요소와 다른 의식, 마음을 거쳐서 가장 심층에 있는 본성을 찾았다. 그리고 이어서 본성과 마음, 의식, 육신이 어떤 관계를 인가를 살펴보았다.

　그것은 유물론적 세계관, 인간관에 의하여 드러나지 않는 인간의 심층적인 요소를 찾았음을 뜻한다. 유물론적 차원에서 드러나는 인간의 육신과 그 기능으로서의 의식을 넘어선 마음의 차원에서 비로소 드러나는 인간의 심층을 본성, 인성, 자성, 불성과 같은 다양한 개념을 통하여 육신, 의식과 구분하여 나타내고 있다.

물질적인 차원에서 시작하여 육신을 중심으로 의식을 찾고, 의식을 넘어서 마음에 이르며, 마음을 넘어서 그 이전에서 비로소 인간의 심층인 본성, 자성이 드러난다. 그렇기 때문에 과학의 차원, 과학적 학문방법을 통해서는 인간의 심층인 본성, 자성이 드러나지 않는다. 따라서 육신으로부터 출발하여 근원을 찾아가는 방향의 측면에서 보면 우리는 상위의 단계로 고양하는 과정을 통하여 마지막에 이르러야 비로소 심층의 본성에 도달할 수 있다.

그러나 심층에서 표층을 향하는 방향에서 보면 뿌리가 줄기로 나타나고, 줄기가 잎으로 나타나듯이 세 요소는 셋이 아니라 하나이다. 그것은 우리가 잎에서 뿌리를 향하는 방향과 뿌리에서 잎을 향하는 방향을 구분하여 하나 또는 셋으로 나타낼지라도 양자가 모두 물리적 시간의 관점에서 시종 始終의 사건을 중심으로 이해한 것임을 뜻한다. 그러면 이 두 방향은 무엇이며, 어떤 관계인가?

물건적 관점에서 세계와 인간에 접근하는 것은 중국사상의 특징이다. 중국사상의 특성은 중국사상의 연원이라고 할 수 있는 『주역』을 통하여 확인할 수 있다. 『주역』에서는 물질적 관점에서 형상을 중심으로 세계를 형이상의 도道와 형이하의 기器로 구분하여 이해한다.

그리고 『주역』에서는 도와 기의 관계를 근본과 지말의 본말 관계로 나타내고 있다. 그것은 도가 근원이고, 근원인 도에 의하여 존재하는 것이 기器임을 나타낸다. 도와 기의 관계는 근본으로부터 지말을 향하는 방향에서 나타내기도 하고, 지말로부터 출발하여 근본에 이르는 방향에서 나타내기도 한다.

"역易에는 태극太極이 있다. 태극이 양의兩儀를 낳고, 양의가 사상四象을 낳으며, 사상이 팔괘八卦를 낳는다"[59]는 태극이라는 근원, 도가 만물을 낳음을 나타내고 있다. 따라서 이 부분은 형이상의 도로부터 형이하의 만물을 향하는 방향에서 세계를 나타낸 것이다.

그런데 다른 부분에서는 "이치를 연구하여 성품을 다함으로써 명命에 이른다"[60]고 하여 의식으로부터 성명의 이치를 궁구하여 성품을 깨닫고, 성품을 깨달아서 천명天命에 이름으로써 형이하의 기器로부터 형이상의 도道에 이르는 방향에서 세계를 나타내고 있다. 그러면 양자를 어떻게 규정하고 있는가?

십익에서는 물리적 시간의 측면에서 과거에서 미래를 향하는 방향과 미래에서 과거를 향하는 방향을 통하여 형이상과 형이하의 관계를 나타내고 있는데 그 내용은 다음과 같다.

> 지나간 것을 헤아림은 순順이며, 다가올 것을 아는 것은 역逆이다.
> 그러므로 역易은 역逆으로 헤아린다(逆數).[61]

인용문의 내용을 보면 미래에서 과거를 향하는 방향을 순順으로 규정하고, 과거에서 미래를 향하는 방향을 역逆으로 규정하고 있음을 알 수 있다. 순방향은 미래를 바탕으로 과거를 향함을 미래를 바탕으로 수를 통하여

---

[59] 『周易』繫辭上篇 第十一章, "是故로 易有太極하니 是生兩儀하고 兩儀生四象하고 四象이 生八卦하니 八卦定吉凶하고 吉凶이 生大業하나니라."
[60] 『周易』說卦 第一章, "和順於道德而理於義하며 窮理盡性하여 以至於命하니라."
[61] 『周易』說卦 第三章, "數往者順하고 知來者逆하니 是故로 易은 逆數也라."

과거를 헤아리는 수왕數往으로 나타내고, 역방향은 미래를 앎으로 나타내고 있다. 마지막 부분에서는 『주역』이 역逆방향에서 지래知來를 하고, 그것을 바탕으로 순방향에서 수왕數往을 하는 것이 그 내용임을 나타내고 있다.

역방향이 앎의 문제라는 것은 역방향에서 하는 일이 궁리窮理, 진성盡性, 지명至命을 내용으로 하는 수기修己, 수양修養 곧 수도修道임을 나타낸다. 그리고 순방향이 계량화라는 것은 천지를 마디 지음으로써 인간의 세계로서의 천하를 화성化成함을 뜻한다.

도교에서는 순과 역을 구분하여 역방향에서 수련修煉을 통하여 무극無極으로 돌아가는 반본환원返本還源을 근본문제로 제기하고 있고, 불교는 성품, 불성을 깨달아서 불도佛道를 이루는 견성성불見性成佛을 근본문제로 제기하고 있다. 이는 불교와 도교가 모두 역방향의 수도修道를 근본문제로 하고 있음을 뜻한다.

유학儒學에서는 문물제도를 구축하여 천하를 제도濟度하는 도제천하道濟天下를 목적으로 한다. 따라서 불교, 도교가 역방향에서 수도가 중심문제인 것과 달리 유학은 순방향에서 제도가 중심문제임을 알 수 있다. 이를 통하여 중국사상이 『주역』의 세계관을 바탕으로 순역順逆의 관점에서 인간과 세계를 이해하고 있음을 알 수 있다.

그러면 지금부터는 순역의 두 방향을 중심으로 인간의 심층과 표층의 관계를 통하여 인간을 이해하고자 한다. 이를 위하여 먼저 순역이 무엇인지를 살펴보고, 이어서 순역의 문제를 인간에 적용하여 성명性命을 중심으로 순역에 대하여 고찰한 후에 마지막으로 유불儒佛에서 순역을 어떻게 이해하고 있는지 살펴보고자 한다.

1. 역易과 순역順逆

『주역』의 출발점은 변화하는 현상이다. 그것은 앞에서 살펴본 바와 같이 과학의 대상으로서의 자연, 시공時空이 시간의 측면에서 항상恒常하고, 공간적인 측면에서 이곳에 있거나 저곳에 가거나를 막론하고 남과 구분되는 내가 있다는 실체적 세계관을 바탕으로 하는 것과 달리 『주역』에서는 내가 시간적으로 항상恒常하지 않고, 끊임없이 변하여 다른 것으로 화化함을 뜻한다.

십익十翼에서는 변화하는 현상을 역易이라는 개념을 통하여 나타내고, 현상의 이치를 도道라는 개념을 통하여 나타내어 세계를 역도易道로 나타내고 있다. 그것은 역易이라는 변화의 현상과 현상의 근원으로서의 도道를 함께 나타낸 개념이다.

예로부터 학자들은 역易이라는 개념에는 변역變易, 불역不易, 이간易簡의 세 가지의 의미가 담겨 있는 것으로 이해하였다.[62] 그것은 학자들이 역이라는 하나의 개념을 통하여 『주역』이라는 저작에 담겨 있는 내용을 요약하여 나타내었음을 뜻한다. 그러면 삼역三易으로 나타내는 역의 내용이 무엇인지 살펴보자.

변역變易은 고정됨이 없이 변화하는 현상을 나타낸다. 그것은 저것과 구분되는 이것이 없다고 할 수 없지만 이것은 저것과 마찬가지로 끊임없이

---

[62] 王弼注, 孔穎達疏,「周易正義」, 第一 論易之三名, "易緯乾鑿度云 "易一名而含三義 所謂 易也變易也不易也"...鄭玄依此義作易贊及易論云 "易一名而含三義 易簡一也 變易二也 不易三也."

변하여 다른 것으로 화化하기 때문에 이것이라고 할 수 없음을 뜻한다.

변화하는 현상은 변變하여 화化하지만 현상 자체가 없음을 뜻하지 않는다. 그것은 변화하는 현상의 근원으로서의 현상의 법칙, 원리가 있음을 뜻한다. 그것을 나타내는 것이 불역不易이라는 개념이다. 십익十翼에서는 "역易에는 태극太極이 있다."고 하여 변화하는 현상에 근원인 태극太極이 있음을 밝히고 있다. 그러면 변화와 변화의 근거는 어떤 관계인가?

십익에서는 양자의 관계를 도道와 기器를 통하여 나타내고 있다. 변화의 현상은 일종의 그릇과 같아서 그릇의 모양과 재질과 같은 요소를 결정하는 것은 그 내용물인 도에 있음을 나타낸다. 따라서 도에 의하여 현상의 사물이 존재한다고 할 수 있다.

그것은 변화의 근저에 있는 변화의 근거인 태극을 형상을 중심으로 형상形狀을 넘어선 형이상形而上의 도道로 나타내고, 그것을 근거로 형성된 사물들 곧 형이하形而下의 형상을 가진 사물들을 기器로 나타낸 것이다.

이간易簡은 불역不易으로서의 태극, 변화의 근거로서의 도의 특성을 나타낸다. 이때 이易는 역易이라는 하나의 글자를 바꿀 '역'이 아닌 쉬울 '이'라는 다른 음과 뜻으로 사용되고 있다. 이처럼 역도가 어렵지 않아서 쉽고, 복잡하지 않아서 간단하다고 규정한 것은 도와 기의 관계와 관련이 있다.

이간의 의미를 이해하기 위해서는 도와 기의 관계를 좀 더 구체적으로 이해하는 것이 필요하다. 도道와 기器는 도로부터 시작하여 기를 나타내는 방향과 기로부터 출발하여 도를 향하는 두 방향에서 살펴볼 수 있다.

도에서 시작하여 기에서 끝나는 방향은 기에 초점이 맞추어져 있다. 십익에서는 태극에서 시작하여 현상에 이르는 과정을 다음과 같이 나타내고 있다.

역易에는 태극太極이 있다. 태극이 양의兩儀를 낳고, 양의가 사상
四象을 낳으며, 사상이 팔괘八卦를 낳고, 팔괘가 길흉吉凶을 정定
한다."63

위의 내용은 역도를 상징적으로 나타내고 있는 64괘가 구성되는 과정을 통하여 도, 태극과 현상의 사물과의 관계를 나타내고 있다. 그것은 태극, 도에 의하여 사물이 형성되는 과정을 나타낸 점에서 도로부터 시작하여 형이하의 사물에 이르는 방향에서 양자를 나타내고 있음을 보여준다.

도, 태극은 사물에 있어서 사물의 존재근거가 된다. 그것은 도가 사물의 측면에서는 본질이 되며, 인간의 측면에서는 본성이 됨을 나타낸다. 십익에서는 도와 인간의 본성을 통하여 양자의 관계를 다음과 같이 밝히고 있다.

한번은 음陰으로 작용하고 한번은 양陽으로 작용하는 것을 일러서
도라고 하며, 음양의 작용이 끊임없이 이어지는 것을 선善이라고
하고, 선의 결과 이루어진 것을 성性이라고 한다.64

인용문의 내용을 보면 도를 개체적 관점에서 물건화하여 나타내어 사물의 사물다움으로써의 본질로 나타내고 있음을 알 수 있다. 형이하形而下의 사물의 사물다움을 인간의 측면에서 인간다움으로써의 본성本性, 인성人性이라고 한다.

---

63 『周易』繫辭上篇 第十一章, "是故로 易有太極하니 是生兩儀하고 兩儀生四象하고 四象이 生八卦하니 八卦定吉凶하고 吉凶이 生大業하나니라."
64 『周易』繫辭上篇 第五章, "一陰一陽之謂道 繼之者善也 成之者性也."

그러나 본성, 인성은 형이하의 사물이 갖는 속성으로서의 사물성과는 구분하여 이해할 필요가 있다. 그것은 사물의 본질本質로서의 사물성과 인간의 본성本性이 같으면서도 다른 측면이 있음을 나타낸다. 도가 개체적 사물의 관점에서 본성으로 표현되었다면 기器는 어떻게 표현되는가?

본성은 형이하의 차원에서는 생명의 현상으로 나타난다. 그것은 앞에서 살펴보았던 음양의 작용이 생명의 현상으로 드러남을 뜻한다. 이처럼 본성의 작용을 나타내는 개념이 명命이다. 명은 합合과 분分이라는 두 글자가 결합하여 형성된 글자이다. 본성이라는 영원한 생명의 근원이 나누어져서 둘이 되어(分) 개체적 존재의 생명生命으로 나타난다.

그러나 개체적 생명의 생명 현상은 그대로 생명 현상의 근원인 영원한 생명으로서의 본성과 항상 하나가 된다. 그것은 매 순간에 나타나는 생명들의 생명 현상이 모두 본성으로 귀체歸體, 귀공歸空됨을 뜻한다.

도를 기器의 관점에서 나타내면 만물의 본성, 본질이라고 할 수 있다. 인용문에서 언급되고 있는 성性은 하나의 도가 기器의 관점에서 만물의 본성임을 나타낸 것이다. 다만 『주역』에서는 인간의 삶의 원리를 밝히기 위하여 인간의 관점에서 형이상과 본성과 형이하의 기器를 성명性命으로 표현하고 있다.

설괘說卦에서 "옛날의 성인이 역易이라는 책을 저작한 목적이 장차 (후대의 사람들로 하여금) 성명의 이치에 순응하게 하고자 함이다"[65]고 하였다. 성명의 이치는 성명을 이치로 나타낸 것이다. 성명의 이치는 줄여서

---

65 「周易」說卦 第二章, "昔者聖人之作易也, 將以順性命之理."

나타내면 성리性理이다.[66]

십익에서는 성과 명, 도와 기의 관계를 명命, 기器로부터 출발하여 도, 성에 이르는 방향에서 나타내고 있다. 그것은 명에서 출발하여 성에 이르는 방향을 통하여 『주역』의 내용을 나타낸 것으로 그 내용은 다음과 같다.

> 이치를 궁구하여 성품을 다함으로써 명命에 이른다.[67]

이 부분은 인간의 관점에서 궁리窮理, 진성盡性, 지명至命의 세 과정을 통하여 기器로부터 출발하여 도, 즉 천도天道에 이르러서 천명天命에 이름을 나타내고 있다. 그것은 이 부분의 성명에 관한 언급이 앞에서 살펴본 태극으로부터 시작하여 기에 이르는 방향과 다른 방향에서 이루어지고 있음을 뜻한다.

그러면 도가 개체적 존재에 있어서 존재근거가 된다는 순방향에서 이루어지는 인간을 비롯한 사물에 대하여 언급이 어떤 의미를 갖는지 살펴보자.

도가 사람에 있어서는 존재근거인 성품, 본성이 되고, 사물에 있어서는 사물의 존재근거가 되며, 천지에 있어서는 천지의 존재근거가 된다. 그것은 『주역』에서 세계를 천지인天地人이라는 삼재三才로 구분하여 이해하고, 삼재에 의하여 도를 각각 천도天道와 지도地道 그리고 인도人道로 구분하여 이해하였음을 뜻한다.

---

66 『주역』이 나타내고자 하는 성명의 이치, 성리의 내용을 그대로 학문의 이름으로 나타낸 것이 송대宋代의 유학儒學인 성리학性理學이다. 성리학에서는 인간의 성품과 사물의 이치를 구분하여 성품과 사물의 이치가 하나임을 밝히고 있다. 그것은 사물의 이치라는 시공, 자연의 세계와 성품이라는 인간의 세계가 하나임을 나타내는 천인합일天人合一의 표현이다.

67 『周易』 說卦 第一章, "窮理盡性하야 以至於命하나라."

십익에서는 천도의 내용을 음양陰陽원리로, 지도의 내용을 강유剛柔원리로, 그리고 인도의 내용의 인의仁義원리로 나타내고 있다. 그것은 천도를 시간성의 원리로, 지도를 공간성의 원리로, 인도의 내용을 성명원리로 나타내고자 『주역』이 저작되었음을 뜻한다.

　그러나 『주역』은 천도와 지도를 나타내는 데 목적이 있는 것이 아니라 성명, 성명의 이치, 성리를 밝히기 위하여 천도와 지도의 관계를 밝히고 있을 뿐이다. 천도와 인도는 본체와 작용, 근본과 지말의 관계이다.

　십익에서는 신도, 천도에 근거하여 인도가 형성됨을 곳곳에서 밝히고 있다. 중지곤괘重地坤卦의 괘사卦辭를 보면 "곤坤은 원하고 형하고 빈마의 바름이 이로우니 군자의 가야 할 길이 있다. 앞서면 미혹되고, 뒤를 따르면 주체를 얻어서 이롭다"[68]라고 하여 천도를 근본으로 하여 따르는 것이 인도人道임을 밝히고 있고, 효사爻辭에서도 "물에 잠긴 용인 쓰지 말라"[69]고 하여 잠용潛龍을 통하여 천도를 먼저 언급한 후에 그것을 근거로 하여 물용勿用이라는 인도를 언급하고 있다.

　천도天道는 인간이 그것을 자각하였을 때 인간이 이루어야 할 역사적 사명으로서의 천명天命이 된다. 『주역』에서는 천도天道의 사상四象인 원형이정元亨利貞을 정貞으로 집약하여 대형이정大亨以正으로 밝히고 있다.

　그런데 천뢰무망괘天雷无妄卦의 단사彖辭에서는 "대형이정大亨以正은 천天의 명命이다"[70]라고 하여 대형이정大亨以正을 천명天命으로 규정

68　『周易』重地坤卦 卦辭, "君子의 有攸往이니라. 先하면 迷하고 後하면 得主하야 利하니라."
69　『周易』重天乾卦 初爻 卦辭, "初九는 潛龍이니 勿用이니라."
70　『周易』天雷无妄卦 彖辭, "无妄은 剛自外來而爲主於內하니 動而健하고 剛中而應하야 大亨以正하니 天之命也일새라."

하면서도 지택임괘地澤臨卦에서는 "대형이정은 천天의 도道이다"[71]라고 하여 대형이정을 천도로 규정하고 있다. 이를 통하여 천도가 인간에서는 천명으로 자각됨을 알 수 있다.

이제 앞의 궁리窮理, 진성盡性, 지명至命의 문제로 돌아가 보자. 성명의 이치, 성명을 궁구하여(窮理), 성품과 하나가 되어 성품을 주체로 살아감으로써(盡性), 천명을 실천함(至命)이 성명의 이치에 순응하는 인도의 내용이다. 그러면 두 방향의 내용을 십익에서는 어떻게 언급하고 있는가?

뇌산소과괘雷山小過卦☷의 괘사卦辭에서는 "날아가는 새가 남긴 소리가 위로 올라가면 옳지 않고, 아래로 내려가면 마땅하여 크게 길吉하다"[72]고 하였다. 이에 대하여 단사彖辭에서는 "'날아가는 새가 남긴 소리가 위로 올라가면 옳지 않고, 아래로 내려가면 마땅하여 크게 길하다'고 한 것은 위로 올라가면 역逆이고, 아래로 내려가면 순順이기 때문이다"[73]고 하였다.

뇌산소과괘의 괘사와 단사에서 밝히고 있는 내용은 공간적 상하上下를 통하여 순역順逆을 나타낸 것으로 상上에서 하下로 향하는 것이 순順이며, 하下에서 상上을 향하는 것이 역逆임을 알 수 있다. 그리고 위로 올라가면 옳지 않고 아래로 내려가는 것이 마땅하다는 것은 역逆을 버리고 순順을 취해야 함을 밝힌 것이다. 이는 수지비괘水地比卦☷ 오효五爻의 효상爻象에서 "역逆을 버리고 순順을 취한다"[74]고 한 것과 같다.

---

71 『周易』地澤臨卦 彖辭, "臨은 剛浸而長하며 說而順하고 剛中而應하야 大亨以正하니 天之道也일새라."
72 『周易』雷山小過卦 卦辭, "可小事나 不可大事라 飛鳥遺之音하니 不宜上이요 宜下면 大吉하리라."
73 『周易』雷山小過卦 彖辭, "飛鳥遺之音不宜上宜下大吉은 上逆而下順也라."
74 『周易』水地比卦 五爻 小象, "象日 舍逆取順이 失前禽也오."

뇌산소과괘에서 인도人道를 중심으로 순역을 언급하고 있는 것과 달리 지산겸괘(地山謙卦)에서는 천도와 지도를 중심으로 순역에 대하여 논하고 있다. 지산겸괘地山謙卦☷의 단사彖辭를 보면 천도와 지도를 상하의 관계를 통하여 밝히고 있는데, 그 내용은 다음과 같다.

> 천도天道는 아래로 제도하여 빛나 밝으며, 지도地道는 낮은 곳에서 위로 작용한다.[75]

위의 내용을 보면 천도는 위에서 아래로 작용하며, 지도는 아래에서 위로 작용함을 알 수 있다. 위의 내용을 뇌산소과괘에서 밝히고 있는 순역과 비교하여 이해하면 천도의 작용은 순이며, 지도의 작용은 역임을 알 수 있다. 그러면 순역에 대하여 일부의 괘사와 단사에서 언급하고 있을 뿐인가?

순역은 괘사와 효사의 내용을 나타내는 근본원리이다. 그것은 인도인 성명의 리理, 즉 성리性理를 표상하는 방법이 순역일 뿐만 아니라 성리를 나타내는 괘효의 구성도 순역에 의하여 이루어짐을 뜻한다.

중천건괘重天乾卦의 구성을 보면 팔괘의 건괘乾卦가 겹쳐서 중천건괘를 이루고 있다. 이때 두 개의 건괘를 각각 위에서 아래로 향하는 방향에서 이해하여 상괘上卦와 하괘下卦로 나타내고, 아래에서 위를 향하는 방향에서 이해하여 내괘內卦와 외괘外卦로 나타낸다.

중천건괘와 마찬가지로 64괘의 모든 괘는 괘효卦爻로 구성된다. 이때 괘는 순순의 방향에서 상괘에서 하괘로의 변화를 나타내는 동시에 효는

---

[75] 『周易』地山謙卦 彖辭, "彖曰謙亨은 天道下濟而光明하고 地道卑而上行이라."

역逆의 방향에서 내괘에서 외괘를 향하는 변화를 나타낸다. 따라서 모든 괘가 순역의 두 방향의 변화를 나타내고 있음을 알 수 있다.

우리가 화수미제괘火水未濟卦의 구조를 통하여 순역의 두 방향에서 괘를 분석하여 나타내면 다음과 같다.

	시위時位	음양위	효명爻名	괘 (순방향)	효 (역방향)
	상효上爻	음위陰位	상구上九	상괘 上卦	외괘 外卦
	오효五爻	양위陽位	육오六五		
	사효四爻	음위陰位	구사九四		
	삼효三爻	양위陽位	육삼六三	하괘 下卦	내괘 內卦
	이효二爻	음위陰位	구이九二		
	초효初爻	양위陽位	초육初六		

화수미제괘火水未濟卦와 순역의 중괘 구성

우리가 화수미제괘의 괘명卦名을 읽을 때는 화수미제괘라고 하여 상괘에서 하괘로 읽으며, 효명爻名을 읽을 때는 초육初六, 구이九二와 같이 내괘에서 시작하여 외괘를 향한다. 그러면 순역의 구성을 통하여 괘효卦爻가 나타내는 내용은 무엇인가?

십익에서는 『주역』을 저작한 목적인 후세의 군자로 하여금 성명의 이치에 순응하게 하려 함이라고 하였다. 그것은 『주역』에서 비록 삼재의 도를 언급하고, 천도와 지도, 인도의 내용을 밝히고 있지만 인도의 내용인 인의 곧 성명원리를 밝혀서 인간다운 삶의 길을 밝히는 데 그 목적이 있음을 뜻한다.

『주역』은 세계를 변화의 관점에서 이해한다. 그러나 변화의 근거가 되는 변화 원리인 천도 자체를 나타내지 않고, 그것을 바탕으로 이루어지는 인간의 삶의 원리인 인도를 나타내고 있다. 그것은 『서경』과 『논어』에서 "천天

의 역수曆數가 네 몸에 있다"[76]고 하여 천도의 내용이 역수 원리임을 밝히고 있을 뿐만 아니라 그것이 인간의 존재근거임을 밝히고 있고, 천도를 상징적으로 나타내고 있는 도상圖像이 천지의 수에 의하여 구성된 하도河圖와 낙서洛書임을 밝히면서도 그 구체적인 내용을 밝히지 않고 있음을 보면 알 수 있다.

『주역』에서는 역도, 변화의 도를 표방하면서도 천도가 아닌 인도를 나타내고 있기 때문에 역도를 나타내면서도 물건적 관점에서 형상을 중심으로 나타내고 있다. 그것은 『주역』의 관점이 사람이라는 다른 생명체와 구분되는 측면은 육신肉身이라는 형이하의 물건적 측면일 뿐으로 본성 자체의 관점에서 인간과 사물의 구분이 없음에도 불구하고, 현상의 측면에서 출발하여 근원인 본성, 성품을 찾아가는 역방향에 초점이 맞추어져 있음을 뜻한다.

『주역』이 물건적 관점에서 세계를 변화의 도로 나타내고 있음은 여러 측면에서 알 수 있다. 그것은 괘효의 구성 원리, 성性과 명命, 천도와 지도의 관계를 모두 순역으로 나타내면서 천도를 중심으로 순역을 언급하고 있지 않고 물리적 시간을 통하여 순역을 나타내고 있음을 통하여 분명하게 할 수 있다. 그러면 물리적 시간의 측면에서 순역을 어떻게 논하고 있는지 살펴보자.

---

[76] 『論語』의 堯曰篇에서는 "堯曰 咨爾舜 天之曆數 在爾躬 允執厥中 四海困窮 天祿永終"이라고 하였으며, 『書經』의 大禹謨篇에서는 "天之曆數 在汝躬 汝終陟元后. 人心惟危 道心惟微. 惟精惟一 允執厥中. 無稽之言勿聽 弗詢之謀勿庸. 可愛非君 可畏非民. 衆非元后 何戴 后非衆 罔與守邦. 欽哉 愼乃有位 敬脩其可願. 四海困窮 天祿永終"이라고 하였다.

지나간 것을 헤아림은 순順이며, 다가올 것을 아는 것은 역逆이다. 그러므로 역易은 역逆으로 헤아린다(逆數).[77]

인용문의 내용을 보면 물리적 시간의 관점에서 순과 역을 구분하여 미래에서 과거를 향하는 방향을 순順으로 규정하고, 과거에서 미래를 향하는 방향을 역逆으로 규정하고 있음을 알 수 있다. 그리고 순역을 수왕과 지래와 관련하여 논하고 있다. 그러면 먼저 물리적 시간의 관점에서 순역이 무엇인지 살펴보자.

우리는 앞에서 순역을 도와 기의 관계를 통하여 살펴보았다. 이를 물리적 시간의 관점에서 이해하면 도는 시간의 존재근거가 되는 시간성時間性을 가리키고, 기器는 물리적 시간을 가리킨다고 할 수 있다. 따라서 미래에서 과거를 향하는 순은 물리적 시간의 측면에서는 시간성에서 출발하여 시간을 향하는 방향이며, 과거에서 미래를 향하는 역은 시간에서 출발하여 시간성을 향하는 방향이다. 그러면 수왕數往와 지래知來는 무엇인가?

수왕數往은 수를 통하여 지나간 세계인 과거를 계량화하여 나타냄을 뜻한다. 그리고 지래는 시간성을 앎이다. 이때 시간성은 지부지知不知의 차원을 넘어서 있다. 그렇기 때문에 의식에 의하여 부지不知의 상태에서 인위적인 어떤 행위를 통하여 앎을 성취하는 것이 아니다.

십익에서 "수를 지극하게 하여 미래를 아는 것을 점占이라고 한다"[78]고 하였기 때문에 사람들은 『주역』을 미래를 알기 위하여 도구로 사용되는 텍스트로 이해하거나 개인이나 하나의 나라에 장차 닥쳐 올 이해를 헤아리는

---

[77] 『周易』說卦 第三章, "數往者는 順하고 知來者는 逆하니 是故로 易은 逆數也니라."
[78] 『周易』繫辭上篇 第五章, "極數知來之謂占이오 通變之謂事오."

행위를 점占으로 이해한다.

그러나 그것은 인간과 세계를 오로지 물질적 차원에서 이해하여 육신만을 인간으로 이해하고, 형이하의 기器로서의 사물만을 세계로 이해하여 사물과 육신의 관계를 중심으로 점占을 이해하였기 때문에 빚어지는 현상이다.

인간은 육신이라는 물리적인 측면만이 있는 것이 아니라 의식도 있고, 그 너머에 마음이 있을 뿐만 아니라 가장 심층에는 성품, 자성, 본성이 있다.

그리고 세계도 시공, 자연, 사물이라는 물리적인 측면, 형이하의 측면만이 있는 것이 아니라 형이상의 도가 있다. 따라서 양면을 함께 이해해야 비로소 인간과 세계의 모든 것을 이해할 수 있다. 그러면 형이상의 측면에서 지래는 무엇을 의미하는가?

과거로 나타낸 시간의 세계는 세계를 대상화, 물건화하여 이것과 저것을 구분하여 나타낸 것이다. 그것이 과거와 미래 그리고 현재라는 시간의 세 양상이다. 이러한 물리적인 시간을 다시 대상화, 물건화하여 나타낸 것이 나와 남, 사람과 자연, 사람과 시공, 사물과 같은 인과의 세계, 물건의 세계이다.

그러나 형이상의 세계로서의 시간성의 세계는 과거와 미래 그리고 현재라는 구분이 없다. 따라서 시간성은 의식이나 인위적인 행위를 통하여 드러나지 않는다. 그렇기 때문에 십익에서 "사물을 대상으로 이루어지는 분별의식이 없고, 분별의식에 의하여 이루어지는 인위적인 행위가 없어서 고요하여 움직임이 없을 때 천하의 연고를 느껴 통한다"[79]고 하였다.

그것은 분별의식의 차원을 넘어서 무심無心할 때 성품, 본성, 자성을 통

---

[79] 『周易』繫辭上篇 第十章, "易은 无思也하며 无爲也하야 寂然不動이라가 感而遂通天下之故하나니."

하여 도, 세계의 본성, 시간성이 드러남을 뜻한다. 그렇기 때문에 지래知來는 미래를 아는 것이 아니라 미래와 과거의 구분이 없는 영원한 세계를 느끼고 체험함을 뜻한다.

분별의식을 넘어서 마음마저도 고요할 때 감통感通이 됨은 본래 나와 시간성이 둘이 아니고, 나와 천도인 역수 원리가 둘이 아니기 때문이다. 이처럼 이것과 저것의 분별이 없을 때 비로소 경험되는 시간성의 세계, 천도는 분별이 없는 무분별의 세계이다. 그것은 분별에 대응하는 분별이 없음으로써의 무분별이 아니라 분별과 무분별을 넘어서면서도 포괄함으로써의 무분별이다.

분별과 불분별을 넘어선 무분별을 『주역』에서는 신神으로 규정하고 있다. "음과 양이라는 분별에 의하여 구분하여 나타낼 수 없는 세계를 신이라고 한다."[80] 따라서 지래知來는 신에 의하여 이루어진다.[81]

사람들은 신神을 물건적 존재로 이해하여 사람과 같은 형상을 갖고 있으면서도 영생하는 존재로 여기거나 인간보다 많은 힘을 가진 존재, 능력이 뛰어난 존재로 여긴다. 그러나 신이라는 개념이 나타내는 의미는 세계가 갖는 고정되지 않고 변화하여 무엇이라고 규정할 수 없음이다.

다만 후대에 이르러서 사람들은 우리가 사는 세계와 다른 세상에서 살아가는 존재, 인간보다 뛰어난 능력을 가진 존재, 인간과 달리 영생하는 존재를 가리키는 개념으로 사용하고 있다. 그렇기 때문에 신을 선신善神과 악신惡神으로 나누어서 구분하기도 할 뿐만 여러 차원의 수많은 신들, 다

---

80 『周易』繫辭上篇 第五章, "陰陽不測之謂神."
81 『周易』繫辭上篇 第十一章, "神以知來코 知以藏往하나니."

양한 위계질서를 갖춘 신들을 언급하고 있다. 그러면 『주역』의 내용은 무엇인가?

『주역』이 나타내고자 하는 내용을 밝히고 있는 것은 마지막 부분이다. 인용문의 마지막 부분에서는 "역易은 역수逆數이다"라고 하였다. 그것은 『주역』이 역수를 목적으로 저작되었음을 뜻한다. 그러면 역수는 무엇인가?

역수의 역은 역逆방향을 나타내고, 수는 순順방향을 나타낸다. 따라서 방향으로는 역방향에서 출발함을 나타내고, 내용상으로는 순방향에서 이루어지는 헤아림(數)을 나타내고 있다. 이를 통하여 역방향에서 지래知來를 하고 그것을 바탕으로 순방향에서 수왕數往함이 『주역』의 목적임을 알 수 있다.

그것은 역방향에서 출발하여 순방향으로 전도顚倒함으로써 순과 역이 하나가 되는 순역합일順逆合一이 『주역』이 제시하고 있는 내용임을 뜻한다.

중국인들이 분별할 수 없는 세계를 도와 기로 구분하여 양자를 근본과 지말로 규정하여 가치상의 우열을 나타내었음은 이 점을 단적으로 보여준다. 그들은 지말支末인 기器로부터 벗어나서 근본인 도를 아는 지래知來를 목적으로 함을 분명하게 밝히고 있다.

그러나 세계를 둘로 나누어서 형이하의 기를 지말로 규정하여, 지말을 벗어나서 근본에 이를 것을 주장하는 순간 지말과 근본은 둘이 되어 하나가 될 수 없다. 뿐만 아니라 본래 둘이라면 아무리 인위적인 행위를 한다고 하여도 하나가 될 수 없다.

그리고 가장 근본적인 문제는 본래 도가 근본이기 때문에 도에 의하여 기가 형성됨에도 불구하고 그것을 간과하고 역방향에서 근본만을 추구할 때 결코 근본을 드러낼 수 없다. 왜냐하면 스스로 본말을 구분하여 자신을 지말적인 존재로 한정해 버리는 순간 지말을 벗어나서 근본에 이를 수 없기 때문이다.

또 하나의 문제는 지래知來라는 앎의 문제를 제기함으로써 앎과 실천이 둘이 되는 문제를 낳게 된다. 그 점은 중국불교가 수행을 통한 깨달음을 강조함으로써 하화중생下化衆生하는 제도濟度의 문제와 괴리되는 문제를 안고 있음을 보아도 알 수 있다.

2. 성명性命과 순역順逆

우리는 앞에서 『주역』에서 세계를 순과 역의 구조를 통하여 도와 기로 나누고 그것을 바탕으로 인간을 이해하였음을 살펴보았다. 그러면 지금부터는 구체적으로 성명을 중심으로 순역이 무엇인지 살펴보자.

순역의 구조, 방향을 통하여 성명을 이해하는 의미는 성과 명의 관계를 통하여 인간을 이해함이다. 그러면 64괘와 괘사卦辭, 효사爻辭 그리고 괘효사에 대한 십익으로 구성된 『주역』의 어느 부분을 대상으로 어떻게 접근해야 성명의 원리를 이해할 수 있는가?

『주역』은 64개의 중괘重卦와 괘사卦辭 및 효사爻辭 그리고 괘효와 괘효사에 대하여 설명을 하고 있는 십익十翼으로 구성된다. 그런데 중괘를 바탕으로 그것을 언어를 통하여 설명한 것이 괘사와 효사이며, 괘사와 효사를 다시 설명한 것이 십익이다. 그렇기 때문에 괘효卦爻가 『주역』의 가장 근원적인 요소이다.

64괘는 각각 여러 관점에서 성명, 성명의 이치를 나타내고 있다. 64괘가 모두 성명을 나타내고 있는 점에서는 하나의 의미체이지만 각각 다른 관점에서 다양하게 나타내고 있기 때문에 64괘가 유기적인 관계를 통하여 하나의 의미체를 형성하고 있다.

그것은 마치 64괘가 각각의 내용을 나타내면서도 모든 각각의 괘가 전체의 내용을 나타내고 있는 것과 같다. 이는 현상의 차원에서 세계를 나타내는 기器의 세계가 다양한 여럿이면서도 하나임을 그대로 보여준다.

그런데 십익에서는 64괘의 내용을 집약하여 중천건괘重天乾卦와 중지곤괘重地坤卦를 중심으로 나타내고 있다. 그것은 중천건괘가 성性을 나타내고, 중지곤괘가 명命을 나타내기 때문이다. 이에 대하여 십익에서는 다음과 같이 밝히고 있다.

> 건곤은 역도易道를 온축蘊蓄하고 있구나. 건곤이 순서를 이룸으로써 역易이 그 가운데서 세워진다. 건곤이 훼손되면 역을 볼 수가 없다. 역을 볼 수 없으면 건곤이 혹 거의 멈출 것이다.[82]

인용문의 내용을 보면 『주역』이 중천건괘와 중지곤괘로 집약됨을 밝히고 있다. 따라서 우리는 중천건괘와 중지곤괘를 중심으로 성명이 무엇인지를 고찰할 수 있다.

중천건괘와 중지곤괘는 서로 다른 두 괘이지만 나누어서 각각 이해하는 동시에 일체의 관점에서 고찰하는 것이 필요하다. 하나의 중괘重卦 역시

---

[82] 『周易』繫辭上篇 第十二章, "乾坤은 其易之緼耶)뎌 乾坤이 成列而易이 立乎其中矣니 乾坤이 毁則无以見易이오 易을 不可見則乾坤이 或幾乎息矣리라."

분석과 종합을 함께 해야 한다. 중괘는 육효에 의하여 구성되기 때문에 육효라야 비로소 하나의 의미체가 되지만 분석적 관점에서는 삼효三爻에 의하여 구성된 팔괘八卦를 중심으로 두 괘의 관계를 통하여 중괘를 이해할 수 있다.

중천건괘와 중지곤괘를 분석할 때 상효上爻를 중심으로 분석하면 위의 삼효에 의하여 구성된 상괘上卦로부터 아래의 삼효로 구성된 하괘下卦로의 변화를 표상하며, 초효初爻를 중심으로 분석하면 초효에서 삼효까지의 내괘內卦에서 사효부터 상효까지의 외괘外卦로의 변화를 표상한다.[83]

상괘에서 하괘로의 변화는 종시終始 변화이며, 내괘에서 외괘로의 변화는 시종始終 변화이다. 하나의 괘가 표상하는 내용을 집약적으로 나타내고 있는 괘명卦名은 상괘와 하괘의 관계를 통하여 그 의미가 표상된다.[84] 그것은 종시변화가 괘명을 통하여 표상되고 있음을 뜻한다.

중천건괘는 괘를 구성하는 상괘와 하괘가 모두 건괘이기 때문에 천천건괘天天乾卦이다. 다만 같은 두 괘가 중첩되기 때문에 중천건괘重天乾卦로 읽는다.

내괘에서 외괘로의 시종변화는 초효에서 시작하여 상효에서 끝나는 점에서 육효의 특징을 그대로 드러낸다. 계사繫辭에서는 초효와 상효를 시초始初와 종말終末의 시종으로 규정하여 육효가 시종의 변화를 표상함을

---

83 爻辭에서는 初爻와 上爻를 각각 初九, 上九로 나타내고 나머지 爻는 九二, 九三, 九四, 九五로 나타내어 구분하고 있고, 繫辭에서는 초효와 상효를 각각 始初와 終末, 根本과 支末로 구분하여 나타내고 있다.

84 중천건괘와 중지곤괘는 62괘와 달리 여섯 爻가 모두 陰爻이거나 陽爻인 점에서 두 괘의 단사에서는 性命을 중심으로 元亨利貞을 통하여 괘를 설명하고 있으나 나머지 괘들은 山水蒙卦의 단사에서 "蒙은 山下有險하니 險而止이 蒙이라"라고 하여 상하괘를 중심으로 괘를 설명하고 있다.

밝히고 있을 뿐만 아니라 그것을 다시 본말本末로 규정[85]하여 시간적 위상과 공간적 위상을 함께 언급하고 있다.

그런데 괘의 내용을 표상하는 종시변화와 효의 내용을 표상하는 시종변화는 하나의 중괘를 두 측면에서 분석하였기 때문에 하나이다. 상하괘와 내외괘도 초효와 상효를 중심으로 육효를 분석하여 나타낸 것에 불과하다. 그러면 종시변화와 시종변화는 무엇을 표상하는가?

끝나는 그 자리에서 다시 시작함을 뜻하는 종시는 시종이 없는 세계에서 시작하여 시종의 세계에서 완성이 되는 변화이다. 영원의 세계, 변화가 없는 세계, 하나와 여럿이라는 분별을 넘어선 세계, 언어를 통하여 표상할 수 없는 세계, 사고를 통하여 도달할 수 없는 형이상의 세계가 변하여 시공의 형이하적 세계로 화하는 것이 종시변화이다.

그러나 시종의 변화는 시공의 형이하적 세계에서 시작하여 형이상의 세계에서 완성되는 변화이다. 그것은 변화의 세계, 분별의 세계, 순간의 세계, 만물의 세계가 변하여 변화가 없는 하나의 세계, 무분별의 세계, 영원의 세계, 형이상의 세계로 화함이다. 그러면 두 변화는 어떤 관계인가?

중천건괘의 단사彖辭에서는 종시와 시종의 관계를 통하여 육효의 구성 원리와 그것이 표상하는 내용을 밝히고 있는데 그 내용은 다음과 같다.

> 종시終始를 크게 밝히면 육위六位가 때에 따라서 이루어진다. 때가 육룡六龍을 타고 천天을 거느린다.[86]

---

[85] 『周易』繫辭下篇 第九章, "易之爲書也는 原始要終하야 以爲質也코 六爻相雜은 唯其時物也라. 其初는 難知오 其上은 易知니 本末也라 初辭擬之하고 卒成之終하니라."

[86] 『周易』重天乾卦 彖辭, "大明終始하면 六位時成하나니 時乘六龍하야 以御天하나니라."

위의 내용을 보면 종시가 근거가 되어 시종의 세계가 형성되었음을 알 수 있다. 종시변화가 바탕이 되어 시종의 변화가 이루어지고, 영원의 세계가 순간으로 나타나며, 무분별의 세계가 분별의 세계로 드러나고, 형이상의 세계가 형이하의 만물로 화하는 점에서 종시변화와 시종변화는 일체이면서도 종시변화를 바탕으로 시종변화가 이루어지는 점에서 양자는 서로 구분된다.[87] 그러면 괘사와 효사를 중심으로 종시변화와 시종의 변화를 통하여 표상되는 내용이 무엇인지 살펴보자.

중천건괘의 괘사와 중지곤괘의 괘사를 보면 각각 "건乾은 원元하고, 형亨하고, 이利하고, 정貞하니라"[88]와 "곤坤은 원元하고, 형亨하고, 이利하고, 빈마牝馬의 정貞이니 군자가 가야 할 바가 있다. 앞서면 미혹되고 뒤에 가면 주체를 얻어서 이롭다. 서남은 벗을 얻고 동북은 벗을 잃으니 정貞에 안주하면 길吉하다"[89]고 하였다.

건괘의 괘사와 곤괘의 괘사를 비교하면 건괘는 "원형이정"을 그대로 나타내고, 곤괘는 원형이정을 군자라는 인간을 중심으로 나타내고 있다. 이를 통하여 동일한 원형이정이 건괘에서는 그대로 표상되고, 곤괘는 군자를 중심으로 표상되고 있음을 알 수 있다.

선후, 암말, 군자, 동서남북은 모두 시공의 현상과 관련된다. 선후는 시간과 공간의 세계를 모두 나타내고, 말이 땅을 달리는 존재이듯이 군자는 형이하적 세계와 친하고, 동서남북은 땅의 세계를 나타낸다. 이를 통하여

---

[87] 종시와 시종의 변화를 통하여 표상되는 易道의 내용에 관하여는 이현중의 『역경철학』을 참고하기 바란다.
[88] 『周易』 重天乾卦 卦辭, "乾은 元亨하고 利貞하니라."
[89] 『周易』 重地坤卦 卦辭, "坤은 元亨코 利牝馬之貞이니 君子의 有攸往이니라. 先하면 迷하고 後하면 得主하야 利하니라. 西南은 得朋이오 東北은 喪朋이니 安貞하면 吉하니라."

중천건괘는 가능성, 씨의 세계를 표상하고 있으며, 중지곤괘는 현실태, 열매의 세계를 표상함을 알 수 있다.

다음에는 건곤괘의 효사를 중심으로 그것이 표상하는 내용이 무엇인지를 살펴보자.[90] 먼저 중천건괘의 효사를 보면 초효에서 상효에 이르기까지 삼효三爻를 제외하고 모두 용龍으로 규정하고 있다. 이를 통하여 건괘를 구성하는 육효가 표상하는 내용이 용龍이라는 개념을 중심으로 규정되고 있음을 알 수 있다.

용이라는 개념은 건괘에만 사용되는 개념이 아니라 곤괘가 성립하기 위해서 전제가 되는 개념이다. 이는 곤괘의 상효의 효사에서 "용이 들판에서 싸우니 그 피가 검고 누렇다"[91]고 하여 용을 통하여 규정하고 있음을 보면 알 수 있다.

건곤의 두 괘가 동일한 괘사 곧 "원형이정"을 달리 표상하고 있듯이 건곤괘의 내용도 건괘의 육효에서 표상하고 있는 용이라는 동일한 내용을 다른 방향에서 달리 표상하고 있다. 그러면 괘사에서 원형이정으로 표상하고, 효사에서 용으로 표상하고 있는 내용은 무엇인가?

곤괘의 괘사에서 군자를 언급하여 원형이정의 내용을 인간을 중심으로 언급하고 있고, 건괘의 삼효 효사에서 군자를 언급하고 있다. 이를 통하여 원형이정과 용으로 표현되고 있는 건곤괘의 내용이 사람과 관련되어 있음을 알 수 있다.

---

[90] 乾坤卦의 爻辭를 보면 각 爻가 두 측면을 갖고 있다. 건괘의 初爻의 爻辭를 보면 潛龍과 勿用으로 구성되어 있다. 여기서 潛龍은 爻辭의 본질을 나타내는 부분이라면 뒷부분의 내용은 그에 따른 吉凶의 결과를 낳는 인간의 행위를 나타내고 있다. 그러므로 爻辭의 내용은 앞부분을 중심으로 이해되어야 한다.

[91] 『周易』重地坤卦 上爻 爻辭, "上六은 龍戰于野하니 其血이 玄黃이로다."

중천건괘의 각 효를 보면 잠룡潛龍이나 현룡見龍, 군자君子, 약룡躍龍, 비룡飛龍, 항룡亢龍으로 규정하고 있다. 이는 각 효가 표상하는 위에 따라서 잠潛, 현見, 군자君子, 약躍, 비飛, 항亢과 같이 달리 나타나지만 그 본질은 모두 용龍이라는 하나임을 나타내고 있다.

인간은 잠潛, 현見 등으로 표현되는 것처럼 고정되지 않고 변화하여 다양하게 나타난다. 인간의 겉모습은 때와 장소에 따라 다를 뿐만 아니라 언행 역시 다양하게 드러난다. 그리고 마음을 통하여 이루어지는 사고, 분별, 인식, 판단, 지각 역시 다양하다.

비록 언행이나 마음의 여러 작용들이 다양할지라도 한 사람이라고 할 수 있는 것은 육신, 마음과 다른 차원의 다른 요소가 있기 때문이다. 인간의 마음과 육신과 다른 요소를 십익十翼에서는 성명性命, 성명性命의 이치理致[92]라고 하였다. 성명이 시공時空을 초월한 형이상적 존재인 점에서 도道[93]라고도 하고, 원리적 측면에서 이치라고도 하며, 육신의 근본이라는 측면에서 성명이라고 한다. 따라서 중천건괘에서 용으로 표상한 내용은 성명, 도임을 알 수 있다.

용이 인간의 성품을 표상하고 있음은 중천건괘의 문언文言의 내용을 통해서도 확인된다. 중천건괘의 문언文言에서는 중천건괘의 내용을 원형이정元亨利貞의 사상四象을 중심으로 인예의지仁禮義知의 사덕四德으로

---

[92] 중천건괘의 단사에서는 "乾道變化에 各正性命하나니"라고 하여 성명을 언급하고 있고, 설괘 제이장에서는 "昔者聖人之作易也는 將以順性命之理니"라고 하여 性命之理를 언급하고 있다.

[93] 『周易』繫辭上篇 第十二章, "是故로 形而上者를 謂之道오 形而下者를 謂之器오."

규정하고, 이 사덕四德을 실천하는 존재가 군자[94]임을 밝히고 있다.

성품은 인간의 겉으로 드러난 삶을 초월한다. 그러나 삶과 무관한 것이 아니라 삶의 근원이 되어 다양한 삶으로 드러난다. 이러한 성품을 하늘을 나는 용을 통하여 표상하면서도 물속에 잠긴 상태의 용으로부터 시작하는 것은 사람의 성품이 태어나기 이전에도 있었던 본유本有하면서 고유固有함을 나타낸다.

그것은 설사 사람이 종일 건건乾乾하는 학문이나 수행, 수양과 같은 그 어떤 인위적인 사건을 행하더라도 더하거나 덜함이 없는 부동不動한 존재가 성품임을 뜻한다. 중지곤괘가 표상하는 여섯 효의 그 어떤 행위를 하더라도 더하여지거나 덜하여짐이 없는 존재가 성품이다.

중천건괘가 표상하는 성품이 인간의 과거적 본성으로 그것은 인간의 삶에서 씨와 같다면 인간이 성품을 바탕으로 추구하는 미래적 이상은 씨가 자라서 형성되는 열매와 같다. 인간의 미래적 이상은 인간의 당위인 점에서 천명天命, 사명使命, 명명이라고 한다.

성명性命, 성품性稟, 사명使命, 천명天命은 모두 인간의 근원, 근본을 나타내는 개념들이다. 이때 사람의 사람다움을 과거적 측면에서 나타낸 것이 성이며, 미래적 측면에서 구분하여 나타낸 것이 명명이다. 그러므로 성性과 명명은 일체적이다.

현실적 측면에서는 씨가 싹이 트면서 생명 현상이 시작되어 열매를 맺으면서 일단락이 되지만 만약 열매가 땅에 심어져서 자신의 상태를 벗어나서 씨가 되지 않으면 싹이 트는 생명의 현상은 이루어질 수 없다.

---

[94] 『周易』 重天乾卦 文言, "君子 體仁이 足以長人이며, 嘉會足以合禮며, 利物足以和義며, 貞固足以幹事니, 君子 行此四德者라 故로 曰乾元亨利貞이라."

성과 명이 일체이지만 중천건괘에서 인간의 성품, 본성을 중심으로 인도의 내용으로 제시하고 있는 물용勿用, 이견대인利見大人, 무구無咎, 무구無咎, 이견대인利見大人, 유회有悔의 구체적인 내용이 중지곤괘에서 제시되고 있다. 그것은 중천건괘가 성性을 중심으로 인도人道를 밝히고 있는 것과 달리 중지곤괘는 명命을 중심으로 인도를 밝히고 있음을 뜻한다.

중천건괘의 문언에서는 원형이정을 인도의 측면에서 인예의지仁禮義知의 사덕四德으로 밝혔다. 그리고 중지곤괘에서는 군자의 사덕의 실천을 군자의 도를 밝히고 있다. 중지곤괘의 괘사에서 군자를 언급하고 있고, 효사의 이상履霜, 직방대直方大, 함장가정咸章可貞, 괄낭括囊, 황상黃裳, 용전우야龍戰于野가 모두 군자의 실천을 나타내고 있음을 보면 이 점을 알 수 있다.

중지곤괘가 표상하는 인도 곧 군자의 도는 괘사에서 선후를 중심으로 나타내고 있듯이 천도에 따라서 인사에 응하는 순천응인順天應人이다. 그것은 중지곤괘의 문언에서 밝히고 있듯이 인간의 성품을 주체로 하여 주어진 상황에 따라서 인사人事를 처리하는 "하늘을 뜻을 계승하여 때에 따라서 실천함"[95]이다.

중천건괘와 중지곤괘의 괘와 효가 표상하는 종시와 시종의 관계는 중천건괘와 중지곤괘의 관계에서도 그대로 적용된다. 중천건괘가 표상하는 성품의 세계는 시간상으로는 과거적 씨와 같다. 그것은 중지곤괘가 표상하는 미래상의 열매와 같은 명命이 전제가 되어 다시 말하면 열매가 변화하여 씨가 되는 것과 같다.

---

[95] 『周易』重地坤卦, 文言, "坤道其順乎인뎌 承天而時行하나니라."

중지곤괘가 표상하는 군자라는 삶을 전제로 하여 중천건괘가 표상하는 성품의 세계가 드러난다. 그러나 현상적 측면에서 보면 중천건괘가 표상하는 성性을 씨로 하여 중지곤괘가 표상하는 열매의 세계를 향하여 시종의 변화가 이루어진다.

인간의 삶은 중천건괘가 표상하는 성性을 주체로 하여 매 순간 다양한 언행과 마음의 작용들로 이루어지지만 그 목표는 중지곤괘가 표상하는 이상적 삶으로서의 군자의 삶이다. 군자는 자신의 본성을 주체로 천하를 도로 제도하는 삶[96]을 살아간다.

종시와 시종이 일체이면서도 체용의 관계이기 때문에 시종의 변화에 머물면 종시의 변화를 알 수 없다. 그렇기 때문에 종시와 시종의 변화를 순역順逆으로 구분하여 나타내고 있다. 뇌산소과괘雷山小過卦와 지산겸괘地山謙卦에서는 상하관계를 중심으로 상괘에서 하괘로의 종시변화를 순順으로 그리고 내괘에서 외괘로의 시종변화를 역逆으로 규정하고 있다.

뇌산소과괘의 괘사에서는 "날아가는 새가 남긴 소리가 있으니 위로 올라가는 것은 옳지 않으며, 아래로 내려가는 것이 마땅하다"[97]라고 하였다. 새가 남긴 소리는 성인이 밝힌 성명의 이치를 상징한다. 그러므로 새가 남긴 소리가 아래로 내려감은 군자가 내면에서 성명을 자각함을 뜻하고, 위로 올라감은 군자가 그것을 자각하지 못함을 뜻한다. 수지비괘水地比卦의 효사에서도 "역逆을 버리고 순順을 취한다"[98]고 하여 시종의 변화를 버리고

---

96 「周易」繫辭上篇 第四章, "知周乎萬物而道濟天下라 故로 不過하며"

97 「周易」雷山小過卦, 卦辭, "小過는 亨하니 利貞하니 可小事오 不可大事니 飛鳥遺之音에 不宜上이오 宜下면 大吉하리라."

98 「周易」水地比卦 九五 爻象, "舍逆取順이 失前禽也오."

종시의 변화를 취해야 함을 밝히고 있다.

역을 버리고 순을 취함은 『주역』의 관점이 역에서 출발하여 순에 이름에 있음을 뜻한다. 설괘에서는 "지나간 것을 헤아림은 순順이고, 다가올 것을 아는 것은 역逆이다. 그러므로 역易은 역逆으로 헤아린다."[99]고 하여 역逆의 관점에서 그 극極에까지 나아가서 그것을 벗어나서 순順에 이르고자 하는 것이 『주역』의 관점임을 분명하게 밝히고 있다.[100]

3. 삶과 순역順逆

우리는 앞에서 중천건괘가 표상하는 성품이 괘체와 효용의 관계를 통하여 순역의 두 관점에서 표상되고 있음을 살펴보았다. 그것은 중천건괘가 표상하는 성性과 중지곤괘가 표상하는 명命은 실체적 존재가 아니라 세계를 인간을 중심으로 순역적 관점에서 사건화하여 표상한 것임을 뜻한다.

순의 관점에서 성性을 중심으로 살펴보면 인간의 삶 자체가 그대로 성性의 작용의 결과로 드러나는 사건의 연속이다. 그러나 초효에서 상효에 이르는 육효를 통하여 표상된 인간의 삶은 상효의 천인합일天人合一이 되어 하늘과 구분될 수 없는 일체인 상태 곧 성품과 하늘을 구분할 수 없는 상태에서 그것이 개체적 관점에서 성품이 되는 초효로의 종시변화가 전제

---

[99] 『周易』說卦 第三章, "數往者는 順하고 知來者는 逆하니 是故로 易은 逆數也라."
[100] 順과 逆 그리고 順逆으로 구분되기 이전의 時間性의 세계에 관하여는 이현중의 『정역철학』, 학고방, 2016을 참고하기 바란다.

가 된다.

열매가 씨가 되는 과정처럼 명命이 씨의 역할을 시작함으로써 성품을 주체로 한 인간의 삶이 시작된다. 성품性稟이 씨라는 것은 그것이 본체가 되어 마음과 육신을 통하여 여러 작용들이 이루어짐을 뜻한다.

성품의 작용은 마음과 육신을 통하여 여러 언행으로 나타난다. 이때 마음을 쓰는 용심用心과 육신을 사용하는 운신運身이 일치되지 않기 때문에 양자가 하나가 되는 언행일치言行一致, 지행합일知行合一, 학행합일學行合一의 천인합일天人合一이 중요하다.

성性과 명命의 관계는 그것을 표상하는 중천건괘와 중지곤괘의 관계를 통하여 파악할 수 있다. 순의 관점에서 두 괘의 관계를 살펴보면 중천건괘가 표상하는 성이 본체가 되어 중지곤괘가 표상하는 명으로 드러난다. 순의 관점에서 보면 인간의 삶 자체가 그대로 본성의 현현顯現이다.

그러나 역의 관점에서 보면 성과 명을 표상하는 중천건괘와 중지곤괘를 둘로 나누어서 표상하고 있듯이 양자는 합일의 과정을 필요로 한다. 계사에서 "건곤乾坤은 역易의 문이로구나. 건은 양물陽物이며, 곤은 음물陰物로 음양이 합덕合德함으로써 비로소 강유剛柔의 본체가 있게 된다. 천지의 본질을 체득體得함으로써 신명한 덕에 통한다"[101]고 하여 건곤이 합덕함으로써 비로소 그것이 본체가 되어 음양의 작용이 이루어짐을 밝히고 있다.

중천건괘와 중지곤괘가 표상하는 성과 명 양자가 합하여 하나가 되는 합일의 과정이 수행修行이다. 중천건괘와 중지곤괘에서 제시하고 있는 수행론의 요체는 중지곤괘의 괘사에서 밝히고 있는데 그 내용은 다음과 같다.

---

[101] 『周易』繫辭下篇 第六章, "子曰乾坤은 其易之門邪인져 乾은 陽物也오 坤은 陰物也니 陰陽이 合德하야 而剛柔有體라 以體天地之撰하며 以通神明之德하니."

곤坤은 원元하고, 형亨하고, 리利하고, 빈마牝馬의 정貞이니 군자는 가야 할 길이 있다. 앞서가면 미혹되고, 뒤를 따르면 주체를 얻어서 이롭다. 서남西南은 벗을 얻고, 동북東北은 벗을 잃으니 정貞에 안주하면 길하다.[102]

위의 내용을 보면 원형리정의 사상을 논할 때는 암말을 통하여 군자를 상징하고 있다. 암말이 땅을 잘 달리듯이 군자는 현실에서 성을 주체로 살아감으로써 천하를 화성할 존재이다. 그것이 군자가 이루어야 할 사명인 "군자가 가야 할 길"이다.

명命은 형이상적 생명으로서의 사명, 천명과 형이하적 측면에서 물리적 생명을 가리킨다. 그런데 형이상적 생명은 물리적 생명으로 드러난다. 물리적 생명을 통하여 형이상적 생명이 구현됨을 나타내는 개념이 실천(行)이다. 따라서 중지곤괘에서 표상하는 명은 군자를 통하여 이루어지는 성과 물리적 생명으로서의 명의 합일로서의 군자의 실천, 행行을 가리킨다.

군자의 몸을 통하여 드러나는 성과 명의 합일을 중지곤괘의 괘사에서는 "뒤를 따르면 주체를 얻어서 이로움"으로 밝히고 있다. 그러면 "뒤를 따르면 주체를 얻어서 이로움"은 무엇인가?

군자와 반대의 행동이 "앞서가서 미혹됨(先迷)"이다. 그것은 사람이 육신을 실체적 존재로 여기고 그것을 주체로 살아가면 인간다운 삶을 벗어남을 가리킨다. 따라서 인간이 육신과 마음을 주체로 여기는 태도를 버리고 성품을 주체로 해야 한다. 성품을 주체로 할 때 비로소 마음과 육신이 하나가

---

102 『周易』重地坤卦 卦辭, "坤은 元亨코 利牝馬之貞이니 君子의 有攸往이니라. 先하면 迷하고 後하면 得主하야 利하니라. 西南은 得朋이오 東北은 喪朋이니 安貞하면 吉하니라."

되어 작용한다. 그것이 "뒤를 따르면 주체를 얻어서 이로움(後得主利)"이다.

군자는 고유하고 본유한 성품을 주체로 하여 천하를 도로 제도하는 삶을 살아간다. 산뢰이괘山雷頤卦의 괘사卦辭에서는 "턱을 움직여서 음식을 먹는 것을 보고 스스로 입을 움직여서 먹고자 한다"[103]고 하여 군자가 성품을 주체로 스스로의 삶을 살아가야 함을 밝히고 있다.

수행은 본유한 성품을 주체로 실천을 통하여 자신으로 살아가는 체험이다. 산뢰이괘의 초효 효사에서는 "너의 신령스러운 거북을 버리고 나를 보면서 턱을 늘어뜨리고 있으니 흉凶하다"[104]고 하였다. 이는 사람이 저마다 점치는 신령스러운 거북처럼 완전한 성품을 갖고 있음에도 불구하고 다른 사람으로부터 지혜를 구하는 것이 마치 스스로 자신의 입에 음식을 넣으려고 하지 않고 남의 음식을 보면서 침을 흘리는 것과 같이 어리석음을 나타낸다.

육신을 자신으로 여기고 자신을 떠나서 성품을 찾으려는 수행, 분별심을 통하여 찾아서 얻고자 하는 인위적인 수행은 역逆의 관점에서 이루어지는 삶이다. 자신을 떠나서 성품을 찾으려는 역逆의 관점을 버리고, 찾으려는 그 마음이 바로 성품의 작용임을 아는 것은 순順의 관점이다. 따라서 중지곤괘에서 제시하고 있는 군자의 길, 명의 내용은 역을 버리고 순을 취하는 사역취순捨逆取順이다.

그러나 사역취순은 그 시작일 뿐으로 그것이 이루어지면 다음 단계에서는 순과 역을 합일하여 하나의 관점에서 순과 역이 없는 상태에 이르러야

---

103 「周易」山雷頤卦 卦辭, "頤는 貞이라야 吉하니 觀頤하며 自求口實이니라."

104 「周易」山雷頤卦 初九 爻辭 및 爻象, "初九는 舍爾靈龜하고 觀我하야 朶頤니 凶하니라. 象曰 觀我朶頤하니 亦不足貴也로다."

하고, 그다음 단계에서는 순과 역을 자유롭게 활용할 수 있어야 한다.

그것은 사역취순하여 성품이 드러나고, 드러난 성품과 하나임을 체험하고, 성품과 하나가 됨 자체도 없어서 자유자재해야 함을 뜻한다. 설괘에서는 군자의 길을 성性과 명命이 하나가 되는 궁리窮理, 진성盡性, 지명至命의 세 과정을 통하여 다음과 같이 밝히고 있다.

> 도덕에 화순和順하여 의리를 궁구한다. 궁리하고, 진성하여, 명에 이른다.[105]

인용문에서 도덕은 천도와 지덕을 나타내는 개념으로 군자가 천지의 본성인 도덕에 화순하려는 목적에서 의리를 궁구함은 뜻한다. 따라서 도덕에 화순하는 삶 곧 성명에 순응하는 삶을 살겠다는 뜻을 세움을 나타내는 것이 전반부의 내용이다.

다음의 후반부는 입지한 내용을 구체적으로 밝히고 있는 부분이다. 그것이 바로 군자의 삶을 나타내는 궁리, 진성, 지명이다. 이는 성품이 발현하는 지성知性, 견성見性의 과정을 궁리로, 성품과 하나가 되어 그것을 주체로 함을 진성盡性으로 그리고 성품을 주체로 작용함으로써 성명이 합일 合一되어 성명에서 자유로운 상태를 지명至命으로 나타낸 것이다.

그것은 성품을 발견하는 견성見性, 성품과 하나가 되어 성품과 육신의 구분이 없는 성불成佛, 그리고 성품이나 천명, 육신, 마음 그 어떤 것에도 걸림이 없이 자유로운 열반涅槃의 경지를 나타낸 것으로 이해할 수 있다.

---

[105] 『周易』說卦 第一章, "和順於道德而理於義, 窮理盡性以至於命."

그러면 지금부터 중천건괘와 중지곤괘를 중심으로 궁리, 진성, 지명에 대하여 살펴보자.

궁리의 과정은 중천건괘의 초효와 이효 그리고 중지곤괘의 초효와 이효에서 표상하고 있다. 건괘의 초효에서는 잠용潛龍으로 그리고 이효에서는 현룡見龍으로 나타내고 있으며, 이에 대하여 곤괘의 초효에서는 리상履霜 견빙지堅氷至라고 하였고, 이효에서는 직방대直方大 불습무불리不習無不利라고 하였다.

궁리는 성명의 이치, 성명을 궁구함이다. 그것은 물속에 잠겨있어서 땅에서 드러나지 않았다가(潛龍) 물 밖으로 나와서 땅위에 올라가는 것(見龍)처럼 처음에는 육신을 자신으로 알다 그 근원인 성품이 있음을 발견하는 견성見性을 뜻한다.

자신의 성명의 발견은 자신의 근원이 성품임을 아는 지성知性이다. 그것은 본래 자신의 성품이 완전하고 완성된 존재이기 때문에 오로지 성품을 보존하고 보존하는 것이 도의道義의 세계에 들어가는 문[106]임을 믿는 것[107]으로부터 시작된다.

잠용潛龍에 대응하는 이상履霜은 바로 육신이 자신이 아니라 성품이 자신임을 믿음을 나타낸다. 잠룡은 비룡이 땅에 내려왔기 때문에 땅에 심어진 열매로서의 씨와 같다. 바로 그러한 씨와 같은 존재를 자신의 주체로 수용하는 것이 입지立志이다.

입지는 자신이 군자의 삶을 살겠다는 뜻을 세움으로 곧 군자라는 이상을

---

[106] 『周易』繫辭上篇 第七章, "天地設位어든 而易이 行乎其中矣니 成性存存이 道義之門이라."
[107] 『周易』繫辭上篇 第十二章, "天之所助者順也오 人之所助者信也니 履信思乎順하고 又以尙賢也라 是以自天祐之吉无不利也니라."

향하여 삶의 방향을 결정함이다. 그것은 자신의 완전한 성품을 주체로 살아가고자 하는 마음을 일으킴이다. 입지가 이루어지면 그 후에 단단한 얼음이 이르듯이 더 이상 분별심에 의하여 흔들림이 없는 상태에 이른다. 그것이 현룡見龍으로 나타내고 있는 견성見性, 지성知性이다.

순역의 관점에서 궁리는 분별심의 상태에서 육신과 성품을 구분하고, 도와 현상을 구분하여 성품, 도를 향하여 뜻을 세우는 입지인 동시에 육신이 중심이 되어 밖으로 향하는 분별심을 버리는 사역捨逆이다.

입지에 의하여 분별심을 멈추는 것을 산택손괘山澤損卦에서는 "아래를 덜어서 위로 더함"[108]으로 나타내고 있다. 아래를 덜어냄은 분별하는 마음의 작용을 멈추는 것(止)을 나타내고, 위로 더함은 마음이 오로지 성품이라는 하나의 근원을 향함(觀)을 뜻한다.

입지의 다음 단계는 견성, 지성이다. 그것은 곤괘의 초효에서 이미 밝히고 있는 바와 같이 서리를 밟으면 그다음 단계인 단단한 얼음은 저절로 온다. 그것을 나타내는 것이 곤괘의 이효의 효사에서는 직방대直方大로 나타내고 있다.

직방대直方大는 직대直大로 표상된 건괘가 방方으로 표상된 곤괘로 작용함, 드러남을 나타낸다. 곧고 큼은 성품의 특성을 나타낸다. 곧음은 성품이 그대로 드러남으로 시간상으로 영원함을 나타내며, 큼은 성품이 온 우주에 편만하여 있지 않음이 없음을 뜻한다. 이처럼 성품이 그대로 드러남을 방方이라는 개념을 통하여 나타낸 것이다.

직방대直方大가 되어 성품이 드러나게 되면 그것을 주체로 삶이 저절로

---

[108] 『周易』山澤損卦 彖辭, "彖曰 損은 損下益上하야 其道上行이니."

이루어지기 때문에 수행 역시 함이 없이 이루어지는 불수지수不修之修가 된다. 견성見性의 상태에서는 유위적有爲的인 수행이 아니라 함이 없이 이루어지는 무위無爲이면서 유위有爲인 수행이 이루어진다.

진성盡性은 견성, 지성의 상태에서 한 단계 발전한 상태로 성품과 하나가 된 상태를 나타낸다. 그것은 성품이 주체가 되어 삶이 이루어지는 점에서 궁리의 단계와 다르지만 아직은 성품이라는 하나에 머물고 있는 상태이다.

궁리의 단계에서 자신의 성품을 알게 되면 다음 단계에서는 그 성품이 다른 사람의 성품과 다르지 않음을 알아야 하고, 과거의 성품과 지금의 성품 그리고 미래의 성품과 다르지 않음을 알아야 한다. 뿐만 아니라 더 나아가서 천지의 성품과 내 성품이 다르지 않으며, 만물의 성품과 내 성품이 다르지 않음을 알아야 한다.

중천건괘에서는 "용구用九는 여러 용龍을 보더라도 머리가 없으면 길하다"[109]고 하였다. 그것은 산 자와 죽은 자의 성품, 나의 성품과 남의 성품이 머리와 꼬리처럼 둘로 나누어져서 별개의 존재가 아니라 하나임을 뜻한다. 그것이 진성盡性의 과정이다.

진성의 과정은 중천건괘의 삼효와 사효 그리고 중지곤괘의 삼효와 사효에서 표상하고 있다. 중천건괘의 삼효에서는 "군자종일건건君子終日乾乾 석척약夕惕若 려무구厲无咎"라고 하였고, 사효에서는 "혹약재연或躍在淵 무구无咎"라고 하였으며, 중지곤괘의 삼효에서는 "함장가정含章可貞이니 혹종왕사或從王事하야 무성유종无成有終이니라"라고 하였고, 사효에서는 "괄낭括囊 무구无咎 무예无譽"라고 하였다.

---

[109] 『周易』重天乾卦, "用九는 見群龍호대 无首하면 吉하리라."

성품을 주체로 할 때 비로소 사람이라고 할 수 있다. 그렇기 때문에 중천건괘의 삼효에서 비로소 군자를 언급하였다. 군자가 종일 부지런하고 부지런하다는 것은 항상 성품을 주체로 살아감을 뜻한다. 중지곤괘에서 완전한 존재로서의 성품을 머금고 있음이 가히 바르다는 것은 곧 성품을 주체로 하여 살아가는 것이 바름을 뜻한다.

왕사王事에 참여하는 것은 성품을 주체로 그것을 사회에서 발용發用함이다. 그것은 실천을 통하여 자신의 성품을 체험하고 경험함을 나타낸다. 그러나 그 결과는 그 어떤 것도 개체적 존재로서의 자신이 한 것이 아니라 성품이라는 대아大我에서 이루어진 것이 때문에 "이룸이 없이 끝마침이 있다"고 하였다.

현실에서 실천을 통하여 성품을 경험하고 체험하는 일을 사효에서는 "혹은 위로 뛰어오르고 연못에 있다"고 하였다. 위로 뛰어오름은 용龍이 본래 천상에서 날아다니는 존재임을 나타낸 것으로 성품을 본체로 하여 현실에서 작용을 통하여 그것을 체험하고 경험함을 뜻한다. 그리고 못에 있음은 마치 용이 연못에 있듯이 성품과 하나가 되어 고요하게 머무는 상태를 나타낸다.

중지곤괘의 사효에서는 진성의 상태를 주머니를 묶음으로 나타내고 있다. 진성의 상태는 분별심을 주체로 살아가던 상태에서 성품을 주체로 살아가는 상태로 변화하는 점에서 천지의 변화에 비유하여 나타낼 수 있다. 천지가 변화하면 초목이 번성하지만 천지가 변화하지 않아서 상호작용을 하지 못하면 사람이 제구실을 할 수 없다. 그렇기 때문에 현인이 숨는다고 하였다.

진성의 단계에서는 자신의 성품을 주체로 하여 모든 존재의 성품이 하나임을 알고 살면서도 아직도 여전히 성품이라는 하나에 머물러 있다. 이처럼 성품이라는 하나에 머물면 육신, 형이하, 만물과 하나가 되지 못한다. 그렇기 때문에 그러한 하나마저도 벗어나야 한다. 성품이라는 하나마저도 벗어났을 때 자신의 역할로서의 명命을 다하게 되는 것이 지명이다.

지명은 중천건괘의 오효와 상효 그리고 중지곤괘의 오효와 상효에서 밝히고 있다. 중천건괘의 오효에서는 "비룡재천飛龍在天 이견대인利見大人"이라고 하였고, 중지곤괘의 오효에서는 "황상원길黃裳元吉"이라고 하였으며, 중천건괘의 상효에서는 "항룡유회亢龍有悔"라고 하였고, 중지곤괘의 상효에서는 "용전우야龍戰于野 기혈현황其血玄黃"이라고 하였다.

중천건괘의 오효에서는 "나는 용이 하늘에 있으니 대인의 도를 드러내는 것이 이롭다"고 하였다. 이는 용龍이 본래 하늘을 나는 존재이기 때문에 비로소 용이 제자리로 돌아왔음을 나타낸다. 이러한 사람은 대인의 도를 실천하며 살아간다. 그렇기 때문에 대인의 도를 드러내는 것이 이롭다고 하였다.

중지곤괘의 오효에서는 "누런 치마이니 크게 길하다"고 하였다. 황상黃裳은 바지를 입고 그 위에 걸치는 치마로 관리의 복장이다. 이는 관리가 관청에서 관복을 입고 앉아서 정무를 보듯이 성품을 주체로 살아가는 군자의 무위적無爲的 삶을 나타낸다.

문언에서는 오효를 다음과 같이 구체적으로 설명하고 있다. "마음속에서 성명의 이치를 깨달아서(黃中通理) 그것을 주체로 하여 자신의 역할을 하기 때문에 아름다움이 그 가운데 있으며(正位居體 美在其中), 몸을 통하여 실천되고(而暢於四支), 도제천하의 사업으로 나타나기 때문에 아름다움의 지극함(發於事業 美之至也)."이라고 하였다.

중천건괘와 중지곤괘의 오효가 표상하는 대인의 삶은 성명이 합일된 상태이다. 성과 명이 하나가 되어 성도 명도 없는 상태이다. 그것은 나의 성품과 남의 성품이 둘이 아니어서 없을 뿐만 아니라 그렇기 때문에 나와 남 그리고 천지와 만물이 없음을 뜻한다.

그것은 성과 명의 그 어떤 것에도 얽매임이 없이 살아가는 자연스러운 삶으로 나타난다. 성품도 아니고 육신도 아니며 마음도 아닌 자신이 살아감이 없이 살아가고, 사고함이 없이 사고하며, 행위를 함이 없이 행위를 함을 뜻한다. 따라서 살아도 삶이 없으며, 죽어도 죽음이 없고, 천하를 도로 제도하는 군자의 삶을 살아가지만 제도함도 없고, 군자도 없다.

성명합일은 곧 인간과 세계가 하나가 된 천인합일이다. 천인합일은 인간과 세계가 일체여서 인간과 세계가 없다. 그렇기 때문에 천인합일이라는 상태마저도 머물지 않아서 그것에도 얽매임이 없이 자유로운 경지가 상효가 표상하는 내용이다. 그러면 중천건괘와 중지곤괘의 상효 효사에서 지명을 어떻게 표상하고 있는지 살펴보자.

중천건괘의 상효에서는 "지나친 용龍이라 후회함이 있다"고 하였다. 역의 관점에서 보면 용龍이 하늘에 올랐다고 하지만 순의 관점에서 보면 자신의 자리로 돌아온 것일 뿐만 아니라 본질적으로는 물속에 있었거나 하늘을 날거나의 변화가 없다. 그럼에도 불구하고 자신이 하늘에 올라서 난다는 분별심을 갖는 것을 항룡亢龍으로 나타낸 것이다.

성명합일, 천인합일은 양자가 하나로 합한 것이 아니라 단지 인간의 삶을 시간의 관점, 공간의 관점에서 구분하여 하나의 다양한 나타남임을 보여주었을 뿐이다. 그렇기 때문에 성명, 천인, 성명합일, 천인합일과 같은 그 어떤 것에도 얽매임이 없어야 한다. 얽매임이 없음은 구속으로부터 벗어남이 아니라 본래 자유로워서 자유로움도 없음을 뜻한다. 만약 자유자재함이 하나의 경지가 되면 그것이 그대로 또 하나의 구속이 될 뿐이다.

중지곤괘의 상효의 효사에서는 중천건괘의 상효에서 표상한 내용을 "용龍이 들에서 싸우니 그 피가 검고 누렇다"[110]고 하였다. 용은 본래 천상의 존재이다. 그러므로 하늘을 날아야 함에도 들판에서 싸우는 것은 용이 용의 역할을 하지 못하는 것이다.

문언에서는 그 부분에 대하여 "음陰이 양陽을 의심하면 반드시 싸우게 된다. 양陽이 없다고 여기기 때문이다. 그래서 스스로 용龍이라고 부르지만 여전히 자신의 무리를 벗어나지 못하였다. 그러므로 피를 흘린다고 말한다"[111]라고 하였다. 그리고 이어서 "무릇 검고 누런 것은 천지의 합덕을 말한다. 천天은 검고, 지地는 누렇다"고 하였다.

천지가 하나가 되어 구분할 수 없는 것이 용으로 표상된 성명의 세계이다. 그러므로 분별심을 버리지 못하고 음과 양을 구분하여 성명합일, 천인합일이라는 하나의 상태에 머물러서 얽매여 있음을 나타내는 것이 들판에서 싸우는 과항過亢한 용이다.

앞에서 고찰한 내용을 토대로 입지에서 지명에 이르는 과정을 순을 체로 하여 역으로 작용하는 측면에서 나타내면 그것을 네 과정이 오직 하나의 성품의 작용인 중용中庸일 뿐이다. 그것은 용심用心과 운신運身으로 구분하면 언제 어디서나 모든 일의 근원이 성품에 있음을 알고(後得主) 그 자리에 맡기고(損下益上), 육신으로 모든 일을 실천함(損上益下)이다.

---

110 『周易』重地坤卦 上爻 爻辭, "上六은 龍戰于野하니 其血이 玄黃이로다."
111 『周易』重地坤卦 上爻 文言, "陰疑於陽이면 必戰하나니 爲其嫌於无陽也라 故로 稱龍焉하고 猶未離其類也라 故로 稱血焉하니 夫玄黃者는 天地之雜也니 天玄而地黃하니라."

인간은 본래 천지의 본성인 도덕성이 하나가 된 성품을 주체로 하여 삶을 살아가며, 그 과정을 수행으로 나타낸 것이기 때문에 무엇을 하여도 함이 없이 하는 무위無爲이면서 유위有爲이고, 적연부동寂然不動의 상태에서 자신의 명命을 실천하는 정위응명正位凝命이다. 그러면 『주역』에서는 오로지 역방향에서 성명을 나타내고 있는가?

우리가 만약 성명을 역방향에서 나타내어 인간의 삶을 오로지 수행, 수도의 측면에서만 나타내면 삶을 모두 드러낼 수 없다. 왜냐하면 성명을 구분하고, 그것을 순역의 두 방향에서 나타내었기 때에서 오로지 역방향에서 성명을 나타내면 그 전모를 알 수 없기 때문이다. 그러면 『주역』은 순방향에서 성명을 어떻게 나타내고 있는가?

중천건괘가 상징적으로 나타내고 있듯이 인간의 성품은 수행을 통하여 깨닫거나 그렇지 않거나를 막론하고 누구나 갖고 있는 점에서는 고유하고, 본유하다. 그러나 아무리 본유하고, 고유할지라도 수행을 통하여 경험하고, 체험하면서 사용하지 않으면 자신은 물론 다른 사람과 더불어 삶을 영위할 수 없다.

그런데 괘와 효의 관계가 하나의 중괘에서 드러나듯이 괘는 상하의 관계를 통하여 순방향의 변화를 통하여 나타내고, 효는 내외의 관계를 통하여 역방향의 변화를 통하여 나타낸다. 따라서 괘사와 효사가 모두 역방향에서 언급되고, 설괘說卦에서도 역수逆數라고 하였을 뿐만 아니라 궁리, 진성, 지명을 통하여 역방향에서 성명을 논하고 있기 때문에 역방향에서 성명을 통하여 삶을 나타내는 것이 『주역』의 관점임을 알 수 있다.

다만 역방향은 순방향을 전제로 하여 이루어진다. 그것은 씨와 열매의 관계를 통하여 확인할 수 있다. 열매를 씨로 사용하는 순방향의 작용이 없다면 싹이 터서 자라나서 꽃이 피고 열매를 맺는 역방향의 변화가 이루어 질 수 없다.

십익에서는 성명의 이치에 순응하는 삶을 궁리, 진성, 지명이 아니라 "완전한 성품을 보존하고 보존함이 도의道義의 세계에 들어가는 문이다"[112]라고 하였다. 그것은 역방향에서 이루어지는 잠潛, 현見, 군자君子, 약若, 비飛, 항亢의 다양한 형태로 나타나는 변화가 모두 용에 의하여 이루어지듯이 싹이 터서 꽃이 피고, 열매가 맺는 작용이 모두 그대로 열매의 작용임을 뜻한다.

만약 열매가 없다면 싹을 틔울 수 있는 씨가 없다. 그렇기 때문에 성품이 그대로 생명의 다양한 현상이라는 변화로 드러남을 알고 살아가는 것이 필요하다.

그것은 만약 우리가 순과 역의 두 방향에서 삶을 구분하여 역방향에서 수도, 수행을 통하여 자신을 파악한 이후에 비로소 순방향에서 실천, 제도의 삶을 갈아갈 수 있다면 사람은 영원히 수행만을 할 수밖에 없음을 뜻한다.

수행을 하고, 수도를 해야 비로소 사람다운 삶을 살아갈 수 있다면 사람들은 오로지 수행을 해야 할 뿐으로 제도를 하는 삶, 실천의 삶을 살 수 없다. 그렇다면 모두가 수행, 수도를 위하여 일상의 삶을 버려야 할 것이다.

그렇다고 하여 본래 내가 성품을 갖고 있기 때문에 그냥 이대로가 수행이고, 수도修道이며, 삶이라고 한다면 여전히 육신의 본능에 얽매여서 살아가는 노예의 삶을 벗어날 수 없다. 그렇기 때문에 물건적 관점에서 순순과 역역을 구분하고, 도道와 기器를 구분하며, 성性과 명命을 구분하여

---

[112] 『周易』繫辭上篇 第七章, "天地設位어든 而易이 行乎其中矣니 成性存存이 道義之門이라."

그것을 바탕으로 수도와 제도濟度를 나눈다면 양자가 하나가 되는 합일合一을 추구하지 않을 수 없다. 지금까지 살펴본 내용들을 정리하여 도표로 나타내면 다음과 같다.

대인大人	역易	성性
순順 ⇓ 제도濟度	본래성	수도修道 ⇑ 역逆
	마음	
	육신	
명命	생활	소인小人

성명性命과 순역順逆 그리고 인간

우리는 앞에서 중국불교와 중국유교를 비롯한 중국사상의 특성을 살펴보기 위하여 중국사상의 연원인 『주역』의 내용이 무엇인지를 고찰하였다. 우리는 『주역』에서 세계를 물건적 관점, 물질적 관점에서 형상을 중심으로 형이상形而上의 도道와 형이하形而下의 기器를 구분하여 양자를 바탕으로 세계와 인간을 순과 역의 두 방향에서 이해하였음을 알 수 있다. 이처럼 사건적 측면의 순역順逆과 물건적 측면의 도道, 기器를 바탕으로 세계와 인간을 이해할 때 다음과 같은 장점과 한계를 갖는다.

첫째는 역逆방향에서 수도修道만을 고집하면 인간의 삶은 하나의 차원에 머물지 않고 그것을 벗어나서 도에 이르는 과정이다. 그렇기 때문에 사람이 어느 차원에도 머물지 않기 위해서는 항상 부정否定의 방법을 사용하지 않을 수 없다. 따라서 역방향의 수도를 중심으로 인간의 삶을 부정적 방법을 통하여 나타내면 어떤 사건이나 물건에도 집착하지 않고 자유롭게 된다.

그러나 오로지 역방향만을 고집하게 되면 마치 양파의 알갱이를 찾기 위하여 껍질을 벗기는 것과 같다. 양파의 껍질을 까고 또 까듯이 인간의 육신을 부정하고, 의식을 부정하며, 마음을 부정하고, 본성을 부정하면 마지막에는 부정하는 자신마저도 부정하게 된다. 이처럼 우리가 부정을 위한 부정을 끝없이 계속하면 아무것도 세워질 수 없어서 결국은 허무虛無에 빠지게 된다.

역방향은 유有에서 시작하여 무無에 이른다. 그렇기 때문에 목표는 언제나 무無이다. 중국도가에서 무위자연無爲自然을 말하고, 중국불교에서 무심無心을 도道[113]라고 하는 것이 그것을 보여준다.

둘째는 순순방향에서 삶이 그대로 제도濟度임을 주장하면 버리고 떠나야 할 세상이 없고 모든 것이 도道가 드러난 실다운 세계라는 점에서 온 세상의 모든 것을 긍정하고 포용하여 함께 살아갈 수 있는 점에서 장점이 있다.

그러나 세상의 모든 현상을 그대로 인정하게 되면 끊임없는 개혁을 통하여 발전함이 없다. 우리가 본래 완전하고 부족함이 없기 때문에 현상에 대하여 버리고 떠나야 할 것이 없음만을 견지하면 변화가 없다.

순방향은 무無에서 출발하여 유有에 이른다. 그렇기 때문에 순방향에서 인간과 세계를 이해하면 모든 것을 긍정하는 장점과 더불어 시비是非, 선악善惡을 분별하여 실체로 여기는 한계를 갖는다. 그것은 오로지 자리自利의 수도修道에 빠져서 이타利他의 제도濟度를 못 하는 역방향과 달리 장점을 갖지만 중국유학의 경우에서 보듯이 순방향을 중심으로 제도만을 고집하면 오히려 무분별無分別의 세계가 바탕이 되지 못하고 오로지

---

[113] 『黃檗斷際禪師宛陵錄大乘起信論疏記』(大正藏, 48, 1, 0384b01), "卽心是佛 無心是道."

분별에 얽매여서 현상에 집착하여 욕심을 추구하는 단점이 드러난다.

셋째는 두 방향을 하나로 합하여 역逆방향의 부정적인 파破와 순방향의 입立을 함께 한다고 할 때 그것은 양자의 장점을 모두 갖고 있지만 양자의 단점도 역시 모두 갖고 있다. 따라서 원효대사가 입파立破가 사새自在[114] 해야 함을 밝히고 있듯이 순역을 실체로 여기지 않고 양자를 넘어선 차원 곧 세계와 나의 구분이 없는 하나, 그 하나마저도 넘어선 차원에서 자유자재自由自在하는 것이 필요하다.

---

[114] 馬鳴菩薩造論 梁天竺三藏眞諦譯 唐海東沙門元曉疏(幷別記元曉,『大乘起信論疏記』 (大正藏, 45, 1, 0200c15), "開則無量無邊之義爲宗, 合則二門一心之法爲要. 二門之內 容萬義而不亂, 無邊之義, 同一心而混融. 是以開合自在, 立破無礙, 開而不繁, 合而不 狹, 立而無得, 破而無失."

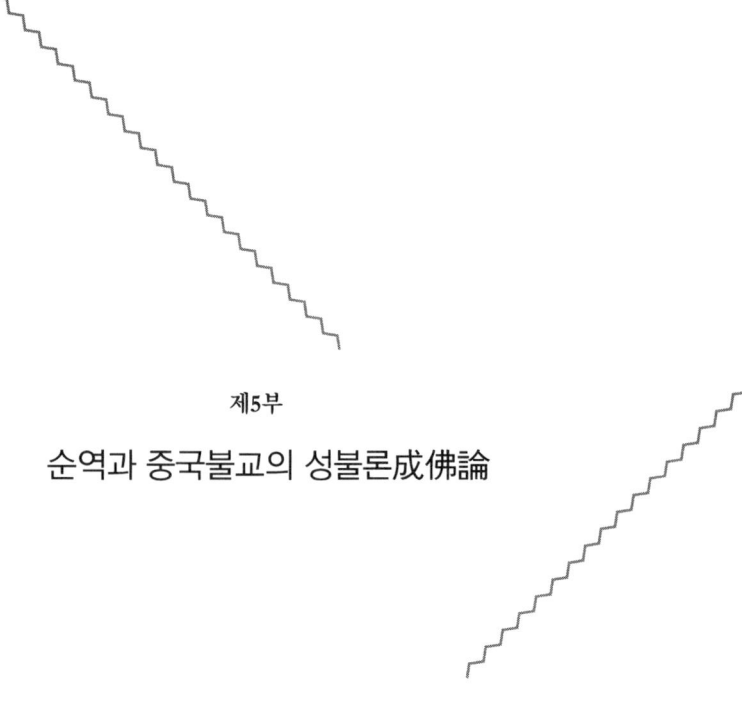

제5부

순역과 중국불교의 성불론成佛論

우리는 앞에서 인간을 세 층으로 나누어서 본래성과 마음 그리고 육신이라는 이름으로 물건화物件化하여 나타내어 나무의 뿌리와 줄기 그리고 잎의 관계를 중심으로 셋의 관계를 살펴보았다.

우리는 인간을 세 관점에서 나타내어 본래성에서 육신을 향하는 순順방향과 육신으로부터 본래성을 향하는 역逆방향에서 셋의 관계를 고찰하였다. 순역順逆은 중국사상의 연원인 『주역』에서 세계를 이해하는 범주範疇이다. 그러면 순과 역은 어떤 관계인가?

『주역』에서는 물질을 중심으로 세계를 형상을 중심으로 형이상의 세계와 형이하의 세계로 구분하여 양자를 각각 도道와 기器로 나타내고 있다. 그리고 양자의 관계를 뿌리와 가지의 끝과 같은 본말本末의 관계[115]로 나타내고 있다.

---

[115] 『周易』繫辭下篇 第九章, "易之爲書也는 原始要終하야 爲質也코 六爻相雜은 唯其時物也라. 其初는 難知오 其上은 易知니 本末也라."

도가 나무의 뿌리와 같은 근원, 근본이라면 뿌리에 의하여 존재하는 가지와 같은 것이 기器이다. 그것은 도에 의하여 기器가 존재하지만 기器에 의하여 도가 존재할 수 없는 관계이다. 따라서 가치상으로 엄격하게 구분되어 하나가 될 수 없는 관계라고 할 수 있다.

『주역』에서는 양자를 시간상의 사건으로 나타내기도 하였다. 그것은 미래에서 과거를 향하는 사건의 방향과 과거에서 미래를 향하는 사건을 방향을 구분하여 양자를 각각 순順과 역逆으로 규정하였음을 가리킨다.

시간상에서 볼 때 모든 사건은 두 방향에서 구분하여 나타낼 수 있다. 그것은 미래에서 과거를 향하는 시간의 흐름과 과거에서 미래를 향하는 시간의 흐름이다. 이는 사건상으로는 씨와 열매의 관계를 통하여 나타낼 수 있다.

씨가 땅에 심어져서 싹이 트고, 꽃이 피어서 열매로 화하는 방향은 현상적 변화이다. 이와 달리 씨가 열매로 변화하는 현상의 근저에서는 열매가 씨로 화하는 변화가 전제가 된다. 이때 씨에서 시작하여 열매를 향하는 방향에서는 꽃과 열매가 구분되지만 열매가 그대로 씨로 화한 방향에서 씨, 싹, 꽃이 모두 나타난 다양한 열매인 점에서 일체이다.

『주역』에서는 열매에서 씨를 향하는 것과 같은 미래에서 과거를 향하는 방향을 순順으로 그리고 씨에서 열매를 향하는 것과 같이 과거에서 미래를 향하는 방향을 역逆으로 규정하여 역학易學의 근본문제를 역逆방향에서 미래를 아는 지래知來로 제시하고 있다.[116]

그것은 『주역』의 특성이 순과 역의 두 방향 가운데 역방향에 초점을 맞추고 있음을 뜻한다. 이는 『주역』을 연원으로 하여 형성된 중국유학, 중국불

---

116 『周易』說卦 第三章, "數往者는 順하고 知來者는 逆하니 是故로 易은 逆數也니라."

교, 중국도가, 중국도교가 모두 역방향에 초점이 있음을 보아도 알 수 있다.

인도에서 발생한 불교가 중국에 수입되어 중국화하면서 전통사상인 『주역』의 세계관, 인간관을 바탕으로 수용되었다. 그렇기 때문에 물건적 관점에서 순과 역을 구분하여 이해하는 방법이 그대로 중국불교에서 나타나고 있다.

중국불교의 여러 전적들을 보면 역방향에서 육신과 마음을 실체로 이해하는 것을 중생전도衆生顚倒, 세계전도世界顚倒로 규정하고 있다. 그것은 올바른 견해인 정견正見이 아니라 그릇된 지견知見이라는 의미에서 전도顚倒된 지견임을 나타낸 것이다.[117]

전도견이 사견邪見이라는 것은 정견과 공존이 가능한 선택의 대상으로서의 지견이 아님을 뜻한다. 그것은 전도견顚倒見은 버려야 할 지견이고, 정견은 견지해야 할 지견이라는 점에서 그 가치가 전혀 다름을 뜻한다.

중생전도는 역방향에서 육신을 자신으로 여기고 육신의 기능을 마음으로 여기는 것이 사견邪見일 뿐만 아니라 정견을 뒤집어서 이해하는 전도된 지견임을 나타내는 동시에 전도견에 의하여 살아가는 사람이 중생衆生임을 나타낸다.

우리가 인간을 물질적 차원에서 이해하여 육신을 자신으로 여기고, 마음을 육신의 기능인 의식으로 여기는 것이 사람에 대한 전도된 지견인 전도견이다. 그러면 그것이 과학자들이 주장하는 인간관을 부정하는 것인가?

정견과 전도견은 사람이 갖는 사람과 세계에 대한 지견이다. 그렇기 때문에 지견이 그대로 사람이나 세계의 본성, 본질을 가리키는 것은 아니다. 따라서 불교에서 내세우는 전도견顚倒見은 인간의 육신적 측면이나 의식

---

[117] 「大方廣佛華嚴經」(大正藏 10, 13, 0064b21), "若以威德色種族으로 而見人中調御師인댄 是爲病眼顚倒見이라 彼不能知最勝法이로다."

적 측면을 부정하는 것이 아니다. 다만 인간의 마음이나 본래성을 배제하고 인간을 오로지 물질적 존재라는 지견持見이 인간의 표층만을 드러내는 한계를 가진 지견임을 말할 뿐이다.

세계전도는 사람이 갖는 세계 곧 시간과 공간에 대한 그릇된 견해이다. 그렇기 때문에 세계 전도는 중생전도와 함께 언급된다. 세계전도는 세계 곧 시공時空을 물질적 차원에서 이해하여 물질적 측면을 본질로 하는 지견이다. 그것은 세계의 운동법칙인 물리物理와 같은 현상적 법칙이 아니라 본래성, 불성을 배제한 세계 이해의 한계를 나타낸 것이라고 할 수 있다. 그러면 정견正見은 무엇인가?

본래성, 불성, 자성自性으로 나타내는 사람의 심층이 사람다움이다. 이 사람의 사람다움은 지부지知不知와 능불능能不能의 넘어서 완전하다는 지견知見을 정견이라고 한다. 정견과 전도견 곧 사견이라는 지견은 인간의 삶에서 어떤 의미를 갖는가?

정견과 전도견은 인간과 세계에 대한 이해이다. 인간은 자신이 이해한 인간과 세계에 대한 지견을 바탕으로 삶을 살아간다. 그렇기 때문에 정견과 전도견에 의하여 살아가는 삶은 서로 다르다. 전도견에 의하여 살아가는 사람의 삶은 고통이나 정견에 의하여 살아가는 사람은 고통을 벗어난 자유로운 삶을 살아간다. 그러면 양자는 선택의 문제인가?

사람이 태어나서 삶을 살아가면서 불행하게 살기를 원하는 사람은 없다. 그럼에도 불구하고 사람을 비롯하여 생명을 가진 중생들은 태어나서 늙고 병들어 죽어가는 삶의 과정을 고통 속에서 마친다.

중생의 삶이 고통의 연속이라는 것은 삶이나 죽음 그리고 자연의 현상이나 우주에서 일어나는 일들 자체가 고통이라고 하는 것을 뜻하지 않는다.

중생이 전도견에 의하여 삶을 대하고, 자연과 우주를 대하며, 사람과 사물을 대하기 때문에 삶이 고통으로 느껴질 뿐이다. 따라서 사람은 모두 전도견을 버리고 정견을 견지堅持해야 한다. 그러면 정견은 저절로 얻어지는가?

사람과 세상을 바라보는 안목은 저절로 형성되지 않는다. 정견은 전도견을 버리고 떠날 때 비로소 나타난다. 그렇기 때문에 사람이 살아가면서 해야 할 가장 중요한 일이 전도견을 버리는 일이다. 불교에서는 육신, 마음을 실재하지 않는 환화幻華라고 규정한다.

실재하지 않는 것을 실재하는 것으로 착각하는 것은 지혜가 없기 때문이다. 이것이 지혜인 밝음이 없음으로써의 무명無明이다. 이 무명을 제거하는 작업이 우리가 말하는 수행, 수기, 수양, 수심修心이다.

사람은 누구나 정견을 세우고, 깨달음 곧 정각正覺을 이루어서 부처가 되는 성불의 과정으로서의 수행이 필요하다. 수행, 수도를 하려면 먼저 부처라는 이상적인 존재가 되기를 원하는 마음을 일으키는 발심發心의 과정을 통하여 사견邪見에서 벗어나고자 하는 원리심遠離心을 가져야 한다.

그리고 발심을 실천하는 과정으로서의 사견, 전도견을 놓아버리는 실천적 과정인 방하착放下著을 해야 한다. 중국불교에서 논하는 수행은 인간이 자신의 심층을 배제排除하고 오로지 육신을 자신으로 여기고, 육신의 기능인 의식을 중심으로 살아가고 있기 때문에 삶이 고통을 낳고, 그 고통이 다시 중생으로 이끌어가는 악순환으로서의 윤회輪廻의 과정을 벗어나지 못한다고 이해한다.

그것은 육신을 자신으로 여기는 의식을 버려서 마음의 차원에 이르러서 그것과 하나가 되고, 마음의 차원을 버려서 본래성의 차원에 이르러서 그것과 하나가 되는 합일合一의 과정이라고 할 수 있다.

우리가 삶의 과정에서 전도견을 벗어나서 정견을 갖고 살아갈 때 자신과 삶에 대한 통찰로서의 깨달음을 얻고, 깨달음을 통하여 자유로운 삶을 살아가게 된다. 그것을 견도見道와 수도修道, 득도得道로 나타낸다.

또한 전도견을 버리고 정견을 얻는 과정을 성품을 중심으로 자성, 본성을 깨달아서 그것과 하나가 되는 합일의 과정으로 나타내어 견성, 성불, 열반으로 나타내기도 한다.

전도견을 버리고 수도修道하여 성불成佛하는 과정은 역逆방향에서 이루어진다. 그것은 싹을 길러서 꽃을 피우는 것에 비유하여 이해할 수 있다. 이때 꽃을 피워서 열매를 얻는 성불成佛이라는 목적을 이루기 위해서는 싹을 틔우고 꽃을 피우는 과정으로서의 수행, 수도가 필요함을 뜻한다.

그러나 땅에 심어서 싹을 틔우는 씨는 본래 열매이다. 따라서 열매가 씨로 변화하는 과정이 없다면 싹이 틀 수 없다. 그것은 수행을 통하여 성불하는 증오성불證悟成佛이 성립되기 위해서는 본래성불本來成佛이 전제가 되어야 함을 뜻한다. 따라서 순역의 두 방향에서 중국불교의 성불론成佛論을 고찰하는 것이 필요하다.

중국불교는 『주역』의 형상을 바탕으로 형이상과 형이하를 구분하는 사유체계를 그대로 적용하여 형이상의 세계를 성性으로 그리고 형이하의 세계를 상相으로 나타내고 있다. 종밀宗密은 수행론의 내용인 성불론을 회상귀성會相歸性으로 나타내고 있다. 그리고 화엄학華嚴學에서는 현상을 성품의 작용인 성기론性起論으로 나타내고 있다.

지금부터는 전도견과 정견의 내용을 구체적으로 살펴본 후에 이어서 『원각경』을 중심으로 종밀의 역방향의 증오성불론에 대하여 살펴본 후에 화엄학의 성기론을 중심으로 본래성불론을 살펴보고자 한다.

1. 역방향의 전도견顚倒見과 순방향의 정견正見

우리가 앞에서 살펴본 바와 같이 역방향은 현상의 표층으로부터 심층을 향하는 방향이다. 이때 우리가 만약 잎과 같은 우리의 육신을 자신으로 여기고, 육신을 중심으로 살아간다면 더 이상의 역방향으로의 변화는 없다.

그것은 역방향으로의 진행이 현실 곧 인간의 표층으로 드러난 육신에 대한 부정으로부터 시작됨을 뜻한다. 우리가 만약 일상의 사람들이 자신으로 여기는 육신과 의식을 그대로 긍정하면 육신을 넘어서 다른 차원으로 옮겨 갈 필요를 느끼지 못할 뿐만 아니라 다른 차원을 생각조차 하지 않을 것이다.

중국불교에서는 일상의 사람들이 자신으로 여기는 육신과 의식, 마음으로 구성된 자신에 대한 부정으로부터 출발한다. 일상의 사람들은 지금 여기의 내가 그대로 나일 뿐이라고 생각한다. 그들은 남과 구분되는 내가 있고, 나와 구분되는 별개의 세계가 있다고 생각한다. 이처럼 남과 구분되는 나, 세계와 구분되는 육신이다.

육신을 중심으로 나와 남을 구분하는 것은 의식에 의하여 이루어진다. 의식은 육신에 속한 기능으로 나누어서(分) 가치를 부여하여 다른 존재로 고정화(別)하는 분별分別이 본질이다. 이처럼 의식을 마음으로 여기고 의식에 의하여 남과 다르고, 세계와 다른 내가 있다고 여기는 것을 그릇된 지견知見인 전도견顚倒見이라고 한다.

전도顚倒는 이마를 뒤집어서 발로 여긴다는 의미이다. 그것은 일상의 사람들이 심층의 자신, 사람다움, 인간성을 자신으로 여기지 않고 오히려 겉으로 드러나는 육신을 자신으로 여기는 것이 마치 발을 머리로 여기는 것처럼 거꾸로 뒤집어서 인간을 이해함을 나타낸다.

불교에서는 일상의 사람들이 자신에 대하여 갖는 그릇된 견해인 전도견을 중생전도衆生顚倒라고 한다. 그것은 온갖 생명들이 전도에 빠져 있음을 나타내는 동시에 전도견에 빠져 있는 존재가 중생임을 나타낸다.

전도견에 빠진 중생들은 세계 역시 그릇된 견해로 이해한다. 그것을 불교에서는 세계전도世界顚倒라고 한다. 그것은 중생의 그릇된 지견에 의하여 세계가 형성되었음을 나타내는 동시에 중생이 이해하는 세계는 실재하지 않는 세계임을 뜻한다.

중생은 전도견顚倒見에 의하여 고정된 세계가 없음에도 불구하고 자신의 의식에 따라서 세계를 고정시켜서 이해한다. 그것은 마치 우리가 어렸을 때 땅 빼앗기 놀이를 하기 위하여 땅에 원을 그리고 그 안에서 두 사람이 서로 많은 땅을 차지하기 위하여 경쟁하는 것과 같다. 만약 우리가 땅에 그어진 원을 지워버리면 모든 땅이 자신의 것인데 굳이 땅을 차지하려고 경쟁을 할 필요가 없는 것과 같다.

우리는 허공을 구분하여 이것은 어떤 우주이고, 저것은 어떤 우주라고 구분하여 어떤 것은 천국이고, 어떤 곳은 지옥이라고 말한다. 그리고 천국에 가서 살기를 원하고, 지옥으로부터 벗어나기를 원한다. 그럼에도 불구하고 많은 사람들이 가기를 원하는 천국에는 아무나 쉽게 갈 수 없고, 모든 사람들이 가기를 싫어하는 지옥에는 대부분의 사람들이 가지 않을 수 없다고 여긴다.

만약 천국과 지옥을 구분하여 나타내지 않았다면 천국에 갈 필요도 없고, 지옥에 떨어질 것을 염려할 필요도 없다. 그것은 나무의 잎처럼 겉으로 드러난 현상을 실체화하여 물건과 같은 어떤 것이 있다고 여기고 그것을 자신으로 착각하기 때문에 빚어지는 현상이다.

본래성, 자성自性, 인성人性은 뿌리와 같아서 본체이며, 그것이 작용을 하여 그 결과가 육신이라는 현상으로 드러난다. 잎은 계절에 따라서 나타났다가 사라지는 변화를 반복한다. 그렇기 때문에 현상에 집착하여 변하지 않은 부동不動의 것을 원하고, 변하지 않은 세계를 원한다면 그것은 죽음의 세계, 허무虛無의 세계를 원하는 것이다.

잎의 변화는 육신을 통하여 나타나는 태어나고 늙고 병들어서 죽는 현상이다. 그것은 인간의 한계가 아닐 뿐만 아니라 육신이 갖는 다른 동물과의 기능상의 차이도 한계가 아니다. 오히려 육신이 갖는 한계를 극복하기 위하여 많은 기술이 발달하고, 예술이나 문학과 같은 다양한 활동들이 나타나게 되어 인간의 삶을 풍요롭게 해준다. 그러면 육신의 한계를 어떻게 할 것인가?

현대의 과학자들은 발달하는 과학기술에 의하여 생체인 육신의 일부를 강한 쇠로 대체하거나 뇌의 느리고 한정된 정보 처리의 양을 빠르면서도 많게 하기 위하여 컴퓨터와 연결을 시키려고 시도하고 있다. 그들은 더 나아가서 인간의 생체生體를 없애서 사이버 공간에서 존재하도록 하여 생사生死의 한계를 넘고자 한다.

그들은 과학기술을 활용하여 인간의 육신이 갖는 기능을 향상시키려고 할 뿐만 아니라 정신활동 역시 육신의 속성으로 여기고 육신의 기능이 향상되면 정신활동도 향상될 것으로 기대한다. 과학기술에 의하여 육신의 기능을 향상시키는 것을 인간의 진화로 여기는 과학자들이 육신의 기능을 향상시키려고 하는 것은 당연한 일이다.

요즈음 우리가 즐겨보는 영화를 보면 과학에 의하여 육신의 기능을 향상시킨 사람들이 주인공으로 등장한다. 〈어벤저스Avengers〉 시리즈를 보면 슈퍼맨, 원더우먼, 아이언맨, 배트맨, 헐크를 비롯하여 오딘, 토르와 같은 신화 속의 신들까지 등장하여 지구는 물론 우주를 활보한다.

그런데 그들이 인간의 능력을 뛰어넘는 힘을 사용하여 하는 일은 정작 오로지 전쟁일 뿐이다. 설사 그들이 지구를 지키거나 천상의 하나의 나라의 왕좌를 차지하기 위하여 싸우거나를 막론하고 그들의 삶은 전쟁이다.

육신을 자신으로 여기는 착각에 의하여 살아가는 사람들이 하는 일은 자신의 생존을 위하여 남과 전쟁을 하는 것이다. 그들이 남과 싸우는 목적은 자신의 나라, 권좌, 사랑하는 여인과 같은 자신의 소유물을 지키는 데 있다.

일상의 사람들은 생명을 받은 날부터 다할 때까지 육신을 자신으로 여기는 그릇된 견해에 빠져서 자신은 살기를 원하고, 죽지 않겠다고 하면서도 오히려 남들을 죽이고, 남의 소유물을 빼앗아서 자신이 소유하려고 한다.

삶을 투쟁으로 여기는 사람들의 태도는 자신에 대한 잘못된 앎에서 비롯된다. 그것은 인간이 물질적 차원에서 오로지 육신만을 자신으로 아는 그릇된 앎 때문에 일어나는 현상이다. 『원각경圓覺經』에서는 사람이 인간과 세계에 대하여 표층의 육신과 의식을 자신으로 여기고 심층의 뿌리와 같은 본성, 원각을 배제하는 것이 전도顚倒임을 다음과 같이 밝히고 있다.

> 모든 중생은 무시無始 이래로 여러 가지로 전도顚倒됨이 마치 미혹한 사람이 동서남북의 사방을 바꾸어서 이해하는 것과 같다. 망령되게 지수화풍地水火風의 사대四大를 자신自身으로 여기고, 육진六塵을 반연한 그림자를 자신의 마음으로 여긴다.[118]

---

[118] 『圓覺經』(大正藏 17, 1, 0913b19), "一切衆生 從無始來 種種顚倒 猶如迷人 四方易處 妄認四大 爲自身相 六塵緣形 爲自心相."

인용문을 보면 육신을 지수화풍地水火風의 네 가지 요소에 의하여 결합된 것으로 분석하고, 마음을 밖의 사물과 육신의 관계로 분석하고 있다.

우리는 인용문을 통하여 자신을 올바로 파악하지 못한 중생들이 네 요소에 의하여 형성된 육신을 자신으로 여기고, 육신에 반영되어 나타난 밖의 사물을 마음으로 여김을 알 수 있다.

그것은 오늘날의 과학자들이 인간을 물질적 차원에서 육신을 자신으로 여기고, 마음을 육신의 기능인 의식으로 이해하는 것과 같다. 이러한 견해는 동서남북을 서로 바꾸어서 혼동하는 것처럼 실재하지 않는 것을 실재하는 것으로 이해하는 착각이다.

사람이 육신과 의식을 자신으로 여기는 것은 육신과 의식을 올바로 이해하지 못한 것일 뿐만 아니라 더 나아가서 육신과 의식의 근원 곧 인간의 심층마저도 올바로 이해하지 못하는 결과를 낳는다.

사람으로서의 자신에 대한 그릇된 성찰은 생사가 끊임없이 이어지는 현상을 낳는다. 그것은 과학기술에 의하여 육신을 제거하여 육신이 갖고 있는 생사의 문제를 해결하고자 하는 것과 같다. 육신을 제거하여도 여전히 생사를 해결하는 문제는 남는다.

『원각경』에서는 인간을 올바로 이해하지 못하는 전도견이 지혜가 없기 때문에 일어나는 현상임을 다음과 같이 밝히고 있다.

> 비유하자면 저 병든 눈으로 허공의 꽃과 제2의 달을 보는 것과 같다. 선남자여, 허공에는 실제로 꽃이 없는데 눈병이 난 사람이 망령되게 집착한다. 망령되게 집착함으로 말미암아 허공의 자성自性을 혼미할 뿐만 아니라 또한 더불어 저 꽃이 피는 곳도 혼미한 것이다. 이로 말미암아

허망하게 생사生死의 윤전輪轉이 있기 때문에 무명無明이라고 말한다.[119]

우리가 자신을 올바로 이해하는 지혜가 없어서 육신과 의식을 나로 여기는 그릇된 지견인 전도견을 갖는 것과 달리 시혜에 의하여 자신을 성찰할 때 발생하는 정견은 본래성, 본성, 자성을 자신으로 여기는 것이라고 할 수 있다. 그러면 본래성, 자성, 불성이 있는가?

만약 우리가 육신, 마음과 다른 자성, 불성이 있다고 여기고 그것을 찾거나 얻고자 한다면 그것 또한 전도견이다. 그것은 비록 정견이 전도견과 다를지라도 정견에도 얽매이지 말아야함을 뜻한다. 왜냐하면 육신과 의식으로 드러나는 것이 바로 자성, 불성이기 때문에 육신과 의식을 떠나서 별개의 자성, 불성이 있지 않기 때문이다. 『능엄경楞嚴經』에서는 자성自性을 중심으로 전도견에 대하여 다음과 같이 밝히고 있다.

무엇을 중생 전도顚倒라고 말하는가? 아난아! 성품으로 말미암아 마음이 밝아진다. 성품이 밝고 원만한 까닭이다. (성품의) 밝음으로 인하여 성품이 작용을 하면 (그 작용이 곧) 성품이라는 망령된 견해를 낳게 된다.[120]

위의 내용을 보면 자성自性은 본래 밝고 원만하기 때문에 그 본성에 의하여 마음이 작용함 곧 마음이 밝아짐을 알 수 있다. 이때 자성과 원명圓

---

[119] 『圓覺經』(大正藏 17, 1, 0913b19), "譬彼病目 見空中華 及第二月 善男子 空實無華 病者妄執 由妄執故 非唯惑此虛空自性 亦復迷彼實華生處 由此 妄有輪轉生死 故名無明."

[120] 『楞嚴經』(大正藏 19, 7, 0138b12), "阿難아 云何名爲衆生顚倒오 阿難아 由性明心의 性明圓故로 因明發性하고 性妄見生이니."

明을 대상화하여 자신과 둘로 여기면 그것이 바로 그릇된 지견이 된다. 만약 어떤 사람이 마음이 밝아지는 것으로 인하여 성품이 작용한다고 여기고 드러나는 그 마음을 떠나서 원명圓明한 자성自性이 있다고 여기면 그것이 바로 망령된 견해이다.

원명한 자성이 있다는 견해를 갖는 것은 원명한 자성을 대상화하여 실체로 여김을 뜻한다. 이 사람은 비록 육신을 자신으로 여기고, 육신의 작용인 의식을 자신으로 여겨서 남과 구분되는 자신이 있다고 여기는 사람과 다르지만 여전히 남과 자신을 구분하는 마음을 벗어나지 못하였다.

나와 대상으로 존재하는 자성은 발견할 수 있어도 아직은 나와 하나가 아니기 때문에 작용할 수 없다. 그렇기 때문에 자성을 찾고자 하고 깨닫고자 하는 마음을 갖게 된다. 그러나 설사 견성見性했다고 할지라도 그 사람은 아직은 성품과 하나가 되어 삶을 살아가지 못한다.

> 필경에는 없음(無)을 좇아서 구경의 있음(有)이라는 것이 성립된다. 이 주체(有)와 대상(所有)는 인因과 소인所因이 아니어서 머무는 바와 머무는 상이 전혀 근본이 없다. 이 머묾이 없음에 근본하여 세계와 모든 중생이 건립되었다.[121]

나의 대상으로 존재하는 자성은 결코 진정한 자성이 아니다. 자성은 본래 능소能所가 없음에 불구하고 능소를 구분할 때 망妄과 진眞, 자성自性과 비자성非自性, 유有와 무無, 지知와 부지不知라는 분별의 세계가 전

---

121 『楞嚴經』(大正藏 19, 7, 0138b12), "從畢竟無하야 成究竟有니라. 此有所有가 非因所因이며 住所住相이 了無根本이니 本此無住하야 建立世界와 及諸衆生이니라."

개되고, 이로 인하여 주체와 객체로서의 나와 세계 곧 중생과 세계가 전개된다.

> 본래 원만하고 밝음을 미혹하여 허망虛妄한 것을 낳았으므로 허망한 성품은 본체가 없어서 의지할 바가 없다. 만약 참됨을 회복하고자 하면 참다워지고자 함은 이미 진여성眞如性이 아니다. 참됨이 아닌 것으로 회복하기를 구하면 완연히 상相이 아닌 상相을 이루어서 생生이 아닌 생, 머묾 아닌 머묾, 마음 아닌 마음, 법 아닌 법이 전전展轉하여 발생한다. 그 발생하는 힘이 발명되고, 그것이 훈습되어 업장을 이루고, 동업同業끼리 감응하고, 감응하는 업이 있음으로 인하여 서로 멸滅하고 서로 생生한다. 그로 말미암아서 중생전도가 있게 된다.[122]

인용문에서 나타내고 있는 것처럼 중생이라는 개념 자체가 전도견일 뿐이라면 무명에 빠진 중생과 다른 부처 역시 없다. 그것은 전도견과 정견, 중생과 부처는 유와 무처럼 상대적인 개념일 뿐으로 중생이 없다면 부처도 없고, 전도견이 없다면 정견도 없음을 뜻한다. 이 점을 『능엄경』에서는 다음과 같이 언급하고 있다.

> 오묘한 성품은 원만하고 밝아서 모든 이름이나 모양을 벗어나 있으므로 본래 세계와 중생이 따로 없다. 그런데 망심을 일으킴으로 인하여 생겨남이 있고, 생이 있음으로 인하여 멸함이 있다. 이처럼

---

[122] 『楞嚴經』(大正藏 19, 7, 0138b12), "迷本圓明하야 是生虛妄이니 妄性無體라 非有所依니라. 將欲復眞이면 欲眞已非眞眞如性이어늘 非眞求復이면 宛成非相하야 非生非住와 非心非法이 展轉發生하고 生力發明하야는 熏以成業하고 同業相感하며 因有感業하야 相滅相生 하나니 由是故有衆生顚倒니라."

생멸함을 망령됨이라고 한다. 망령됨이 없으면 이것을 참됨이라고 한다. 이것이 여래의 위없는 보리菩堤와 열반涅槃인 두 가지의 전의호轉依號이다. 아난아! 네가 지금 참다운 삼마지를 닦아서 여래如來의 대열반大涅槃에 곧바로 나아가고자 하면 마땅히 이 중생과 세계의 두 가지 전도顚倒된 원인을 먼저 알아야 한다. 전도가 생기지 않으면 그것이 곧 여래의 참다운 삼마지이다.[123]

자성의 성품이 오묘하고 원만하다는 것은 어떤 분별도 없음을 뜻한다. 그렇기 때문에 이름과 모양을 벗어나서 세계와 중생이라는 것이 있지 않다. 그럼에도 불구하고 망심을 일으켜서 생함이 있다고 여기고, 이 있음으로 인하여 멸함이 있다고 여긴다. 그러면 망심을 일으키는 것은 무엇인가?

오묘한 성품이 원명圓明하다고 말하지만 본래 원명圓明한 묘성妙性이라는 것도 없다. 왜냐하면 본래 세계가 바로 그것이기 때문에 그것을 떠나서 세계나 사람, 사물을 논할 수 없기 때문이다. 그것은 중생이 본래 부처이기 때문에 부처가 되고자 하는 것이 바로 망령된 것임을 뜻한다. 그렇기 때문에 망령됨이 다름이 아니라 깨닫고자 하고, 부처가 되고자 하는 마음이다.

무명無明과 보리菩提, 중생과 부처라는 분별의 세계, 명상名相의 세계의 특성을 나타내고 있는 것이 보리와 열반이 전의호轉依號라는 개념이다. 전의호는 양자가 서로 의지하여 개념이 형성됨을 뜻한다. 그것은 서로가 서로의 존재근거가 되어 서로가 존재하게 함을 뜻한다. 이처럼 무명과

---

[123] 『楞嚴經』(大正藏 19, 7, 0138b07), "當知하라 妙性圓明하야 離諸名相하야 本來無有世界와 衆生이언마는 因妄有生하고 因生有滅이어든 生滅名妄이오 滅妄名眞이니 是稱如來無上菩提와 及大涅槃의 二轉依號니라. 阿難아! 汝今欲修眞三摩地하야 直詣如來의 大涅槃者인댄 先當識此衆生世界의 二顚倒因이니 顚倒不生하면 斯則如來眞三摩地니라."

보리는 서로 상대하여 형성된 이름이고, 열반涅槃과 윤회輪廻도 서로 상대하여 형성된 개념이다.

우리가 무명과 윤회로 인하여 보리와 열반이라는 개념을 사용할 뿐으로 본래 무명과 윤회가 없기 때문에 보리와 열반도 없다. 그것은 우리가 본래 부처임에도 불구하고 자신을 중생으로 여기는 것이 중생전도이며, 동시에 세계가 청정淸靜함에도 불구하고 분별하는 것이 세계전도임을 뜻한다. 세계전도에 대하여 『능엄경』에서는 다음과 같이 밝히고 있다.

> 이 있음(有)과 있는 것(所有)으로 허망하게 분단分段이 생겨 그로 인해 세계가 세워진다. 능인能因도 소인所因도 아니고, 능주能住도 소주所住도 없는데 흘러 다니면서 머물지 않아서 이로 인하여 세世가 세워진다. 삼세三世와 사방四方이 화합하여 서로 어울려서 변화하는 중생이 십이十二 가지 종류를 이룬다.[124]

인용문에서 내가 없음에도 불구하고 나를 세우고 이어서 나의 대상을 세움으로써 세계가 형성됨을 알 수 있다. 그것은 시간의식에 의하여 삼세의 시간이 형성되고, 그것을 바탕으로 공간의식에 의하여 사방이라는 공간의 세계가 형성됨을 뜻한다.

---

[124] 『楞嚴經』(大正藏 19, 7, 0138b21), "阿難아 云何名爲世界顚倒오 是有所有로 分段妄生일새 因此界立하고 非因所因이 無住所住하야 遷流不住일새 因此世成이니 三世四方이 和合相涉일새 變化衆生이 成十二類니라. 是故로 世界因動有聲하고 因聲有色하고 因色有香하고 因香有觸하고 因觸知味하고 因味知法하나니 六亂妄想이 成業性故로 十二區分이 由此輪轉이라 是故世間의 聲香味觸이 窮十二變하야 爲一旋復이니라. 乘此輪轉한 顚倒相故로 是有世界의 卵生胎生과 濕生化生, 有色無色, 有想無想과 若非有色, 若非無色, 若非有想과 若非無想이니라."

앞에서 살펴본 바와 같이 역방향에서 물질로부터 출발하여 인간과 세계를 구분하여 인간의 본성이 무엇인지 그리고 세계의 본성이 무엇인지를 밝히고자 하는 탐구적探究的 방법[125]을 적용하면 결코 인간과 세계의 본성을 드러낼 수 없다.

그것은 물건적 관점에서 순과 역을 나누어서 자연, 세계, 우주를 이해하고 인간을 이해하고자 하면 올바로 이해할 수 없음을 뜻한다. 우리가 물건적 관점에서 순과 역을 구분하여 양자의 어느 일면을 중심으로 이해하게 되면 설사 전도견과 다른 정견일지라도 여전히 하나의 장애가 되어 올바로 파악할 수 없다.

중국불교에서는 수행을 통하여 깨달음을 얻어서 성불成佛하는 역방향이 중심이기 때문에 성불의 과정으로서의 수도修道가 중요하지 않을 수 없다. 이를 통하여 인간을 여러 관점에서 분석하여 그 어느 일면을 중심으로 이해하는 정견과 전도견을 중심으로 이상적 인격체인 부처를 논하는 증오성불證悟成佛과 본래성불本來成佛은 한계가 있음을 알 수 있다.

2. 역방향의 회상귀성會相歸性과 증오성불론證悟成佛論

우리는 앞에서 인간이 남과 구분되는 독립된 자신이 있다고 여기고, 자신과 독립한 별개의 세계가 있다고 여기는 것이 중생전도와 세계전도임을

---

[125] 이현중, 『유불도儒佛道와 통관洞觀의 인문학』, 충남대학교 출판문화원, 2017, 255~314쪽.

살펴보았다.

우리가 살아가면서 삶의 주체인 자신과 삶 그리고 세계에 대한 성찰을 하지 않고 살아가는 것은 자신의 삶에 대하여 최선을 다하지 않는 것이다.

우리는 남들이 자신을 무시하거나 함부로 대하면 화를 내지만 정작 자신은 자신이 어떤 존재인지 그리고 어떻게 살아야 하는지에 대하여 관심과 노력을 기울이지 않는다. 그것은 "자신을 함부로 대하고, 자신을 버리는 것이다."[126] 그러면 어떻게 할 것인가?

온 우주를 통틀어서 하나밖에 없는 소중한 자신을 소중하게 대하는 것이다. 그것은 자신에 대하여 관심을 갖고 자신이 어떤 존재인가를 파악하는 것이다. 그것은 지금까지 자신이 갖고 있던 자신에 대한 이해를 다시 살펴보는 일이다.

일상의 자신을 돌아보고 현재의 자신이 어떤 존재인지를 파악하여 지금보다 더 나은 자신으로 살아가는 일은 사람이면 누구나 원하는 일이다. 다만 어떻게 자신을 변화시키느냐의 문제 다시 말하면 어떤 것이 현재의 나, 인간으로서의 나를 변화시키느냐의 문제는 두 관점에서 살펴볼 수 있다.

현재의 나 곧 인간으로서의 나에 대한 성찰을 바탕으로 새로운 나를 추구하는 방법은 과학이 추구하는 진화進化와 불교를 비롯한 동아시아의 여러 사상에서 추구하는 수도修道이다.

오늘날의 과학자들은 육신을 자신으로 여기고, 마음을 육신의 기능인 의식으로 여긴다. 그들은 생사生死를 육신의 한계로 여기고 생사生死에서 벗어나기 과학기술을 활용하여 위하여 육신의 기능을 향상시키려고 한다.

---

[126] 『孟子』離婁上, "孟子曰 自暴者不可與有言也, 自棄者不可與有爲也. 言非禮義謂之自暴也, 吾身不能居仁由義謂之自棄也."

그리고 생체로 구성된 육신을 버리고 사이버 공간에 존재하는 의식적인 존재로 만드는 것을 인간의 진화進化라고 주장한다.

그러나 동아시아의 중국사상에서는 유학, 불교, 도가, 도교를 막론하고 육신을 자신으로 착각하는 사람을 소인小人, 중생衆生, 인간으로 규정하고, 소인, 중생, 인간의 상태를 벗어나서 대인大人, 성인, 부처, 천선天仙이 되고자 한다.

소인, 중생은 육신을 자신으로 여기고 육신의 기능인 의식을 마음으로 여긴다. 그것은 인성, 불성, 자성, 본래성이라는 뿌리와 뿌리의 작용인 마음을 버리고, 잎과 같은 육신을 자신으로 여기고, 육신의 기능인 의식을 마음으로 여기는 점에서 머리를 뒤집어서 발로 여기고, 발을 머리로 여기는 것과 같은, 뒤바뀐 견해인 전도견顚倒見이다. 따라서 소인, 중생과 대인, 부처는 본성이 차이가 있는 것이 아니라 자신과 세계를 이해하는 견해의 차이에 있다.

진화와 수도의 차이는 육신을 자신으로 여기고 육신의 기능을 향상시키느냐 아니면 육신을 넘어서 본래성, 불성, 자성의 차원으로 자신의 차원을 고양시키느냐의 문제이다. 다만 겉으로 보면 과학자들이 현실을 긍정하는 것과 달리 불교를 주장하는 사람들이 현실을 부정하는 것 같지만 사실은 과학자들은 현실에 대하여 잘못된 견해인 전도견에 빠져 있으며, 그것을 벗어나는 점에서 불교를 비롯한 동아시아의 수도修道는 차이가 있다.

수도修道는 견도見道와 수도修道, 성도成道(得道)를 하나로 나타내는 개념이다. 수도는 일상의 삶의 본질을 파악하여 일상의 삶이 빚어내는 고통으로부터 벗어나는 해탈, 열반을 추구한다. 왜냐하면 중생이 자신을 올바로 이해하지 못하고 그릇된 견해를 갖고 살아가면 자신에게도 불행일 뿐만 아니라 남에도 불행이기 때문이다.

석가모니는 전도견에 의하여 살아가는 중생의 삶이 고통이라고 하였고, 그 고통이 너무 강렬하기 때문에 불타는 집이라고 하였다. 그러면 전도견이 어떻게 고통의 삶을 낳는가?

중국불교에서는 인도불교의 내용 가운데서 삼법인三法印을 근본내용으로 이해한다. 삼법인을 소승불교의 내용으로 이해하기도 하지만 소승과 대승을 일관하는 불교의 내용으로 이해하기도 한다. 그러면 삼법인은 무엇인가?

> 모든 물건은 실체가 없고(諸法無我), 모든 사건은 항상하지 않는다 (諸行無常). 번뇌가 사라져서 고요하다(涅槃寂靜).[127]

위의 내용을 보면 세계를 시간과 공간의 측면에서 나타내고 있다. 제법무아는 모든 물건은 남과 구분하여 나라고 할 수 있는 것이 없음을 뜻한다. 그리고 제행무상은 모든 사건은 항상하지 않고 끊임없이 변화함을 뜻한다. 그러면 뒷부분의 내용과는 어떤 관계인가?

뒷부분은 만약 우리가 앞부분에서 밝힌 현상 세계를 그대로 받아들이면 마음속에 어떤 갈등도 없어서 고요할 것임을 나타낸다.

그러나 사람들은 남과 구분되는 내가 있다고 생각하며, 끊임없이 다양하게 변화하는 사건을 고정된 어떤 것이 변화한다는 생각을 한다. 이처럼 내가 있고, 나와 남, 사물의 사이에서 일어나는 사건이 있다고 여기는 것은

---

[127] 『增壹阿含經』(大正藏 2, 23, 0668b28), "諸比丘 欲得免死者 當思惟四法本 云何為四 一切行無常, 是謂初法本 當念修行 一切法苦 是謂第二法本 當共思惟 一切法無我 此第三法本 當共思惟 滅盡為涅槃 是謂第四法本 當共思惟 如是 諸比丘 當共思惟此四法本."

변화하는 것을 항상하다고 여기고, 하나인 것을 둘로 여기는 실체화 때문에 일어난다.

그런데 시간과 공간을 둘이 아니다. 그렇기 때문에 세간世間, 시공時空, 천지, 우주와 같은 개념을 통하여 양자를 함께 나타내고 있다. 그럼에도 불구하고 시간과 공간을 구분하고 공간을 채우고 있는 물건과 시간을 채우고 있는 사건을 전제로 하여 물건과 사건의 측면에서 세계를 나타낸 것이 삼법인의 내용이다.

삼법인에서는 시공의 사물을 나타낼 뿐만 아니라 그것을 바라보는 인간을 함께 언급하고 있다. 그것은 시공의 사물과 인간을 둘로 나누어서 사물과 자신을 하나로 여기는 사람과 그렇지 않은 사람의 상태를 구분하여 나타낸 것이다.

그것은 사람을 현실을 그대로 실재하는 것으로 여기는 사람과 실재하지 않는 것으로 여기는 사람으로 나누어서 나타낸 것이다. 이때 양자는 단순한 구분이 아니라 가치상의 우열을 갖는다. 그것은 제행무상, 제법무아를 모르는 사람과 아는 사람이 차원이 서로 다름을 뜻한다.

제행무상, 제법무아를 모르는 사람의 삶은 사물에 얽매이기 때문에 언제나 갈등 속에서 살아가는 고통의 삶이지만 사물이 실체가 아님을 아는 사람은 집착이 없기 때문에 마음이 언제나 고요하다.

여기서 우리는 고통과 고요함이라는 두 상태가 동등한 가치를 갖는 것이 아니라 상반되는 관계임을 유의할 필요가 있다. 그것은 고통을 벗어나면 열반이고, 열반에 이르지 못하면 고통 속이기 때문에 열반이 고통과 가치상으로 우위의 개념임을 뜻한다. 그러면 이것을 니까야에서는 어떻게 나타내고 있는가?

(신구의身口意에 의하여 발생하는) 모든 행은 변한다. (신구의身口意에 의하여 발생하는) 모든 행은 고통이다. 모든 존재는 나라고 할 것이 없다. 번뇌가 사라져서 고요하다.[128]

인용문의 내용과 앞에서 살펴본 『아함경阿含經』의 삼법인은 그 내용이 서로 다르다. 니까야에서는 신구의身口意를 중심으로 사람의 행을 말하고 있지만 아함경에서는 시간과 공간의 측면에서 사건과 물건을 중심으로 세계에 대한 이해를 나타내고 있다. 이를 통하여 인도불교가 중국으로 수입되어 중국의 전통적인 사고 체계가 그대로 반영되어 중국화하였음을 확인할 수 있다.

중국불교에서는 삼법인을 무상無常, 무아無我, 열반涅槃으로 규정하고 불교를 무아無我로 밝히고 있다.[129] 이는 중국인들이 제법무아를 중심으로 곧 공간적 관점, 물건적 관점에서 불교를 이해하였음을 뜻한다. 그러면 『원각경』을 중심으로 수도를 어떻게 논하고 있는지 살펴보자.

『원각경』에서는 본래성불과 증오성불, 깨달음과 닦음, 수행의 돈속함과 점차, 부처와 중생, 성불成佛과 불성불不成佛, 무명과 원각을 논하고 있다. 이러한 언급들은 서로 다른 12보살의 질문에 대한 대답으로 제시된 점에서 묻는 사람의 관점에 따라서 다양한 관점에서 제시된 것들임을 알 수 있다.

그것은 『원각경』이 동일한 내용을 다양한 관점에서 언급하고 있음을 뜻한다. 종밀은 『원각경』의 종본宗本을 원각圓覺으로 규정하여 『원각경』이

---

128 방경일, 『초기불교 VS 선불교』, 운주사, 2010, 38~40쪽.
129 이상민, 「삼법인과 동아시아불교」, 『한국불교학』 제89집, 한국불교학회, 2019, 101~134쪽.

일심一心, 원각圓覺을 다양한 관점에서 나타낸 전적으로 이해하였다. 그러면 『원각경』에서는 원각을 어떤 관점에서 나타내고 있는가?

원각에 대한 다양한 내용은 크게 세 관점으로 요약하여 나타낼 수 있다. 세 관점은 서분을 비롯하여 12장의 내용 모두에서 찾을 수 있다. 그 가운데서 서분을 중심으로 세 관점을 찾아보면 다음과 같다.

> 위없는 법왕法王에게 대다라니문大陀羅尼門이 있으니 이름하여 원각圓覺이라고 한다. 일체의 청정한 진여와 보리, 열반 그리고 바라밀을 유출하여 보살을 가르친다. 모든 여래는 본기本起한 인지因地에서 청정한 각상覺相을 원조圓照함으로써 영원히 무명無明을 끊어서 불도佛道를 이루었다.[130]

위의 인용문을 보면 그 내용에 따라서 크게 세 부분으로 나누어서 이해할 수 있다. 첫째는 인지因地와 과지果地를 일관하는 원각이며, 둘째는 청정한 진여를 유출하여 보살을 가르치는 관점이고, 셋째는 무명을 끊어서 불도를 이루는 관점이다.

무명을 끊어서 불도를 이룸은 수행을 통한 증오성불의 측면이며, 진여의 유출에 의한 보살을 가르침은 여래장이 씨가 되어 수행이 이루어지는 본래성불의 측면이고, 원각이 인지와 과지를 일관함은 중생과 부처, 성불과 미성불, 번뇌와 보리의 두 관점 곧 증오성불과 본래성불이 모두 원각으로 수렴되고, 확산됨을 나타낸다. 따라서 원각과 본래성불, 증오성불의 세 관점

---

[130] 『圓覺經』(大正藏 17, 1, 0913b19), "無上法王 有大陀羅尼門 名爲圓覺 流出一切淸淨 眞如 菩提涅槃 及波羅蜜 敎授菩薩 一切如來本起因地 皆依圓照淸淨覺相 永斷無明 方成佛道."

을 중심으로 원각경을 이해하는 것이 필요하다. 그러면 셋의 관계를 어떻게 이해할 것인가?

우리는 중생이 수행을 통하여 깨달음을 얻어서 부처를 이룬다고 이해한다. 이때 중생은 아직 부처를 이루지 못한 존재, 부처와 다른 존재로서의 중생이 아니다. 만약 중생과 부처가 다른 존재라면 그리고 수행을 통하여 중생이 부처가 된다면 부처는 인위적인 것이기 때문에 언젠가는 다시 중생으로 되돌아갈 것이다.[131]

원각경에서는 중생이 본래 부처임을 밝히고 있다. 그렇기 때문에 수행을 통하여 깨달음을 얻고 그것으로 인하여 중생이 부처가 되는 것이 아니다. 깨달음은 본래 중생과 부처가 하나여서 따로 없음을 확인하는 것이며, 본래 부처이기 때문에 부처를 이룰 것이 없음을 아는 것이 부처를 이룸이다. 그러면 수행은 필요가 없는가?

본래 중생과 부처가 둘이 아니어서 없다면 본래성불이라는 개념도 필요가 없을 뿐만 아니라 증오성불은 더욱 필요가 없다. 그러나 원각경에서는 원오圓悟, 오정원각悟淨圓覺, 수행을 논하고 성불을 논하고 있다. 이처럼 수행을 통하여 불도를 이루는 성불을 논하는 까닭이 무엇인가?

증오성불은 중생에서 부처를 향하는 하나의 관점이다. 그것은 본래성불을 바탕으로 그것을 씨로 하여 땅에 심어서 가꾸어서 열매를 맺는 과정을 통하여 이해할 수 있다. 비록 본래성불이지만 그것을 씨로 삼아서 땅에서 심어서 가꾸지 않으면 많은 열매를 수확하여 다른 사람에게 양식으로 먹일

---

[131] 『圓覺經』(大正(藏 17, 1, 0915b10), "若諸眾生本來成佛 何故復有一切無明 若諸無明眾生本有, 因緣故 如來復說本來成佛 十方異生本成佛道 後起無明 一切如來 何時復生一切煩惱."

수 없다.

그러나 본래 씨는 열매이다. 만약 열매가 없다면 무엇을 씨로 사용하겠는가? 본래 부처이기 때문에 부처임을 확인하고, 체험하며, 부처의 행行을 하고, 부처로 살아갈 수 있다. 그러므로 증오성불이 가능하기 위해서는 본래성불이 전제되어야 하고, 본래성불이 드러나기 위해서는 증오성불의 과정이 있어야 한다.

본래성불과 증오성불은 모두 원각에 의하여 이루어진다. 원각을 장차 맺어야 할 열매의 관점에서 나타내면 증오성불이 되고, 이미 맺어진 열매를 씨로 사용하는 관점에서 보면 본래성불이다. 그렇기 때문에 본래성불과 증오성불은 원각을 각각 다른 관점에서 나타낸 것이라고 할 수 있다.

그런데 원각이라는 개념도 하나의 개념일 뿐으로 실체를 가리키지 않는다. 그것은 본래성불과 증오성불을 떠나서 원각이 존재하지 않기 때문에 원각은 양자를 넘어서면서도 일관함을 나타낸다. 이러한 삼자의 관계를 화엄교학의 성상융회를 바탕으로 이해한 사람은 종밀이다.[132]

종밀은 교종과 선종, 남종과 북종, 불교와 유학, 도교가 서로 충돌하는 당시의 상황을 보고 화엄교학과 대승기신론을 바탕으로 원각경을 재해석함으로써 내외, 교선, 남북을 회통시키고자 하였다. 그는 대승기신론과 화엄경 그리고 원각경을 다음과 같이 이해하였다.

---

[132] 『圓覺經大疏』(新纂續藏經 9, p0323c17), "性起爲相 境智歷然 相得性融 身心廓爾 方之海印."

논(대승기신론)에서는 망본妄本을 구명하고자 범凡의 관점에서 마음을 표지한다. 이 경(원각경)은 정원淨源을 현시하므로 불佛의 관점에서 각覺을 표지한다. 화엄경은 칭성稱性으로 기의機宜를 쫓아 대대待對하지 않는다. 그러므로 일진법계一眞法界를 현시한다. 그러나 염정染淨의 일체의 제법을 일으킬 수 있는 점에서는 세 뜻이 모두 같아서 세 법法의 체體는 하나이다.[133]

인용문을 보면 종밀은 대승기신론이 범부의 관점에서 수행을 논하고 있는 것과 달리 화엄경은 일진법계를 그대로 나타내고, 원각경은 부처의 관점에서 원각을 나타내고 있기 때문에 삼자가 동일한 체를 나타내고 있다고 여겼음을 알 수 있다. 그는 원각을 중심으로 원각과 일심, 일법계가 하나임을 다음과 같이 밝히고 있다.

오직 일심一心이 본원本源이다. 기신론에서 "이 마음이 출세간과 세간을 상즉해서 포섭한다"고 한 것과 같다. 이 마음은 원각경에서 말하는 원각묘심圓覺妙心이다. 원각경에서는 원각을 으뜸의 근본(宗本)으로 표방하였기 때문이고, 원각경에서 "오염과 청정이 모두 각심覺心에서 일어나 나타난 것이다"고 말하기 때문이다. 화엄경에서는 일진법계가 모든 법의 체성이 되기 때문이다.[134]

---

133 『圓覺經大疏』(新纂續藏經 9, p0331c11 自註), "然 華嚴雖有四種法界 而彼疏云統 唯一眞法界 總該萬有 卽是一心體 絶有無等 論中欲究妄本 故約凡標心 此經意顯淨源 故約佛標覺 華嚴稱性不逐 機宜對待 故直顯一眞法界 至於能起染淨一切諸法 則三義皆同 三法體一也."

134 『圓覺經大疏』(新纂續藏經 9, p0331c11), "初唯一心爲本源 是心則攝世出世間法等 卽此圓覺妙心也 經標圓覺爲宗本故 又說染淨皆從覺心所現起故 華嚴卽一眞法界與一切諸法爲體性故."

대승기신론의 일심, 화엄경의 일진법계는 만법의 근원으로 원각경에서는 그것을 원각으로 규정하고 있다. 여래가 인지에서 원각에 의하여 수행하였으며, 과지에서 원각에 의하여 성불하였고, 모든 중생도 원각을 성취한다. 이처럼 부처와 중생이 모두 원각을 본성으로 한다면 원각경을 저작한 목적은 무엇인가?

원각경이 저작된 목적은 중생을 제도하기 위함이다. 그러나 원각경이 중생을 제도하는 것은 아니다. 단지 중생이 원각경을 통하여 스스로 깨달음을 성취하여 성불하도록 하려는 것이다. 그렇기 때문에 원각을 논하는 원각경에서 증오성불이 논의되고, 수행이 논의된다.

원각을 씨와 열매의 관점에서 나타낸 것이 본래성불과 증오성불이다. 그것은 원각을 사건화하여 나타낸 것으로 양자를 다시 인격화하여 나타내면 원각을 성취한 존재인 부처와 아직은 원각을 성취하지 못하였기 때문에 장차 원각을 성취해야 할 존재로서의 중생으로 구분하여 나타낼 수 있다.

원각을 씨와 열매의 관점에서 대상화, 물건화하여 나타내면 씨이자 열매로서의 성性과 그것이 나타난 싹, 가지와 줄기, 꽃과 같은 다양한 상相으로 나타낼 수 있다. 씨의 관점에서는 보면 씨가 싹이 트고 꽃이 펴서 열매를 맺게 되는 성불의 과정이 수행이다.

불교와 외도, 교종과 선종, 남종과 북종의 대립은 현상의 문제이다. 그것은 다양한 현상이 수행을 통한 증오성불의 차원에서 일어나는 문제일 뿐으로 본래성불의 문제가 아님을 뜻한다. 종밀은 이 문제가 증오성불을 이루는 올바른 방법을 통하여 해결될 것으로 기대하였다.

다양한 현상의 문제를 해결하기 위해서 근원인 원각, 일심으로 돌아가서 증오성불하는 회상귀성이 필요하다. 종밀은 이에 대하여 다음과 같이 밝히고 있다.

> 이 경은 돈입頓入을 말하고 상相을 회합하여 성性에 귀일歸一하며, 염染을 민몰하고, 진眞을 온전히 한다. 영상 또한 공空이어서 현발한다는 것을 깨닫는다. 각覺이 원명한 까닭에 번뇌가 얼음처럼 녹고 묘용과 신공을 일생一生에 얻을 수 있다.[135]

인용문의 내용을 보면 종밀이 원각경을 회상귀성會相歸性의 관점에서 이루어지는 성불론을 제시하고 있는 경전으로 이해하였음을 알 수 있다. 그는 회상귀성의 올바른 방법을 제시하면 얼음이 녹아서 모든 묘용과 신공을 얻게 될 것이라고 하였다.

종밀이 제시한 회상귀성의 과정은 돈오점수頓悟漸修이다. 돈오점수는 수행의 과정을 나타낼 뿐만 아니라 원각경의 체계를 이해하는 방법이기도 하다. 종밀은 원각경의 정종분을 구성하는 11장을 돈오와 점수로 구분하고 그것을 다시 신해행증信解行證의 네 단계로 이해하였는데 그 내용은 다음과 같다.

> 정종분 가운데 열 한 보살이 있어 연달아 법문을 묻고 구절마다 불佛이 답하였다. 모두 11단으로 그것을 묶으면 둘이 된다. 처음의 제1문답은 신해信解가 진정眞正이며, 본기本起의 인因을 이룬다. 뒤의 10문답은 해해에 의하여 수행하고, 근근根에 따라서 증입證入하게 된다.

---

[135] 『圓覺經略疏鈔』(新纂續藏經 9, 841b), "不如此經 一道頓入 會相歸性 泯念全真 影像亦空 覺所顯發覺圓明故 煩惱冰銷 妙用神功 一生可獲."

즉 앞은 돈頓이면서 신해信解이고, 뒤는 점漸이면서 수증修證이다. 또한 처음의 하나는 신信, 다음의 다섯은 해解, 다음의 넷은 행行, 마지막 하나는 증證이다.[136]

위의 내용을 보면 종밀이 서분과 유통분을 뺀 나머지 원각경의 내용을 돈오점수로 이해하였음을 알 수 있다. 그는 문수장을 신信으로 그리고 보현장에서 보안, 금강장, 미륵장, 청정혜장을 해解로 그리고 위덕자재장에서 변음, 정제업장, 보각장을 행行으로, 원각장을 증證으로 이해하였다. 그리고 신해행증信解行證의 네 단계를 다시 둘로 나누어서 신信을 나타내는 문수장을 돈오頓悟로, 나머지 10장을 점수漸修로 이해하였다. 그러면 화엄경과 원각경의 차이는 무엇인가?

권종權倧에서는 대부분 먼저 점수하여 공이 이루어진 뒤에 저절로 돈오한다고 말한다. 그러나 화엄경과 이 경의 가르침의 양상으로 말하면 먼저 돈속하게 불해佛解한 뒤에 비로소 수증修證한다. 다만 화엄경은 십신위十信位가 차면 곧바로 정각正覺을 이룬다고 하면서도 삼현십종三賢十聖의 역위歷位에 따라서 수행할 것을 설한다. 그러나 이 원각경은 문수장에서 돈속하게 신해信解의 경경을 현창하고 뒤에 보현 등의 10보살의 절급은 총별의 관행을 드러낸다.[137]

---

[136] 『圓覺經大疏』(新纂續藏經 9, 0342c14), "自下大文 第二正宗分 中有十一 菩薩相次 請問法門 節節佛答 總十一段 束之為二 初一問答 令信解真正 成本起因 後十問答 令依解修行 隨根證入 此乃前頓信解 後漸修證也 亦可初一信 次五解 次四行 後一證."

[137] 『圓覺經大疏』(新纂續藏經 9, 0342c19), "權宗多云 先且漸修 功成後自頓悟 若華嚴此經教相儀式 皆先頓同佛解 方能修證故 彼經十信位滿 便成正覺 然說三賢十聖 歷位修行 故 此文殊段中 頓彰信解之境 後 普賢等十菩薩節級 顯示總別觀行."

위의 내용을 보면 종밀이 원각경의 구성 체계를 돈오점수로 이해하고 있는 것과 같이 원각경의 내용을 돈오점수로 이해하였음을 알 수 있다. 돈오점수는 화엄경에서 제시하고 있는 불성, 법성의 관점에서 제기되는 돈오와 기신론의 범부적 관점, 법상의 관점에서 제기되는 점수가 결합된 것이라고 할 수 있다. 그러면 그가 주장하는 돈오점수는 무엇인가?

종밀의 돈오점수론頓悟漸修論에서 돈오는 이치의 측면에서 이루어지는 해오解悟이다. 그렇기 때문에 돈오점수 후에 비로소 증오證悟가 이루어진다. 그는 원돈은 오해悟解일 뿐으로 정각을 이루기 위해서는 숙세의 습을 제거하여 본성에 계합하는 수행의 과정이 필요함을 다음과 같이 밝히고 있다.

> 생각건대 원돈으로 오해悟解를 하더라도 다겁多劫 이래로 전도망집 顚倒妄執하여 습習이 이미 성성性이 되었기 때문에 돈속하게 다하기는 어렵다. 그러므로 반드시 수행으로써 습을 물리치고 본성에 계합하여야 한다.[138]

종밀의 돈오점수론이 증오를 목표로 하고, 돈오 이전에 점수를 필요로 하는 점에서 보면 점수⇒해오⇒점수⇒증오의 네 과정을 축약하여 돈오점수로 제시하였음을 알 수 있다. 그러면 원각경에서는 수행을 어떻게 논하고 있는가?

원각경에서는 돈오원증頓悟圓證과 청정한 각상覺相을 깨닫고 나서 점진적인 수행을 하는 사마타, 사마발제, 선나의 삼관을 바탕으로 한 25문을

---

[138] 『圓覺經大疏釋義鈔』(新纂續藏經 9, 0590a09), "雖圓頓悟解 而多劫已來 顚倒妄執 習已性成 難為頓盡 故須皆習修行 契合本性."

제기하고 있다. 이때 청정한 각상覺相을 깨닫고 나서 점진적인 수행을 하는 25문을 중심으로 오수를 논하고 있기 때문에 돈오점수라고 할 수 있다.

그러나 이때의 돈오는 문수장에서 제시하고 있는 돈오원증과는 다르다. 왜냐하면 문수장文殊章에서 제시하는 돈오원증은 더 이상의 점수를 필요로 하지 않는 증오이지만 다른 장에서 제시하고 있는 돈오는 점수를 필요로 하는 돈오이기 때문이다. 따라서 원각경에서 제시하고 있는 돈오원증과 돈오점수가 어떤 관계인지를 고찰하는 것이 필요하다. 그러면 종밀이 회상귀성의 관점에서 제시한 돈오점수론의 한계는 무엇인가?

첫째는 만약 그가 상에서 출발하여 상을 벗어났다면 성기론적性起論的 관점에서 돈오점수를 논하였을 것이다. 성성의 관점에서 보면 번뇌와 보리, 무명과 원각, 중생과 부처, 본래성불과 증오성불의 구분이 없을 뿐만 아니라 내도와 외도, 교종과 선종, 남종과 북종의 구분이 없다. 그리고 깨달음과 닦음을 논할 필요가 없기 때문에 돈오와 점수를 논할 필요가 없다.

둘째로 그는 회통을 추구하면서도 교종과 선종, 남종과 북종을 교판敎判하여 법성法性과 법상法相, 파상破相과 같이 구분하고, 법성학과 하택종을 근본으로 하여 지말의 다른 사상을 포섭하는 방법을 취하였다. 이는 그가 불교와 외도를 구분하는 상相의 차원에 머물러 있음을 단적으로 보여준다.

셋째로 그가 주장하는 교선일치敎禪一致는 교종과 선종이라는 현상의 차원에서 이루어지는 것이 아니다. 그것은 교선일치가 교종과 선종이라는 이론체계로 드러나기 이전의 일심一心에 이를 때 비로소 본래 일체여서 양자가 없음이 드러날 뿐임을 뜻한다. 원각경도 달을 가리키는 손가락과 같아서 달을 보려면 손가락을 떠나야 한다.[139] 회상귀성이 이루어지기 위해서는 언어와 문자에 의하여 생성된 가르침과 그것을 담은 전적을 떠나고, 마음마저도 떠나야 한다.

회상귀성의 회상會相이 상相의 만남에 그치지 않고 상의 본성이 공空임을 알 때 비로소 불성, 자성, 일심에 이르는 귀성歸性이 된다. 그것은 그가 교종과 선종, 불교와 외도, 남종과 북종과 같은 가르침, 마음과 같은 상相을 통하여 성性을 논하고 있을 뿐으로 그것을 문제로 삼는 그것 자체가 바로 성품의 작용임을 드러내는 데 관심이 있지 않았음을 뜻한다. 이로부터 회상귀성의 관점을 바꾸어서 성기론적性起論的 관점에서 성불론을 고찰하는 것이 필요함을 알 수 있다.

3. 순방향의 성기론性起論과 본래성불론本來成佛論

원각경에서는 수행을 통한 증오성불을 논하는 동시에 중생이 본래성불 하였음을 밝히고 있을 뿐만 아니라 부처와 중생, 성불과 불성불, 생사와 열반이 없음을 밝히고 있다. 그것은 원각경의 내용이 상에서 성을 향하는 관점과 성에서 상을 향하는 두 관점을 통하여 성상융회의 관점에서 중도中道의 세계를 나타내고 있음을 뜻한다.

종밀이 회상귀성의 관점에서 증오성불의 방법으로 돈오점수를 제시하였

---

[139] 『圓覺經』(大正藏 17, 0917a24), "修多羅教 如標月指 若復見月 了知所標 畢竟非月 一切如來種種言說 開示菩薩 亦復如是."

지만 본래성불의 관점에서 성기론적性起的 측면을 함께 논하고 있다. 그는 일심一心을 성상性相을 중심으로 다음과 같이 밝히고 있다.

> 일심一心은 고요하면서도 인지하는 작용이 있으니 이것을 가리켜서 원각이라고 한다. 온 세계에 가득하고 청정하여 속된 것을 용납하지 않는다. 그러므로 덕의 작용이 끝이 없어 동일한 성性이다. 성性이 움직여서 상相이 생기니 대상경계와 지혜가 분명하게 갈라지며, 상相이 성性을 만나서 융합融合하니 인간의 몸과 마음이 텅 비게 된다.[140]

성품의 작용이 없다면 상이 일어날 수 없고, 상이 없다면 성상융회가 문제가 될 수 없다. 성기론性起論이 본래성불의 관점에서 원각을 나타낸 것이라면 회상귀성은 증오성불의 관점에서 원각을 나타낸 것이라고 할 수 있다. 따라서 성기론적性起論的 측면을 바탕으로 할 때 비로소 회상귀성이 가능함을 알 수 있다.

본래성불이 바탕이 되지 않으면 증오성불이 성립할 수 없을 뿐만 아니라 증오성불이 아니면 본래성불이 실증되지 않는다. 원각경에서는 본래성불과 증오성불을 일관하는 원각을 성불의 가능근거로 제시하고 있다. 따라서 원각의 성품에 따라서 양자의 관계를 이해할 수 있다. 청정혜장에서는 원각의 성품에 대하여 다음과 같이 밝히고 있다.

---

[140] 『圓覺經大疏』(新纂續藏經 9, 0323c17), "但是一心 心寂而知 目之圓覺 彌滿淸淨 中不容他 故德用無邊 皆同一性 性起為相 境智歷然 相得性融 身心廓爾."

원각의 자성自性은 비성非性이나 성性이 있어서 모든 법이 성性을 따라서 일어나지만 취取함도 없고, 증證함도 없다.[141]

원각의 자성이 공하기 때문에 있다고 할 수 없어서 비성非性이라고 하였다. 그러나 공空하지 않아서 없다고 할 수 없다. 성인과 범인, 중생과 부처가 모두 갖추고 있기 때문에 성유性有라고 하였다. 서분에서는 "위없는 법왕法王에게 대다라니문大陀羅尼門이 있는데 이름하여 원각圓覺이라고 한다"[142]고 하여 원각이 있음을 밝히고 있다.

원각은 자성을 지키지 않고 인연에 따라서 나툰다. 그것을 "모든 성을 따라서 일어난다"고 하였다. 원각이 인연에 따라서 나투기 때문에 실상의 세계는 그대로 평등하고, 청정한 여래의 세계이다. 위덕자재장에서는 실상의 세계를 다음과 같이 나타내고 있다.

위없는 묘각이 시방에 두루하여 여래를 출생한다.[143]

위의 내용을 보면 원각이 인연에 따라서 나툼을 여래의 출생으로 나타내고 있다. 그것은 원각의 세계에 중생과 부처, 성불成佛과 불성불不成佛이 없는 것이 실상의 세계임을 나타낸다. "중생의 모든 환화가 여래의 원각묘

---

141 『圓覺經』(大正藏 17, 0917a10), "圓覺自性 非性性有 循諸性起 無取無證 於實相中 實無菩薩及諸眾生 何以故 菩薩眾生 皆是幻化 幻化滅故 無取證者 譬如眼根 不自見眼 性自平等."

142 『圓覺經』(大正藏 17, 0913b19), "無上法王 有大陀羅尼門 名爲圓覺."

143 『圓覺經』(大正藏 17, 0917c11), "無上妙覺 遍諸十方 出生如來 與一切法 同體平等."

심에서 나타난다"[144]고 한 것이 이를 나타낸다.

원각의 세계에서는 여래도 없고, 여래가 없음도 없다. 그것은 수행을 통하여 얻거나 증득할 것이 아니라 본래 그러함을 나타낸다. 이에 대하여 청정혜장에서는 다음과 같이 밝히고 있다.

> 실상實相 가운데는 실로 보살도 없고 모든 중생도 없다. 왜냐하면 보살과 중생이 모두 환화幻化이기 때문이다. 환화는 사라진다. 그러므로 취하고 증득할 것이 없다. 비유하자면 안근眼根이 자신의 눈을 보지 못하는 것과 같아서 성품이 스스로 평등하다.[145]

실상의 세계에는 중생과 보살이 없다. 그러므로 수행도 없고, 성불도 없다. 일체의 그 어떤 것도 얻을 수 있는 것이 없다. 그것은 나와 대상으로서의 사물이 없어서 얻거나 얻지 못함이 없음을 뜻한다. 그러면 실상은 아무것도 없는 허무인가?

실상 가운데 부처와 중생이 없다고 말하는 것은 지금 여기의 나를 떠나서 부처와 중생이 따로 없음을 뜻한다. 그것은 본래 나와 하나이기 때문에 눈을 볼 수 없는 것과 같다. 이를 끝부분에서는 본래 평등하기 때문에 평등함 자체가 없다고 표현하였다.

본래성불의 관점에서 보면 모든 것이 성품의 작용이다. 그렇기 때문에 세계 자체가 평등하여 평등함도 없다. 그러면 왜 성품의 작용으로 나타나

---

144 『圓覺經』(大正藏 17, 0914a10), "一切眾生 種種幻化 皆生如來 圓覺妙心."
145 『圓覺經』(大正藏 17, 1, 0917a10), "於實相中 實無菩薩及諸眾生 何以故 菩薩眾生 皆是幻化 幻化滅故 無取證者 譬如眼根 不自見眼 性自平等."

는 중생과 보살을 환화라고 하는가?

성품의 작용을 환화로 규정한 것은 두 관점에서 이해할 수 있다. 그 하나는 성과 상의 관계를 나타내기 위함이다. 성기론과 회상귀성의 양자를 성불론을 중심으로 살펴보면 성기론은 본래성불을 나타내고, 회상귀성은 증오성불을 나타낸다. 이때 양자를 동일한 차원의 반대 개념으로 이해하면 양자가 모순관계를 형성하여 양자가 모두 옳을 수 없게 된다.

그런데 상은 성과 동일한 차원이 아니라 다른 차원이기 때문에 귀성歸性이 되기 위해서는 회상會相을 넘어서 이상離相해야 한다. 그것은 회상을 단순하게 상相을 만남으로 이해할 것이 아니라 상을 이해함, 상의 본질을 파악함으로 이해해야 함을 뜻한다. 상의 본질이 공空함을 알게 되면 상에 집착執着하지 않게 된다. 그것이 바로 상을 떠남이며, 상을 떠났을 때 비로소 그것이 성품의 작용임을 알게 된다.

종밀이 성품과 작용의 결과로서의 현상을 근본과 지말의 관계로 나타낸 것은 양자가 일체적이면서도 구분되는 상하의 관계로 이해하였음을 뜻한다. 성과 상을 체용의 관계로 파악하는 것 역시 양자가 일체이면서도 구분되는 관계를 나타내기 위함이다. 양자가 본말관계이기 때문에 회상귀성이 되어야 비로소 자성, 원각, 일심을 논할 수 있다. 그것은 회상귀성이 되어야 비로소 성기性起를 논할 수 있음을 뜻한다. 그렇기 때문에 존재론적으로는 본래성불이지만 현상적 측면에서는 증오성불을 논하지 않을 수 없다.

회상귀성과 성기론性起論을 동일한 차원의 반대 개념이 아닌 입체적 관점에서 나타낸 것이 성상융회이다. 성품과 현상은 체용의 관계인 점에서 일체이기 때문에 둘이 아니다. 성기론性起論이 전제가 되지 않으면 회상귀성이 성립될 수 없다. 그러나 양자는 하나가 아니기 때문에 구분할 수밖에 없다. 회상귀성이 아니면 성기론性起論이 실증이 되지 않기 때문이다.

그것은 증오성불을 통하여 본래성불이 실증되고, 본래성불이기 때문에 증오성불이 가능하게 됨을 뜻한다. 본래성불과 증오성불이 성불이라는 하나의 사태를 두 관점에서 나타낸 것이기 때문에 양자는 어느 하나를 배제할 수 없는 일체이면서도 동시에 서로 구분된다.

성기론적 측면에서 보면 원각, 일심에 의하여 돈오와 점수가 모두 이루어지기 때문에 양자는 둘이 아니라 하나이다. 그렇기 때문에 돈오와 점수를 막론하고 구분하여 실체로 여겨서는 안 된다. 깨달음과 닦음이 구분되지 않는 일체일 뿐만 아니라 일상의 삶과 수행이 따로 구분되지 않는다.

성품에 의한 작용과 결과로서의 현상은 고정되지 않고 끊임없이 일어났다가 사라지기 때문에 그것을 고정화하지 않아야 한다. 성품의 작용과 현상에 대하여 집착하지 않음이 회상귀성의 관점에서의 수행이다. 감각기관에 의하여 수용되어 지각되는 현상現象에 대하여 집착하지 않을 뿐만 아니라 지각작용 자체에도 집착하지 않는 것이 수행이다.

현상을 고정화, 대상화하지 않음을 원각경에서는 원리遠離로 나타내고 있다. 그것은 대상에 집착하지 않는 것과 더불어 집착하지 않으려는 마음 자체에도 집착하지 않음이다. 보현장普賢章에서는 원리에 대하여 다음과 같이 밝히고 있다.

> 모든 보살과 말세의 중생은 마땅히 일체의 환幻과 같은 허망한 경계를 멀리 떠나야 한다. (그러나) 원리심遠離心을 굳게 잡고 있기 때문에 마음의 환과 같음도 역시 멀리 떠나고, 원리遠離가 환이 되기 때문에 또한 멀리 떠나야 하며, 원리를 여읨도 환이 되므로 또한 다시

여의어서 여읠 것이 없으면 곧 모든 환을 제거한 것이다.[146]

인용문에서 중생이 갖는 모든 환화幻化와 같은 경계境界를 실재하는 것으로 여겨서 소유하고자 집착하지 않는 것이 원리遠離임을 알 수 있다. 그러면 중생이 갖는 환화와 같은 경계는 무엇인가?

이미 살펴본 바와 같이 중생의 모든 환화는 원각묘심圓覺妙心에서 나타난다. 그렇기 때문에 환화와 같은 경계는 본래 없다. 그럼에도 불구하고 원각의 작용에 의하여 나타나는 현상을 고정화하여 육신이라는 실체로 여기고, 육신에 반영된 대상 사물의 그림자와 같은 환영을 마음이라는 실체로 여긴다. 문수장에서는 육신과 마음을 자신으로 여기는 것이 무명임을 다음과 같이 밝히고 있다.

> 모든 중생은 무시無始 이래로 여러 가지로 전도顚倒됨이 마치 미혹한 사람이 동서남북 사방을 바꾸어서 이해하는 것과 같다. 망령되게 지수화풍地水火風의 사대四大를 자신의 모습으로 여기고, 육진六塵을 반영한 그림자를 자신의 마음으로 여긴다. 비유하자면 저 병든 눈으로 허공중의 꽃을 보고, 두 번째의 달을 보는 것과 같다. 이 허망한 집착으로 말미암아 허공의 자성만 혼미할 뿐만 아니라 또한 저 꽃이 피는 곳도 혼미한 것이다. 그리하여 허망하게 생사의 윤전이

---

[146] 『圓覺經』(大正藏 17, 1, 0914a10), "一切菩薩 及末世衆生 應當遠離一切幻化心虛妄境界 由堅執持遠離心故 心如幻者 亦復遠離 遠離爲幻 亦復遠離 離遠離幻 亦復遠離 得無所離 卽除諸幻 譬如鑽火 兩木相因 火出木盡 灰飛煙滅 以幻修幻 亦復如是 諸幻雖盡 不入斷滅 善男子 知幻卽離 不作方便 離幻卽覺 亦無漸次 一切菩薩 及末世衆生 依此修行 如是 乃能永離諸幻."

이기 때문에 무명이라고 한다.[147]

육신과 마음을 자신으로 여김은 육신과 마음을 올바로 파악하지 못하는 것일 뿐만 아니라 일심, 원각 자체도 파악하지 못하기 때문에 무명이라고 한다. 그러므로 수행을 한마디로 나타내면 무명을 영원히 끊음이라고 할 수 있다.

그러나 무명도 원각에 대하여 사용한 방편의 개념일 뿐으로 실체적 존재를 가리키는 것이 아니다. 그 점은 무명의 성격을 전도顚倒라고 규정하고 있음을 보아도 알 수 있다. 그것은 회상귀성의 관점을 바꾸어서 성기적性起的 관점에서 세계를 이해하는 것이 필요함을 나타내는 것이 전도顚倒라는 개념임을 뜻한다.

전도는 본래성불을 바탕으로 할 때 비로소 증오성불이 가능하게 됨에도 불구하고 본래성불을 배제하고 오로지 수행을 통하여 증오성불을 추구하는 한계를 갖는 점에서 무명이다. 만약 열매가 없다면 가꾸어야 할 씨가 없음에도 불구하고 오로지 씨를 심어야 열매를 얻을 수 있다고 여기는 것이 관점이 뒤바뀐 전도이다.

회상귀성의 관점에서는 육신이나 분별심을 자신으로 여기지 않고 성품, 자성, 불성, 일심, 원각을 자신으로 여기는 것이 전도된 것을 바로잡는 일이다. 회상귀성이 색즉시공色卽是空의 관점이라면 성기사상은 공즉시색空卽是色의 관점이다.

---

[147] 「圓覺經」(大正藏 17, 1, 0913b19), "一切眾生 從無始來 種種顚倒 猶如迷人 四方易處 妄認四大 為自身相 六塵緣影 為自心相 譬彼病目 見空中花 及第二月 善男子 空實無花病者妄執 由妄執故 非唯惑此 虛空自性 亦復迷 彼實花生處 由此妄有 輪轉生死故名無明."

그런데 공즉시색에도 머물러서는 안 된다. 그렇기 때문에 다시 성상융회라는 관점이 필요하다. 색즉시공이 상의 세계에 머묾이 없음을 나타낸다면 공즉시색은 성의 세계에 머묾이 없음을 나타낸다. 그러므로 중도의 세계는 양자의 어느 일면에도 머묾이 없음을 나타낸다. 그렇다고 하여 색과 공, 상과 성을 떠나서 중도라는 별개의 세계가 있는 것이 아니다. 그러면 성상융회의 관점에서 원각경의 성불론成佛論을 어떻게 이해할 것인가?

성기론적 관점에서 보면 수행은 성품의 작용이다. 그러므로 회상귀성의 관점에서 마음의 지부지知不知 그리고 육신의 능불능能不能이 모두 원각의 작용임을 아는 항상 깨어 있는 상태에서 마음과 몸을 운용運用하는 것이 그대로 수행이자 학문이고 삶이다.

그것은 본래성불이라는 열매가 씨로 작용하여 싹과 꽃 그리고 열매를 맺음이라는 현상이 나타나는 점에서 싹에서 열매에 이르기까지 곧 수행의 모든 과정이 그대로 불성의 작용임을 나타낸다. 청정혜장에서는 수행에 대하여 다음과 같이 밝히고 있다.

> 모든 보살과 말세의 중생들은 언제나 망념을 일으키지 말 것이며, 모든 망념을 또한 쉬려고 하거나 없애려고 하지 마라. 망상의 경계에 머물러서 알려고 하지 말고, 알려고 하지 않음에서 진실을 가리려고 하지 마라. 저 모든 중생이 이 법문을 듣고 믿고 이해하고 받아 지녀서 두려움을 내지 않는다면 이것을 곧 이름하여 각성覺性을 수순隨順한다고 한다.[148]

---

148 『圓覺經』(大正藏 17, 1, 0917b09), "但諸菩薩 及末世衆生 居一切時 不起妄念 於諸妄心 亦不息滅 住妄想境 不加了知 於無了知 不辨眞實 彼諸衆生 聞是法門 信解受持 不生驚畏 是則名爲 隨順覺性."

중생과 보살의 일상의 용심用心은 본래 각성覺性 곧 청정한 원각을 수순隨順함이다. 그것은 중생과 보살의 용심 자체가 그대로 각성에 수순하기 때문에 원각이나 무명의 분별이 없는 진심眞心임을 뜻한다. 그러므로 본래 망심이 없기에 망념을 일으킴이 없고, 그것을 쉬려고 하거나 없애려고 하지 않으며, 그것이 망념인지 알려고 하지 않고, 알려는 마음이 진심인지를 가리려고 하지 않는다. 이에 대하여 여래를 중심으로 다음과 같이 밝히고 있다.

　　일체의 장애가 곧 구경각究竟覺이다. 득념得念과 실념失念이 해탈이 아님이 없으며, 법을 이룸과 법을 깨뜨림이 다 열반涅槃이고, 지혜와 우치愚癡가 모두 반야이며, 보살과 외도가 성취한 법이 모두 보리菩提이고, 무명과 진여眞如가 서로 다른 경계가 없다. 모든 계정혜戒定慧와 음노치婬怒癡가 모두 청정한 행위이며, 중생과 불국토가 동일한 법성이고, 지옥과 천궁이 다 정토이며, 유성有性과 무성無性이 불도佛道를 이루고, 일체의 번뇌가 필경畢竟에는 해탈이다. 법계해法界海의 지혜로 모든 상相이 허공과 같음을 조료照了하는 것을 여래의 각성覺性에 수순隨順함이라고 한다.[149]

여래의 각성에 수순함은 중생과 구분되는 여래를 가리키는 것이 아니라 본래 성불된 존재로서의 중생과 여래가 일체인 차원에서 언급되는 개념이

---

149 『圓覺經』(大正藏 17, 1, 0917b02), "一切障礙 卽究竟覺 得念失念 無非解脫 成法破法 皆名涅槃 智慧愚癡 通爲般若 菩薩外道 所成就法 同是菩提 無明眞如 無異境界 諸戒定慧 及婬怒癡 俱是梵行 衆生國土 同一法性 地獄天宮 皆爲淨土 有性無性 齊成佛道 一切煩惱 畢竟解脫 法界海慧 照了諸相 猶如虛空 此名如來 隨順覺性."

214　　　　　　　　　　　　　　　　　　　　　　한국사상과 인간성찰

다. 그것은 원각의 자성自性이 그대로 작용하여 육신의 다양한 언행으로 드러남을 나타낸다. 그러므로 삶 자체가 그대로 각성을 수순함이어서 그대로 열반이며, 해탈이기 때문에 수행을 통하여 얻어야 하는 지혜나 이르러야 할 경계가 따로 없다. 그러면 본래성불과 증오성불 그리고 원각이 없는가?

성기론을 통하여 무아無我로부터 자아自我적인 측면이 드러나고, 무無로부터 유有의 측면이 드러나며, 회상귀성을 통하여 자아로부터 무아의 측면이 드러나고, 유有로부터 무無의 측면이 드러난다. 그러므로 성기론과 회상귀상의 두 측면을 바탕으로 성상융회를 통하여 유와 무, 자아와 무아를 넘어선 중도의 세계를 나타낸다. 그러면 성상융회를 통하여 중도를 나타낸 까닭이 무엇인가?

일심, 원각이 성과 상을 넘어서 있기 때문에 성이나 상으로 나타낼 수 없다. 그럼에도 성과 상을 도구로 하여 성상융회를 추구한 것 자체가 수행을 통한 성불이 목적임을 나타낸다. 그렇기 때문에 회상귀성을 통하여 상에 머물지 말고 성으로 돌아가는 수행을 강조하며, 성기론을 통하여 성에도 머물지 말고 상으로 향하는 작용 곧 실천, 제도를 강조하고, 성상융회를 통하여 깨달음과 닦음, 돈과 점, 본래성불과 증오성불, 부처와 중생, 무명과 원각의 그 어떤 것에도 머물지 않아야 함을 나타낸다. 그러면 성상융회를 통하여 실상을 모두 드러낼 수 있는가?

성상, 원각, 일심을 삼자의 관계를 통하여 나타내거나 무명, 환화, 공화空華, 원리遠離와 같은 부정적인 개념들을 사용하여 그 어떤 것에도 집착執着하지 말 것을 나타냄은 무아無我의 표현이다. 무아는 남과 구분되는 내가 없음, 독립된 실체로서의 만물이 존재하지 않음을 나타낸다. 그것은 만물이 자성自性을 갖고 있지 않아서 항상하지 않음을 뜻한다.

무아의 관점에서 보면 회상귀성, 성기론 그리고 성상융회 역시 실체적 관점에서 나타낸 것이 아니다. 성품의 작용이 일어나도 일어남이 없기 때문에 그 결과로서의 현상과 성품 자체도 있다고 할 수 없지만 그렇다고 하여 없는 것은 아니다. 그렇기 때문에 세 관점이 모두 원각, 실상을 그대로 드러내고 있다.

입자적 관점, 물건적 관점에서 성과 상을 통하여 원각, 일심을 나타냄으로써 모든 존재가 고정된 실체가 없음을 통하여 상을 벗어나 일심, 원각이라는 본원, 근원에 도달하는 수행과 증오성불이 반드시 필요함을 나타낸다.

그러나 현상에 대한 집착을 벗어나기 위하여 물건적 관점에서 설정된 것이 무아無我이다. 무아는 자아와 상대적인 개념일 뿐으로 실체를 가리키는 개념이 아니다. 따라서 원각, 일심이나 성, 상이 실체가 아니어서 회상귀성이나 성기론, 성상융회도 실체적 세계나 사물을 가리키는 개념이 아니다.

원각경에서 꿈과 현실을 구분하여 꿈에서 깨어남을 시설하고 있지만 꿈과 현실이 본래 없기 때문에 깨어남이나 현실이라는 것도 꿈과 같음을 밝히고 있다. 중생, 무명과 부처, 원각 그리고 수행, 증오성불이 모두 꿈과 현실과 같다. 꿈이 실체가 아니기 때문에 깨어난 후의 현실이라는 것도 본래 그러할 뿐으로 얻거나 꿈과 다른 실체적인 것이 아닌 점에서 없다.

종밀이 돈오점수를 통하여 증오성불을 주장하지만 깨달음이라는 것도 하나의 유위법이다. 이에 대하여 『능엄경』에서는 다음과 같이 밝히고 있다.

> 깨달음은 밝혀지는 것이 아니다. 밝히고자 하는 마음에 의하여 대상이 세워지고, 대상이 망령되게 세워지면 그것이 너라는 망령된 주체를 낳는다. 이로 인하여 같음과 다름이 없는 가운데서 다름이

치성熾盛하게 일어난다. 저 다른 것을 다르다고 여겨서 그 다른 것으로 인해 같음이 생기고, 같음과 다름을 분명히 구분하고 그로 인해 다시 같음도 없고 다름도 없음이 성립된다. 이렇게 요란하게 작용하여 상대의 객진이 발생하고 이로 인하여 진로와 번뇌가 발생한다. 움직여 일어나면 세계가 되고, 고요하게 있는 것은 허공이 된다. 허공은 같으나 세계는 다르다. 이러한 같음과 다름이 없는 것이 참다운 유위有爲法이다.[150]

도라는 것은 잠시도 그것을 밝히고자 하는 나와 떨어질 수 없는 것이다. 만약 나와 떨어질 수 있다면 그것은 도가 아니다.[151] 일상의 삶이 그대로 도의 작용인 동시에 자성, 본래성의 작용이다. 그렇기 때문에 일상의 삶을 떠나서 다시 자성, 본성을 찾고자 하면 그것이 바로 그릇된 것이다. 그러므로 자성은 깨닫는 것이 아니라 본래 그러함을 발견하는 것이라고 할 수 있다. 그렇기 때문에 밝히고자 하는 그 마음이 바로 진심眞心이자 불성임을 아는 것이 필요하다.

역방향에서 육신, 의식을 나로 여기는 마음을 벗어나서 본래성, 자성을 찾는 것은 앎과 모름으로써의 지부지의 문제가 아니다. 그럼에도 불구하고 여전히 지부지의 상태에 머물러서 깨닫고자 할 때 그것이 허물이 된다.

---

150 『楞嚴經』(大正藏 19, 4, 0120a07), "性覺必明하야 妄爲明覺이니라. 覺非所明이어늘 因明立所하나니 所旣妄立에 生汝의 妄能하야 無同異中에 熾然成異하나니라. 異彼所異 하야 因異立同하며 同異發明하야는 因此復立 無同無異하나니 如是擾亂하야 相待生勞 하고 勞久發塵하야 自行渾濁하나니 由是하야 引起塵勞煩惱하나니라. 起爲世界하고 靜 成虛空하나니 虛空爲同이오 世界爲異니 彼無同異가 眞有爲法이니라."

151 朱熹, 『中庸章句』第一章, "道也者 不可須臾離也 可離非道也."

밝히려는 것이 망령되다는 것은 다른 것이 아니라 깨달음을 밝히고자 함이 바로 허물임을 나타낸다. 이미 망령된 것을 세우면 이치를 밝히고자 할수록 더욱 멀어진다.[152]

본래 나와 세계의 구분이 없음에도 불구하고 나와 세계를 둘로 보면서 중생과 세계가 실재하는 것처럼 착각하게 된다. 그렇기 때문에 나와 세계를 구분하여 그 본성을 찾을수록 점점 자신의 본래성으로부터 멀어지게 된다. 그러면 수행을 하지 말아야 하는가?

수행을 통하여 얻음이 없지않은 점에서 보면 증오성불이 필요하지만 그렇다고 하여 제거해야 할 오염이 있어서 수행을 통하여 깨끗하게 하거나 무명을 없앴을 때 나타나는 새로운 세계를 얻은 것이 아니다.

물건적 관점, 입자적 관점에서 성과 상을 구분하여 양자의 관계 곧 성기론, 회상귀성, 성상융회를 중심으로 나타내면 꿈에서 깨어나는 수행에 중심이 놓여서 삶 자체를 부정하고, 멀리 떠나거나 집착하지 않는 데 집중하여 삶 그 자체를 그대로 긍정하고 다른 사람과 공존하고, 세계와 하나가 되어 살아가는 아름다운 삶을 놓치게 된다.

그러나 환화幻化, 무명無明, 공空, 원리遠離, 공화空華와 반대로 사사무애事事無礙를 강조할 필요는 없다. 사사무애가 무애자재無礙自在라면 그것도 하나의 상에 불과할 뿐이다. 본래 사물이 고정되지 않아서 없는데 사사무애를 강조하면 그것도 역시 장애가 된다.

이제 물건적 관점에서 성성과 상상을 나누어서 성상융회性相融會를 주

---

[152] 『楞嚴經』(大正藏 19, 4, 0120a25), "復次富樓那 明妄非他 覺明爲咎 所妄旣立 明理不踰."

장하여도 여전히 성과 상이 둘일 수밖에 없음을 유의할 필요가 있다. 우리는 순과 역을 나누어서 증오성불과 본래성불을 논하며, 성과 상을 구분하여 성상융회를 논하는 것을 넘어서 순역이 하나이고, 성상이 일체여서 구분이 없는 차원에서 출발하여 중생과 부처, 무명과 원각, 생사와 열반의 어느 일면에 고정되지 않고 끊임없이 새롭게 드러나는 아름다움 그 자체임을 밝히는 것이 필요하다.

그것은 깨달음, 닦음만을 추구하는 자리自利의 불교를 떠나서 자리와 이타利他를 넘어서고, 하화중생을 위한 상구보리를 넘어서 하화중생 안의 상구보리가 필요함을 뜻한다.

오늘날의 우리 사회가 요구하는 불교는 교종과 선종, 소승과 대승, 삼승三乘과 일승一乘을 구분하여 정사正邪를 가리는 것보다 서로가 서로를 존재하게 해주고, 서로가 서로의 존재근거가 되며, 서로가 서로의 존재의 미가 되는 자비慈悲의 불교, 실천의 불교이다.

우리가 앞에서 화엄교학의 성상융회를 중심으로 『원각경』의 수행론인 성불론을 순역의 관점에서 살펴보았다. 성상융회의 관점에서 보면 회상귀성은 역방향에서 성불론을 나타내고 성기론性起論은 순방향에서 성불론을 나타낸 것이다. 그것은 원각을 순과 역의 두 방향에서 나타낸 것이라고 할 수 있다. 양자는 일체이지만 성기론을 바탕으로 회상귀성이 성립된다.

그런데 역방향의 회상귀성의 관점에서 제기되는 불교와 외도, 깨달음과 닦음, 교종과 선종의 회통은 깨달음의 문제이다. 그러나 회통은 이론이나 글의 문제가 아니라 경험하고 체험하는 실천의 문제이다. 따라서 성기론性起論의 관점에서 실천, 제도를 중심으로 『원각경』을 이해하는 것이 필요하다.

그것은 원각과 무명, 부처와 중생이 본래 지금 여기의 나를 두 방향에서 나타낸 것이며, 증오성불과 본래성불이 나의 삶을 과거와 미래의 두 측면에서 나타낸 것임을 뜻한다. 순과 역도 역시 지금 여기의 나를 떠나서 찾을 수 없다.

성기론을 바탕으로 이루어지는 회상귀성의 관점에서 『원각경』을 이해하는 것도 지금 여기의 나이며, 본래성불을 바탕으로 증오성불을 논하는 것도 지금 여기의 나이다. 깨달음과 닦음, 무명과 원각, 부처와 중생이 지금 여기의 나의 본래성을 나타내는 원각圓覺의 작용이자 각성覺性을 수순함임을 뜻한다.

그것은 성상융회는 지금 여기의 나의 삶을 그대로 나타낸 것임을 뜻한다. 지금 여기의 나의 삶이 그대로 수행이다. 그렇기 때문에 언제 어디서나 어떤 일을 하더라도 함이 없이 한다. 그것은 마음을 회상귀성하여 원각으로 향함으로써 현상에 집착함이 없고(止), 성기론性起論의 관점에서 각성에 머물지 않고 현상으로 향하여(觀), 매 순간 어디서나 둘 아니게 나투어서 모든 존재와 공생共生하며, 공유共有하고, 공식共食하는 공존共存의 삶(行)을 살아감이다.

우리의 삶은 서로가 서로를 존재하게 해주고, 서로가 서로의 존재근거가 되며, 서로가 서로의 존재의미가 되는 진공묘유眞空妙有이다. 따라서 성과 성을 구분하여, 순과 역을 구분하고, 중생과 부처를 구분하며, 정견과 사견(顚倒見)을 구분하여 양자의 관계를 통하여 삶에 대한 통찰의 필요성, 수도, 수행을 해야 할 필요성을 느끼게 하여 동기유발을 시키는 것은 좋지만 그것이 또 하나의 삶의 족쇄가 되어서는 안 된다.

이는 이론체계의 측면에서 보면 중국불교가 물건적 관점에서 제법무아를 중심으로 열반적정의 세계를 추구했던 것과 달리 열반적정涅槃寂靜의 세계가 제행무상으로 드러나는 관점에서 인간을 이해함이 필요함을 나타낸다. 앞에서 살펴본 내용을 도표화하여 나타내면 다음과 같다.

```
부처, 정견正見, 원각圓覺 : (본래성) : 성불成佛
         하화下化  ⇓⇑  수도修道
         보살, 마음(의식) : 견성見性.
         제도濟度  ⇓⇑  견도見道
         중생(육신, 무명) : 중생, 전도견顚倒見
```

순역과 지견 그리고 성불

위의 도표를 통하여 확인할 수 있듯이 원각, 불성, 자성을 순과 역의 두 방향에서 성불이라는 사건을 중심으로 나타내면 과거적 측면에서는 성불이 장차 이루어야 할 미래적 일이라는 점에서 수행을 통한 증오성불이 되고, 미래적 측면에서는 이미 과거의 일이라는 점에서 본래성불이다.

매 순간 이루어지는 삶이 그대로 본래성불의 드러남인 동시에 증오성불의 과정이다. 『원각경』에서 지금 여기의 삶을 뿌리인 본성, 자성을 깨달음을 중심으로 원각으로 나타내어 순방향에서 본래성불을 논하고, 역방향에서 증오성불로 나타내었다.

증오성불이라고 하여도 본래성불이기 때문에 증오나 성불이 없지만 수도를 통하여 증오하고 성불함이 없지는 않기 때문에 본래성불이라고만 할 수 없다. 따라서 증오성불과 본래성불, 중생과 부처, 전도견과 정견이 둘로 나타내지만 하나여서 없다.

그것은 『원각경』에서 꿈과 깨어남에 비유하여 이해하면 도움이 된다. 꿈에서 깨어나면 비로소 꿈이 없음을 알고, 꿈이 없음을 알면 깨어남도 없다. 따라서 꿈과 깨어남을 둘이 아니게 하는 중도中道, 실상實相 역시 있을 수 없다.

그러나 그것은 아무것도 없는 절대무絶對無를 나타내지 않는다. 왜냐하면 꿈과 현실 그리고 실상은 삶을 나타내는 하나의 방편이기 때문이다. 이는 수도를 통하여 얻어지는 깨달음이 무엇인지에 관한 문제이기도 하다. 그러면 깨달음이란 무엇인가?

어떤 사람은 깨달음이란 일상의 사람들이 알 수 없었던 새로운 앎을 획득하는 것으로 이해한다. 그것은 앎과 모름을 구분하여 둘로 이해하는 의식의 차원에서 깨달음을 이해한 것이다. 의식의 차원에서 이루어지는 깨달음은 상대적이기 때문에 한계를 갖지 않을 수 없다.

의식을 차원을 넘어서 무심에 이르렀을 때 드러나는 뿌리로서의 본래성, 자성, 본성의 특성은 직관적이다. 그것은 그냥 느껴지고 알아지는 것일 뿐으로 사량에 의하여 헤아리고 추론하여 얻어지는 것이 아니다.

본래성, 자성, 본성도 하나의 개념일 뿐으로 사량, 분별의식을 넘어설 때 드러나는 세계에 대한 하나의 표현에 불과하다. 그것은 물건처럼 구분하여 이것이 아닌 저것이라고 말할 수 없으나 아무것도 모르는 멍한 상태나 이것도 저것도 아닌 부지不知의 상태를 나타내지 않는다.

모두가 내가 아님이 없어서 어느 것을 나라고 할 수 없기 때문에 무아임을 느꼈다고 할 수 있고, 그 어떤 것을 보거나 듣고 생각하고 냄새를 맡아도 그저 거울에 사물이 나타나면 비추어주고 사라지면 흔적이 남지 않듯이 그냥 오는 인연 막지 않고, 가는 인연 붙잡지 않는 무심의 상태로 느껴지기도 하며, 때로는 개미가 오면 개미와 하나가 되고, 돌이 오면 돌과 하나가 되며, 사람이 오면 사람과 하나가 되어주는 상태라고 할 수도 있다.

그것은 하나의 경험으로 느껴지는 순간을 중심으로 보면 없는 것은 아니지만 그때만 일어나는 것이 아니라 항상 그러함을 느끼는 것에 불과하기 때문에 어느 한 순간에 그것을 느꼈다고 하여 선에 없던 것이 갑자기 나타나거나 지금 있었던 것이 다음 순간에 사라지지 않는 점에서 느꼈다거나 체험했다고 할 수 없다.

그리고 하나의 경험, 체험은 온 우주와 더불어 이루어진다. 설사 그것을 느끼는 사람이 있거나 없거나를 막론하고 언제나 항상 온 우주의 모든 존재가 함께 느끼고 경험하기 때문에 내가 혼자 경험했다거나 나의 경험이라고 할 수 없어서 함이 없이 했다고 할 수 있다. 따라서 돈오에 의하여 점수를 한다고 하거나 돈오돈수라고 하거나 그것은 단지 말일 뿐으로 말을 통하여 실천이 이루어지는 것은 아니다.

우리가 아무리 이론적으로 밥을 짓는 원리와 방법을 구체적으로 상세하게 알고, 남에게 설명해줄 수 있어도 직접을 밥을 지어서 먹지 않는다면 배가 부르지 않는 것과 같다. 따라서 어느 수행방법이 옳은지를 가리기 이전에 직접 수행을 통하여 경험을 하는 것이 중요할 뿐으로 나머지는 그 후의 일이다.

그런데 깨달음이라는 하나의 과정 아닌 과정을 경험하지 않은 사람은 아무리 이론으로 헤아리고 지식으로 알아도 실천으로 드러나지 않는다. 그리고 경험은 개인적이기 때문에 사람마다 각각 다른 형태로 체험을 하지 않을 수 없다. 그것은 개인적인 다양한 체험을 어떤 기준에 의하여 깨달음으로 인정하느냐의 문제가 발생하게 됨을 뜻한다.

깨달음은 하나의 고정된 물건과 같은 것이 아니기 때문에 어떤 경지로 이해하느냐에 따라서 의미가 달라지지 않을 수 없다. 중국의 선불교에서는 무심을 깨달음으로 이해한 경우도 있었으나 그것을 넘어선 단계를 제시하기도 하여 여래선과 조사선을 제시하였다.

무엇을 깨달음으로 인정할 것인가의 문제는 수행의 방법과 관련된다. 중국불교에서는 깨달음에 이르기까지의 과정을 돈점頓漸과 연결하여 돈오돈수頓悟頓修, 돈오점수頓悟漸修를 제기하였다. 깨달음과 닦음이 일시에 이루어지는 돈오돈수인가 아니면 깨달음이 일시에 이루어지지만 그것을 바탕으로 점진적으로 닦는 돈오점수 논쟁이 중국에서도 일어났고, 한국에서도 일어났다.

그러나 삶 자체는 돈오頓悟와 점수漸修라는 문제가 없다. 성불成佛을 미래적 사건으로 보면 목표가 되고, 과거적 사건으로 이해하면 본질이 될 뿐으로 그 모든 문제는 지금 여기, 나의 삶에 있다.

지금 여기의 나를 떠나서 그 어떤 문제도 제기되지 않는다. 따라서 지금이라는 시간, 여기라는 공간, 그리고 다양한 나로 드러내는 창조, 창발의 사태를 체험하고 경험하는 것이 중요하다.

우리는 『원각경』을 통하여 드러나는 중국불교가 증오성불과 본래성불을 막론하고 성불이라는 사건을 중심으로 전개되고 있음을 살펴보았다. 그것은 중국불교가 부지不知의 상태에서 출발하여 일정한 수도修道를 통하여 부처를 이루는 증오성불과 본래성성불을 특징으로 하는 점에서 장점과 한계를 동시에 갖고 있음을 뜻한다.

우리는 중국불교를 이해할 때 중국불교가 제시하는 관점을 따라서 이해할 뿐으로 그 하나의 관점에 경도傾倒되어서는 안 된다. 불경에 담긴 이론 체계는 그 어떤 것이라도 본성의 작용에 의하여 나타난 결과이기 때문에 문자화하는 순간 실체화하여 생명을 잃는다.

생명을 잃어버리고 박제剝製가 된 문자와 글에 생명을 불어넣어서 살아나게 하는 것은 불경을 연구하고 이해하고자 하는 지금 여기의 나이다. 따라서 불경이라는 전적을 통하여 제시된 이론체계나 조사祖師들의 어록은 나를 이해하고, 나를 느끼며, 나로 살아가는 수단이다.

불경이나 어록이 나를 깨닫게 하고, 나를 성불하게 하는 것이 아니라 그것들로 인하여 내가 본래 그러함을 느끼고 경험하는 것이다. 따라서 불경이나 어록은 우리의 삶의 과정에서 필요한 하나의 도구에 불과하다.

우리는 삶의 과정에서 수많은 사물과 만나고 사람과 만난다. 우리 자신은 물론 안팎에서 일어나는 모든 일들이 한 자리에서 들고 나기 때문에 삶 자체가 그대로 불경이고 어록이다. 따라서 삶을 대상화하여 수도와 제도, 성불과 불성불, 증오성불과 본래성불의 사건으로 나타내고, 그것을 다시 물건화하여 부처와 중생으로 나타내어서 집착할 필요가 없다.

우리는 지금 여기의 나를 통하여 이루어지는 삶 자체에 집중해야 한다. 우리의 삶을 떠나서 경전이나 어록, 어떤 이론체계를 논하거나 부처와 중생을 논하면 아무런 의미가 없다. 지금 여기의 나의 삶을 그대로 바라보는 것이 필요하다.

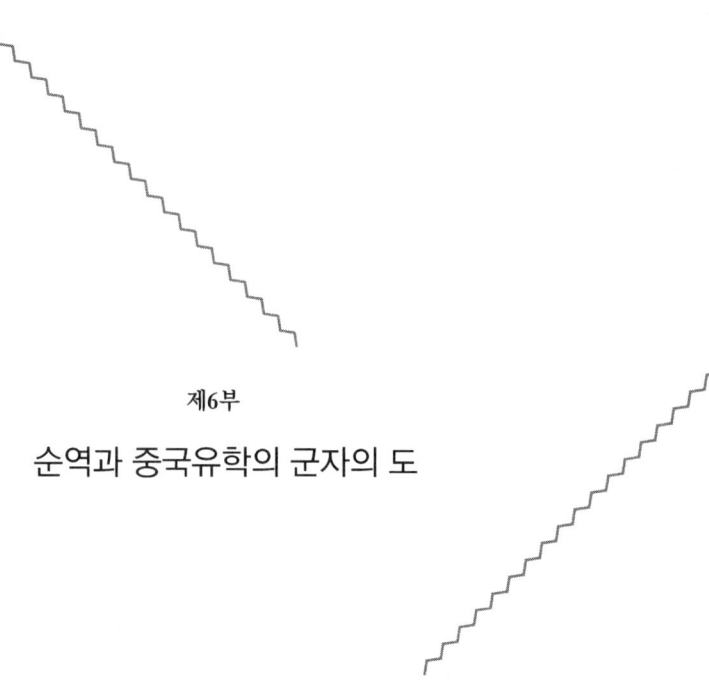

제6부

순역과 중국유학의 군자의 도

우리는 앞에서 중국불교에서 인간의 삶을 순순과 역逆의 두 방향에서 성불成佛이라는 사건을 통하여 나타내어 증오성불證悟成佛과 본래성불本來成佛을 제시하고, 양자가 하나가 된 원각圓覺을 통하여 중도中道, 실상實相의 세계를 나타내고 있음을 살펴보았다.

중국불교, 중국도교, 중국도가는 역방향에서 수행, 수련이라는 수도를 통하여 인간의 본래성을 찾아가는 득도, 성도, 성불에 삶의 목적을 두고 있다. 그렇기 때문에 수도 이후의 삶 곧 일상의 삶을 벗어나서 성불, 득도, 성도했을 때의 삶과 이전의 삶의 관계를 나타내지 않고 있다.

그것은 본래성이 그대로 드러나서 이루어지는 삶의 측면이 부각되지 못하고 있음을 뜻한다. 수도, 깨달음, 성불에 삶의 중심을 둘 때 그 이면에서 감추어지는 공생, 공존하는 삶, 서로가 서로의 존재근거가 되어주는 삶, 함께 하는 삶으로서의 제도濟度, 하화중생下化衆生의 측면을 부각시키는 것이 필요하다.

중국불교에서는 상구보리上求菩提와 더불어 하화중생을 강조하는 대승불교를 표방하지만 견성성불見性成佛의 과정을 거쳐서 본래성과 하나가 되어 상구보리를 하면 본래성의 차원마저도 벗어날 때 비로소 하화중생이 가능하기 때문에 상구보리를 선결과제로 여겨서 상구보리를 하화중생과 동시적으로 여기거나 하화중생을 상구보리보다 앞세우지 않는다.

그러나 중국유학에서는 성품을 아는 지성知性의 단계를 넘어서 지천知天을 언급하고 있을 뿐만 아니라 도제천하道濟天下를 언급하고 있다. 그것은 유학도 여전히 역방향에서 하학이상달下學而上達하는 수기修己, 학문을 논하고, 수신修身을 논하지만 순방향에서 명덕明德을 천하에 밝히는 도제천하의 실천이 없다면 수신, 학문이 완성되었다고 여기지 않음을 뜻한다.

중국유학이 중국불교와 중국도교와 다른 특성은 양자가 인간, 중생으로부터 출발하여 천선天仙, 부처를 향하는 역逆방향이 중심이 되어 수도修道를 강조하는 것과 달리 도道, 천天에서부터 출발하여 지금 여기의 세계를 제도하는 순방향의 도제천하道濟天下를 중심문제로 제기하고 있는 점이다.

중국불교, 중국도교가 모두 『주역』의 세계관, 인간관, 가치관을 바탕으로 형성되었듯이 중국유학도 『주역』의 세계관, 가치관, 인간관을 바탕으로 형성되었다. 『주역』에서 형상 곧 물건을 바탕으로 형이상의 도道와 형이하의 기器의 세계를 구분하고 양자를 본말 관계로 규정하여, 지말支末에서 근본根本을 향하는 역방향과 근본에서 지말을 향하는 순방향을 구분하여 세계와 인간을 이해였음은 이미 살펴보았다.

중국유학에서는 근본에서 출발하여 지말을 향하는 순방향에서 도에 의하여 천하를 제도하는 것을 근본문제로 한다. 『주역』에서 "변화의 현상에는 그 근본인 태극太極이 있다. 태극이 양의兩儀를 낳고, 양의가 사상四象을 낳으며, 사상이 팔괘八卦를 낳는다."[153]고 하였듯이 태극太極이라는 근본으로부터 변화의 현상을 향하는 순방향에 중국유학의 중심이 있다.

그것은 『도덕경』에서 "도道가 일一을 낳고, 일이 이二를 낳으며, 이가 삼三을 낳고, 삼이 만물을 낳는다"[154]고 하여 천지의 시공과 인간의 삼재三才의 세계가 형성됨으로써 비로소 만물의 세계가 전개됨을 밝히고 있음과 같다.

도를 출발점으로 하여 그것이 드러나는 순방향에서 보면 도에 의하여 천지가 마디지어임으로써 사시四時라는 시간이 형성되고, 공간이 형성되어 시공의 세계와 만물이 형성된다. 이와 같이 신도神道, 천도天道에 따라서 문물제도를 제정하여 천하를 제도한다.[155]

공자에 의하여 집대성된 후에 맹자에 의하여 계승되었다고 여겨지는 중국유학은 군자라는 이상적 인격체를 중심으로 군자의 도를 제시하고 있다. 군자는 수기修己, 안인安人의 과정을 통하여 자아의 정체성을 파악하고, 명덕明德을 천하에 밝히는 도제천하道濟天下의 삶을 살아간다.

『논어』에서는 역방향에서 하학이상달下學而上達, 극기복례克己復禮, 박문약례博文約禮를 통하여 집중執中, 수기修己를 논하고 있고, 순방향에서 정명론正名論, 정명론正命論을 통하여 중용中庸, 안인安人, 안백성安百姓을 논하고 있다.

지금부터는 수기, 안인을 내용으로 하는 군자의 도에 대하여 살펴본 후에 역방향에서 하학이상달의 내용인 집중에 대하여 살펴보고, 이어서 순방

---

153 『周易』繫辭上篇 第十一章, "是故로 易有太極하니 是生兩儀하고 兩儀生四象하고 四象이 生八卦하니 八卦定吉凶하고 吉凶이 生大業하나니라."

154 『老子』第四十章, "道生一, 一生二, 二生三, 三生萬物."

155 『周易』水澤節卦 彖辭, "天地節而四時成하나니 節以制度하야 不傷財하며 不害民하나니라."

향에서 도제천하의 내용인 정명론正命論에 대하여 고찰하기로 한다.

1. 수기修己안인安人과 군자의 도

중국유학을 순과 역의 두 방향에서 분석하고 종합하는 방법을 제시한 것은 한국의 유학자인 일부 김항金恒이다. 그는 『정역』에서 공자의 위대함이 순과 역의 두 방향에서 도를 일관시키고 있음을 다음과 같이 밝히고 있다.

> 아, 지극하다 무극無極의 무극無極이며! 공자가 말하지 않은 것이다. 말하지 않고 믿은 것은 공자의 도이다. 늦게 기뻐하여 십十으로 돕고, 하나로 꿰었으니 진실로 만세의 스승이다.[156]

인용문에서 무극의 무극은 무극의 무극이 됨을 나타내는 개념이다. 이는 도역倒逆의 두 방향에서 드러나는 무극의 작용인 도생역성과 역생도성을 가리키는 말이다.

그러나 그것은 공자가 『주역』에서 인도人道인 성명지리性命之理를 밝혔을 뿐으로 밝히지 않는 내용이다. 그렇기 때문에 일부一夫는 공자가 밝히지 않은 삼극三極의 도道를 자신이 밝혔다고 하였다.

『주역』에서는 태극太極을 중심으로 역逆 방향에서 사물의 근원인 태

---

[156] 金恒, 『正易』, 第二張, "嗚呼至矣哉라 无極之无極이여 夫子之不言이시니라. 不言而信은 夫子之道시니라. 晚而喜之하사 十而翼之하시고 一而貫之하시니 儘我萬世師신져."

극을 찾아가는 합일을 추구하였을 뿐으로 태극과 성품이 하나가 된 성리性理의 차원 곧 황극皇極의 차원은 물론 그것을 넘어선 무극의 차원을 드러내지 않고 있다.

『정역』에서는 태극과 무극 그리고 황극을 통하여 공간적 관점에서 삼재의 도를 인도를 중심으로 나타내고 있는 『주역』과 달리 시간적 관점에서 시간성을 통하여 삼극의 도를 나타내고 있다.

김일부金一夫는 십익十翼에서 언급되고 있는 내용들을 십이익지十而翼之로 규정하고, 『논어』에서 언급한 일이관지一以貫之와 관련하여 순역이 합일된 세계가 무극의 무극임을 밝히고 있다.

십이익지는 십十에서 시작하여 일一에서 끝나는 순방향의 작용을 나타내는 언급이며, 일이관지는 일一에서 시작하여 십十에서 끝나는 역방향의 작용을 나타내는 언급이다.

일부는 공자가 인류의 스승일 수 있는 까닭은 그가 역도, 성인의 도를 통하여 천도天道, 천명天命을 밝히고 있는 십익十翼과 군자의 도를 밝히고 있는 『논어論語』를 순과 역의 관점에서 일관시켰기 때문임을 밝히고 있다.

그러나 이 역시 공자가 직접 언급하지 않았기 때문에 일부一夫에 의하여 비로소 그 점이 밝혀졌다. 따라서 이러한 이해는 공자 자신의 이해라기보다는 김일부가 이해한 『논어』, 한국사상의 관점에서 본 『논어』이다.

공자는 자신이 밝히고자 한 내용을 도로 밝히고 있다. 이때의 도는 사람이면 누구나 걸어가야 할 삶의 길이다. 공자가 자신의 도를 밝히고 있는 『논어』를 살펴보면 우리는 무지無知를 언급하고 있는 부분을 통하여 그가 순방향에서 도를 언급하고 있음을 볼 수 있고, 주충신主忠信[157]을 비롯하여 하학이상달下學而上達, 극기복례위인克己復禮爲仁, 박문약례博文約禮는 역방향에서 도를 언급하고 있음을 볼 수 있다.

공자의 사상을 계승하여 학문을 보다 체계적으로 나타내고 있는 『맹자』에서는 순과 역의 두 방향이 보다 분명하게 나타난다. 그는 진심盡心, 지성知性, 지천知天의 역방향을 중심으로 수기修己, 안인安人을 논하고 있는 것과 함께 확충擴充, 인정仁政의 순방향을 중심으로 수기, 안인을 논하고 있다. 따라서 공자가 제시하고 있는 군자의 도는 순과 역의 두 방향에서 고찰하는 것이 필요하다. 그러면 공자가 언급한 군자의 도가 무엇인지 살펴보자.

공자는 사람이 살아가면서 가장 중요한 문제가 도임을 밝히고 있다. 그는 일상의 사람들이 물질적 차원에서 육신을 중심으로 물리적 생명의 보존을 위하여 살아가는 것은 삶에 대한 올바른 태도가 아님을 다음과 같이 밝히고 있다.

> 군자는 도道를 도모할 뿐으로 음식을 도모하지 않는다. 밭을 갈아도 굶주림이 그 가운데 있고, 학문을 하면 녹祿이 그 가운데 있다. 군자는 도를 근심할 뿐으로 가난을 근심하지 않는다.[158]

음식은 일상의 사람들의 물리적인 생명의 보존을 위하여 필요한 것이다.

---

[157] 『論語』 學而, "子曰 君子不重則不威 學則不固 主忠信 無友不如己者 過則勿憚改."
[158] 『論語』 衛靈公, "子曰 君子謀道不謀食 耕也餒在其中矣 學也祿在其中矣 君子憂道不憂貧."

일상의 사람들은 예나 지금을 막론하고 밭을 가는 행위 곧 물리적인 생명의 보존을 위하여 필요한 음식을 얻는 행위를 삶에서 가장 중요한 일로 여기고 살아간다.

공자는 사람들이 살기 위하여 의식주를 풍족하게 할 재화를 아무리 취득하고자 하여도 굶주릴 수 있으며, 밭을 갈지 않고 학문을 하더라도 재화를 얻어서 살 수 있음을 언급하면서 우리가 아무리 물리적 생명의 보존을 위하여 몸부림을 치더라도 굶주릴 수 있는 바에야 차라리 학문을 하라고 점잖게 권하고 있다.

우리는 음식 곧 육신을 중심으로 살아가는 삶과 도를 중심으로 살아가는 삶을 구분하여 도를 도모圖謀하라고 언급하고 있는 공자의 말을 보면서 육신의 삶을 포기하라는 말로 오해할 수 있다. 그러나 그가 언급하는 것은 부귀를 대하는 방법의 문제이다. 그는 부귀를 중심으로 도를 다음과 같이 언급하고 있다.

> 부유함과 귀함은 사람들이 원하는 것이지만 그 도로 얻지 않았으면 처하지 않는다. 가난과 천함은 사람들이 싫어하는 것이지만 도로 얻지 않았으면 버리지 않는다.[159]

인용문의 내용을 보면 공자가 말하는 것은 부귀와 빈천을 갖지 말라는 것이 아니라 도로 얻으라는 것을 말하고 있다. 그것은 도가 주체가 되어

---

[159] 『論語』里仁, "子曰 富與貴, 是人之所欲也, 不以其道得之, 不處也. 貧與賤, 是人之所惡也, 不以其道得之, 不去也. 君子去仁, 惡乎成名? 君子無終食之間違仁, 造次必於是, 顚沛必於是."

일상의 삶을 살아가야 함을 뜻한다. 따라서 공자가 도를 밝힌 것은 사람들로 하여금 선택하라는 것이 아니라 모든 사람이 도를 도모해야 함을 나타낸 것이다. 우리는 다음의 내용을 통하여 그의 간절함을 알 수 있다.

> 누가 문을 통하지 않고 밖으로 나갈 수 있겠는가? (그럼에도 불구하고 사람들이) 어찌 이 도道를 말미암지 않는가?[160]

인용문의 내용을 보면 사람이 문을 통하여 안팎을 출입하듯이 삶을 살아가는 길이 곧 도이다. 그럼에도 불구하고 사람들은 문을 통하여 출입하지 않는다. 그것을 보는 공자의 마음은 애가 탄다. 그것은 "아침에 도를 들으면 저녁에 죽어도 좋다"[161]는 공자의 마음과 너무 다르다. 그러면 도를 도모하는 군자의 삶과 소인의 삶은 어떤 차이가 있는가?

군자는 자신의 뿌리인 본래성을 주체로 사는 사람이고, 소인은 육신을 중심으로 살아가는 사람이다.[162] 그렇기 때문에 군자는 덕을 생각하지만 소인은 재물을 생각한다. 그리고 군자는 남의 본보기가 되려고 하지만 소인은 남으로부터 얻기만을 바란다.[163]

남과 나를 구분하여 자신의 이익을 취하는 소인의 삶과 남과 나를 하나로 보는 군자의 삶은 서로 다르다. 군자는 본래성에서 모든 것을 찾지만

---

160 『論語』雍也, "誰能出不由戶 何莫由斯道也."
161 『論語』里仁, "子曰 朝聞道, 夕死可矣."
162 『論語』憲問, "子曰 君子上達, 小人下達."
163 『論語』里仁, "子曰 君子懷德, 小人懷土, 君子懷刑, 小人懷惠."

소인은 항상 모든 원인을 남으로부터 찾는다.[164] 그것은 군자가 무엇이 옳은지를 생각하고 찾는 것과 달리 소인은 오로지 무엇이 이로운지를 찾음을 뜻한다.[165] 그러면 군자와 소인의 삶은 어떤 결과를 낳는가?

군자는 어떤 사람과도 어울리지만 패거리를 짓지 않는다. 그러나 소인은 이익에 따라서 패거리를 지을 뿐으로 서로 어울리지 못한다.[166] 그것은 군자가 모든 사람과 어울리면서도 그들과 동화되지 않고 자신의 중심을 잃지 않지만 소인은 이익에 따라서 어떤 사람과도 동화되어 패거리가 되지만 조화를 이루지 못함[167]을 뜻한다.

어떤 사람과 어울리면서도 중심을 지키고 살아가는 군자는 항상 당당堂堂하지만 소인은 항상 당당하지 못하다.[168] 군자는 이것을 선택할 것인가 저것을 선택할 것인가 하고 흔들림이 없고, 다가올 일에 대하여 근심이 없으며, 그 어떤 일을 당하여도 두려움이 없다. 그러나 소인은 언제나 근심하고, 흔들리며, 두려움 속에서 살아간다.[169]

사람들은 살기를 원하고, 편안하기를 원한다. 그러나 하는 행동 곧 살아가는 양태는 군자와 소인이 하늘과 땅만큼의 차이가 있다. 사람의 타고난 성품은 군자와 소인을 막론하고 같지만 살아가는 태도가 서로 다르기 때문에[170] "사람은 누구나 태어나면서부터 막힘이 없이 당당하게 살아갈 수 있

---

164 『論語』衛靈公, "子曰 君子求諸己, 小人求諸人."
165 『論語』里仁, "子曰 君子喩於義, 小人喩於利."
166 『論語』爲政, "子曰 君子周而不比, 小人比而不周."
167 『論語』子路, "子曰 君子和而不同, 小人同而不和."
168 『論語』述而, "子曰 君子坦蕩蕩, 小人長戚戚."
169 『論語』憲問, "子曰 君子道者三, 我無能焉, 仁者不憂, 知者不惑, 勇者不懼."
170 『論語』陽貨, "子曰 性相近也, 習相遠也."

음에도 불구하고 이익에 막히고 욕심에 막혀서 살아가면서도 생명을 잃지 않는 것은 요행이다."[171]

사람들이 육신을 자신으로 여기고 자신의 이익을 위하여 투쟁하면서 살아가는 소인의 삶은 살기는 바라면서도 죽음을 원하는 사람처럼 행동하기 때문에 어리석은 태도라고 하지 않을 수 없다. 그러면 우리는 어떻게 살 것인가?

공자는 군자의 삶을 수기와 안인, 안백성의 두 측면에서 다음과 같이 밝히고 있다.

> 자로子路가 군자君子에 대하여 물었다. 공자가 말하였다. "경敬으로 수기修己를 한다." "이와 같을 뿐입니까?" 말하기를 "수기하여 안인安人한다." 말하기를 "이와 같을 따름입니까?" 말하기를 "수기하여 백성百姓들을 편안하게 한다."[172]

인용문을 보면 공자는 물건적 관점에서 나와 남을 구분하여 양자의 관계를 통하여 군자의 도를 밝히고 있다. 그는 군자의 삶을 수기修己와 안인安人, 안백성安百姓의 두 문제를 통하여 나타내고 있다.

수기가 사람으로서의 내가 누구인가를 파악하는 자아성찰의 문제라면 안인, 안백성은 다른 사람들로 하여금 자신이 어떤 존재인가를 파악하고 자신으로 살아가도록 안내하는 실천의 문제이다.

---

171 『論語』雍也, "子曰 人之生也直, 罔之生也幸而免."
172 『論語』憲問, "子路問君子 子曰脩己以敬. 曰如斯而已乎 曰脩己以安人. 曰如斯而已乎 曰脩己以安百姓 脩己以安百姓, 堯舜其猶病諸."

그런데 수기를 중심으로 안인을 이해하면 앎, 학문에서 시작하여 실천으로 끝을 맺는 것이 되고, 안인, 안백성을 중심으로 수기를 이해하면 안백성을 위하여 수기를 하는 것이 된다. 전자가 역逆 방향에서 군자의 삶을 이해한 것이라면 후자가 순順 방향에서 군자의 삶을 이해한 것이라고 할 수 있다.

공자는 수기와 안인을 동시에 언급하고 있을 뿐만 아니라 "나의 도는 하나로 꿰어져 있다"[173]라고 하여 두 문제가 하나임을 밝히고 있다. 그런데 『논어』의 내용을 보면 공자는 대부분을 정치를 중심으로 논하고 있다. 따라서 공자는 순과 역의 두 방향에서 삶을 언급하면서도 순방향의 실천에 초점을 맞추었음을 알 수 있다.

2. 역방향의 하학이상달下學而上達과 지천명知天命

공자는 인간다운 삶을 군자의 도로 규정하고 그 내용을 수기와 안인의 두 측면에서 나타내고 있다. 수기는 사람으로서의 내가 누구인가를 파악하는 자아성찰이다. 그것은 지금 여기의 나를 대상으로 표층에서 시작하여 심층으로 깊어지는 방향 곧 역방향에서 나를 찾아가는 일이라고 할 수 있다. 그러면 왜 수기修己라고 하였는가?

수기修己는 역逆방향의 삶의 특성을 나타내는 개념이다. 수기는 비록

---

173 『論語』里仁, "子曰 參乎 吾道一以貫之."

나(己)와 남(人)을 구분하여 나를 중심으로 언급하고 있지만 남과 구분되는 나로부터 출발하여 그 나가 나의 전모인지 아니면 그것을 넘어서는 내가 있는지를 파악함을 나타낸다. 따라서 지금 여기의 내가 가짜이거나 없기 때문에 버리고 다른 나를 찾는 것이 아니라 지금 여기의 나의 참됨을 찾는 것이 수기이다.

지금 여기의 내가 부족하다고 여기고 그 부족함을 채우거나 없는 부분을 얻어서 완전하게 하고자 함이 아니라 나의 내가 됨을 발견하는 것이 수기이며, 본래 나의 완전하여 부족함이 없음을 발견하는 것이 수기이고, 내가 고정되지 않고 다양하게 드러남을 발견하는 것이 수기이다.

공자는 수기의 방법을 하학이상달下學而上達이라고 하여 학문을 중심으로 나타내고 있다. 그는 형이하의 차원에서 학문을 시작하여 형이상의 세계에 도달하는 것을 수기의 방법으로 제시하였다. 학문學問의 학學은 남이나 남의 가르침이 담긴 글을 통하여 배우는 일을 나타내며, 문問은 물음을 뜻한다.

물음은 배우고 있는 스승에게 자신이 이해하지 못한 부분을 묻는 것이 아니다. 그렇다면 그것은 남으로부터 지식을 얻고자 하는 구걸일 뿐으로 자신을 닦는 수기라고 할 수 없다. 따라서 학문의 문問은 남에게 묻는 것이 아니라 자신에게 묻는 것이다. 그러면 자신이 자신에게 묻는다는 것은 무엇을 의미하는가?

그것은 표층의 자기 곧 현재 의식이 심층의 자기, 근원적인 자기와 소통하는 것을 말한다. 수기로서의 학문은 남의 지식을 습득하여 육신의 의식에 저장하여 기억記憶하는 것이 아니라 남으로부터 얻는 지식이 나와 남의 구분이 없는 하나의 뿌리 곧 본성에서 유래한 것임을 경험하는 과정이다. 그러면 학문은 어떻게 이루어지는가?

공자는 학문의 방법을 배움과 생각함으로 나타내고 있다. 그는 "배우기만 하고 생각하지 않으면 자기의 것으로 화化하지 않고, 생각하기만 하고 배우지 않으면 위태롭다"[174]고 하였다. 우리가 만약 스스로 사고만을 할 뿐으로 배우지 않으면 의식에 갇혀서 의식의 근원을 경험하지 못하기 때문에 마치 자식을 부모로 여기는 것처럼 본말이 전도顚倒될 수 있다.

그것은 마치 빈 맷돌을 돌리는 것과 같아서 아무런 성과가 없을 뿐만 아니라 맷돌마저도 망가져서 수명을 단축시키는 결과를 초래하는 것과 같다. 그렇기 때문에 사고할 뿐으로 배우지 않으면 위태롭다고 하였다.

그러나 그와 반대로 만약 내가 남에게 배우기만 할 뿐으로 사고하지 않으면 의식의 차원에서 벗어나지 못하고 오로지 의식을 확장하는데 매달리기 때문에 의식의 근원인 마음의 차원을 느끼지 못할 뿐만 아니라 마음을 넘어선 본래성을 체험하지 못한다.

공자는 학문을 중심으로 수기를 논하면서 남이 제시한 글을 중심으로 그 방법을 제시하고 있는데 그 내용은 다음과 같다.

> 공자가 말하였다. 군자가 널리 문장을 배워서 예禮로 묶으면 또한 어긋나지 않을 것이다.[175]

군자가 익히는 학문學文의 문장文章은 군자의 도를 나타내고 있는 글이다. 그렇기 때문에 문장을 널리 배우는 것은 학문의 시작인 동시에 수기修

---

[174] 『論語』爲政, "子曰 學而不思則罔, 思而不學則殆."
[175] 『論語』雍也, "子曰 君子博學於文, 約之以禮, 亦可以弗畔矣夫."

기의 시작이다. 그러나 박문博文의 시작은 약례約禮를 통하여 완성된다.

약례의 예禮는 인간의 본성을 나타내는 인예의지仁禮義知의 사덕四德 가운데 하나이다. 따라서 예로 묶음은 예와 합일合一시킴, 하나로 함의 의미이다. 결국 박문약례博文約禮는 본성을 통하여 그 작용에 의하여 나타난 문장을 매개로 하여 다시 나의 본성과 하나임을 체험하는 동시에 본성에 의하여 문장의 의미를 파악함으로써 지금 여기의 나를 통하여 새롭게 창조됨을 경험하게 됨을 나타낸다.

박문약례를 통하여 이루어지는 학문의 결과를 나타내는 개념이 덕德이다. 공자는 박문博文만을 이룰 뿐으로 약례約禮를 이루지 못함을 "길거리에서 듣고 길거리에서 말을 함은 덕德을 버리는 것이다"[176]라고 하였다. 그것은 박문약례를 통하여 본성과 일체가 되고 그 결과를 덕으로 갖게 됨을 나타낸다. 박문약례는 지금 여기의 나를 중심으로 이해하면 어떤 것인가?

공자는 지금 여기의 나를 중심으로 현재의 나와 과거 곧 미래의 나를 구분하여 두 내가 하나가 되는 과정을 통하여 수기를 다음과 같이 밝히고 있다.

> 안연이 인仁을 묻자 공자가 말하였다. "자기를 이겨서 예禮로 돌아감으로써 인仁을 이룬다. 하루에 자기를 이겨서 예로 돌아가서 인을 이루면 천하가 인으로 돌아가니 인仁을 이룸이 남으로 말미암겠는가!" 안연이 말하였다. "그 구체적인 절목節目을 청하여 묻습니다." 공자가 말하였다. "예가 아니면 보지 말고, 예가 아니면 듣지 말고, 예가 아니면 말하지 말고, 예가 아니면 움직이지 말라." 안연이

---

[176] 『論語』陽貨, "子曰 道聽而塗說, 德之棄也."

말하였다. "제가 비록 명민하지 않으나 그 일을 일삼겠습니다."[177]

인용문의 내용을 한마디로 나타내면 극기복례위인克己復禮爲仁이다. 여기서 우리는 극기克己의 주체가 누구인가의 문제를 발견한다. 왜냐하면 극기의 대상인 기己도 나이며, 극기의 주체도 나여서 내가 둘이 되기 때문이다. 그러면 이 두 나는 무엇인가?

극기克己의 대상으로서의 나는 우리가 나로 여기는 육신으로서의 나이다. 그것은 현재의 나이고, 의식으로서의 나라고 할 수 있다. 이 나를 버리고 떠남으로써 심층의 자신인 인仁과 만남을 나타내는 것이 극기복례위인克己復禮爲仁이다.

그것은 육신을 통하여 지각되는 나를 대상으로 그 이면의 나를 찾아가는 과정이다. 극기를 나를 버리고 떠난다고 표현하였지만 현재의 나, 내가 느끼는 나, 남과 구분되는 나의 차원을 넘어서 예로 돌아가서 그 본체인 인仁에 이름을 뜻한다. 이때 인仁은 본성을 나타내는 사덕四德의 하나이기 때문에 위인爲仁은 인仁을 이룸, 인과 하나가 됨을 뜻한다.

그것은 남의 문장을 통하여 배운 가르침의 내용이 남과 나의 구분이 없는 본성인 인성仁性에 의하여 남의 육신을 빌어서 문장의 가르침으로 나에게 전달되었음을 알고, 육신으로서의 나와 남은 구분이 있지만 본성은 일체이기 때문에 나와 남의 구분이 없는 본성이 나와 남의 다양한 관계로 드러남을 알게 됨을 뜻한다.

---

177 『論語』顔淵, "顔淵問仁. 子曰克己復禮爲仁. 一日克己復禮, 天下歸仁焉. 爲仁由己, 而由人乎哉 顔淵 曰請問其目. 子曰非禮勿視, 非禮勿聽, 非禮勿言, 非禮勿動. 顔淵 曰回雖不敏, 請事斯語矣."

만약 우리가 천하귀인天下歸仁을 물질적 차원에서 내가 어느 날 극기복례위인克己復禮爲仁하였는데 천하가 인仁으로 돌아간다고 이해하면 논리적으로 설명을 할 수 없다. 본래 본성의 차원에서는 나와 남의 구분이 없기 때문에 내가 육신의 차원을 넘어서 근원인 본성에 이르면 비로소 천하는 인仁이 드러난 세계임을 알게 된다.

인仁으로 표현된 본성이 드러난 세계로서의 인문人文을 나타내는 것이 다음의 내용이다. 대부분의 학자들은 이 부분을 사물四勿로 나타내어 군자가 하지 말아야 할 네 가지 행동으로 이해한다. 그것은 역逆방향에서 극기복례위인克己復禮爲仁을 이해한 결과이다.

우리가 역방향에서 극기복례위인을 이해하면 앞의 내용과 같지만 순순順방향에서 이해하면 능히 본래의 자신으로서의 본성이 되어(克己) 예로 돌아가서 인仁을 실천함이 된다.

사물四勿의 내용도 역방향에서는 인용문에서 해석한 것과 같이 이해할 수 있지만 순방향에서는 그 내용이 달라진다. 순방향에서 이 부분을 이해하면 "예禮가 아니면 봄이 없고, 예가 아니면 들음이 없으며, 예가 아니면 말함이 없고, 예가 아니면 움직임이 없다"가 되어 위의 내용은 육신에 의하여 이루어지는 언행이 모두 본성의 작용이 드러난 결과임을 밝히고 있는 부분으로 이해할 수 있다. 그러면 수기를 통하여 도달하는 세계는 무엇인가?

공자는 형이하의 세계로부터 학문을 통하여 도달한 형이상의 세계를 천天으로 언급하고 있는데 그 내용은 다음과 같다.

공자가 말하였다. "나를 알지 못하는구나!" 자공子貢이 말하였다. "어찌 선생님을 모른다고 말합니까?" 공자가 말하였다. "천天을 원만하지 않고,

사람을 원망하지 않으며, 형이하의 세계에서 학문을 통하여 형이상의 세계에 도달한다. 나를 아는 존재는 천天이로구나."¹⁷⁸

인용문을 보면 공자가 학문을 통하여 도달하는 세계를 천으로 규정하고, 오로지 천만이 자신을 안다고 하였음을 알 수 있다. 그러면 그가 말하는 천은 무엇인가?

만약 천이 물리적인 하늘이라면 학문을 통하여 도달하는 형이상의 세계가 물리적 하늘이라는 말도 되지 않는 사태가 일어난다. 천이라는 개념은 물리적인 하늘, 물리적 시간을 가리키기도 하지만 사람의 근거가 되는 천도天道, 천명天命을 나타낸다.

공자는 자신의 일생을 학문을 중심으로 나타내어 "십오十五에 뜻을 세우고, 삼십三十에 자립하였으며, 사십四十에 앎에 대하여 흔들림이 없는 불혹不惑의 상태에 이르렀고, 오십五十에는 천명天命을 알았으며, 육십六十에는 들리는 소리가 마음과 하나가 되어 거슬림이 없었고, 칠십七十에는 마음에서 일어나는 대로 살아도 도에 어긋남이 없다"¹⁷⁹고 하였다.

학문을 통하여 박문이 약례로 이어져서 성품과 하나가 되면 안과 밖에서 일어나는 그 어떤 일도 하나의 근원에서 일어남을 알기 때문에 불혹의 상태가 된다.

그러나 성품과 하나가 되는 박문약례의 상태를 넘어서 하나마저도 없는 상태에 이르러야 한다. 그것을 나타내는 것이 지천명知天命이다.

---

178 『論語』憲問, "子曰莫我知也夫 子貢曰何爲其莫知子也 子曰不怨天, 不尤人, 下學而上達, 知我者其天乎."

179 『論語』爲政, "子曰 吾十有五而志于學, 三十而立, 四十而不惑, 五十而知天命, 六十而耳順, 七十而從心所欲, 不踰矩."

지천명은 내가 있고, 대상으로서의 하늘이 있어서 하늘이 내려주는 천명을 아는 것이 아니라 천과 내가 하나 되어 천인합일天人合一의 상태에서 삶을 살아가는 일이 지금 여기의 내가 해야 할 일임을 느끼게 됨을 뜻한다.

그것은 천도天道를 지금 여기의 나를 통하여 자각自覺함으로써 천명天命을 자각함을 뜻한다. 천명을 자각하면 천명의 차원에서 삶을 살아가기 때문에 밖에서 어떤 일이 일어나도 고요함을 나타내는 것이 이순耳順이다.

군자가 안팎이 하나가 되고, 천과 하나가 되어 천인합일天人合一의 삶을 살아감을 나타내는 것이 종심소욕불유구從心所欲不踰矩이다. 그러면 수기에서 안인으로 넘어가는 순역의 기준이 되는 지천명에 대하여 좀 더 구체적으로 살펴보자.

우리는 앞에서 수기를 통하여 자신의 성품과 하나가 되는 극기복례위인, 박문약례, 하학이상달을 살펴보았다. 그것은 불교에서 나타내고 있는 견성見性, 성불成佛, 열반涅槃의 과정과 비교하여 이해할 수 있다.

우리가 수도를 통하여 본래성을 깨닫는다고 하는 것은 견성과 성불 그리고 구경열반의 세 개의 단계로 나누어 이해할 수 있다. 육신에서 출발하여 그 기능인 의식을 통하여 의식의 차원과 다른 차원의 자신으로서의 본성을 발견하였을 때 우리는 그것을 견성見性이라고 한다.

견성은 비록 성품을 만났을지라도 성품이 본래의 나이기 때문에 하나임을 알지 못하고 둘로 여기는 상태를 나타낸다. 이를 벗어나서 의식과 성품이 하나가 되었을 때를 성불成佛이라고 한다. 그것은 인간다운 인간으로서의 부처가 비로소 되었다는 점에서 성인成人이라고 할 수 있다.

여기에는 우리가 사람이라면 당연히 본성을 주체로 할 때 비로소 사람다운 사람이라고 할 수 있음이 전제가 되어 있다. 이처럼 본성, 자성을 자신으로 여기는 것을 불교에서는 정견正見으로 규정하였다. 그것은 육신을 자신으로 여기는 어리석은 견해인 전도견顚倒見 속에서 살아가는 사람은 사람다운 사람의 삶을 살아가지 않음을 나타낸다.

인간의 가장 내면의 측면인 성품과 가장 밖의 측면인 의식이 하나가 되었을 때는 이미 자성, 본래성과 의식의 구분이 사라졌음을 뜻한다. 자성, 본성, 본래성과 의식 곧 자아의식이 하나가 되면 본래성도 없고, 자아도 없다.

우리는 때로는 본래성과 자아의 구분이 없을 때를 열반涅槃의 경지라고 말한다. 그러나 만약 우리가 불교에서 추구하는 자유로운 경지, 모든 속박을 벗어난 궁극의 경지로서의 열반에 그대로 머물면 우리는 여전히 열반이라는 하나의 속박에 갇혀 있다. 따라서 우리는 열반에도 머물러서는 안된다. 그러면 열반의 경지마저도 벗어나서 그 어떤 것에도 머묾이 없을 때 그는 어떤 사람인가?

본래성을 깨달았음은 본래성과 육신, 마음이 둘이 아님을 알았음을 뜻한다. 그리고 본래성과 그것을 찾는 지금 여기의 내가 둘이 아님을 알게 되면 나와 본래성이 둘이 아니기 때문에 나도 없고, 본래성도 없음을 안다.

본래성과 내가 둘이 아니어서 본래성도 없고, 나도 없음을 알면 나와 남이 없어서 나의 본래성도 없고, 남의 본래성도 없음을 안다. 그것은 시공 세계의 본래성과 나의 본래성이 다르지 않고 하나이며, 사물의 본질과 본래성이 다르지 않아서 하나임을 뜻한다. 나와 세계 그리고 사물의 본질이 일체이기 때문에 나의 본래성과 세계의 본래성 그리고 사물의 본질이 따로 없다.

역방향에서 수도의 과정을 통하여 살펴보면 우리가 본래성을 깨달았을지라도 본래성에도 머물지 않아서 그것마저도 벗어나야 한다. 이처럼 그 어떤 것에도 머물지 않으면 스스로 부족함이 없는 완전함과 충만감 그리고 자유로움을 느낀다. 이 자유로움은 그대로 머물지 않고 자신의 상태를 벗어나서 타자他者로 화化하게 된다.

그것은 나와 남이 둘이 아니어서 없을 뿐만 아니라 나와 시공의 세계가 둘이 아니고, 나와 사물이 둘이 아님을 아는 지혜가 남을 나로 느끼고, 남의 아픔과 고통, 슬픔을 자신의 아픔, 고통, 슬픔으로 느끼는 자비慈悲로 나타남을 뜻한다.

우리가 수도修道를 통하여 열반涅槃의 경지, 천선天仙의 경지에 이르면 당면하는 문제는 열반마저도 벗어나서 지금 여기의 나를 통하여 지혜와 자비를 실천하는 제도濟度이다. 그것은 역逆방향의 수도가 궁극에 이르렀을 때 비로소 순順방향의 제도의 문제에 직면하게 됨을 뜻한다.

우리는 제도濟度가 중심인 삶을 논할 때 비로소 중국유학과 만나게 된다. 중국유학은 지말支末인 육신, 현상에서 출발하여 근본인 자성自性, 도에 이르고자 하는 불교, 도가道家, 도교道敎와 달리 순방향에서 천하를 도道로 제도하는 삶을 제시하고 있다.

『주역』에서는 "천하를 도로 제도한다"[180]라고 하였을 뿐만 아니라 이상적 인격체인 군자의 삶을 "천天에 따라서 명命을 아름답게 한다"[181]고 하여 천명을 언급하고 있다. 공자孔子는 "나를 아는 자도 천天이며, 나를 버리는

---

[180] 『周易』繫辭上篇 第四章, "知周乎萬物而道濟天下라."
[181] 『周易』火天大有卦 大象, "象曰火在天上이 大有니 君子以하야 遏惡揚善하야 順天休命하나니라."

자도 천天이다"¹⁸²고 하였을 뿐만 아니라 "천명天命을 모르면 군자라고 할 수 없다"¹⁸³고 하여 천명天命을 군자가 군자일 수 있는 근거로 제시하고 있다.

유학의 학문적 특성을 가장 나타내는 개념은 천명이다. 천명은 세계의 특성을 나타내는 개념이기 때문에 천도天道와도 깊은 관련이 있다.

『주역』에서 "대형이정大亨以正은 천명天命이다"¹⁸⁴라고 말하고, 또 "대형이정大亨以正은 천도이다"¹⁸⁵고 하여 천도와 천명을 함께 논하고 있음을 보아도 알 수 있다. 그러면 천명과 인간은 어떤 관계인가?

『중용』에서는 "천명天命 그것을 일러 성품이라고 한다"¹⁸⁶고 하여 인간 인간의 인간다움을 나타내는 본성이 천명을 개체적 관점에서 나타낸 것임을 밝히고 있다. 맹자가 "그 마음을 다하면 성품을 알고, 성품을 알면 하늘을 안다"¹⁸⁷고 하여 지성知性과 더불어 지천知天을 제시한 까닭이 여기에 있다. 그러면 하늘天이란 무엇인가?

『능엄경楞嚴經』에서는 52단계의 수행의 과정을 거쳐서 부처가 되기 전에 도교道敎의 수련자들이 말하는 천天을 언급하고 있다. 그리고 우주를 셋으로 나누어서 삼계三界를 논할 때 천을 구분하여 나타내고 있다. 욕계

---

182 『論語』의 憲問에서는 "子曰莫我知也夫 子貢 曰何爲其莫知子也 子曰不怨天, 不尤人, 下學而上達. 知我者其天乎"라고 하였고, 顏淵에서는 "顏淵死 子曰 噫 天喪予 天喪予"라고 하였다.

183 『論語』堯曰, "孔子曰 不知命, 無以爲君子也."

184 『周易』天雷无妄卦 彖辭, "无妄은 剛自外來而爲主於內하니 動而健하고 剛中而應하야 大亨以正하니 天之命也라."

185 『周易』地澤臨卦 彖辭, "臨은 剛浸而長하며 說而順하고 剛中而應하야 大亨以正하니 天之道也라."

186 『中庸』第一章, "天命之謂性 率性之謂道 脩道之謂敎."

187 『孟子』盡心章句上, "孟子曰 盡其心者, 知其性也. 知其性, 則知天矣."

欲界의 6천天과 색계色界의 18천天 그리고 무색계無色界의 4천天을 합하여 28천天을 언급하고 있다. 이는 역방향에서 수도의 과정을 여럿으로 구분하고 각각의 과정에 따라서 도달하는 차원을 나타낸 것이다.

역방향의 수행의 차원에서 보면 삼승三乘이 있고, 불교와 다른 종교가 구분되며, 소승小乘과 대승大乘이 구분되고, 전도된 중생의 세계인 삼계三界와 부처와 보살의 세계인 불국정토佛國淨土가 있다. 그러나 일승一乘의 차원에서 보면 삼계를 떠나서 정토淨土나 법계法界가 따로 있는 것이 아니라 삼계가 그대로 불국정토이다.

중국유학에서 제시하고 있는 천天은 물리적 세계를 나타내기도 하지만 단순하게 인간과 무관한 객관적 세계로서의 자연을 가리키지 않는다. 그것은 물리적 시간의 세계를 나타내는 천天과 천天의 근본, 근원을 나타내는 도가 하나가 된 '천도天道'를 통하여 확인할 수 있다.

천도의 천은 시간의 세계를 나타낸다. 그리고 도는 형이상의 근원, 이치, 원리를 나타낸다. 그렇기 때문에 천도는 시간의 근원인 시간성의 원리를 가리킨다. 시간성은 물리적 시간이 순간을 나타내는 것과 달리 영원한 것에 그치는 것이 아니라 영원한 자신을 벗어나서 시간으로 타자화他者化하는 특성을 갖는다.

시간성이 시간으로 화함으로써 사건의 세계가 형성된다. 그렇기 때문에 천도의 유행이 시간으로 드러나고 시간이 공간으로 드러나서 시공의 현상계와 만물이 형성된다. 이를 『주역』에서 물건을 중심으로 대상화하여 "역易에는 태극太極이 있으니 태극이 양의兩儀를 낳고, 양의가 사상四象을 낳으며, 사상이 팔괘八卦를 낳는다"고 하였을 뿐만 아니라 "생생生生 그것을 일러 역易이라고 한다"[188]고 하여 끊임없는 생성이 변화임을 밝히고 있다.

시간성의 원리인 천도를 자각하면 인간은 천명을 자각하게 된다. 그렇기 때문에 『주역』에서 대형이정을 천도라고 규정하면서 동시에 천명이라고 규정하였다. 대형이정은 천도가 원형이정의 근원인 동시에 대형이정의 네 단계를 거치는 변화로 드러남을 나타낸다.

대형이정이 시간성이 시간으로 화하는 원리를 네 단계를 통하여 나타내기 때문에 천도를 자각한 사람은 매 순간이 갖는 의미로서의 시의성時義性을 알게 된다. 그것은 시간(天)에 따라서 일어나는 생명이 시간성에서 나누어져서 개체적 생명으로 화하고(分), 다시 하나로 합습하는 현상의 근원, 본체, 당체(分+合=命)로서의 시간성 자체를 가리킨다.

시간성은 세계의 근원, 본성을 나와 나의 구분이 없는 일체를 넘어선 차원에서 나타낸 것이다. 그렇기 때문에 시간성의 본성에 의하여 이루어지는 시간의 흐름이 그대로 현상에서는 사건의 흐름으로 나타나고, 물건의 생성으로 나타난다.

천도를 인간이 자각함은 곧 자신으로 주체화함이다. 이처럼 인간의 내면의 심층과 하나가 되었을 때 그것이 천명으로 자각된다. 공자는 "오십五十에 천명을 알았다"[189]고 하였을 뿐만 아니라 "천명을 알지 못하면 (이상적 인격체인) 군자가 될 수 없다"[190]고 하였다.

천명은 천天이라는 대상적 존재가 각각의 사람이 태어날 때 부여해준 일, 사명을 가리키지 않는다. 그리고 천명의 자각은 사람이 물리적 생명을

---

188 『周易』繫辭上篇 第五章, "生生之謂易이오."
189 『論語』爲政, "子曰 五十而知天命."
190 『論語』堯曰, "孔子曰 不知命, 無以爲君子也."

갖고 태어날 때 이미 갖고 나온 해야 할 일을 수기, 수행을 통하여 비로소 알았음을 말하지도 않는다. 왜냐하면 천도는 정해진 이치, 원리를 나타내는 것이 아닐 뿐만 아니라 천명도 운명적으로 내가 아닌 타자로서의 천으로부터 주어진 명령이 아니기 때문이다. 그것은 우리가 인과적 세계를 바탕으로 운명론적 차원에서 천명을 이해한 결과라고 할 수 있다.

천명을 자각함은 천도의 변화를 보고 지금이 무엇을 해야 할 때인지를 아는 지혜와 그때에 따라서 무엇을 해야 할 줄을 아는 자비를 느끼게 됨을 뜻한다.

천명은 언제나 스스로 자각自覺하고, 스스로 느끼기 때문에 자임自任할 뿐이다. 그것은 때와 장소에 따라서 달리 나타나기 때문에 지혜智慧로 드러나고, 때와 장소에 따라서 해야 할 일을 실천하는 자비慈悲로 나타난다.

천도를 천명으로 자각하게 되면 그것은 역방향에서는 본성을 자각함이지만 순방향에서는 본성을 주체로 함이다. 『서경』과 『논어』에서는 천의 역수 원리로 나타내어 천도인 역수 원리가 인간의 존재근거임을 다음과 같이 밝히고 있다.

> 천天의 역수 원리가 네 몸에 있으니 진실로 중中을 잡으라, 사해가 곤궁하면 영원히 잃을 것이다.[191]

위의 인용문에서 "천의 역수 원리가 네 몸에 있다"고 한 것은 천도가 인간의 존재근거임을 나타낸 것이며, "진실로 그 중中을 잡으라"는 인간이

---

[191] 『論語』堯曰篇, "天之曆數가 在爾躬하니 允執其中하라 四海困窮하면 天祿永終하리라."

자신의 본성을 자각함으로써 천도를 천명으로 자각하라는 의미이다.

그리고 사해가 곤궁하면 천록이 영원히 끊어질 것이라는 말은 백성을 다스려야 할 위치에 있는 사람이 천명을 실천하여 백성들로 하여금 안락을 생활을 누리도록 해야 함을 나타낸다. 만약 백성을 다스리는 위치에 있는 사람이 자신의 역할을 하지 못하여 백성들이 곤궁하면 더 이상 통치자로서의 자신의 역할이 주어지지 않음을 나타낸다.

우리는 여기서 진실로 그 중을 잡으라는 "윤집기중允執其中"을 통하여 천명天命이 바로 인간의 본성임을 나타내고 있음을 알 수 있다.

우리가 역방향에서 지금 여기의 나의 본성이 그대로 천명이 드러남을 아는 집중이 이루어지면 본성이 자신이며, 본성에서 모든 것이 이루어짐을 믿고, 그 자리에 맡기고 모든 것을 행하는 실천으로 이어진다.

공자는 학문을 논하면서 "진실한 믿음(主忠信)"[192]을 강조하여 "진실한 믿음이 바로 덕을 향상시키는 방법, 근거, 수단이다"[193]고 하였다. 그것은 순방향에서 인간을 이해하면 수도, 수기를 통하여 비로소 본성을 자각하는 것이 아니라 본래 자신의 심층이 본성임을 믿고 본래의 자신으로 살아가고자 노력하는 과정에서 자신의 체험하고 경험하면서 살아감을 뜻한다.

---

192 『論語』子罕, "子曰 主忠信, 毋友不如己者, 過則勿憚改."
193 『周易』重天乾卦 文言, "子曰 君子는 進德修業하니 忠信이 所以進德也오."

3. 순방향의 순천휴명順天休命과 도제천하道濟天下

지금 여기의 내가 어떤 존재인지 그리고 해야 할 일이 무엇인지를 알았을 때 우리는 그를 천명을 알았다고 한다. 천명을 아는 일은 천도를 알아야 비로소 알게 된다. 그것은 과거와 미래가 하나가 되어 드러나는 현재로서의 영원한 현재의 관점에서 지금 여기의 내가 해야 할 일을 느끼게 됨을 뜻한다.

그러나 지금 여기의 내가 해야 할 일로서의 천명은 대통령이 되거나 검사가 되겠다는 하나의 목표를 알게 됨을 뜻하지 않는다. 그것은 순방향에서 보면 인간으로서의 지금 여기의 나를 어떻게 드러내는 것이 가장 나다움인지를 알게 됨을 뜻한다.

천명의 자각은 단순하게 앎으로 그치는 것이 아니라 그것이 바로 자신의 존재근거임을 알고, 그것이 존재가치임을 알며, 그것을 통하여 자신이 자신으로 존재함을 알기에 실천하지 않을 수 없다.

『주역』에서는 군자가 자각한 천명을 대형이정으로 규정하였다. 그것은 정도로 크게 형통함의 의미이다. 정도正道는 천의 본성 곧 시간성의 내용인 만물을 낳고 길러주고자 하는 덕德[194]을 실천함이다.

그것을 『주역』의 다른 부분에서는 천하를 도로 제도함으로 나타내고 있다. 천하는 인간의 세계를 가리킨다. 그것은 물리적 세계로서의 하늘의 아래가 아니라 시간성이라는 천도가 인간을 통하여 인도로 드러난 세계, 인

---

194 『周易』繫辭下篇 第一章. "天地之大德日生이오."

도로 밝혀진 세계가 천하임을 뜻한다. 그러면 천하를 도로 제도함은 무엇인가?

천하와 동일한 세계를 나타내는 개념이 인문人文이다. 『주역』에서는 "천문天文을 보고 때의 변화를 보고, 인문人文을 보고 천하를 화성化成한다"[195]고 하였다. 천문은 시간성 곧 천도가 드러난 시간의 세계를 가리킨다. 그렇기 때문에 천문을 보고 때의 변화를 안다는 것은 시간의 변화를 통하여 시의성時義性을 파악함을 뜻한다.

우리가 시의성을 파악하면 지금 여기의 인류에게 필요한 일, 지금 인류가 해야 할 일이 무엇인지를 알게 된다. 그것은 인류를 위하여 무엇이 이로운지 그리고 더 나아가서 그것이 온 우주에 이로운지를 알게 된다.

우리가 지금 온 인류에게 이롭고, 온 우주에 이로운 일, 그래서 지금 우리가 해야 할 일이 무엇인지를 파악하면 그것을 천하에 실천해야 함을 느끼게 된다.

그것은 해야 할 그리고 필요한 일이 내가 남보다 지혜로워서 오로지 다른 사람은 할 수 없고 나만이 할 수 있기 때문에 나를 드러내기 위하여 실천하려는 것이 아니다.

본성을 자각하고 천명을 자각하여 천명이 곧 자신임을 아는 사람은 나와 남이 일체임을 알기 때문에 나와 남을 구분하지 않는다. 그는 인류를 하나로 알고, 세계를 하나로 느끼며, 인류의 일, 우주의 일을 자신의 일로 느낀다. 따라서 남, 인류, 우주를 위하여 어떤 일을 하는 것이 아니라 그냥 하기 때문에 무엇을 하여도 한다는 생각이 없다.

천문天文을 보고 시의성을 파악하고 그에 따라서 인문을 본다는 것은

---

195 『周易』山火賁卦 彖辭, "觀乎天文하야 以察時變하며 觀乎人文하야 以化成天下하나니라."

인간의 본성의 세계를 봄을 뜻한다. 그리고 천하를 화성化成한다는 것은 천문이 변變하여 인문으로 화하여 현상을 이룸을 뜻한다. 이는 인간의 본성을 주체로 하여 세계를 화성함을 나타낸다. 그러면 세계를 화성함은 어떻게 이루어지는가?

중국유학에서는 문물제도를 제정함으로써 인간의 세계를 구축하고자 한다. 그들은 천도와 지덕이 하나가 된 도덕을 통하여 지금 여기의 나를 통하여 지선至善의 세계를 세우고자 한다. 천도와 지덕이 하나가 된 세계를 나타내는 개념이 예禮이다.

예는 형이상의 도道와 형이하의 기器를 관통하는 세계를 나타내는 개념이다. 형이상적 측면에서 예禮는 인간의 본래성을 나타내는 사덕四德의 구성요소이지만 형이하의 측면에서 예禮는 도량형, 생노병사의 삶을 규정하는 사례四禮, 음률, 산수算數, 역수曆數와 같이 인간의 세계를 모두 마디를 지어서 나타낸 것을 가리킨다.

예가 인간의 삶에 이루어지는 모든 것을 규정하는 동시에 인간의 사회인 가정, 국가, 천하에서 일어나는 모든 일들의 기준이 되는 규범, 법칙을 나타내기 때문에 유학儒學에서는 예를 중시하지 않을 수 없다.

예가 정치에 적용되었을 때 나타나는 것이 정명론正名論이다. 정명론은 이미 저것과 다른 이것으로 존재하는 이것을 '이것'이라는 이름으로 나타내었다면 그 이름과 이름이 가리키는 대상이 일치하지 않으면 예의 세계 곧 인문의 세계로서의 천하가 무너지기 때문에 천하를 화성하기 위하여 제기된 것이다.

공자는 천하를 구성하는 전형적인 사회인 가정 사회와 국가 사회를 중심으로 "군군신신君君臣臣 부부자자父父子子"**¹⁹⁶**를 정명론의 내용으로 제시하고 있다. 앞의 군군신신은 국가 사회를 구성하는 두 요소인 군주와 신하를 구분하여 양자의 관계를 통하여 천하를 나타내고, 뒤의 부부자자는 가정 사회를 구성하는 두 요소인 부모와 자녀의 관계를 통하여 천하를 나타내고 있다.

부부자자의 부부는 부모라는 이름을 가진 존재가 있다면 그 이름에 걸맞게 부모다움을 나타내고, 자녀라는 이름을 가진 존재가 있다면 그 이름에 걸맞게 자녀다움을 나타낸다. 그리고 군군신신의 군군은 군주라는 이름을 가진 존재가 있다면 그 이름에 걸맞게 군주다우며, 신하를 이름을 가진 존재가 있다면 그 이름에 걸맞게 신하다움을 나타낸다.

결국 앞에서 제시한 내용은 정명론이 명명과 실실이 일치하는 명실상부名實相符를 나타냄을 알 수 있다. 정명론을 천명天命의 관점에서 나타낸 것이 맹자의 정명론正命論이다. 맹자는 정명에 대하여 다음과 같이 나타내고 있다.

> 명命이 아님이 없으니 그 바름을 따른다. 그러므로 명命을 하는 사람은 무너지는 담장 밑에 서지 않는다. 그 도道를 다하여 죽는 사람은 명命을 바르게 함이지만 질곡桎梏에 의하여 죽임을 당하는 사람은 정명正命이 아니다.**¹⁹⁷**

---

196 『論語』顏淵, "齊景公問政於孔子 孔子對曰, 君君臣臣, 父父子子."
197 『孟子』盡心章句上, "孟子 曰莫非命也, 順受其正, 是故知命者不立乎巖牆之下. 盡其道而死者, 正命也, 桎梏死者, 非正命也."

인용문을 내용을 보면 맹자는 일상에서 일어나는 일이 자신이 해결해야 할 일인 천명이 아님이 없기 때문에 오로지 그 바름을 따라서 실천할 뿐임을 나타내고 있다.

그것은 일상의 삶에서 만나는 모든 일들의 천명임을 알고, 시의성에 적중하는 언행을 통하여 드러냄을 나타낸다. 사람이 천명에 따라서 살아가면 법을 어겨서 손과 발에 수갑手匣과 족갑足匣을 차고 아직 죽을 때가 아님에도 불구하고 죽임을 당하는 어리석은 삶을 살아가지 않는다.

사람이 죄를 짓는 것은 자신이 해야 할 일과 하지 말아야 할 일을 모르고 오로지 욕심에 따라서 말고 행동을 하기 때문이다. 욕심은 지혜가 없기 때문에 일어나고, 지혜는 천명을 모르기 때문에 발현되지 않는다. 그러면 평천하는 이루어지는가?

그것은 역방향에서는 명덕明德을 천하에 밝혀서 모든 사람으로 하여금 육신의 본능에 따라서 살아가지 않고 본성에 의하여 명덕明德으로 살아가도록 함으로써 모두가 지선至善의 세계에서 살아가도록 하는 것이다.

명명덕明明德의 구체적인 방법을 역방향에서 나타내면 확충擴充이다. 맹자孟子는 "나의 부모를 부모로 대하는 일로부터 시작하여 남의 부모도 내 부모로 대하고, 내 자식을 나의 자식으로 대하는 일로부터 시작하여 남의 자식도 내 자식으로 대하는 확충"[198]을 언급하였다.

그것은 수도, 수행이 개체적 관점에서 논의될 수 있듯이 실천도, 제도 역시 개체적인 관점에서 비로소 언급될 수 있기 때문이다. 비록 중국유가에서 순방향의 실천을 중시하지만 여전히 나(己)와 남(人)을 구분하여 수기

---

198 『孟子』梁惠王章句上, "老吾老, 以及人之老, 幼吾幼, 以及人之幼, 天下可運於掌."

안인을 논하고, 수기치인을 논하며, 추기급인을 논하는 까닭이 여기에 있다.

명덕을 밝혀서 다른 사람으로 하여금 삶이 새롭게 해주는 일은 본성의 측면에서 보면 자신의 본성을 다함으로써 천지와 더불어 하나가 되는 과정이라고 할 수 있다. 『중용』에서는 본성의 확충을 다음과 같이 밝히고 있다.

> 오직 천하의 지극한 정성스러움(至誠)이라야 능히 자신의 성품을 다하며, 능히 자신이 성품을 다할 수 있으면 능히 다른 사람의 성품을 다할 수 있고, 능히 다른 사람의 성품을 다할 수 있으면 사물의 성품을 다할 수 있고, 능히 사물의 성품을 다할 수 있으면 천지의 화육에 도울 수 있으며, 천지의 화육을 도울 수 있으면 천지와 더불어 나란히 설 수 있다.[199]

인용문에서 천지와 더불어 셋이 될 수 있다는 것은 천지와 하나가 되어 병립할 수 있음을 나타낸다. 이 부분에서는 나로부터 남으로, 그리고 남으로부터 사물, 천지로 본성을 확충하여 천지와 내가 하나가 되는 천인합일을 추구하고 있음을 알 수 있다. 지금까지 살펴본 내용을 정리하여 도표화하여 나타내면 다음과 같다.

```
        천명天命 인성人性
         제도濟度 ⇓
    정심正心, 도심道心, 사단지심四端之心
         제도濟度 ⇓
     명명덕明明德, 도제천하道濟天下
```

정견正見과 순방향의 제도

---

199 『中庸』第二十二章, "惟天下至誠 爲能盡其性 能盡其性則能盡人之性 能盡人之性則能盡物之性 能盡物之 性則可以贊天地之化育 可以贊天地之化育則可以與天地參矣."

우리는 제4부와 제5부 그리고 제6부를 통하여 중국사상을 대표하는 중국불교와 중국유학이 순과 역의 두 방향을 바탕으로 인간의 삶을 나타내고 있음을 살펴보았다. 그것은 중국유학과 중국불교가 인간과 세계를 형이상과 형이하, 도道와 기器, 성性과 상相으로 구분하여 순과 역의 두 방향에서 어느 일면을 중심으로 각각의 이론을 전개하고 있음을 뜻한다.

중국불교는 인간의 심층과 표층을 순역의 두 방향에서 성불成佛을 중심으로 논하여 수도를 통한 증오성불과 본래성불을 논하였다. 그것은 중국불교가 아직은 부처를 이루지 못한 불성불不成佛의 상태에서 출발하여 수도修道를 통하여 성불成佛하는 역逆방향에 중심이 있음을 뜻한다.

역방향에서 성불을 중심문제로 삼는 중국불교와 달리 중국유학은 순방향에서 도제천하를 근본문제로 삼는다. 중국유학은 순방향에서 천명天命에 순응하는 순천휴명順天休命의 삶을 제시하고, 예禮를 통하여 천하를 화성化成하는 적극적인 삶을 나타내고 있다.

『주역』에서 언급된 인간이 갖고 있는 성품을 바탕으로 그것을 보존하여 드러내는 성성존존成性存存의 순順 방향이 중심인 중국유학에서 보면 본성은 본유本有하고, 고유固有하기 때문에 수도를 통하여 깨닫는 것이 아니라 나와 남, 나와 세계의 구분이 없는 차원에서 나와 남을 구분하여 세계를 구분하여 인문人文의 천하를 화성하고, 천문天文을 구분하여 나타내는 것이 삶이다.

중국유학의 관점에서 중국불교를 보면 그들은 마치 말을 타고 말을 찾는 것과 같이 본성을 깨닫고자 하는 수도修道는 그저 현실의 삶을 부정하고 벗어나고자 하는 무책임한 행위로 볼 수밖에 없다.

성리학자들은 불교, 도가, 도교를 이단異端으로 규정하면서 오로지 성리학만이 정통正統이라고 주장한다. 그들은 불교가 현실을 부정하고 실재하지 않는 삶을 추구하는 허무虛無하고, 적멸寂滅한 도도를 제시하기 때문에 이단異端이라고 주장한다. 그러면 중국유학은 아무런 문제가 없는 것일까?

우리가 만약 중국유학의 주장처럼 지금 여기의 나를 그대로 참 나로 여기고 성인이 제정한 옛 제도나 사상을 그대로 따르거나 현실에서 실천한다고 하여 유학자들의 주장처럼 지선至善의 세계가 되는 것은 아니다.

우리가 만약 일상의 사람들이 그러하듯이 육신을 자신으로 여기고, 육신의 기능인 의식을 주체로 살아가면 갈등과 대립이 계속되는 투쟁의 삶, 고통의 삶이 전개될 뿐이다.

그것은 우리가 아무리 지선至善의 세계를 구축하기 위하여 천하에 명덕明德을 밝히겠다는 뜻을 세우고 실천하고자 하여도 자신을 돌아보는 과정을 통하여 내 안의 본성을 느끼고, 그것과 하나가 되는 역방향의 과정이 없으면 순방향에서의 실천이 이루어지지 않음을 뜻한다.

우리가 만약 의식에 의하여 뜻을 세우고 도도로 천하를 제도濟度하고자 하여도 본성이 발현된 공심共心에 의하여 실천을 하지 않으면 자신의 의도와 달리 모든 언행이 다른 사람을 해치는 결과를 낳는다.

그러나 중국불교가 주장하듯이 수도를 통한 증오성불이나 본래성불을 막론하고 오로지 성불成佛만을 추구하는 역방향에서 인간을 이해하고, 인간의 삶을 이해하면 역시 한계를 갖는다. 왜냐하면 그가 성불을 위하여 수도하는 과정도 인간의 삶이고, 수도를 통하여 깨달은 이후의 삶도 인간의 삶이기 때문이다.

그것은 지금 여기의 나를 중심으로 수도를 통하여 이상적인 인간으로서의 각자覺者인 부처가 됨을 추구하는 중국불교가 현실을 떠나서 이상理想의 세계를 찾으려다가 현실을 소홀히 하는 것과 달리 중국유학은 현실에 이상의 세계를 세우고자 하다가 오히려 지선至善의 세계와 멀어지는 결과를 초래함을 뜻한다.

중국불교, 중국도교가 역방향에서 수도에 치중하기 때문에 현실의 문제인 제도濟度에 소홀하게 되고, 중국유학이 순방향에서 평천하를 추구하였지만 수도의 문제가 해결되지 않았기 때문에 욕심을 끝없이 확장하게 된다. 따라서 중국사상의 한계를 극복하기 위해서는 순과 역의 두 방향이 하나가 되는 합일合一이 필요하다.

중국사상은 유불도儒佛道를 막론하고 세계를 형이상과 형이하의 둘로 나누어서 양자를 바탕으로 도道와 기器, 성性과 상相을 구분하여 순과 역의 두 방향의 어느 하나를 중심으로 인간과 세계를 이해하였기 때문에 양자를 합일해야 비로소 문제가 해결된다.

한대漢代 이후의 중국사상사를 살펴보면 중국인들이 끊임없이 서로 다른 성격의 유불도儒佛道가 서로 자가自家를 중심으로 회통시키고자 하였고, 불교도 역시 내도內道와 외도外道를 합일시키고자 하였으며, 교종敎宗과 선종禪宗, 남종南宗과 북종北宗을 합일시키고자 하였다.

우리가 만약 순역이 합일된 차원에서 삶을 살아가면 일상의 마음이 모두 본래성이 드러나는 청정심淸淨心이고, 불성이 작용하는 여래심如來心이며, 본성이 나타나는 도심道心, 정심正心이고, 모든 존재의 이로움을 위하여 작용하는 공심公心이며, 일어나도 일어남이 없는 공심空心이기 때문에 마음을 쓰는 것 자체가 그대로 진실한 실상實相이며, 중도이다.

그러나 오늘날의 인류사회는 과학에 바탕으로 두고 기술이 비약적으로 발전하면서 물질문명이 정신문명을 압도하고 있다. 그것은 과학적 세계관, 과학적 가치관, 과학적 인간관이 중심이 되고, 인문학적 세계관, 가치관, 인간관이 소외되고 있음을 뜻한다.

과학과 기술에 바탕을 둔 세계와 인간은 물질적 세계이자 인과因果의 세계이고, 결정론적 세계이다. 이와 달리 인간과 세계는 형이하적인 차원만이 있는 것이 아니라 도, 본성이라는 형이상적 차원이 있기 때문에 과학의 세계관, 인간관을 통해서는 사람의 사람다움을 밝힐 수 없고, 인간의 인간다운 삶을 찾을 수 없다.

오늘날 인류사회가 과학의 유물론적 세계관, 인간관, 가치관에 의하여 개인주의, 자유주의, 민주주의와 사회주의, 전체주의가 대립하고, 자본주의와 공산주의가 대립하면서 다양한 형태의 이기주의利己主義로 가득하여 갈등을 빚고 있음이 그것을 증명한다.

과학적 세계관인 유물론적 관점에서 보면 인간은 오로지 하나의 물체인 육신일 뿐이다. 그렇기 때문에 인간의 가치는 육신의 기능에 의하여 이루어지지 않을 수 없다. 과학자들은 과학, 기술을 통하여 인간의 기능을 향상시켜서 진화를 시키겠다고 한다.

그러나 인간의 인간다움은 물질적 차원의 육신에 있는 것이 아니라 육신의 기능인 의식을 넘어선 마음을 통하여 파악할 수 있다. 따라서 자연을 넘어선 인문人文, 과학을 넘어선 인문학과 회통적 관점에서 인간을 이해하는 것이 필요하다.

일찍부터 인간을 통로로 하여 세계의 본질을 파악하고자 했던 중국사상에서는 형이하의 물질의 차원을 넘어선 형이상의 도道의 관점에서 인간의 본성을 중심으로 인문의 세계를 제시하였다.

그러나 중국불교가 역방향에서 본성을 깨닫는 상구보리上求菩提의 수행修行을 통하여 견성성불見性成佛을 추구하고, 중국도교가 역방향에서 정精으로부터 출발하여 기신氣神을 거쳐서 연허합도鍊虛合道의 수련修練을 통한 우화등선羽化登仙을 강조하기 때문에 지금 여기의 내가 영위하는 삶 자체에 관심을 기울일 수 없었을 뿐만 아니라 순방향에서 도제천하를 강조하는 중국유가中國儒家도 수기修己를 강조하여 수기가 되지 않는 상태에서는 명덕明德을 천하에 밝힐 수 없었다.

지금 여기에서 이루어지는 나의 삶은 과학이 대상으로 하는 인과因果의 세계, 자연이 전부가 아니며, 수도와 제도를 통하여 나타내는 인과를 넘어선 인문人文의 세계만도 아니다. 세계는 자연이나 인문이라는 실체적 대상이 아니기 때문에 자연과 인간을 구분하거나 인간과 인간이 하나가 된 사회로 대상화하여 나타내는 것은 한계를 갖는다.

자연과 인문, 과학과 경학經學, 학문과 수도가 차원과 성격이 다르면서도 유사類似한 것은 세계와 인간을 물건적 관점에서 실체로 여기고 분석과 종합을 추구한다는 점이다. 자연을 대상으로 하는 과학이 추구하는 분석分析과 동양의 수양, 수기, 수련을 내용으로 하는 수도가 추구하는 합일合一은 모두 물건적 관점에서 인간과 세계를 이해한 결과이다.

분석적 관점에서 인간을 나타내기 위하여 자연을 대상으로 분석을 하면 그 끝에는 양자역학量子力學에서 나타내듯이 인간과 물질의 구분이 사라진다. 그것은 자연을 분석하여 인간을 찾고자 하였으나 그 결과는 인간을 잃어버리는 결과를 낳게 되었음을 뜻한다.

중국사상에서 추구하는 천인합일天人合一, 시각始覺과 본각本覺의 합일, 견성성불見性成佛, 연허합도煉虛合道 역시 인간과 사물을 구분하고 세계를 구분하여 양자의 합일을 추구하게 되면 결국 인간과 세계의 구분이 없는 하나의 세계에 이르고, 하나의 세계마저도 넘어서면 무엇이라고 규정할 수 없는 세계에 이르게 된다.

우리의 출발점은 지금 여기의 내가 누구인가이다. 지금 여기의 나를 오로지 물질적 차원에서 분석하여 육신을 나로 여기는 과학의 관점이나 본성을 중심으로 형이하의 육신을 떠나서 형이상의 본성과 합일슴—하고자 하는 중국사상이 모두 인간의 본성과 마음 그리고 육신이라는 세 측면의 일부에 초점을 맞추었기 때문에 한계를 갖는다.

지금 여기라는 시공 곧 현상에 머물러서 나를 이해하는 과학의 차원에서는 가장 심층의 본성이라는 진면목을 드러내지 못하며, 지금 여기를 떠나서 본성이라는 심층의 나를 찾으면 지금 여기라는 현실의 나를 드러내지 못한다.

우리가 출발점에서 제시한 문제는 지금 여기에서 이루어지는 나의 삶의 의미, 가치, 본질이 무엇인가였다. 우리가 이 문제를 해결하기 위해서 지금 여기의 나를 형이상과 형이하, 현실과 이상이라는 둘로 나누어서 양자에 대한 긍정과 부정, 분석과 종합을 아무리 시도하여도 한계가 있다. 따라서 우리는 앞에서 살펴보았던 과학, 중국사상의 다른 방향과 방법을 통하여 문제에 접근할 필요가 있다.

우리가 앞에서 살펴보았던 과학과 중국사상의 나를 찾는 방법이 모두 지금 여기의 나를 대상화하여 접근하는 방법이다. 그것은 인간으로서의 내가 어떤 존재인가에 대한 과학과 중국사상의 해결 방향과 방법이 모두 지금 여기의 나와 하나가 되어 접근하는 것이 아니라 지금 여기의 나를 각각 따로 떼어내어 해결하고자 한다는 것이다. 따라서 지금 우리에게 필요한 것은 과학, 중국사상과 다른 접근방법이다.

그것은 지금 여기의 나, 지금 여기의 나에 의하여 이루어지는 삶 그 자체로 접근하는 방법이다. 형이상과 형이하, 물질과 마음, 본성과 사물, 인간과 자연, 인간과 사물을 구분하여 양자의 관계를 바탕으로 이루어지는 분석과 종합, 긍정과 부정이 아니라 지금 여기의 나를 그대로 드러내고, 지금 여기의 나의 삶을 그대로 밝히는 방법이다.

지금 여기의 나의 삶 가운데서 이루어지는 일상의 마음 씀은 그대로 본래성의 드러남이기 때문에 본래성이 드러난 마음에 의하여 이루어지는 운신運身 역시 부족하거나 불완전하고 악惡한 것이 없다. 따라서 보완하고 채워야 할 인위적인 수도修道가 필요하지 않다.

우리의 일상의 삶은 서로가 서로를 위하여 심신心身을 하나로 운용運用하기 때문에 삶이 그대로 서로를 제도濟度한다. 우리의 일상의 삶은 서로가 서로의 스승이 되어 가르침을 베풀고 배우면서 살아간다. 그렇기 때문에 우리의 일상의 삶에서 만나는 모든 사물을 떠나서 따로 스승이 필요하지 않으며, 일상의 삶을 떠나서 다른 수도修道, 수기, 수양, 수련이 필요하지 않다.

일상의 삶이 그대로 서로가 서로의 존재근거가 되고, 서로의 존재의미가 되며, 존재가치가 되기 때문에 삶을 떠나서 새로운 깨달음을 얻을 필요가 없다. 우리의 일상의 삶이 그대로 매 순간 스스로를 새롭게 하는 깨달음의 연속이고, 삶이 그대로 끊임없이 새롭게 자신을 드러내는 창조의 연속이다.

우리가 가고, 머물고, 앉고, 눕고, 말하고, 침묵하고, 움직이고, 멈추는 모든 언행과 사고, 분별, 인지, 의지가 그대로 깨달음을 추구하는 상구보리上求菩提이며, 중생을 제도하는 하화중생下化衆生이다. 따라서 역방향에서 자아를 버리고 떠나고, 무아를 찾거나 중도를 찾고 다시 순방향에서 자아를 드러내고, 중도를 드러내는 삶을 사는 것이 아니라 지금 여기의 나의 삶이 그대로 중도中道, 실상實相이다.

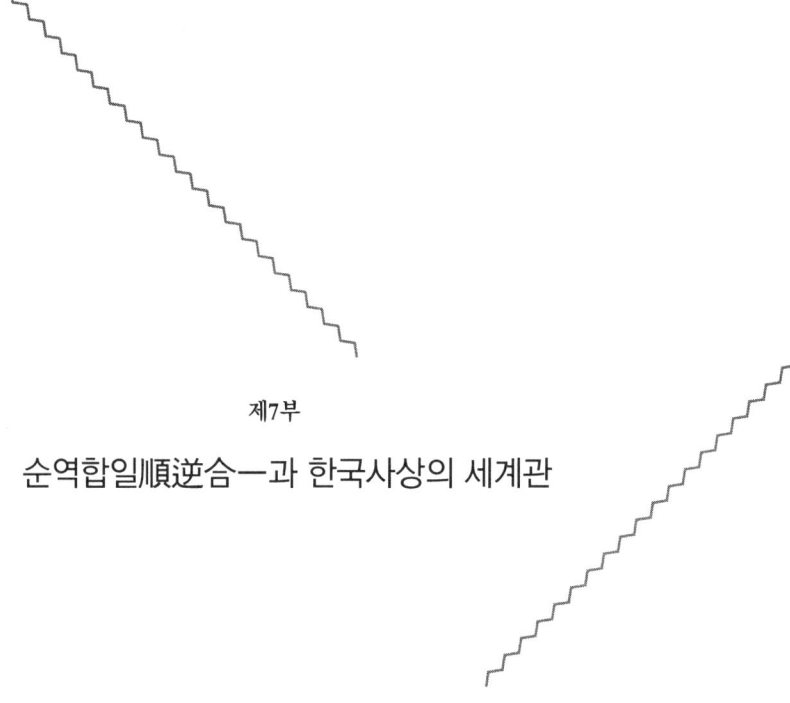

제7부

순역합일順逆合一과 한국사상의 세계관

 이제 우리는 먼 길을 달려서 종착역에 가깝게 왔다. 우리는 앞에서 자연을 대상으로 하는 서구의 과학과 인문을 대상으로 하는 중국사상을 중심으로 인간으로서의 내가 어떤 존재인가를 살펴보았다.

 우리는 제1부와 제2부를 통하여 과학적 관점에서 우리 자신을 탐구하는 것이 한계가 있음을 확인하였다. 그것은 인간을 역방향에서 출발하여 육신의 차원에 머물러서 물질적 차원에서 인간과 세계를 구분하여 양자의 관계를 통하여 인간을 탐구하거나 세계를 배제하고, 인간을 물건적 관점에서 탐구하여 자아와 무아無我 그리고 중도中道라고 하여도 여전히 인간의 전모를 파악할 수 없음을 뜻한다.

 우리는 이어서 제3부를 통하여 인간을 물건적 관점에서 본래성과 마음/의식 그리고 육신의 둘 또는 세 요소로 분석하고, 본성과 육신/의식의 관계를 통하여 인간을 이해하고 더 나아가서 세계를 이해하고자 하였다.

 그리고 우리는 제4부와 제5부를 통하여 중국사상을 중심으로 본래성과 육신을 중심으로 각각 순방향과 역방향에서 인간을 수도修道와 제도濟度를 중심으로 이해하였다. 본래성과 마음/의식 그리고 육신을 순역의 방향에서 수도와 제도를 중심으로 이해하는 방법은 과학적인 접근이 갖는 물질적 차원에서 머무는 한계를 벗어나서 형이상과 형이하의 두 측면을 모두 고찰하는 점에서 장점을 갖는다.

과학적 관점에서 보면 현상의 초월을 나타내는 형이상적 세계로서의 천국과 초월적 존재로서의 창조주創造主를 설정한 종교적 관점을 벗어나기 위하여 형이상적 차원을 철저하게 배격하는데 총력을 기울여 왔기 때문에 그들은 참다운 종교의 세계, 참다운 형이상의 차원을 상실하였다.

중국사상이 과학의 물질적 차원에서 이루어지는 이곳과 다른 세계, 자연과 별개의 세계로서의 형이상적 세계가 아닌 현상을 초월하면서도 현상을 벗어나지 않는 형이상적 세계로서의 도道의 세계와 인간의 본성의 세계를 제시한 점에서는 과학과 다른 특성이 있다.

그러나 중국사상에서도 여전히 인간 자신을 본성과 마음/의식, 육신의 둘 또는 셋으로 구분하여 양자의 관계를 순과 역의 두 방향에서 이해하기 때문에 양자가 하나가 될 수 없는 문제점을 안고 있다.

중국유학에서 순방향에서 삶 자체가 그대로 도의 드러남이기 때문에 오로지 천명天命에 순응順應하는 삶을 주장하면서도 여전히 역방향에서 하학이상달下學而上達, 박문약례博文約禮, 극기복례위인克己復禮爲仁의 수기修己와 안인安人을 주장할 뿐만 아니라 진심盡心, 지성知性, 지천知天을 주장하여 수기, 학문學問, 지성知性을 강조하고 있다.

중국불교에서는 역방향에서 수행을 통하여 견성성불見性成佛을 주장하면서도 상구보리와 더불어 하화중생을 주장하는 대승불교를 표방하고 있다. 교종敎宗에서도 회상귀성會相歸性을 통하여 돈오頓悟점수漸修를 주장하면서도 여전히 성상융회性相融會를 주장하고 있다.

역방향에서 수도를 할 수 있는 근거는 사람마다 본래성을 갖고 있기 때문이다. 왜냐하면 본래성이 없다면 수도를 할 수 없을 뿐만 아니라 수도를 통하여 본래성을 발견하여 하나가 되는 견성성불見性成佛이 불가능하기 때문이다.

그런데 본래성은 수도修道를 하지 않을 때는 없었다가 수도를 하면 나타나는 것도 아니고, 그와 반대로 수도를 하지 않는다고 하여 소멸되지 않아서 고유固有하고, 본유다. 그러면 왜 인간이 수도를 해야 하는 것인가?

우리가 자신의 삶을 돌아보는 수도修道를 하지 않으면 일상의 사람들은 천차만별의 삶을 살아가면서도 왜 살아가야 하는지를 모를 뿐만 아니라 본래성이 있는지도 모르기 때문에 본래성을 주체로 선善하게 그리고 지혜롭고, 자비로우며, 자유롭게 살아갈 수 없다.

그러나 사람들이 반드시 수도를 해야 비로소 사람다운 삶을 살아갈 수 있다면 본래성, 본성, 자성이 있다는 주장은 성립되지 않는다. 그러면 왜 이러한 문제가 발생하는가?

중국사상의 불가, 도가, 도교와 유학을 막론하고 인성, 본성, 자성이라는 실체적 존재가 있다는 실체적 사고에 빠져서 오로지 수도를 논하였다.

중국불교에서 성性과 상相, 이理와 사事를 구분하여 양자를 원융圓融, 융회融會, 합일合一하고자 끊임없이 시도하여 왔던 것 자체가 여전히 순과 역을 구분하여 둘로 여기는 현상적 차원에서 벗어나지 못하였음을 그대로 보여준다.

중국사상이 물건적 관점에서 출발한 것은 과학과 같다. 다만 과학에서는 중국사상에서 지말支末로 규정하는 인과의 세계, 시공의 세계, 사물의 세계를 넘어서지 않는다. 그들이 초월적인 세계를 극단적으로 부정하고, 형이상적 존재를 거부하는 것은 세계를 창조했다고 주장하는 기독교의 신관神觀 때문에 빚어지는 현상이다.

현대의 유물론적 세계관, 인간관을 추종하는 사람들은 서구의 문화가 근세에 이르기까지 기독교의 창조적 세계관으로부터 벗어나기 시작하여 현대에 이르러서 비로소 인간이 신神으로부터 독립하여 주체적인 존재가 되었다고 여긴다.

그러나 과학을 통하여 신의 영역으로부터 탈출한 인간은 이와는 반대로 물질의 영역에 갇히고 말았다. 그것은 현대인들이 과학기술의 발전에 경도傾倒되어 자신을 육신의 관점에서 물질로 여기고 있음을 보면 알 수 있다.

중국사상은 인간을 물질로부터 해방하여 형이상의 세계로 인도引導할 수 있다. 다만 형이상의 세계로서의 근본의 세계, 본성의 세계에 갇히는 것도 역시 신의 세계에 갇히는 것과 다를 것이 없다.

그것은 순과 역을 구분하여 근본인 본래성, 천도天道, 천명天命에 얽매임으로써 여전히 물리적 사물에 얽매이는 것과 같은 결과를 초래할 수 있음을 뜻한다. 순과 역의 구분이 없는 세계를 순과 역으로 구분하였으면 역방향의 수도와 순방향의 제도, 도제천하가 하나임을 밝혀야 한다.

그러나 중국사상사를 보면 유불도의 삼교三敎가 모두 정통正統과 이단異端을 구분하여 서로 다른 사상을 이단으로 배척하면서도 다른 사상을 수용하여 삼교의 합일合一을 추구하였다.

중국유학에서 천인합일天人合一을 추구하고, 중국불교에서 불교와 다른 종교, 교종敎宗과 선종禪宗, 선종의 남종南宗과 북종北宗을 합일하려는 시도는 역방향에서 이루어진다.

  천인합일天人合一, 시각始覺과 본각本覺의 합일合一의 추구는 언제나 가치상의 우열을 갖는 경지를 전제로 한다. 그것은 역방향에서 이루어지는 합일이 평등한 차원에서 이루어지는 합일이 아니라 가치상의 우열을 가진 합일이라는 점에서 정통과 이단의 문제가 제기됨을 뜻한다.

  중국사상이 중국문화, 중국예술, 중국문학에 반영되어 나타나고, 중국사회, 중국정치에 반영되어 나타난다. 중국사상의 합일사상이 정치상으로는 천하통일을 추구하는 현상으로 나타난다. 진시황秦始皇은 살아서는 무력에 의하여 천하를 통일하려는 야심을 실천하였고, 죽어서도 지하에 진흙으로 만든 군대를 만들어서 세계를 지배하려고 하였다.

  오늘날 중국은 공산당의 일당 독재체제에 의하여 국민을 통제하고, 억압하여 소수의 통치자들만이 풍요롭게 살아갈 뿐으로 대부분의 국민들은 그들의 도구로 전락된 삶을 살고 있다. 그들은 중국몽中國夢이라는 미명美名을 내세워 세계를 지배하려는 야욕을 끊임없이 실천하고 있다.

  물건적 관점에서 인간을 본성과 마음/의식 그리고 육신으로 구분하여 본성의 측면에서 의식과 육신이 실체가 없는 환상과 같기 때문에 실체로 여기는 의식을 제거하려는 수행과 수련이 모두 일면에 치우친 전도견顚倒見이듯이 순방향에서 무심無心, 무명無明, 무상無相, 무분별의 세계를 고정화하여 물건적 존재로 이해함으로써 천天이 있고, 그로부터 주어진 명命이 있다는 사고에서 천명을 따르는 순천휴명順天休命을 주장하고, 인문을 바탕으로 천하를 화성化成하고자 하는 주장 역시 아무리 그것을 정견正見이라고 하여도 여전히 정사正邪의 분별에 빠져 있다.

  그것은 순과 역을 나누어서 인간을 이해하고 그것을 바탕으로 세계를 이해함이 가치가 없거나 의미가 없음을 나타내는 것이 아니다. 순적 관점에서 인간과 세계를 이해하면 인간의 주체적이고 능동적인 측면이 부각이 되고, 역적 관점에서 인간과 세계를 이해하면 인간의 수동적이고 객체적인 측면이 부각浮刻된다.

인간의 능동적이고, 주체적인 측면을 통하여 인간의 삶이 자신에게도 구속되지 않고 남과 세계에도 구속됨이 없이 자유로운 존재임이 드러나고, 인간의 수동적이고, 객체적인 측면을 통하여 인간이 남과 함께 살아야 하고, 세계와 함께 살아야 비로소 완전한 삶을 살아갈 수 있음을 알 수 있다.

인간으로서의 우리가 육신이나 마음/의식 그리고 본래성의 어느 일면만을 갖고 있지 않을 뿐만 아니라 세계도 물질이나 마음의 측면만이 있는 것이 아니라 형이상의 측면도 있다. 그렇기 때문에 어느 일면을 중심으로 삶을 규정할 때 그것은 인간의 전모를 드러내기 어렵고, 세계의 전모를 드러내기 어렵다. 그렇다면 그 어떤 일면의 측면에 치우침이 없는 인간의 전모를 드러내기 위한 방법은 무엇인가?

우리가 사용하고자 하는 과학과 중국사상, 과학과 인문학의 관점과 다른 새로운 방법은 지금 여기의 나 그대로 그리고 나에 의하여 이루어지는 삶 그대로를 대상으로 접근하는 방법이다.

그것은 현실을 그대로 긍정하는 과학의 관점과 현실을 부정하고 넘어서려는 중국사상의 관점을 넘어서 대긍정 곧 긍정과 부정을 넘어선 대긍정의 관점이며, 형이상과 형이하, 순과 역을 바탕으로 이루어지는 분석과 합일, 종합을 넘어선 통관洞觀의 관점이고, 매 순간 고정됨이 없이 다양하게 드러나는 방달方達의 관점이며, 드러나도 드러남이 없는 자유자재自由自在한 관점이다. 그러면 구체적으로 어떻게 할 것인가?

그것은 우리가 물건적 관점에서 나와 세계를 구분하여 나를 자아와 무아, 본래성, 마음/의식, 육신의 둘 또는 세 요소로 구분하고, 다시 세계를 천지인天地人의 세 요소로 구분하여 이해하는 물건적 접근으로 말미암아 일어나는 현상이다. 따라서 세 요소로 구분하여 이해하는 관점 자체를 바꾸어야 한다.

첫째는 물건적 관점에서 세계를 형이상과 형이하로 구분하고 양자를 근본根本과 지말支末로 가치상의 우열을 분배하여 이해하는 방법을 고수固守하지 않아야 한다. 그것은 이미 인간으로서의 나와 세계가 있다는 실체론적實體論的 사고를 버리고 나와 세계가 고정되지 않아서 끊임없이 변화하는 변화의 세계관, 인간관을 받아들여야 함을 뜻한다.

둘째는 인간과 세계를 근본과 지말의 본말 관계로 이해하는 관점을 벗어나서 생성의 사태로 이해해야 한다. 인간과 세계는 매 순간 끊임없이 생성된다. 그렇기 때문에 매 순간에 다양하게 이름을 지어서 나타낼 수 있다. 그것은 인간이 어떻게 분별하여 이름을 지어서 물건화하여 나타내느냐에 따라서 세계가 다양하게 생성됨을 뜻한다.

셋째는 생성의 세계는 순역이 합일된 세계를 바탕으로 할 때 비로소 드러난다. 그렇기 때문에 생성의 세계를 통하여 순역이 합일된 세계를 나타내는 것이 필요하다. 그것은 인간의 관점에서는 본래성과 마음, 육신을 순역으로 구분하여 나타내기 이전의 하나가 된 차원에서 우리를 이해하여 자신을 끊임없이 생성되는 존재로 드러내고, 세계 역시 순역이 합일된 차원 곧 순역으로 구분하여 나타내기 이전의 차원에서 끊임없이 새롭게 생성됨을 밝혀야 함을 뜻한다.

그것은 시간적 관점에서는 과거와 미래 그리고 현재라는 시간이 고정되지 않아서 매 순간 새롭게 드러나는 시간이며, 공간적 관점에서는 자아가 없는 점에서 무아無我라고 하지만 무아는 없지 않아서 매 순간 새롭게 드러나는 자아自我이다. 이처럼 물건적 관점과 사건적 관점을 넘어서 순과 역이 합일된 중도, 실상 그 자체의 관점에서 때로는 무아로 때로는 자아로 드러나는 나를 도역倒逆의 두 관점에서 이루어지는 생성으로 나타낸 것은 한국문화, 한국사상이다.

고조선사상을 상징적으로 나타내고 있는 단군신화에서는 환인桓因, 흔님, 하나님이라는 개념을 통하여 분별과 무분별, 하나와 둘, 양변과 중도를 넘어서 있으면서도 양자를 포괄하는 세계를 나타낼 뿐만 아니라 그것을 다시 환웅과 단군 그리고 웅호를 통하여 각각의 세 차원으로 구분하여 상징적으로 나타내고 있다. 그것은 천도와 지도 그리고 인도로 구분하여 나타내기 이전의 세계를 흔님, 환인으로 나타내고 있음을 뜻한다.

환웅, 단군, 웅호는 환인이 때에 따라서 다양하게 자신을 드러내는 하나의 상태이다. 그렇기 때문에 환웅의 차원에서 세계는 유무有無를 벗어나서 분별이 없는 무분별의 차원이라고 할 수 있고, 단군의 차원에서 세계는 나와 남의 구분이 없는 무아의 경지라고 할 수 있으며, 웅호의 차원에서 세계는 나와 남이 분명하게 구분되는 자아의 상태라고 할 수 있다.

매 순간에 이루어지는 환인의 다양한 현현顯現은 19세기의 『정역』에서는 도역의 두 방향 곧 웅호로부터 시작되어 환웅에서 끝나는 역생도성과 환웅에서 시작하여 웅호에서 끝나는 도생역성의 두 방향에서 이루어지는 시생始生과 종성終成의 생성으로 나타내고 있다.

도역倒逆의 생성이 20세기에서 21세기의 한국불교에서는 대행불교大

行佛敎[200]로 나타났다. 대행불교에서는 흔님, 환인의 세계를 평등공법平等空法으로 나타내고 있을 뿐만 아니라 그것을 지금 여기의 나를 중심으로 주인공主人空으로 나타내어서 세계를 주인공의 나툼으로 규정하고 있다.

주인공主人空은 자성自性과 마음 그리고 육신이라는 세 요소를 하나로 나타내는 개념이다. 그것은 주인공이 실체적인 세 요소에 의하여 구성된 물건적 존재가 아니라 때로는 부처로, 때로는 보살로, 때로는 중생으로 나타남을 뜻한다.

그러면 지금부터는 한국사상에서 인간을 어떻게 이해하고 있는지를 살펴보기 위하여 고조선의 흔님, 한글의 세계, 『정역』의 도역의 생성 그리고 대행선사의 평등공법과 나툼을 통하여 한국사상의 세계관을 고찰하고자 한다.

다만 한국사상의 세계관과 인간관을 구분하여 이해하는 것은 양자가 둘이기 때문이 아니라 양자가 본래 구분할 수 없는 하나임을 살펴보기 위함이다.

1. 고조선 사상의 흔님桓因과
순역합일의 이화적리화的 세계관

중국불교가 자성, 본래성을 중심으로 중도中道, 실상實相을 추구하고, 중국도가는 도를 추구하며, 중국도교가 천선天仙을 추구하고, 중국유학이

---

[200] 이 책에서는 조계종의 한마음선원을 세우고 생활불교를 표방하였던 묘공당妙空堂 대행大行선사의 사상을 가리키는 개념으로 사용하고자 한다. 대행은 널리(大) 실천하는(行) 불교라는 의미인 동시에 한마음(大)의 활용(行)으로서의 불교라는 의미이다. 이에 대하여는 이현중의 『대행선과 수행론』, 충남대학교인문과학연구소, 2020, 97~120쪽을 참고하기 바란다.

도로 천하를 제도하고자 하는 점에서는 지금 여기의 나를 벗어나서 새로운 나를 찾아가거나 지금 여기의 세상을 변하여 새로운 세상으로 화하게 하려는 점에서는 모두 역逆방향에 중심이 있다.

그것은 중국문화, 중국사상이 서구의 과학중심의 문화, 사상과 다르면서도 같은 점이 있음을 뜻한다. 중국문화가 인문人文 중심이기 때문에 서구의 자연自然 중심의 문화, 사상과 다른 특성이 있지만 그 출발점과 방향이 같은 점에서 한계를 갖고 있다.

중국유학에서 추구하는 지선至善의 세계, 평천하된 세계, 중국불교의 중도中道, 실상實相의 차원, 중국도가道家의 도, 무위자연無爲自然의 경지, 중국도교의 천선天仙의 차원에서 보면 세계, 경지, 차원이 여전히 지금 여기의 나를 벗어나서 새로운 나, 새로운 세계를 추구하는 점에서 항상 지금 여기의 삶과 어떤 관계인지의 문제를 안고 있다.

근대의 동아시아에서는 동아시아문화, 사상이 서구문화, 서구사상보다 가치상으로 뛰어남을 강조하기 위하여 중국에서는 중체서용中體西用을 주장하였고, 우리나라에서는 동도서기東道西器를 주장하였다.

한국과 중국을 막론하고 동도서기적東道西器的인 사고는 유학儒學을 중심으로 형성된 사고이다. 그것은 유학儒學의 도道가 고갱이이고, 서구의 문화, 사상은 도를 포장하여 담는 그릇과 같이 때문에 서구문화, 서구사상이 아무리 발전하여도 자신들의 문화를 따라올 수 없다는 근본根本과 지말支末의 본말적 사고의 표현이다.

그런데 도, 본래성, 자성, 불성의 관점에서는 나와 남, 나와 세계, 국가와 국가의 구분이 없을 뿐만 아니라 인류와 다른 세계, 우주와의 구분이 없다. 중도, 실상의 세계에서 보면 나와 남, 나의 나라와 남의 나라, 지구의 다른 세계를 구분하는 것은 마치 꿈속에서 세상을 보는 것과 같아서 꿈에서 깨어나면 있다고 할 수 없는 것과 같이 허망한 것이다.

서구 열강의 침략에 대항하기 위하여 중체서용을 내세웠던 중국이 오늘날에는 오히려 그들과 같이 힘에 의하여 세계를 지배하려는 패도霸道를 추구하고 있다. 이처럼 중국을 비롯하여 미국, 러시아, 영국, 독일을 막론하고 세계의 각국이 자국自國 이기주의利己主義에 빠져서 오로지 자국의 이익만을 추구하는 것은 바로 자아自我의 관점에서 벗어나지 못함을 여실히 보여준다.

자유민주주의를 표방하는 미국과 유럽의 나라들은 이성을 중시하기 때문에 합리적인 명분名分을 통하여 설득과 합의를 이룰 수 있다. 그러나 중국, 북한, 러시아와 같은 공산주의 국가의 지도자들은 국민들을 거짓과 선동으로 속이면서 통제와 억압을 하고 있을 뿐만 아니라 공산당의 이익을 위하여 수단과 방법을 가리지 않고 다른 국가를 이용할 뿐으로 대화와 타협이 없다.

오늘날의 중국은 자국의 전통문화, 전통사상을 버리고 유물론적唯物論的 세계관, 실체적實體的인 세계관에 빠져서 변종變種의 유사과학적類似科學的 세계관에 빠져 있다. 오늘날의 중국사회는 그들의 우수한 전통문화, 전통사상에서 멀리 벗어났을 뿐만 아니라 서구문화, 서구사상과도 다른 변종이라는 점에서 전혀 중국적이지 않음을 보여준다.

그들이 전통사상의 회복을 통하여 중국적인 사회를 구축하고 자기 나라의 국민들은 물론 다른 나라 그리고 인류의 소중함을 알고, 공생共生하고자 할 때 비로소 한국사상을 공유하고 한국사상을 바탕으로 자국의 문화를 발전시키고자 할 것이다.

지금 여기의 나는 무아無我도 아니며, 자아自我도 아니고, 본래성도 아니며, 육신도 아니다. 따라서 우리는 물건적 관점에서 인간을 분석하여 본래성, 자성自性, 불성佛性의 차원에서 육신을 향하는 순방향과 육신에서 본래성, 자성을 향하는 역방향을 구분하여 역방향에서 본래성을 찾고, 깨달아서 새로운 나로서의 부처를 이루고자 하는 견성성불見性成佛, 연허합도煉虛合道의 관점에서 벗어나서 순과 역이 합일된 상태에서 때로는 자성, 불성의 상태로, 때로는 마음의 상태로, 때로는 언행으로 드러나는 나를 살펴보아야 한다.

그것은 때로는 무아無我로 드러나고, 때로는 자아自我로 드러나서 고정됨이 없기 때문에 매 순간에 다양하게 나를 드러내는 생성, 창조, 현현顯現, 나툼이 있을 뿐임을 뜻한다. 그렇기 때문에 벗어나야 할 자아도 없고, 벗어나야 할 상相도 없으며, 깨어야 할 무명, 꿈도 없고, 이루어야 할 불도佛道, 도, 열반의 경지도 없다.

인연에 따라서 자식을 만나면 부모로서 나를 드러내고, 부모를 만나면 자식으로 나를 드러낼 뿐으로 나는 부모도 아니고, 자식도 아니다. 그렇기 때문에 삶 자체가 그대로 나 아닌 나의 나툼일 뿐이다.

나도 고정되지 않아서 매 순간 새롭게 드러나기 때문에 어느 하나의 상태를 중심으로 있다거나 없다고 할 수 없고, 시간도 고정되지 않아서 과거와 미래가 둘이 아니고, 공간도 고정되지 않아서 때로는 천국에서 살기도 하고, 때로는 지옥에서 살기도 한다.

지금 여기의 나는 시간상으로 매 순간 새롭고, 공간상으로 항상 다른 모습으로 나타난다. 그렇기 때문에 어떤 모습으로 어떤 생각을 하며, 어떤 말이나 행위를 하더라도 함이 없다. 그것은 중국사상에서 주장하는 함이 없이 하는 것이 아니라 아무리 어떤 사고나 언행을 하여도 함이 없음을 뜻한다.

한국사상의 연원인 고조선사상에서는 고정됨이 없이 끝없이 화化하는 세계를 흔님, 하나님, 환인桓因으로 나타내고, 그것이 끝없이 변하여 화化하는 양상을 환웅과 단군, 웅호의 셋을 통하여 상징적으로 나타내고 있다. 고조선사상을 신화의 형태를 통하여 나타내고 있는 『삼국유사三國遺事』의 내용을 살펴보면 다음과 같다.

『위서魏書』에서 말하기를 지금으로부터 이천년二千年 전에 단군왕검檀君王儉이 아사달에 도읍을 세우고 나라를 세워 조선朝鮮이라고 하였다. 그런데 그때가 (중국의) 요堯 임금이 즉위한 때와 같다. 『고기古記』에서는 (단군檀君의 건국建國에 대하여 다음과 같이) 말하였다.

옛날에 환인桓因의 아들 환웅桓雄이 있어서 수數에 의하여 드러난 천하를 통하여 인간세계를 구하기를 원하였다. 아버지가 아들의 뜻을 알고 아래로 삼위三危, 태백太白을 내려다보니 인간을 널리 이롭게 할 만하였다. 이에 천부인天符印 세 개를 주어 가서 다스리도록 하였다.

환웅이 삼천의 무리를 이끌고 태백산의 정상에 있는 신단수神檀樹 아래로 내려와서 그곳을 신시神市라고 불렀다. 그가 바로 환웅桓雄 천왕天王이다. 그는 풍백風伯과 우사雨師 그리고 운사雲師를 거느리고 곡식, 생명, 질병, 형벌, 선악을 주관하는 등 무릇 인간의 360여 가지 일을 다스림으로써 인간 세상을 이치理致에 의해 교화하였다.

그때에 곰 한 마리와 호랑이 한 마리가 같은 굴에 살면서 항상 신웅神雄에게 인간이 되기를 기도하였다. 이에 신웅神雄은 영험 있는

쑥 한 묶음과 마늘 스무 개를 주면서 "너희들이 이것을 먹고 백 일 동안 햇빛을 보지 아니하면 곧 인간이 될 것이다"라고 하였다. 곰과 호랑이는 환웅이 준 마늘과 쑥을 받아서 먹었다. 그런데 곰은 몸과 마음을 깨끗하게 한 지 21일 만에 여자가 되었으나 호랑이는 계율을 지키지 못하였기 때문에 인간이 될 수 없었다.

웅녀熊女는 함께 혼인할 사람이 없으므로 매일 신단수 아래에서 아이 갖기를 기도하였다. 이에 환웅이 잠깐 인간의 모습으로 변화하여 웅녀와 혼인을 하여 아이를 낳고 그를 단군왕검檀君王儉이라고 불렀다.

단군檀君은 평양성平壤城에 도읍을 정하고 나라를 세워 조선朝鮮이라고 불렀다. 또한 도읍을 백악산白岳山 아사달阿斯達로 옮겼다. 나라를 다스린 것이 1500년이 되었다. 훗날 아사달에 숨어서 산신山神이 되었으니 나이는 1908세이다.[201]

위의 내용 가운데서 『고기古記』의 내용을 인용하고 있는 부분이 중심이다. 여기서 신화神話를 이해할 때 중요한 것은 그 방법이다. 우리는 단군의 고조선 개국에 관한 내용을 신화로만 알고 있기 때문에 역사적 사실을 기록한 것이 아니라고 생각한다. 그러나 『삼국유사』에서 그 내용이 『고기』라는 역사서를 인용한 것임을 밝히고 있다. 따라서 위의 내용은 사실적 관

201　一然,『三國遺事』, 古朝鮮, "魏書云 乃往二千載 有檀君王儉 立都阿斯達 開國號朝鮮 與高同時 古記云 昔有桓因庶子桓雄 數意天下 貪求人世 父知子意 下視三危太伯 可以弘益人間 乃授天符印三箇 遣往理之 雄率徒三千 降於太伯山頂神壇樹下 謂之神市 是謂桓雄天王也 將風伯雨師雲師 而主穀主命主病主刑主善惡 凡主人間三百六十餘事 在世理化 時有一熊一虎 同穴而居 常祈于神雄 願化爲人 時神遺靈艾一炷 蒜二十枚曰 爾輩食之 不見日光百日 便得人形 熊虎得而食之 忌三七日 熊得女身 虎不能忌 不得人身 熊女子 無與爲婚故 每於神壇樹下 呪願有孕 雄乃假化而婚之 孕生子 號曰檀君王儉 都平壤城 始稱朝鮮 又移都於白岳山阿斯達 又名弓忽山 又今彌達 御國一千五百年 周虎王卽位己卯 封箕子於朝鮮 壇君乃移藏唐京 後還隱於阿斯達 爲山神 壽一千九百八歲."

점에서 보면 단군사화檀君史話이다.

　그럼에도 불구하고 우리가 위의 내용을 신화神話로 이해하는 것은 그것이 상징하는 의미를 중심으로 고찰하려는 것이다. 신화는 신들과 관련된 내용이라는 점에서 종교적인 측면을 담고 있기도 하지만 세계의 본질, 특성, 기원 등의 다양한 내용을 상징적으로 나타내고 있는 점에서 한국사상, 한국문화의 원형을 풍부하게 담고 있는 보고寶庫이다.

　우리는 지금부터 단군의 고조선 개국에 관한 위의 내용을 역사적 사실이나 민속, 종교의 측면이 아닌 사상의 측면에서 고찰하고자 한다. 왜냐하면 고조선사상은 역사상으로는 한국역사의 역사정신으로 작용하고 있을 뿐만 아니라 오늘날에는 한국문화의 특성을 나타내는 원형으로 작용하고 있기 때문이다. 그러면 단군신화를 중심으로 한국사상의 특성이 무엇인지 살펴보자.

　단군신화의 내용이 갖는 특성을 파악하기 위해서는 전체의 내용을 관통하고 있는 환인桓因이라는 개념이 상징하는 내용이 무엇인지를 파악하는 것이 필요하다. 단군신화는 환인의 아들인 환웅桓雄이 인간의 세계에 내려와서 세상을 다스리면서 곰과 호랑이를 만나서 그들로 하여금 사람이 되도록 길을 알려주고, 사람으로 변한 곰과 하나가 되어 단군을 낳았으며, 그 단군이 조선이라는 국가사회를 열었다는 것이 전체의 내용이다. 이러한 내용을 살펴보면 환인이 중심이 되어 신화의 모든 내용이 전개되고 있다. 따라서 환인을 어떻게 이해하느냐가 단군신화의 내용을 파악하는 관건이 된다.

　단군신화에서 환인이 상징하는 의미를 파악하는 것이 중요함은 그 내용을 구성하는 구조를 살펴보면 더욱 분명하게 드러난다. 신화의 내용은 크게 환인에 관한 내용과 환인을 다시 환웅을 중심으로 나타낸 부분으로 구분할 수 있다. 먼저 환인을 언급하고 이어서 환인의 아들인 환웅을 인간세계에 내려 보냄으로써 천상의 세계에서 인간의 세계에 나타난 존재가 환웅임을 밝히고 있다.

환인과 환인이 인간 세상으로 내려 보낸 그의 아들로서의 환웅은 서로 다른 관점을 나타낸다. 그러므로 환인이 나타내는 세계와 환웅이 나타낸 세계를 구분할 수 있다. 그리고 환웅의 세계 역시 두 관점을 동시에 갖고 있다. 그 하나는 웅호가 인간이 되는 변화와 단군의 탄생 그리고 모든 일을 주재하는 환웅은 비록 셋이지만 하나를 나타낸다. 나머지는 하나의 환웅이지만 웅호, 단군과 구분되는 측면이 있다. 따라서 단군신화에서 나타내고 있는 내용은 환인의 세계와 환웅의 세계 그리고 환웅·웅호·단군의 셋으로 구분하여 이해할 수 있다.

단군신화는 크게는 환인과 환웅을 나타내는 천신天神, 신웅神雄으로 표현된 천天의 세계와 곰과 호랑이로 표현된 지地의 세계 그리고 결혼으로 표현된 두 세계가 하나가 된 세계로서의 단군으로 표현된 인간의 세계 곧 천지인天地人의 세계로 나타낼 수 있다.

그런데 환인의 아들인 환웅이 인간의 세계에 내려와서 세상을 다스림을 이화(在世理化)로 표상하고 있으며, 지상의 곰과 호랑이가 사람이 되는 것도 역시 변화(願化爲人)로 표현하고 있다. 이는 천지인의 공간적 세계로 구분하여 나타낼 수 있는 내용이 고정된 것이 아니라 변화의 세계, 사건의 연속으로 나타내고 있음을 뜻한다.

그리고 이화理化의 내용을 360의 수數로 나타내고 있을 뿐만 아니라 천부인天符印 3개, 햇빛을 백일 동안 보지 않음(不見日光百日), 21일 동안을 조심함(忌三七日)과 같이 수와 시간을 나타내는 일日이라는 개념을 함께 사용하고 있다.

앞에서 살펴본 내용을 통하여 단군신화의 내용이 시간과 관련되어 있음을 알 수 있다. 그러나 단군신화의 내용이 단순하게 시간 자체를 나타낸 것은 아니다. 만약 그렇다면 굳이 신화의 형태를 빌려서 그것을 나타낼 필요는 없었을 것이다.

그것은 단군신화의 내용을 나타내는 개념이 화化이지만 물건적 변화를 나타내는 것이 아님을 뜻한다. 왜냐하면 물건적 관점에서의 변화는 어떤 물건이 있어서 그것이 변變하여 다른 물건으로 화化하는 점에서 실체적 세계관을 나타내고 있지만 수를 통하여 표현되는 세계는 물건적 세계가 아니기 때문이다. 그러면 단군신화가 표상하는 내용이 시간과 관련된 어떤 것인가?

단군신화가 나타내는 내용은 단군신화를 일관하는 환인桓因이라는 개념을 통하여 확인할 수 있다. 환인이라는 개념이 나타내는 의미는 뜻과 소리의 두 관점에서 이해할 수 있다. 왜냐하면 환인이라는 개념이 뜻을 중심으로 표현되었을 수도 있고, 소리를 중심으로 표현되었을 수도 있기 때문이다.

먼저 환인은 뜻을 중심으로 이해하면 환桓은 빛을 의미하고, 인因은 원인, 근원을 뜻한다. 그러므로 환인은 빛의 원인, 빛의 근원[202]이 된다. 이때 빛은 밝음으로 어둠과 함께 시간을 나타내는 개념으로 사용된다. 따라서 환인은 밝음과 어둠을 통하여 나타내는 시간의 근거가 되는 시간성時間性을 나타낸다.

우리는 일반적으로 시간성을 시간이 갖는 속성으로 이해한다. 그것은 시간이 과거와 미래 그리고 현재로 구분되어 나타나고, 장단의 길이가 있으

---

202 「揆園史話」肇判記, "桓者卽光明也, 象其體也 因者本源也 萬物之藉以生者也."

며, 과거에서 미래를 향하여 흐르지만 미래에서 과거를 향하여 흐를 수 없다는 것과 같은 물리적 시간이 갖는 특성이다.

그러나 시간성은 물리적 시간이 갖는 속성을 가리키는 것이 아니라 물리적 시간의 근원, 존재근거를 가리킨다. 물리적 시간은 형이하적이지만 시간성은 형이상적이다. 따라서 시간성에 의하여 시간이 존재하지만 시간은 시간성을 떠나서 존재할 수 없다.[203]

우리말을 중심으로 환인桓因을 이해하면 하나를 나타내는 혼과 님을 나타내는 인이 결합하여 형성된 개념으로 혼-님, 한-님, 하나-님이 된다. 이때 하나는 모든 것, 전체, 일체, 하나, 한결같음, 영원함이라는 여러 가지 뜻을 갖고 있다. 그리고 님은 근원, 본질을 나타내는 개념이다. 따라서 하나님은 모든 것의 근원, 일체, 근원과 그것이 드러난 현상 전체를 나타낸다.

하나-님은 입자적 관점, 공간적 관점에서 모든 물건들의 근원이라는 점에서 하나-님이지만 시간의 차원에서는 과거와 미래 그리고 현재라는 세 양상이 모두 하나의 근원의 현현顯現임을 나타낸다. 시간상으로 영원한 근원, 한결같은 근본은 시간의 존재근거인 시간성이다. 이렇게 보면 환인이 상징하는 의미는 우리말과 뜻의 두 측면에서 모두 동일하게 시간성을 상징적으로 나타내고 있다.

빛의 근원, 시간의 근원, 만물의 근원이자 만물 자체, 세계인 하나님 곧 시간성은 시간과 그 차원이 다르다. 그렇기 때문에 시간성은 시간이 갖는 속성을 나타내는 개념이 아니어서 시간을 초월하지만 그렇다고 하여 시간을 벗어나지 않는다.

---

[203] 시간성과 시간의 관계에 대하여는 이현중의 『정역철학』, 학고방, 2017을 참고하기 바란다.

시간성과 시간의 존재양상이 서로 다르기 때문에 시간의 차원에서 보면 시간성을 인식하거나 알 수 없는 점에서 보면 시간성은 없다. 그렇다고 하여 그것이 시간의 지속持續이나 정지停止, 소멸消滅을 뜻하지 않는다.

시간성이 시간을 초월하지만 시간으로 끊임없이 현현하는 점에서는 시간을 떠나서 시간성은 존재하지 않는다. 시간성은 시간의 존재근거, 근원이라는 점에서는 시간을 초월한다고 할 수 있지만 시간으로 타자화他者化하는 점에서는 시간을 벗어나지 않는다.

시간성 가운데는 시간과 공간이 상즉相卽된 4차원으로서의 세계뿐만 아니라 다차원의 세계를 내함內含하고 있다. 그것은 예로부터 신神으로 표상된 세계, 하나로 표상된 세계, 무無로 표상된 세계, 공空으로 표상된 세계이다.

시간성의 세계는 빅뱅을 통하여 우주로 나타나는 유有의 세계를 벗어나 있지만 유有의 세계를 포함하고 있는 점에서 단순하게 유有와 구분되는 무無의 세계라고 할 수 없다. 그러면 환웅이 표상하는 내용은 무엇인가?

환웅이 표상하는 내용은 그가 환인의 아들이라는 점과 인간의 세계로 내려왔다는 표현을 통하여 그 특성을 찾을 수 있다. 부모와 자식은 질적인 측면에서는 일체적이지만 부모의 삶이 자식을 통하여 계승되는 계대繼代의 측면에서는 구분된다.

환인이 시간성을 본체의 관점에서 상징적으로 나타낸 것이라면 환웅桓雄은 작용의 측면에서 시간성을 나타낸 것이다. 환인과 부자의 관계로 나타낸 것과 환인으로부터 떨어져 나와서 인간세계로 내려왔다는 표현이 그것을 나타낸다.

시간성을 작용을 중심으로 나타내면 시의성時義性이 된다. 그것은 시간성을 시간의 차원에서 나타내면 매시간이 갖는 의미로서의 시의성이 됨을 뜻한다. 물건적 관점에서는 환인이 이치와 현상으로 구분하여 나타내기 이전의 세계를 나타내는 개념이라면 환웅은 현상화한 환인을 나타낸다고 할 수 있다.

그것은 환인은 현상의 관점에서는 시간성 그 자체가 아니라 공간화한 공간성으로 드러남을 뜻한다. 시의성이 매시간의 본질이라는 것은 공간적 측면에서는 공간의 본질, 근원으로서의 공간성이 됨을 뜻한다.

시간성과 그것이 현상한 시의성, 공간성 그리고 시공이 하나가 된 다차원의 세계가 환웅이 표상하는 세계이다. 환웅의 관점에서는 시간성과 공간성이 일체일 뿐만 아니라 시간과 공간 역시 상즉적相卽的이다.

다음에 곰과 호랑이로 표상된 세계는 사물의 세계이다. 그것은 환인의 세계를 작용을 중심으로 나타낸 것이 환웅의 세계이듯이 환인의 세계를 현상을 중심으로 나타낸 것이 곰과 호랑이의 세계임을 뜻한다. 시공의 세계를 사건과 물건으로 구분하여 나타낸 사물의 세계가 바로 웅호의 세계이다.

곰과 호랑이를 통하여 표상된 사물의 세계는 동굴 안으로 표현된 어둠의 세계와 동굴 밖으로 표현된 빛의 세계로 구분된다. 명암明暗이 반복되어 형성되는 주야晝夜를 통하여 하루라는 시간이 형성되고, 그것을 바탕으로 사건을 고정화함으로써 물건의 세계가 형성된다.

곰과 호랑이는 인간이 되는 사건에 있어서도 각각 성공과 실패라는 서로 다른 사건을 표상한다. 곰은 인간으로 변화하는 진화進化의 과정에서 성공을 하였지만 호랑이는 실패를 하였다. 이처럼 모든 분별이 나타나는 세계가 바로 곰과 호랑이가 표상하는 사물의 세계이다.

그런데 환인이 환웅을 통하여 인간세계에 내려오는 현상과 웅호가 인간이 되어 환웅과 결혼하는 현상은 그 성격이 서로 다르다. 공간적 구조를 통하여 나타내면 환인은 천상에 있으며, 웅호는 지상에 있다. 그러므로 환웅이 인간세계에 내려오며, 웅호가 사람이 되어 환웅과 결혼하는 것은 환인과 하나가 되는 것과 같은 점에서 위로 상승하는 것이다.

환웅을 통하여 인간세계에 내려오는 환인의 작용과 환웅을 통하여 인간이 되고 결혼하여 하나가 되는 환인을 향한 웅호의 작용은 서로 반대의 작용이다. 이처럼 서로 반대의 작용이라는 측면만을 보면『주역』에서 형이상과 형이하, 도와 만물의 관계를 나타내는 순역順逆의 개념과 같다고 생각할 수 있다. 왜냐하면 환인이 환웅을 통하여 인간세계에 내려옴은 순順이며, 웅호가 환웅을 매개로 하여 인간이 되고 환웅과 하나가 됨은 역逆이라고 할 수 있기 때문이다.

『주역』에서는 천도天道가 아래로 작용하고, 지도地道가 위로 작용함을 각각 순과 역의 구분하여 나타내면서 역逆을 버리고 순順을 좇을 것을 주문하였을 뿐만 아니라『주역』이 추구하는 방향이 역逆임을 분명하게 밝히고 있다. 이는『주역』을 연원으로 형성된 중국사상의 특징이 인도人道 그것도 수행론이라는 역逆방향에서 회통會通, 합일合一을 목표로 형성되었음을 단적으로 보여주는 것이다.

그런데 환웅의 재세이화在世理化와 웅호의 원화위인原化爲人의 결과 나타나는 단군의 탄생의 모든 과정이 환웅을 통하여 이루어진다. 그것은 환웅으로 표상된 순방향과 웅호로 표상된 역방향이 구분되면서도 양자를 모두 환웅이 주재主宰하는 점에서 일체임을 동시에 나타내고 있음을 뜻한다.

우리는 두 방향에서 이루어지는 화化함이 모두 환웅에 의하여 이루어짐을 통하여 환웅의 순방향이 바탕이 되어 웅호의 역방향의 작용이 이루어지기 때문에 양자가 일체이면서도 서로 구분되는 관계임을 알 수 있다.

웅녀와 환웅이 부부가 되어 결혼을 함은 곧 순방향과 역방향이 일체임을 뜻한다. 그리고 부부가 잉태하여 낳은 자식이 단군이라는 것은 단군이 표상하는 세계가 바로 순방향과 역방향이 하나가 된 세계임을 나타낸다.

그리고 단군이 개국한 조선은 하나의 세계를 나타낸다. 그것은 순방향과 역방향이 하나가 된 세계를 표상하는 것이 조선朝鮮이라는 세계임을 뜻한다. 따라서 단군신화를 통하여 표상된 세계의 본질은 바로 조선이라는 개념을 통하여 상징적으로 나타내고 있다. 그것은 한국사회, 한국의 역사, 한국의 미래가 바로 순역이 하나가 된 세계임을 뜻한다.

순방향의 세계의 출발점인 환웅과 역방향의 출발점인 웅호가 하나가 된 세계가 바로 단군왕검의 세계인 동시에 고조선의 세계이다. 물건적 관점에서는 환웅은 천신天神의 세계를 표상하고, 웅호熊虎는 지상의 하나의 사물과 또 다른 하나의 사물로 규정된 개체적 세계이다. 그러므로 양자가 하나가 된 세계, 순역이 하나가 된 세계는 신과 물이 하나가 된 신물일체神物一體의 세계이다.

환웅으로 표상된 세계는 무분별의 세계인 점에서 무無라고 할 수 있다. 그러나 한 마리의 곰과 한 마리의 호랑이와 같이 이것과 저것으로 구분되는 웅호의 세계는 사물의 세계로 그것은 분별의 세계인 점에서 유有의 세계이다. 그러므로 양자가 하나가 된 세계는 유무有無가 합일合一된 세계이다.

그런데 환웅은 인간의 세상으로 내려옴으로써 비로소 신웅神雄이면서 이화理化의 주체로 나타내고 있다. 그것은 환웅이 인간의 세계에서 비로소 원리, 이치로 표상됨을 뜻한다. 그리고 인간의 세계에서는 웅호 역시 하나의 생명체로 여겨진다. 웅호가 사람이 되고자 하는 뜻을 세우고 일정한 과정을 거쳐서 인간이 되었을 뿐만 아니라 환웅도 역시 인간 세상을 제도하려는 뜻을 갖고 있음을 보면 이를 알 수 있다.

환웅과 웅호를 막론하고 자신의 뜻을 세우고 그것을 실천함에 따라서 사람이 되고 그 결로서의 환웅과 곰이 하나가 되는 혼인의 과정을 거치게 된다. 이는 세계의 본질이 뜻을 세우고 그것을 실천하는 창조의 과정임을 나타낸다.

그것은 순역이 합일된 고정된 세계가 아니라 뜻에 따라서 이루어지는 변화의 세계임을 뜻한다. 환인이 인간의 세계에서는 자식인 환웅으로 변하여 나타남으로써 천신이 된 것은 환인이 환웅으로 변하고 다시 환웅과 웅호 그리고 단군으로 화함을 뜻한다.

또한 환웅이 인간세상에서 이화理化할 뿐만 아니라 웅녀가 원하자 그의 뜻에 따라서 남자가 되어 아버지의 역할을 하였다. 웅호 역시 자신의 상태를 고집하지 않고 사람이 되고자 하였고, 곰은 사람이 되어서도 다시 그 상태를 고집하지 않고 결혼을 원하였다.

환웅이 웅녀의 청혼을 받아들이고, 웅녀가 환웅과 결혼을 한 것은 각자가 자신의 상태를 고집하지 않고 타자화他者化함으로써 서로가 하나가 되는 회통會通과 합일合一을 표상한다. 따라서 신화가 표상하는 단군왕검의 세계 곧 고조선의 세계는 모든 사물이 회통하고 합일된 통섭의 세계이다.

이제 앞에서 살펴본 내용을 바탕으로 단군신화의 내용을 정리하여 보자. 먼저 흔님, 하나님, 환인으로 표현된 세계를 나타내기 위하여 사용된 환웅과 단군, 웅호의 개념은 물건적 존재를 나타내는 것이 아니라 흔님이 화하는 과정을 나타낸다. 그것은 환웅을 나타내는 재세이화在世理化, 가화이혼지假化而婚之, 웅호를 나타내는 원화위인原化爲人의 개념들을 통하여 확인할 수 있다.

환웅과 단군, 웅호가 나타내는 세 과정, 세 단계를 거치는 화化함은 환웅에서 시작되어 웅호에서 끝나는 과정과 웅호에서 시작하여 환웅에서 끝맺는 두 방향을 구분하여 양자의 관계를 통하여 이해할 수 있다. 그러면 환인과 환웅, 단군, 웅호의 관계를 씨와 열매의 관계를 통하여 이해하여 보자.

환웅으로부터 시작하여 웅호에서 끝나는 순방향의 과정은 열매가 씨로 화하는 작용이라면 웅호로부터 시작하여 환웅에서 끝나는 역방향의 과정은 씨가 뿌려져서 싹이 트고 꽃이 피어서 열매로 화하는 과정이라고 할 수 있다.[204]

우리가 웅호가 사람이 되고, 환웅과 결혼을 하는 과정을 중심으로 단군신화를 이해하면 환웅은 웅호가 원하는 최종목표라는 점에서 열매라고 할 수 있고, 웅호는 씨라고 할 수 있다. 이때 씨와 열매는 본래 하나여서 구분이 없지만 인간이 편의상 구분한 나타낸 것이다. 이처럼 씨와 열매의 구분이 없으면서도 씨와 열매로 나타나는 세계를 나타내는 개념이 환인이다.

그런데 단군신화를 보면 환인을 나타내기 위하여 먼저 환웅이라는 열매에서 시작하여 환웅이 인간세계에 내려와서 이화理化함으로써 현상세계를 다스리는 것으로 나타내고 있다. 그것은 열매가 변하여 씨로 작용하는 관점을 나타낸다.

환인이 환웅으로 인간 세상에 내려옴은 이상적 인격체인 성인聖人, 부처, 대인大人이 인간 세상에서 일상의 삶을 살아감을 나타낸다. 우리는 부족하거나 불완전하고 부지不知하고, 불능不能한 존재가 아니라 완전하고,

---

[204] 이현중, 「한국사상과 방달의 인문학」, 충남대학교출판문화원, 2018.

충만하며, 자유로운 존재이다.

그러나 현상으로 드러나는 우리의 삶은 열매를 씨로 심어서 싹이 트고, 꽃이 펴서 새로운 열매를 맺도록 가꾸는 일의 연속이다. 그것을 단군신화에서는 웅호가 사람이 되고자 하는 뜻을 세우고, 사람이 된 후에는 다시 환웅과 하나가 되기 위하여 뜻을 세워서 환웅과 결혼함으로써 하나가 됨으로 나타내고 있다.

이제 흔님, 환인을 먼저 제시하고 환인을 환웅과 웅호를 중심으로 두 방향에서 나타내고 있음을 통하여 단군신화에서 나타내고 있는 고조선사상은 중국사상의 순과 역을 구분하여 보는 물건적 체계와 달리 순역이 합일된 사건적 차원에서 세계를 변화로 나타내고 있음을 알 수 있다.

환인桓因을 나타내는 환웅이 변하여 웅호로 화化함이나 웅호가 변하여 환웅으로 화化함은 모두 환인을 두 측면에서 나타낸 것이다. 그것은 시종의 선후관계를 중심으로 나타내면 환웅에서 시작하여 웅호에서 끝나는 생성과 웅호에서 시작하여 환웅에서 끝나는 생성이라고 할 수 있다.

환웅의 관점에서 보면 환인은 끊임없는 시간의 생성, 사건의 생성으로 나타난다. 그런데 웅호의 관점에서 보면 그것이 모두 환웅으로 수렴되고, 환웅에 의하여 이루어기 때문에 생성이 일어나도 일어남이 없다. 따라서 환인이 상징하는 세계는 끊임없는 생성으로 드러나는 변화의 세계이면서도 변화함이 없는 세계를 나타낸다.

환인을 통하여 나타내고 있는 세계는 중국이나 서양의 세계관에서 보여주는 물건적 세계가 아니라 사건적 세계이며, 물리物理에 의하여 결정된 기계적 세계가 아니라 끊임없이 변화하는 살아 있는 세계, 생명이 넘치는 세계이다.

그리고 고조선으로 표상된 한국의 세계는 중국불교에서 원리遠離해야 할 대상으로 간주하는 상相의 세계, 환화幻化의 세계가 아니라 실상實相의 세계이면서도 실다운 상相이 없는 세계이다. 지금까지 살펴본 내용을 정리하여 도표로 나타내면 다음과 같다.

훈님/환인桓因		
환웅 시간성 ⇓⇑	생성	신리神理
단군 인간성 ⇓⇑	자유	성리性理
웅호 공간성 ⇓⇑	합일	물리物理
제세이화在世理化, 홍익인간弘益人間		

훈님/환인桓因과 순역합일

위의 도표에서 확인할 수 있는 바와 같이 환인이 표상하는 훈님, 하나님의 세계는 환웅과 단군 그리고 웅호로 표상된 세 요소를 통하여 드러나는 생성이다. 그것은 훈님이라는 구분할 수 없는 세계가 환웅에서 시작하여 단군을 거쳐서 웅호로 드러나는 동시에 삼세三世라는 현상은 그대로 만물이 하나여서 양자를 넘어선 중도임을 나타낸다.

그것은 훈님, 환인이 상징하는 세계는 인간과 자연, 인간과 세계, 형이상과 형이하, 도道와 기器가 하나가 된 세계를 바탕으로 그것이 환웅, 단군, 웅호로 드러나는 동시에 웅호, 단군, 환웅은 훈님, 환인으로 귀결됨을 뜻한다.

세계를 형상形狀을 중심으로 도道와 기器를 구분하여 양자의 관계를 순과 역의 두 방향에 나타내는 중국사상은 도와 기, 성性과 상相, 이理와 사事, 본성과 육신을 실체적 관점에서 접근하는 것과 달리 고조선사상은 흔님, 환인이라는 언어를 넘어서고, 분별과 무분별을 넘어서며, 고정되지 않아서 도와 기, 순과 구분할 수 없는 세계가 때로는 환웅으로, 때로는 단군으로, 때로는 웅호로 현현顯現함을 나타낸다.

그런데 단군신화를 통하여 살펴보면 시간성의 세계관, 변화의 세계관, 순역이 합일된 세계관, 이화적 세계관의 특징은 환웅이 인간의 세계에 뜻을 두고, 인간의 세계에 내려왔으며, 웅호 역시 인간이 되기를 원하였을 뿐만 아니라 그 염원이 이루어져서 인간이 되고 마침내 환웅과 하나가 되었음을 통하여 나타나는 인간 중심이다.

그것은 고조선의 세계관에서 인간이 중심이 되어 환웅과 웅호, 신과 사물, 형이상과 형이하, 순과 역, 시간성과 시간이 하나가 됨을 뜻한다. 지금 여기의 나를 통하여 세계가 전개되고, 세계가 지금 여기의 나로 수렴된다.

단군은 환웅과 웅호가 하나가 된 세계를 나타내는 동시에 단군에 의하여 환웅과 웅호가 나누어진다. 따라서 단군이 나타내는 시간상의 현재성이 미래성과 과거성이 나누어지고 하나가 되는 중심이다.

지금 여기의 나의 본성이 세계를 구분하는 근거가 되고, 하나가 되는 중심이 된다. 따라서 지금 여기의 내가 어떤 존재인지를 파악하고 나로 살아가는 일이 인간으로서의 나의 삶에 있어서 가장 중요한 그리고 먼저 해결해야 할 과제임을 알 수 있다.

2. 한글의 창제 원리와 순역합일의 삼재합일적三才合一的 세계관

인간의 삶에서 말과 그것을 나타내는 글의 중요성은 아무리 강조해도 지나치지 않다. 우리는 언어를 통하여 다른 사람과 소통하고, 공감하면서 일상의 삶을 살아간다. 이때 언어는 사고의 세계와 유기적인 관계를 갖는다.

인간의 사고는 언어에 의해 이루어지며, 사고의 세계는 언어에 의해 드러난다. 어느 나라, 어느 민족을 막론하고 자신의 고유한 사유의 세계를 드러낼 수 있는 독특한 언어 세계를 갖고 있다. 그것은 민족, 국가마다 자신의 세계관, 인간관, 가치관을 나타낸 자신들만의 언어를 사용하게 됨을 뜻한다.

만약 남의 글을 빌려서 자신들의 사유체계를 나타내려면 많은 어려움이 따르지 않을 수 없다. 그것은 사각형의 물체를 삼각형의 그릇에 담는 것과 같이 물체를 제대로 드러낼 수 없는 문제가 발생하는 것과 같다.

물론 어느 민족, 어느 나라의 언어를 막론하고, 그리고 음성언어와 문자언어를 막론하고, 시공적인 한계를 가진다. 그 점은 놓고서라도 남의 언어를 빌려서 자신의 말을 표현할 때 사고, 언어의 세계와 글의 세계가 괴리되어 일상생활에 큰 불편을 겪게 된다.

세종이 훈민정음을 창제한 당시에는 일부의 사대부 계층만이 한자를 사용했고, 대부분의 백성들은 한자를 사용하지 못하였다. 그렇기 때문에 한자를 사용하는 계층과 한자를 사용하지 못하는 계층 사이에는 언제나 갈등이 있을 수밖에 없었다.

세종은 모든 백성들이 서로 소통할 수 있는 수단인 새로운 글, 우리의 사유체계를 그대로 담아서 소통할 수 있는 글을 창제하고자 하였다. 당시에 한자를 사용할 수 있는 일부의 계층들은 문자의 사용이 권력이었기 때문에 그것을 포기하려고 하지 않았다.

여러 신하들의 반대에서 불구하고 세종은 우리의 글을 창제하기 위해 당시 중국에서 전래된『성리대전性理大全』은 물론 사서四書와 삼경三經을 연구하였다. 그리고 그는 송대宋代 역학易學의 이론체계를 바탕으로 중국의 음운학音韻學을 참고하여 28자의 우리글인 훈민정음을 창제하였다.

훈민정음의 제작은 여러 가지 의미를 갖는다. 첫째로 우리나라의 관점에서는 중국이 만리장성을 쌓아서 중국민족과 다른 민족이라는 민족의식을 만들었듯이 한자와 다른 우리의 글을 창제함으로써 언어의 주체화가 이루어졌다고 할 수 있다.

둘째는 언어의 주체화는 언어에 담긴 사상이 한국화하였음을 뜻한다. 고조선의 한국전통사상을 바탕으로 시작된 한국사상이 중국의 도교, 도가를 수입하고, 불교를 수입하여 한국화하는 과정을 거쳐서 조선에 이르면 성리학을 치국이념으로 하여 중국유학이 비로소 한국화하기 시작하였다. 이러한 외래문화인 중국문화의 한국화가 조선에 이르러서는 장성의 단계에 접어들었다. 그 결과가 한글의 창제로 나타난 것이다.

셋째는 한글 자체의 우수성과 독창성이다. 오늘날의 언어학자들은 한글이 과학적이고 효율적인 언어로 극찬하고 있다. 한글은 표음 문자임에도 불구하고 문자 자체가 천지와 만물의 지극한 이치를 모두 드러내고 있는 독특한 특성을 갖고 있다. 자음과 모음의 구성 원리는 물론 하나의 글자를 구성하는 원리, 나아가 글자의 운용 원리가 모두 삼재三才(天・地・人)의 이치를 그대로 드러내고 있다. 따라서 훈민정음은 단순하게 언어를 드러내는 글자가 아니라 천하의 지극한 이치를 드러내는 표상 체계라고 할 수 있다.

그런데 우리가 주목할 부분은 한글의 창제 원리가 중국문화, 중국사상의 근간이 되는 물건적 삼재의 세계를 형이상의 도와 형이하의 기로 양분하여 순역의 두 방향에서 양자를 나타내는 것과 달리 양자가 하나가 된 세계를 나타내고 있는 점이다.

그것은 순역이 합일된 세계가 한글에 구현되어 있음을 뜻한다. 한글은 한자를 통하여 표현된 중국사상에서 순과 역을 구분하여 하나를 추구하는 것과 달리 순역이 합일된 세계를 출발점으로 삼고 있다. 그러면 한글의 특성을 파악하기 위하여 어떻게 창제되었는지 살펴보자.

한글 곧 훈민정음의 제작 동기, 제작 원리, 운용 방법 등은 『훈민정음해례본訓民正音解例本』을 통하여 파악할 수 있다. 해례본解例本에서는 "훈민정음의 창제는 하늘이 세종대왕의 마음을 열고 그의 손을 빌어서 이루었다"[205]고 하여 훈민정음 창제의 존재론적 의의를 피력하고 있다.

정인지鄭麟趾는 훈민정음해례본의 서문에서 세종대왕을 하늘이 낳은 성인이라고 말하고, 훈민정음의 창제가 이미 있던 것을 응용하거나 인간의 사고에 의해 구성된 것이 아니라 자연의 이치에 따른 것[206]이라고 하였다.

훈민정음의 창제는 세종의 지극한 위민爲民 정신에 역리易理를 바탕으로 한 그의 학문적 역량이 더하여진 결과라고 할 수 있다. 그는 훈민정음

---

205 『訓民正音』解例本 鄭麟趾 序文, "若其淵源精義之妙 則非臣等之所能發揮也. 恭惟我殿下天之聖 制度施爲超越百王. 正音之作 無所祖述 而成於自然, 豈以其至理之無所不在 而非人爲之私也. 夫東方有國 不爲不久 而開物成務之大智 蓋有待於今日也歟."

206 『訓民正音』解例本 制字解에서는 "指遠言近牖民易, 天授何曾智巧爲"라고 하였으며, 鄭麟趾의 서문에서는 "殿下, 天縱之聖. … 正音之作, 無所祖述, 而成於自然, 豈以其至理之無所不在, 而非人爲之私也"라고 하였다.

을 제작한 동기가 백성이 자신의 의사를 표현하고 싶어도 그것을 드러낼 수단이 없어서 답답해하는 것을 안타깝게 여겼기 때문이라고 하였다. 여기서 백성을 위하는 그의 지극한 마음을 읽을 수 있다.

맹자孟子는 왕도 정치의 시종始終을 의식주의 해결과 교육에 의한 도덕적 주체의 확립으로 제시하였다. 의식주의 해결은 인간이 삶을 영위하기 위한 생리적 생활 조건을 충족시키는 것이다. 더불어 본래성의 자각을 통해 도덕적 자아를 확립해야 비로소 인간의 본래 지평인 인격적 세계에 도달하게 된다.

그런데 도덕성의 회복은 교육에 의해 이루어지고 교육은 언어를 매개로 이루어지기 때문에 우리의 글을 창제한다는 것은 곧 왕도 정치의 완성에서 중요한 문제라고 하지 않을 수 없다. 이 점은 세종이 자신이 창제한 글을 훈민정음訓民正音이라고 명명한 것을 보아도 알 수 있다. 훈민정음은 백성을 가르치는 바른 소리라는 뜻이다. 그는 훈민정음을 통해 백성을 본래성의 세계로 인도하고자 하는 염원을 나타냈던 것이다.

사실 백성들의 생활에서 자신의 의사를 표현할 수 있는 글자가 없다는 것은 의식주에 의해 야기되는 곤궁보다도 더욱 심한 고통과 불편을 안겨 준다.

세종의 백성을 위하는 마음은 그가 백성들을 위해 펼친 수많은 치적을 통해서도 확인할 수 있다. 세종이 장영실蔣英實, 이순지李純之, 이천李蕆, 정초鄭招, 정인지鄭麟趾를 비롯한 과학자들을 통하여 백성들의 일상적인 생활 여건을 편리하게 만들고자 측우기, 해시계 등의 수많은 발명품들을 고안한 사실 자체가 그 점을 증명한다.

그러나 그가 아무리 백성을 사랑하는 마음을 갖고 있을지라도 지혜가 없었다면 훈민정음의 창제는 불가능했을 것이다. 세종의 학문에 대한 태도는 다음의 몇 가지 사례를 통해 엿볼 수 있다. 그는 경연經筵에서 "나는 제자백가의 글은 원하지 않으며, 다만 사서四書, 오경五經, 『통감강목統監綱目』만을 돌려가며 강독하기 바란다"[207]고 하였다. 이것을 보면 세종이 유학이 추구하는 도제천하道濟天下의 뜻을 갖고 있음을 알 수 있다. 그의 뜻에 따라서 실제로 경연에서는 『주역周易』과 『성리대전』이 강독되었다.

그는 경서를 공부하는 방법에 대해서도 구체적으로 제시하고 있다. "오늘날의 선비는 명색은 경학을 공부한다고 하면서도 참으로 이치를 궁구하고 마음을 바르게 쓰는 자를 보지 못했다"[208]고 당시의 세태를 개탄하였다. 그리고 그는 "구절을 따라 경서를 읽는 것은 학문에 아무 이익이 없으니, 반드시 마음의 공부가 있어야 유익하다"[209]고 하였다.

앞에서 살펴본 것과 같이 세종은 유가의 경서와 역사서를 중시했을 뿐만 아니라 경서를 연구할 때도 구절을 따라 그 내용을 이해하는 데 그치지 않고, 그 내용을 심성 내면에서 자득自得하는 데 목표를 두었음을 알 수 있다.

세종의 학문을 연구하는 태도를 통하여 그가 『주역』에 대한 연구를 깊이 하였음을 짐작할 수 있다. 왜냐하면 훈민정음의 제작 원리에 대해 논하고 있는 해례본解例本에서 훈민정음의 제작 원리가 역리易理에 근거하고 있음을 분명히 밝히고 있기 때문이다.

해례본의 저자들은 훈민정음을 하나의 글로서 인식하는 데 그치지 않고,

---

[207] 『世宗實錄』 五年 癸卯 九月 乙酉條. "上日, 予不欲觀諸子百家之序, 唯四書五經綱目通鑑, 循環講讀."

[208] 『世宗實錄』 七年 乙巳 十一月 甲子條. "今之儒者, 名爲治經學, 而窮理正心之士, 未之聞也."

[209] 『世宗實錄』 卽位年 戊戌 十月 戊子條. "上日, 然句讀經書, 無益於學, 必有心上功夫, 乃有益矣."

천지와 만물의 이치인 삼재三才의 도道를 나타내는 표상 체계로 인식했던 것이다. 그러면 한글이 어떻게 창제되었는지 살펴보자.

훈민정음 해례解例를 보면 그 첫머리에서 훈민정음의 제작이 음양오행의 원리와 삼재三才의 원리에 근거하여 이루어졌음을 밝히고 있다. 음양오행론은 만물의 근원인 천지가 운행하는 원리로서 천지의 음양 작용이 구체적으로는 오행 작용으로 나타난다. 이처럼 음양오행 원리는 천지와 만물의 운행 원리 곧 작용 원리이다.

음양오행 원리는 삼재의 운행 원리이다. 그렇기 때문에 음양오행 원리가 삼재의 원리인 삼재의 도의 내용이다. 『주역』에서는 세계를 천지인의 삼재의 구조를 중심으로 형이상과 형이하의 도道와 기器를 통하여 나타내고 있다.

십익에서는 역도易道를 삼재三才의 도道로 규정하고 괘卦가 육효六爻인 까닭이 삼재의 음양 작용을 표상하려는 것[210]이라고 하여 삼재의 도가 바로 역도임을 밝히고 있다.

역도가 삼재의 음양 작용 원리를 내용으로 하는 삼재의 도이며, 삼재의 음양오행 원리를 바탕으로 훈민정음이 창제되었다는 것은 바꾸어 말하면 훈민정음이 역리易理의 표상 체계임을 의미한다. 이렇게 본다면 훈민정음의 창제는 세종의 사고에 의해 구성된 것이 아니라 천지天地의 도道의 내용인 음양오행 원리 자체의 자기 전개라고 말할 수 있다.

그것은 천지의 본성이 인간의 본성을 통하여 훈민정음의 창제라는 현상으로 나타났음을 뜻한다. 우리는 이를 통해서도 매 순간에 이루어지는 인간의 삶이 본성의 나툼임을 알 수 있다. 이것이 훈민정음의 창제가 갖는

---

210 『周易.繫辭下』, 10장. "易之爲書, 廣大悉備, 有天道焉, 有人道焉, 有地道焉. 兼三才而兩之, 故六. 六者非他也, 三才之道也."

존재론적 의의이다.

음양오행의 원리는 만물의 생성과 인간의 생장은 물론 천지, 자연의 운행 원리이기 때문에 천지에 존재하는 만물 가운데 그 어느 것도 음양오행을 벗어나서 존재할 수 없다. 따라서 인간의 목소리도 역시 음양오행 원리를 벗어날 수 없다.

또한 목소리에 의해 이루어진 말을 나타내는 글도 역시 음양오행 원리를 벗어나지 않는다. 즉 천지자연의 소리가 있으면 반드시 그것을 나타내는 천지, 자연의 글자가 있게 마련이며, 소리에 따라 글자를 만들어서 만물의 뜻을 통하게 할 수 있다.[211] 그러면 구체적으로 훈민정음의 제작 원리에 대해 살펴보자.

훈민정음은 초성初聲과 중성中聲 그리고 종성終聲의 세 부분으로 구성되어 있는데, 초성과 중성 그리고 종성은 각각 천지인天地人 삼재三才를 상징한다. 초성은 하늘의 작용을 나타내고, 중성은 사람의 작용을 나타내며, 종성은 땅의 작용을 나타낸다.

초성이 종성보다 앞서는 것은 하늘이 땅보다 앞서는 자연의 이치를 나타내는 것이다. 천天과 지地는 체용體用 관계이기 때문에 체體를 먼저 하고 용用을 뒤에 한다. 이 점에 대해 해례본解例本에서는 "그 움직여서 양陽인 것도 건乾이며, 고요하여 음陰인 것도 또한 건乾으로서, 건이 실하여 음과 양으로 나누어져 주관하고 다스리지 않는 것이 없기 때문에 초성을 다시 종성으로 사용한다"[212]고 논하고 있다.

---

[211] 『訓民正音』解例本 制字解.
[212] 『訓民正音』解例本. "終聲之復用初聲者, 以其動而陽者乾也, 靜而陰者亦乾也, 乾實分陰陽, 而無不君宰也."

초성과 종성의 관계는 현상적 측면에서 보면 태초太初의 일기一氣가 두루 흘러서 다함이 없으며, 사시의 운행이 돌고 돌아서 끝이 없음을 상징하는 것이기도 하다. 초성이 다시 종성으로 이어지고 종성이 다시 초성으로 이어지는 것은 겨울에서 다시 봄이 시작되듯이, 순환하여 그침이 없는 천지의 작용을 상징한다.[213] 그러면 초성과 종성으로 쓰이는 자음의 구성에 대해 살펴보자.

초성은 아牙, 설舌, 순脣, 치齒, 후喉의 발음 기관의 모양을 본떠서 제작하였다. 초성은 모두 17자로 목木, 화火, 토土, 금金, 수水의 오행에 의해 어금니(牙), 혀(舌), 입술(脣), 치아(齒), 목구멍(喉)의 다섯 기관을 중심으로 그 모양을 본뜬 것이다.

목구멍은 깊숙하고 물기가 있어서 수水에 해당하는데, 그 소리가 텅 비고 걸림이 없는 것이 물속이 환하고 잘 흐르는 것과 같다. 어금니는 얽히고 길어서 목木에 해당하는데, 어금니에서 나는 소리는 목구멍에서 나는 소리와 비슷하지만 그 실實함이 나무가 물에서 나지만 물에 없는 형상을 갖고 있는 것과 같다.

혀는 날카롭고 움직이는 것으로 화火에 해당하는데, 혀에서 나는 소리가 구르며 나는 것이 마치 불이 타오르면서 너울거리는 것과 같다. 치아는 단단하여 음식을 씹으니 금金에 해당하는데, 치아에서 나는 소리가 부스러지면서 정체되는 것은 쇠가 잘게 부서져서 쇳덩이가 되는 것과 같다. 입술은 모나고 다물어져 토土에 해당하는데, 그 소리가 머금고 넓은 것은 마치 흙이 만물을 머금어서 넓고 큰 것과 같다.

---

[213] 『訓民正音』解例本. "一元之氣, 周流不窮, 四時之運, 循環無窮, 初聲之復爲終, 終聲之復爲初, 亦此義也."

오행 가운데 물은 만물을 낳는 근원이고, 불은 만물을 완성하는 작용이기 때문에 수와 화가 중요하듯이, 목구멍은 소리를 내는 문이며 혀는 소리를 가르는 고동으로 목구멍소리와 혓소리가 가장 근본이 된다. 그러면 구체적으로 목구멍, 혀, 치아, 입술, 어금니의 모양을 본떠서 어떻게 초성을 제작했는지 살펴보자.

아음牙音인 ㄱ은 혀의 뿌리가 목구멍을 닫는 형상을 본뜬 것이고, 설음舌音인 ㄴ은 혀가 윗잇몸에 닿는 형상을 본뜬 것이다. 순음脣音인 ㅁ은 입의 형상을 본뜬 것이고, 치음齒音인 ㅅ은 치아의 형상을 본뜬 것이며, 후음喉音인 ㅇ은 목구멍의 형상을 본뜬 것이다.

ㅋ은 ㄱ에 비해 소리가 조금 거세므로 획을 더한 것이다. ㄴ에서 ㄷ, ㄷ에서 ㅌ, ㅁ에서 ㅂ, ㅂ에서 ㅍ, ㅅ에서 ㅈ, ㅈ에서 ㅊ, ㅇ에서 ㆆ, ㆆ에서 ㅎ도 그 소리에 의해 획을 더한 것이다. 그러나 ㆁ은 다르다. 왜냐하면 ㆁ은 ㅇ에서 유래되었지만 발음되는 부위가 목구멍을 떠나서 어금니이기 때문이다.

반설음 ㄹ과 반치음 ㅿ도 또한 혀와 치아의 형상을 본떴으나 그 체용이 다르며 획을 더한 것은 아니다. 이 가운데 ㄱ, ㄷ, ㅂ, ㅈ, ㅅ, ㆆ은 완전히 맑은 소리(全淸)이고 ㅋ, ㅍ, ㅌ, ㅊ, ㅎ은 비교적 맑은 소리(次淸)이며 ㄲ, ㄸ, ㅃ, ㅉ, ㅆ, ㆅ은 완전히 흐린 소리(全濁)이고 ㆁ, ㄴ, ㅁ, ㅇ, ㄹ, ㅿ은 맑지도 흐리지도 않은 소리(不淸不濁)이다.

이 23자의 자음을 오음五音으로 구분하면 다음과 같다. 즉 ㄱ, ㅋ, ㄲ, ㆁ은 아음이고 ㄷ, ㅌ, ㄸ, ㄴ은 설음이다. 그리고 ㅂ, ㅍ, ㅃ, ㅁ은 순음이며 ㅈ, ㅊ, ㅉ, ㅅ, ㅆ은 치음이고 ㅇ, ㆆ, ㅎ, ㆆ, ㆅ은 후음이다. 또한 ㄹ은 반설음이고 ㅿ은 반치음이다.

중성中聲은 천지인 삼재와 그 관계를 중심으로 형상화하여 구성하였다. 중성은 모두 11자로 그 기본은 ·, ㅡ, ㅣ이다. ·는 둥근 하늘을 본뜬 것으로 혀가 오그라들고 소리가 깊어서 하늘이 자子에서 열리는 것을 의미한다. ㅡ는 평평한 땅을 본뜬 것으로 혀가 조금 오그라들고 소리가 깊지도 얕지도 않아서 땅이 축丑에서 펴지는 것을 의미한다. ㅣ는 사람이 서 있는 모습을 본뜬 것으로 혀가 오그라지지 않고 소리가 얕아서 사람이 인寅에서 태어난 것을 상징한다.

이 세 글자를 기본으로 하여 그 관계를 중심으로 나머지 8자가 이루어진다. 이것은 천지인 삼재의 음양 작용 즉 합벽闔闢 작용을 상징하는 것이다. 좀 더 구체적으로 논하면 ㅗ는 천일생수天一生水의 자리이며, ㅏ는 천삼생목天三生木의 자리이다. ㅜ는 지이생화地二生火의 자리이고, ㅓ는 지사생금地四生金의 자리이다.

ㅛ는 천칠성화天七成火의 수이고, ㅑ는 천구성금天九成金의 수이다. ㅠ는 지륙성수地六成水의 수이고, ㅕ는 지팔성목地八成木의 수이다. 수水와 화火는 기氣를 떠나지 않으면서 음과 양이 사귀어 하나가 되는 처음이므로 합闔하고, 목木과 금金은 음과 양이 고정한 질質이어서 벽闢한다.

·는 천오생토天五生土의 자리를 나타내며, ㅡ는 지십성토地十成土의 수를 나타낸다. 오직 ㅣ는 그 자리와 수가 없는데, 사람은 무극无極의 진리와 음양오행의 정기精氣가 신묘하게 엉겨서 생긴 존재이므로 일정한 자리와 수에 의해 논할 수 없기 때문이다.

ㅗ, ㅜ는 ·와 ㅡ가 합해진 것으로 하늘과 땅이 처음으로 사귀는 뜻을 취한 것이다. ㅏ, ㅓ는 ㅣ와 ·가 합해진 것으로 하늘과 땅의 작용이 사물에 피어나되 사람을 기다려서 이루어진 것을 상징한다.

ㅛ, ㅠ, ㅑ, ㅕ는 각각 ㅗ, ㅜ, ㅏ, ㅓ와 같은데, ㅣ에서 일어난다는 뜻을 취한 것이다. ㅗ, ㅏ, ㅜ, ㅓ가 그 ㆍ를 하나로 하는 것은 처음 일어난 뜻을 취한 것이고, ㅛ, ㅑ, ㅠ, ㅕ가 ㆍ를 둘로 하는 것은 두 번째 일어난 뜻을 취한 것이다.

ㅗ, ㅏ, ㅛ, ㅑ의 ㆍ가 위와 밖에 있는 것은 하늘에서 나서 양陽이 되었기 때문이고 ㅜ, ㅓ, ㅠ, ㅕ의 ㆍ가 아래와 안에 있는 것은 땅에서 나서 음陰이 되었기 때문이다. ㆍ가 여덟 소리에 모두 들어 있는 것은 양이 음을 거느려 만물에 두루 흐르는 것을 나타낸다. 그리고 ㅛ, ㅑ, ㅠ, ㅕ가 전부 사람을 겸비하고 있는 것은 사람이 만물의 영장으로 능히 하늘과 땅의 일에 참여하기 때문이다.

초성과 중성의 관계를 보면 중성은 음양이 나누어져 오행의 기氣가 갖추어지는 하늘의 작용이며, 초성은 강유剛柔가 나타나서 음양의 질質이 이루어지는 땅의 공능을 나타낸다. 그리고 초성은 다시 종성으로 사용되는데, 그 까닭은 사시가 겨울에서 다시 봄으로 이어져 순환하듯이, 태초의 기운이 두루 흐르고 흘러서 다함이 없음을 나타낸다. 즉 만물이 땅에서 나서 다시 땅으로 돌아가는 이치를 그대로 나타낸 것이다.

초성과 중성 그리고 종성이 하나의 글자를 이루는 것은 동정이 서로 뿌리박고 음과 양이 서로 사귀어 변화하는 것을 상징한다. 움직이는 것은 하늘이며, 고요한 것은 땅이고, 양자를 겸한 것은 사람이다. 오행은 하늘에서는 신神의 운행이며, 땅에서는 질質의 완성이고, 사람에서는 인仁, 의義, 예禮, 지智, 신信의 운행이다.

초성은 하늘의 일을, 종성은 땅의 일을, 그리고 중성은 초성을 받아 종성을 이루는 사람의 일을 나타낸다. 한글의 한 글자 한 글자마다 하늘과 땅이 합일合一하여 만물을 생성生成하고 화육化育하는 작용의 중심에서 인간이 마름질함으로써 천지인天地人의 삼재三才가 합일合一하여 작용하는 세계를 나타내고 있다. 그러면 한자漢字도 역시 역리易理에 의하여 구성되었음에도 불구하고 한글과의 차이는 무엇인가?

『설문해자說文解字』를 보면 한자의 제작원리를 삼재를 중심으로 나타내고 있다. 『주역』에서 밝히고 있는 바와 같이 세계를 시간과 공간의 측면에서 사건과 물건으로 나누어서 사건의 세계는 천天으로 그리고 물건의 세계는 지地로 나타내고 있다.

그리고 사건과 물건의 근거가 되는 형이상적 존재를 도로 규정하고 있다. 이를 통하여 천지인天地人의 삼재의 세계의 근거가 천도天道, 지도地道, 인도人道를 내용으로 하는 삼재의 도임을 나타내고 있다. 이처럼 세계를 천지와 그것을 인식하는 주체인 인간으로 구분하여 삼재를 별개로 나타내고 있는 것이 한자이다.

한자는 삼재 각각의 측면에서 물건의 세계를 나타내는 상형象形 문자와 사건의 세계를 나타내는 지사指事 문자로 구성되었다. 그리고 이 양자를 바탕으로 형성形聲문자와 회의會意문자가 구성되었다.

그것은 천지의 세계, 사물의 세계를 나타내는 상형과 지사가 먼저 구성되고, 이어서 양자가 더하여진 형성과 회의를 통하여 사물을 구분하여 상형하고, 지사하는 주체인 인간의 세계를 나타낸 것임을 뜻한다. 그리고 앞의 네 가지의 문자를 구성하는 원리를 바탕으로 전주轉注와 가차假借라는 운용 원리를 더하여 여섯 가지의 한자를 구성하고 운용하는 원리를 밝히고 있다.

그런데 한글은 삼재가 하나가 되어 나타나고 있다. 초성과 종성은 각각 천天과 지地를 나타내고, 중성은 인간을 나타낸다. 초성을 그대로 종성으로 사용하는 것은 하늘의 뜻이 땅에서 드러나는 것으로 이것이 바로 순순順順 방향을 나타낸다. 그리고 종성을 중성을 매개로 하여 초성과 하나로 연결하는 것은 역역방향을 나타낸다. 이처럼 순역순역이 합일合一됨으로써 천지인天地人이 합일合一된 세계를 상징적으로 나타내고 있는 것이 한글의 각 글자 하나이다. 그러면 한국 사상사적 측면에서 한글의 창제가 갖는 의미는 무엇인가?

고조선에서 시작된 한국사상이 삼국과 고려를 거쳐서 조선에 이르면서 외래사상인 중국의 유불도儒佛道 사상을 수용하여 한국화韓國化하는 과정을 거친다. 이 과정에서 도가道家, 도교道敎를 바탕으로 시작된 중국사상의 한국화가 고려시대에 이르러서 비로소 한국불교로 생장生長하였다.

조선에 이르면 한국불교로 생장한 한국사상이 한국유학韓國儒學으로 장성長成하였다. 한국사상의 장성은 조선의 말기末期에 이르러서 비로소 이루어진다. 한국사상의 장성이 이루어지는 조선 역시 생장성生長成의 세 마디로 구분하여 이해할 수 있다.

조선의 초기는 성리학을 바탕으로 한 한국유학의 한국화가 시작되는 출생기出生期라고 할 수 있고, 16세기는 성리학의 한국화의 생장기生長期라고 할 수 있으며, 19세기에서 20세기는 한국유학의 장성기長成期이면서 동시에 한국사상의 분가기分家期라고 할 수 있다.

한국사상의 장성기인 조선의 초기 사상을 살펴볼 수 있는 대표적인 자료가 한글이다. 한글은 고조선에서 고려를 거치고 조선에 들어오면서 중국사상의 특징인 삼재적 세계관, 물건적 세계관을 바탕으로 이루어진 역역방향 중심, 수도修道 중심, 학문 중심의 인간관을 한국화할 수 있는 토대가 형성되었음을 나타낸다.

그것은 중국이 삼재를 구분하여 인도人道를 중심으로 성명性命원리가 중심이 되는 성리학性理學을 역방향에서 수양론修養論, 수기론修己論을 중심으로 체계화한 것과 달리 한글에서는 삼재가 하나가 되고, 순역順逆이 하나가 된 세계 곧 도道 자체의 관점에서 세계와 인간을 이해하였음을 뜻한다.

조선의 사상사는 삼재의 합일, 순역의 합일을 바탕으로 도에서 만물이 생성되고 다시 만물의 생성이 그대로 도로 수렴되는 생성의 측면, 고조선 사상의 내용인 시간성의 시간화의 측면, 신도神道와 천도天道를 중심으로 중국유학을 한국화함으로써 한국유학을 완성하는 과정이었다. 그러면 인간관의 관점에서는 한글의 창제가 갖는 의미는 무엇인가?

그것은 천지를 나타내는 초성과 종성이 인간을 나타내는 중성인 모음에 의하여 결합되고 흩어짐을 통하여 확인할 수 있다. 천지가 하나가 되어 천지의 역할을 할 수 있는 것은 인간이 있기 때문이다. 그렇기 때문에 인간이 인간다운 삶을 살아가지 않으면 천天이 천天이 될 수 없으며, 지地가 지地가 될 수 없다.

천이 시간성의 세계를 나타내고, 지는 공간성의 세계를 나타낸다. 그것은 천이 영원의 세계를 나타내며, 지가 영원의 세계가 나타난 현상으로서의 사물의 세계를 나타냄을 뜻한다. 그렇기 때문에 인간에 의하여 천지가 제 역할을 할 수 있음은 시공의 세계가 시공으로 존재할 수 있는 까닭이 인간에 있음을 뜻한다.

3. 19세기 『정역』의 도역생성倒逆生成과
순역합일의 생성적生成的 세계관

고조선사상을 한마디로 나타내면 호님/환인桓因사상이라고 할 수 있다. 그것은 호님이라는 개념을 환웅과 단군 그리고 웅호를 통하여 삼자의 관계를 중심으로 나타내고 있는 단군신화를 통하여 확인할 수 있다.

고조선사상이 씨가 되어 싹이 트고 꽃이 피듯이 역사적 흐름을 형성하면서 삼국사상, 고려사상, 그리고 조선사상으로 나타나면서 역사적으로 발전하면서 전개되어 왔다. 19세기의 말기에 이르면 조선의 통치력이 약화되면서 20세기 초기인 1910년에 이르러서 일제에게 주권을 빼앗기고 식민지 상태를 거쳐서 20세기의 중기인 1945년에 일제의 식민지 통치로부터 벗어나서 1948년 8월 15일 대한민국 정부가 수립되었다.

19세기 말기의 조선사회에서 당시의 치국이념인 성리학은 더 이상 치국이념으로서의 기능을 수행할 수 없는 상태였을 뿐만 아니라 서학으로 통칭되는 천주교, 과학을 비롯한 서구문화가 수입되면서 사람들은 기존의 상태에서 변화를 추구하지 않을 수 없었다.

조선의 통치력이 약화되면서 서학이 수입되자 당시의 사회를 이끌어가는 학자들은 성리학을 더욱 강화하여 조선의 통치권을 강화하려는 쇄국적鎖國的인 태도를 갖는 사람과 서학西學을 수용하여 사회를 변혁하고자 하는 개화적인 태도를 갖는 사람 그리고 전통사상을 중심으로 서학을 주체적으로 수용하려는 태도를 가진 사람으로 나누어진다.

19세기의 말기에 성리학을 강화하여 서학, 즉 과학으로 대표되는 서구문화보다 성리학을 바탕으로 하는 조선 문화의 우월성을 나타내고자 했던 대표적인 사람은 한주寒州 이진상李震相이다.

한주와 달리 중국으로부터 수입된 외래사상, 외래문화가 발전하여 형성된 한국 성리학의 근원으로 돌아가서 고조선사상을 바탕으로 당시의 서학을 주체적으로 수용하여 양자를 통섭적 관점에서 이해하고자 한 사람은 일부一夫 김항金恒이다.

일부 김항은 유학자이면서도 역학자易學者이다. 그는 자신의 사상에 조선의 치국이념인 성리학性理學을 수용하였지만 성리학의 차원에 머물지 않고, 유불도儒佛道의 근거인 도 자체를 바탕으로 그것이 형이상의 세계를 나타내는 유불도로 드러나고, 다시 형이하의 세계를 나타내는 역법曆法으로 드러남을 밝혔다. 이는 그가 20세기에 건국될 대한민국이 지향해야 할 치국이념을 제시한 것이라고 할 수 있다. 그러면 일부의 사상을 고찰하기 위하여 한주의 성리학과 비교하여 살펴보자.

우리는 한주寒州와 일부一夫가 모두 성리학의 이기론理氣論을 수용하였기 때문에 이기론을 중심으로 두 사람의 사상적 특성을 고찰할 필요가 있다.

한주는 성리학의 본체론인 이기론을 자신의 이론체계의 출발점으로 삼는다. 그는 "불리부잡不離不雜의 네 글자는 곧 이기설理氣說의 제일의제第一義諦이다"[214]라고 하였다. 그것은 형이상의 도와 형이하의 기器의 관계를 중심으로 이기론이 전개됨을 뜻한다. 그는 도와 기의 관계를 다음과 같이 밝히고 있다.

---

214 『寒州全書』四, "不離不雜四箇字 是理氣說之第一義諦."

불리부잡의 네 글자는 이기理氣의 요령要領이다. 도는 기器를 떠나지 않지만 기器는 쉽게 볼 수 있다. 그러므로 기器로 인하여 도를 밝힌다. 기器는 도와 섞이지 않아서 도가 근본이 된다. 그러므로 도가 앞서고 기器는 뒤다.[215]

그는 이기의 관계를 불리부잡으로 규정했기 때문에 양자의 관계를 이해하기 위해서는 불리不離의 측면에서 합간合看하고, 부잡不雜의 측면에서 이간離看해야 함을 다음과 같이 밝히고 있다.

도는 본래 음양과 섞이지 않기 때문에 이간해야 하고, 도는 본래 음양과 떨어지지 않기 때문에 합간해야 한다. (이간은) 서로 떨어져서 마침내 교섭이 없음을 말하는 것이 아니며, (합간은) 합하여 마침내 분별이 없음을 말하는 것이 아니다.[216]

이간과 합간은 도와 음양의 특성을 모두 살려서 보기 위함이다. 그럼에도 불구하고 양자가 모순관계로 이해될 때 다음과 같은 문제점이 노출된다.

세상에서 리를 말하는 사람들은 불리를 말하면 곧 부잡을 잡아서 그것을 배척하고, 부잡을 말하면 곧 불리를 잡아서 그것을 공격한다.[217]

---

[215] 『寒州集』 十一, "不離不雜四字 是理氣之要領 道不離器而器爲易見 故因器而明道 器非雜道而道爲其本 故先道而後器."

[216] 『寒州全書』 四, "道本不雜乎陰陽 故可以離看 道固不離乎陰陽 故可以合看 非謂離之而遂無交涉 合之而遂無分別也."

[217] 『寒州全書』 四, "世之言理者 纔說不相雜 便執不相離者而駁之 纔序不相離 便執不相雜者而攻之."

한주는 주희가 제시했던 이기론의 문제점들을 보완하기 위하여 수간竪看과 도간倒看 그리고 횡간橫看의 삼간三看과 양자를 이해하는 방법을 나타내는 순추順推와 역추逆推를 제시하고 있다.

　사람들이 불리, 부잡의 리기 관계를 모순관계에 의하여 반박하는 까닭은 이기를 동일한 차원의 반대 개념으로 이해하기 때문이다. 한주는 이 문제를 해결하기 위하여 리와 기를 형이상과 형이하의 두 차원을 중심으로 상하의 관계를 통하여 나타내고자 했다.

　형이상과 형이하의 도와 기를 상하의 관계를 통하여 나타내고 있는 것은 『주역』이다. 『주역』의 뇌산소과괘雷山小過卦의 괘사卦辭에서는 "날아가는 새가 남긴 울음소리가 있으니 위로 올라감은 마땅하지 않고 아래로 내려감이 마땅하니 크게 길吉하다"[218]라고 하였다. 이에 대하여 단사彖辭에서는 "날아가는 새가 남긴 울음소리가 있으니 위로 올라감이 마땅하지 않고, 아래로 내려감이 마땅하여 크게 길하다는 것은 위로 올라감은 역逆이고, 아래로 내려감이 순順이기 때문이다"[219]라고 하여 순역順逆을 논하고 있다.

　한주는 순역의 개념을 중심으로 이기理氣를 순추와 역추의 방향을 통하여 이해할 것을 제시하였다. 역추는 기器로부터 시작하여 도를 밝히는 방법이며, 순추는 도로부터 기를 밝히는 방법으로 이에 대하여 한주는 다음과 같이 밝히고 있다.

　　공자의 "역易에 태극太極이 있다"는 말과 주렴계의 음양 권내에서
　　태극 본체를 도출하는 것은 기器로 인하여 도를 밝히는 것으로 사람의

218　『周易』雷山小過卦 卦辭, "飛鳥遺之音에 不宜上이오 宜下면 大吉하리라."
219　『周易』雷山小過卦 彖辭, "飛鳥遺之音不宜上宜下大吉은 上逆而下順也일새라."

인식을 쫓아서 역추하는 것이 이와 같다. 그러므로 주희朱熹도 불리의 실다움을 먼저 하였다. 공자의 "태극이 양의를 생한다"는 말과 주렴계의 "태극이 음양을 생한다"는 말은 도를 먼저하고 기를 뒤로하는 것이다. 천도로 말미암아서 순추하는 것이 이와 같다. 그러므로 주희가 부잡의 묘로 계승하였다.[220]

형이상의 도와 형이하의 기를 중심으로 순역의 방향을 통하여 리기의 관계를 이해하고자 한 한주는 순추와 역추의 특성을 다음과 같이 밝히고 있다.

사물의 관점에서 보는 것이 역추이며, 근본을 미루어서 (기를 통하여) 나타내는 것이 순추이다. 역추는 사람이 사물을 인식하는 시작이고, 순추는 천리의 근원이다. 물건에서 시작하여 위로 역추하기 때문에 실實에 의지하고, 리를 바탕으로 아래로 순추하기 때문에 참을 얻는다.[221]

그는 역추를 통하여 사물에서 시작하여 그 근원인 태극, 리를 밝힘으로써 실다움이 사라진 공리空理가 되지 않으며, 순추를 통하여 태극, 리를 통하여 음양을 논하기 때문에 참됨이 확보된다고 하였다.

사물로부터 시작하여 그 근원인 리理에 이르는 역추와 리理로부터 형이

---

[220] 『寒洲集』卷七, "不離不雜四字 是理氣之要領 道不離器而器爲易見 故因器而明道 器非雜道而道爲其本 故先道而後器 夫子之言易有太極 周子之於陰陽圈內 挑出太極本體者 是乃因器而明道也 從人見而逆推則如此 故朱子亦以不離之實先之 夫子之言太極生兩儀 周子之言太極生陰陽者 是乃先道而後器也 由天道而順推則如此 故朱子亦以不雜之妙繼之."
[221] 『寒州全書』貳, "觀乎物者逆推也 推其本者順推也 逆推者人見之始 順推者天理之原 物上逆推則靠實 理下順推則得眞."

하의 사물에 이르는 순추는 학문의 측면에서 보면 학문의 방법과 학문의 결과라고 할 수 있다. 한주는 역추를 앎의 과정으로 그리고 순추를 앎의 결과로 규정하여 다음과 같이 밝히고 있다.

> 공부工夫는 역추逆推이며, 그 공효功效는 순추이다. 대개 공부는 먼저 알고자 함으로 구경에는 원하는 것이 있기 때문에 먼 곳으로부터 역추한다. 공효를 빨리 얻기 위하여 조장하거나 단계를 뛰어넘어 망령되게 구하는 것이 옳지 않기 때문에 가까운 곳에서부터 순추한다.[222]

공부는 앎의 문제이다. 앎에는 마침내 도달해야 할 곳이 있기 때문에 역추한다. 그리고 공부의 결과는 조장하거나 단계를 뛰어넘어서 얻을 수 없기 때문에 순추한다. 그것은 역추를 통하여 리理에 도달해야 함을 나타내는 동시에 순추를 통하여 리로부터 기氣로 그리고 사물에 이르러야 함을 밝힌 것이다.

역추가 사물로부터 시작하기 때문에 형이하적 차원에서 멈추면 기器의 속성을 리理의 본질로 오해하기 쉽다. 그것은 마치 육신이라는 물체가 갖는 속성인 본능을 형이상적인 본성으로 착각하는 것과 같다. 그러면 역추의 과정은 어떻게 이루어지는가?

역추는 모두 학문의 주체인 인간에 의하여 이루어진다. 한주는 마음을 통하여 역추가 이루어짐을 다음과 같이 밝히고 있다.

---

[222] 『寒州全書』四, "工夫則逆推 而功效則順推 蓋工夫則欲其先知 究竟有所向望 故自遠而逆推來 功效則不可欲速助長躐等忘求 故自近而順推去."

> 천하의 리理는 만물에 산재하지만 그 근본은 내 마음에 갖추어져 있다. 만약 사물의 이치를 널리 보고자 한다면 어찌 먼저 나의 마음을 살피지 않는가? 내 마음이 발현되는 곳에서 그 실마리를 궁구하면 정情으로 말미암아 성性으로 가고, 성性으로 말미암아 천명에 이르며, 천명으로 말미암아 천도에 이른다. 역추하여 사물이 없는 단계에 이르면 결단코 기氣가 있지 않을 때에도 리理는 있다.[223]

역추가 정, 성, 천명을 거쳐서 천도에 이르는 과정이라면 순추는 천도天道, 천명天命, 성性을 거쳐서 정情에 이르는 과정으로 이해할 수 있다. 이때 순추를 학문의 측면에서 이해하면 그 과정은 학문의 성과를 여러 이치로 해부하여 그 의미를 밝히는 이해理解와 설명說明의 과정이라고 할 수 있다.

그러나 순추와 역추가 형이상과 형이하의 도道와 기器의 관점에서 논해지고 있기 때문에 인간의 관점에서 역추는 학문, 수기의 문제이고, 순추는 실천, 안인安人의 문제이며, 천인天人의 관점에서는 역추는 인식론적 관점이고, 순추는 존재론적 관점이다. 따라서 순역의 두 방향에서 이루어지는 역추와 순추의 구체적인 방법에 대하여서는 보다 정치精緻한 논의가 필요하다.

역추는 형이하의 사물로부터 시작하지만 사물의 속성을 밝히는 것이 아니라 근원인 형이상의 태극, 리理를 찾는 방법이다. 그렇기 때문에 비록 사물과 인간이 구분된 상태에서 인간의 인식을 시작으로 하지만 태극, 리理에 이르면 사물의 리理와 인간의 성품이 하나인 차원에서 비로소 역추

---

[223] 『寒州集』卷六, "天下之理 散在萬物 而其本具吾一心 與其泛觀物理 盍先察之於吾心 遂於吾心發見之處 各究其端 由情而之性 由性而至天命 由天命而至於天道 逆推到無物之前 而斷之爲未有此氣 先有此理."

가 완성된다.

그리고 순추도 형이상의 태극, 리理로부터 시작하지만 그것이 본체가 되어 이루어지는 작용과 작용으로 결과로서의 사물을 밝히기 때문에 작용과 사물을 밝히는 측면에서는 태극, 리理의 차원에 머물러서는 안 된다. 따라서 순추와 역추가 구체적으로 어떻게 다른지가 제시되어야 한다.

그러나 한주는 순추와 역추를 철저하게 학문, 수기修己의 문제를 중심으로 이해하였다. 그는 순추와 역추의 방법에 수간竪看, 도간倒看, 횡간橫看의 삼간三看을 더하여 이기理氣의 관계를 고찰할 것을 제기하였다.

> 생각건대 이기理氣의 묘함은 서로 떠나지 않음과 서로 섞이지 않음으로 그 요체는 사람이 이간離看하고 합간合看하는 데 있다. 그러므로 본원本原 상에 나가서 수간竪看함이 있고, 유행처流行處에 나가서 횡간橫看함이 있으며, 형적形迹 상에 나아가서 도간倒看함이 있다.[224]

그는 역추의 관점을 도간으로 그리고 순추의 관점을 수간으로 순추와 역추가 하나가 된 관점을 횡간으로 구분하여 나타내었다. 태극, 리理의 차원에서 형이하의 기器를 향하는 관점을 수간으로 그리고 기氣에서 출발하여 리理에 이르는 관점을 도간으로 구분한 후에 양자를 구분할 수 없는 세계를 횡간으로 구분한 것이다. 따라서 수간과 도간이 이간離看의 구체적인 내용이라면 횡간은 합간合看이라고 할 수 있다. 그러면 삼간을 해야 할 까

---

[224] 『寒洲集』卷七, "竊念理氣之妙 不相離不相雜 要在人離合看 故有就本原上竪看者 有就流行處橫看者 有就形迹上倒看者."

닭이 무엇인지 살펴보자.

> 궁리窮理의 시초는 도간倒看하여야 근거할 바가 있게 되고, 리理를 분석하는 정밀성은 횡간橫看해야 유실遺失함이 없으며, 리理를 밝히는 극치는 수간竪看해야 참다움을 얻는다.[225]

한주는 성리학의 학문방법인 격물치지格物致知의 궁리窮理를 중심으로 삼간三看을 제시하였다. 그는 궁리를 현상으로부터 시작해야 선불교, 노장과 같은 허무한 공리空理가 아닌 실리實理가 드러나고, 수간竪看해야 리理의 참됨이 드러나며, 횡간橫看해야 리理의 정밀함이 드러난다고 하였다.

한주가 제시하는 순추와 역추, 삼간은 형이상의 리理와 형이하의 기氣가 동일한 차원이 아니라 서로 다른 차원임을 전제로 한다. 따라서 순추와 역추 그리고 삼간이 단순하게 상하의 방향이 다름에 그치지 않고 그 내용이 무엇인지 그리고 양추와 삼간이 어떤 관계인지가 제시되어야 한다.

그리고 순추와 역추, 삼간이 모두 궁리의 방법으로 제시되고 있다. 그것은 양추와 삼간이 학문, 수기의 문제에 한정되어 실천과 괴리乖離되는 문제를 안고 있음을 뜻한다.

그 점은 양추兩推, 삼간三看을 제기한 목적을 살펴보면 더욱 분명하게 드러난다. 그는 퇴계退溪와 율곡栗谷 그리고 남당南塘의 주장들을 비판하고자 삼간과 양추를 제시하였다. 그것은 삼간과 양추가 다른 사람의 이

---

225 『寒洲集』卷七, "窮理之始 倒看而有所據 析理之精 橫看而無所遺 明理之極 竪看而得其眞."

론에 대하여 시비是非를 판단하고 자신의 주장이 타당함을 논증하는 방법으로 제시되었음을 뜻한다.

다른 사람의 주장을 대상으로 시비를 판단하는 문제는 논리적인 문제일 뿐으로 존재론적 주장이 아니다. 왜냐하면 불리부잡不離不雜의 타당성은 그것이 단순하게 주희朱熹의 주장이라는 점에서 확보되지 않기 때문이다. 그의 주장의 전제가 되는 이기理氣의 불리부잡不離不雜이 논리적으로 타당할 뿐만 아니라 옳기 위해서는 양자가 자각의 범주이자 존재의 범주이어야 한다.

그러나 한주는 이합간離合看을 인간의 문제로 규정[226]하였다. 그것은 이합간離合看이 도간倒看에서 시작하여 수간竪看에 이른 상태에서 언급되는 것이 아님을 나타낸다.

또한 퇴계와 율곡, 남당의 주장에 대한 회통적 접근이라는 목표 자체가 수간의 관점, 형이상의 리理의 차원에서 이루어지는 것이 아님을 보여준다.

우리가 역추에서 시작하여 순추하게 되면 리理가 만물에 산재散在함을 알기 때문에 그 어떤 것도 리의 드러남이 아님이 없음을 알게 된다.

마음도 역시 성품이 드러난 작용의 측면에서 보면 인심과 도심의 둘이 아니라 하나의 리理일 뿐이다. 따라서 본래 일체이기 때문에 회통을 할 필요가 없을 뿐만 아니라 노장이나 불교는 물론 율곡의 기발이승일도설氣發理乘一途說 역시 리理의 작용이기 때문에 시비를 논할 수 없다.

그러나 그는 "성현聖賢이 성현이 되고, 이단異端이 이단이 되는 까닭은

---

[226] 「寒洲集」卷七 書, "竊念理氣之妙 不相離不相雜 要在人離合看."

주리主理와 주기主氣 사이에 존재할 뿐이다"²²⁷라고 하여 주기론자主氣論者들을 이단으로 비판하고 있다. 그는 가깝게는 율곡에서 시작하여 노장, 불교, 도교를 비롯하여 자신의 주장 이외의 모든 주장을 배척排斥하고 있다.

한주寒州의 주장의 문제점은 그대로 성리학 자체의 한계이다. 그가 주리主理와 주기主氣를 주장함은 리理와 기氣를 모두 실체로 여기기 때문에 발생한다. 그것은 리理와 기氣를 바탕으로 형성되는 세계, 만물이 존재한다는 실체적 사고를 바탕으로 그의 이론이 전개됨을 뜻한다.

인간과 대상적으로 존재하는 태극, 리理라는 형이상적 실체를 상정하고 그것을 근원으로 여기고, 리理를 근거로 형이하의 만물이 형성됨을 주장하면 지말支末을 떠나서 근본인 리理와 하나가 되는 합일合一이 근본문제가 된다.

성리학이 성즉리性卽理의 천인합일天人合一을 주장하면서도 존재론적 측면에서 이연已然의 천인합일과 당위론적 측면의 응연應然의 천인합일을 구분하여 역逆방향의 응연의 합일을 중심으로 학문을 논하기 때문에 한주가 삼간三看을 논하였지만 삼간을 자유자재하지 못하고, 순역順逆을 논하였지만 순역의 합일의 차원에서 논의가 이루어지지 못하기 때문에 순역에 자유롭지 못하였다.²²⁸

한주가 형이상의 리理와 형이하의 기器를 철저하게 구분하여 리가 근원이며, 기氣가 지말임을 강조한 까닭은 서학西學과 성리학의 특성이 다름

---

227 『寒洲集』卷十六, "從古聖賢之所以爲聖賢 異端之所以爲異端 特在乎主理主氣之間而已."
228 儒佛道를 중심으로 한 인문학의 학문방향, 방법, 도구, 주체, 목적에 대하여는 이현중의『유불도儒佛道와 통관洞觀의 인문학』, 충남대학교 출판문화원, 2017, 115~162쪽을 참고하기 바란다.

을 분명하게 밝히고자 한 것이라고 할 수 있다. 우리는 그의 학문방법론을 통하여 형이상의 리理를 중심으로 성명性命을 연구 대상으로 하는 인문학 人文學의 차원과 형이하의 기器를 대상으로 하는 서학西學 곧 과학의 차원이 서로 다르기 때문에 과학의 차원을 넘어서야 비로소 인문학의 세계에 도달할 수 있음을 알 수 있다. 그러면 이어서 일부一夫의 사상이 무엇인지 살펴보자.

한주가 이기理氣에 의하여 전개되는 만물을 대상으로 하는 실체적 세계관을 바탕으로 이론을 전개하는 것과 달리 일부는 고정되지 않아서 끊임없이 다양하게 현현顯現하는 변화의 세계관을 바탕으로 한다.

일부는 『정역正易』[229]에서 시간성과 시간의 관계를 통하여 변화의 세계를 나타내고 있다. 그는 시간성을 나타내는 반고盤古[230]를 출발점으로 삼아서 반고가 본성에 의하여 끊임없이 자신의 상태로부터 벗어나서(變) 타자화함으로써 시간으로 화化함을 밝히고 있다.

반고는 세계를 시간성과 시간을 통하여 나타낸 개념이다. 반고의 글자적 의미는 "영원(古)을 머금고 있음(盤)", "영원의 받침대"이다. 영원을 머금고 있는 시간은 영원이 본성에 의하여 자화한 시간으로서의 현재이다. 따라서 반고에 의하여 표현된 세계는 영원한 현재라고 할 수 있다.

---

[229] 『정역正易』은 한국 유학자儒學者인 일부一夫 김항金恒이 저술한 역서易書이다. 1881년에 『정역』의 서문序文인 「대역서大易序」가 쓰였으며, 1884년에는 상편上篇인 「십오일언十五一言」이 쓰였고, 1885년에 하편下篇인 「십일일언十一一言」이 쓰여 완성되었다. 그해에 영남嶺南 출신의 문도門徒들에 의해 출판되었다. 『정역』에서는 역도易道를 간지도수干支度數를 통하여 나타나는 신명원리神明原理와 도서상수圖書象數를 통하여 나타나는 역수 원리曆數原理로 밝히고 있다.

[230] 『정역』에서는 반고를 변화의 근원으로 나타내어 化翁, 化化翁으로 그리고 변화하지만 변화함이 없음을 나타내기 위하여 化無翁, 化無上帝로 나타내기도 하였다.

반고는 영원한 점에서는 과거, 미래와 구분되는 시간으로서의 현재가 아닐 뿐만 아니라 현재인 점에서는 영원과 다르다. 반고는 시간을 초월했기 때문에 시간과 다른 시간성을 나타내지만 끊임없이 시간으로 드러나기 때문에 시간을 벗어나지 않았다.

일부가 세계를 나타내는 데 사용하고 있는 개념인 반고盤古는 중국인들이 자국自國의 역사를 나타내면서 사용한 개념이다. 그러나 일부一夫는 고조선사상을 나타내고 있는 혼님, 환인桓因과 같은 의미로 반고盤古를 사용하고 있다.

그는 반고의 특성을 시간적 관점에서 나타내고 있다. 그것은 일부가 시간성의 시간화를 통하여 반고의 특성을 나타내고 있음을 뜻한다. 그는 시간성의 시간화를 반고의 자화自化로 나타내고 있는데 그 내용은 다음과 같다.

> 아, 반고盤古가 화化하니 천황天皇은 무위無爲이고, 지황地皇은 재덕載德하며, 인황人皇이 흥작興作한다.[231]

위의 내용을 보면 반고 곧 시간성의 탈자脫自에 의하여 이루어지는 변화를 천지인天地人의 삼재三才를 중심으로 천황과 지황 그리고 인황으로 나타내고 있다. 이때 삼자의 특성을 나타내는 무위無爲와 재덕在德 그리고 흥작興作은 반고를 물건화하여 본체와 작용 그리고 현상에서 나타내는 개념이다.

반고는 본체적 측면에서는 무위無爲이다. 그것은 반고가 본체적 측면에

---

[231] 金恒, 『正易』第一張, "嗚呼라 盤古化하시니 天皇无爲시고 地皇載德하시고 人皇作이로다."

서는 모든 작용의 근원이지만 스스로는 움직이지 않고 오로지 힘을 배출해 주는 근원임을 나타낸다.

반고의 본체적 특성은 나무의 뿌리가 흙에 가려져서 드러나지 않는 것에 비유하여 이해할 수 있다. 뿌리의 작용은 겉으로 드러나지 않아서 작용을 한다고 할 수 없다.

그러나 죽어 있는 고요한 상태가 아니라 줄기와 가지 그리고 잎을 통하여 매 순간에 끊임없이 드러나는 변화를 통하여 작용하고 있음을 알 수 있다.

재덕載德은 반고의 끊임없이 작용하는 특성을 의인화擬人化하여 나타낸 것이다. 그리고 흥작은 반고에 의하여 이루어지는 자화의 결과를 나타낸다. 인황의 흥작은 인간의 관점에서 반고의 작용에 의하여 이루어지는 성과를 나타낸다. 그것은 본래성을 주체로 살아가는 성인, 천지와 하나가 되어 살아가는 성인에 의하여 인문人文의 세계가 흥작함을 나타낸다.

일부는 삼황을 통하여 반고의 특성을 나타내고 있을 뿐만 아니라 그것을 시간성의 관점에서 무극無極과 태극太極 그리고 황극皇極의 삼극三極을 통하여 나타내고 있다. 그러면 삼황의 관계를 어떻게 나타내고 있는지 살펴보자.

> 용도龍圖는 미제未濟의 상象으로 도생역성倒生逆成하니 선천先天의 태극太極이며, 귀서龜書는 기제旣濟의 수數로 역생도성逆生倒成하니 후천後天의 무극無極이다. 오五는 중위中位에 있으니 황극皇極이다.[232]

---

232 金恒, 『正易』第一張, "圖書之理는 后天先天이오 天地之道는 旣濟未濟니라. 龍圖는 未濟之象而倒生逆成하니 先天太極이니라. 龜書는 旣濟之數而逆生倒成하니 后天无極이니라. 五居中位하니 皇極이니라. 易은 逆也니 極則反하나니라."

인용문을 보면 하도河圖와 낙서洛書를 통하여 삼극의 관계를 밝히고 있다. 하도와 낙서는 십익十翼에서 천지의 수數를 통하여 천지의 도를 상징적으로 나타내고 있는 도상圖像으로 규정하였다. 그러나 일부에 의하여 그 내용이 밝혀지기까지는 다양한 의견들이 제시되었을 뿐으로 체계적으로 그 내용을 나타내지 못하였다.

일부는 『정역』을 통하여 『서경』과 『주역』 그리고 『논어』에서 제시하고 있는 천도天道의 내용인 역수 원리曆數原理를 상징적으로 나타내고 있는 도상이 하도와 낙서임을 밝히고 있다. 그는 『정역』의 내용을 하도의 내용을 중심으로 상편으로 그리고 낙서의 내용을 중심으로 하편으로 구분하여 나타내고 있다.

그가 하도와 낙서의 내용을 설명하기 위하여 사용하고 있는 개념은 무극과 태극 그리고 황극의 세 가지 개념이다. 무극과 태극이 함께 언급된 것은 송대宋代의 주돈이周敦頤에 의하여 제시된 「태극도설太極圖說」에서 비롯된다. 그는 "무극이면서 태극(無極而太極)"을 언급하여 무극과 태극이 하나인가 둘인가의 논쟁을 야기惹起하였다. 그리고 황극은 『서경』의 홍범구주洪範九疇에서 언급된 개념이다.

그러나 무극과 태극 그리고 황극이라는 개념이 하나가 되어 사용된 경우는 없었다. 일부는 이 세 가지의 개념을 하나로 묶어서 삼극三極으로 규정하여 십익에서 삼재三才의 도道로 제시하고 있는 역도易道를 삼극의 도[233]로 나타내고 있다.

---

[233] 繫辭上篇 第二章에서는 "六爻之動 三極之道也"라고 하여 重卦가 나타내는 내용을 三極의 道로 규정하였을 뿐만 아니라 繫辭下篇 第十章에서는 "六者非他也 三才之道也"라고 하여 六爻가 나타내는 내용을 三才의 道로 규정하고 있다. 그리고 삼재의 도의 내용을 각각 음양원리로서의 천도와 강유원리로서의 지도 그리고 인의원리로서의 인도로 규정하면서도 삼극의 도의 내용은 밝히고 있지 않다.

삼극의 무극은 천황을 나타내고, 태극은 지황을 나타내며, 황극은 인황을 나타낸다. 그러나 그 의미는 서로 다르다. 왜냐하면 삼황이 인간을 중심으로 삼극을 나타낸 것이라면 삼극은 삼황을 시간성을 중심으로 나타낸 것이기 때문이다.

삼극은 고조선 사상에서 혼님, 환인을 나타내기 위하여 사용된 환웅桓雄과 단군檀君 그리고 웅호熊虎와 비교하여 이해할 수 있다. 환웅은 무극과 대응하고, 단군은 황극과 대응하며, 웅호는 태극과 대응한다.

삼극을 시간성의 측면에서 나타내는 무극은 미래성을 나타내고, 태극은 과거성을 나타내며, 황극은 현재성을 나타낸다. 미래성은 열매의 관점에서 시간성을 나타낸 것이라면 과거성은 씨의 관점에서 나타낸 것이고, 현재성은 꽃의 관점에서 나타낸 것이다.

삼극을 중심으로 하도와 낙서를 이해하면 하도는 도생역성倒生逆成을 나타내고, 낙서는 역생도성逆生倒成을 나타낸다. 도생역성과 역생도성의 도역倒逆은 『주역』에서 제시된 순역順逆을 바꾸어서 나타내는 개념이다. 그러면 순역과 도역은 어떤 차이가 있는가?

십익에서 사용된 이후 중국도교, 중국유학, 중국불교의 중심 개념이 되어 온 순역順逆은 가치상의 우열이 있다. 그것은 형이상의 도道와 형이하의 기器를 구분하여 양자를 각각 근본根本과 지말支末로 규정하고, 도로부터 기를 향하는 순順과 기로부터 도를 향하는 역逆을 언급한 것을 보면 알 수 있다.

형이상의 도와 형이하의 기를 본말로 규정하여 순과 역의 방향 역시 본말로 이해한 까닭은 인간이 지말을 좇지 말고, 근본을 찾아야 함을 나타내기 위함이다. 천명天命을 따르고, 천도天道에 순응順應하는 유학儒學의 천인합일天人合一은 이 점을 단적으로 나타낸다.

그것은 중국유학이 중국불교, 중국도교와 마찬가지로 형이상의 도의 관점 곧 순의 방향을 주로 하여 기로 드러나는 방향에 중심이 있는 것이 아니라 형이하의 기器에서 출발하여 근본, 근원을 찾는 수기, 수행, 학문을 추구하는 역방향에 삶의 중심이 있음을 나타낸다.

그러나 일부는 순順이 없는 역逆은 의미가 없을 뿐만 아니라 불완전하여 세계의 전모를 드러낼 수 없기 때문에 순과 역이 하나가 된 차원에서 세계를 나타내기 위하여 도역倒逆이라는 개념을 사용하였다. 이러한 일부의 의도를 파악하기 위해서는 순順을 도倒로 바꾸어서 표현한 것을 보면 단적으로 알 수 있다.

도倒는 "뒤바꾸다"의 의미이다. 그것은 역逆으로 시작하면 그 극에 이르러서는 바꾸어서 순順으로 나아가고, 순順에서 시작하여 극단에 이르면 다시 바꾸어서 역逆으로 계속되어 순과 역의 구분이 없는 일체의 세계를 나타낸다.

그것은 일부가 순과 역이 하나가 된 차원 곧 순과 역으로 구분하여 나타내기 이전의 세계를 그대로 드러내고 있음을 뜻한다. 일부는 『주역』에서 물건적 관점에서 세계를 도와 기로 구분하고 그것을 바탕으로 순과 역을 구분하여 나타내어 일상의 삶으로부터 벗어나서 근본으로서의 도, 성품, 성명을 찾아가는 역방향을 강조함으로써 순방향을 놓치게 되는 우려를 없애기 위하여 도와 역의 두 방향을 서로 연결하여 도역의 생성으로 나타냄으로써 순역의 성격이 바로 생성生成임을 분명하게 밝히고 있다.

도생역성은 순방향에서 시작하여 역방향에서 완성되는 생성을 나타내고, 역생도성은 역방향에서 시작하여 순방향에서 완성되는 생성을 나타낸다. 그것은 삼극의 관점에서는 무극에서 시작하여 태극에서 완성되는 생성이 도생역성이며, 태극에서 시작하여 무극에서 완성되는 생성이 역생도성임을 뜻한다. 그러면 도생역성은 무엇인가?

시간성이 그 본성에 의하여 탈자脫自하여 시간으로 타자화他者化함을 뜻한다. 그것을 단군신화에서는 환웅이 인간의 세계로 내려와서 이화理化를 함으로 나타내고 있다. 환웅이 인간의 세상에서 이화한 내용은 시간을 다스림이다. 그것은 시간과 시간성을 둘로 나누어서 표현한 것일 뿐으로 시간성 곧 미래성이 탈자하여 과거성으로 화化함을 나타낸다.

시간성의 시간화를 나타내는 도생역성과 달리 시간성의 시간화가 그대로 시간의 시간성화임을 나타내는 것이 역생도성逆生倒成이다. 그것은 단군신화에서 웅호가 사람이 되고, 다시 천신天神인 환웅桓雄과 하나가 되는 과정을 통하여 나타내고 있다. 이는 시간성의 시간화에 의하여 드러난 시간은 실재하는 것이 아니라 매 순간 그대로 시간성화時間性化임을 나타낸다.

그런데 일부는 도역생성의 중심에 황극이 있음을 밝히고 있다. 그것은 도역倒逆의 생성이 황극으로 집약될 뿐만 아니라 황극에 의하여 도역의 생성이 이루어짐을 뜻한다. 이를 한마디로 나타내면 황극을 통하여 도역의 생성이 출입함을 뜻한다. 이를 다시 시간성의 관점에서 나타내면 미래성과 과거성이 현재성에 의하여 합일合一되고, 분산分散됨을 나타낸다.

그런데 황극의 관점, 현재성의 관점에서 시간성과 시간의 관계를 살펴보면 도생역성의 측면에서는 시간이 생성되지만 역생도성의 측면에서는 시간은 시간성으로 귀결歸結되고, 귀체歸體되기 때문에 시간이 존재하지 않는다. 이를 통하여 도역생성의 양자가 서로를 존재하게 해주는 긍정적 측면과 더불어 서로의 존재를 무화無化시켜 주는 부정적 측면이 있다.

단군신화에서는 환웅의 이화理化가 웅호의 사람이 되고, 환웅과 결혼하여 환웅과 하나가 되어 단군을 낳는 사건으로 표현되고 있다. 이때 웅호가 사람이 되고, 환웅과 하나가 되는 사건은 그대로 환웅의 작용이다. 이런 점에서 보면 현상의 모든 것은 본래의 자성自性, 불성佛性으로의 회향廻向임을 나타내는 불교와 그 의미가 다르지 않다. 도생역성은 20세기의 대행불교大行佛敎에서는 나툼으로 나타나고, 역생도성은 대행불교에서는 회향廻向으로 나타난다.

하도와 낙서가 상징하고 있는 내용을 나타내는 또 하나의 개념은 선천先天과 후천後天이다. 선천과 후천이라는 개념은 『주역』에서 보이지만 설괘說卦의 내용을 바탕으로 구성된 팔괘도八卦圖를 통하여 선후천先後天을 역학易學의 중심 개념으로 부각浮刻시킨 사람은 송대宋代의 소강절邵康節이다.

그는 태극太極의 세계를 선천으로 그리고 현상의 세계를 후천으로 규정하였다. 그것은 십익에서 형이상의 도와 형이하의 기를 본말의 관계로 규정한 것에 연원한다. 근본인 태극의 세계가 바로 본체로서의 선천이며, 본체에 의하여 형성된 현상은 지말로서의 후천이다.

그러나 『정역』에서는 『주역』을 연원으로 하는 중국사상이 물건적 관점에서 도와 기의 이원적인 구조를 통하여 세계를 드러내고 있는 것과 달리 환웅, 단군, 웅호와 같이 삼극으로 나타내고 있기 때문에 중국의 선후천 개념과는 다르다.

일부는 황극을 중심으로 무극에서 시작하여 태극으로 드러나는 도생역성과 태극에서 시작하여 무극으로 귀결되는 역생도성을 논하고 있다. 그리고 무극을 후천으로 규정하고, 태극을 선천으로 규정함으로써 도역의 생성 작용을 선천과 후천의 관계를 통하여 나타내기도 하였다. 그러면 양자는 어떤 관계인가?

도생역성과 역생도성은 일체의 양면이다. 그러나 양자의 관계를 나타내면 도생역성을 바탕으로 역생도성이 이루어진다. 그것은 씨를 심어서 싹이 트고, 꽃이 피어 열매를 맺는 현상과 같은 역생도성이 성립하기 위해서는 열매를 씨로 사용하는 현상과 같은 도생역성이 바탕이 되어야 함을 뜻한다.

본래 씨와 열매가 둘이 아니어서 일체임에도 불구하고 우리가 구분하여 나타낸 것이지만 일단 양자를 구분하여 나타내었기 때문에 양자의 관계를 나타내지 않을 수 없다.

일부一夫는 선천과 후천에 대하여 "후천은 선천에서 정사政事하니 수화水火며, 선천은 후천에서 정사政事하니 화수火水이다"[234]라고 하였다. 이는 후천에서 선천을 향하여 이루어진 정사政事를 나타내는 괘가 수화기제水火旣濟 괘이며, 선천에서 후천을 향하는 정사를 나타내는 괘가 화수미제火水未濟 괘임을 나타낸다. 따라서 하도가 미제未濟의 세계를 상象으로 나타낸다는 것은 아직은 현상화하지 않은 시간성의 세계를 상징적으로 나타냄을 뜻한다. 그리고 낙서가 기제旣濟의 수數라는 것은 현상화한 시간의 관점 곧 시의성時義性의 관점에서 계량화하여 나타내었음을 뜻한다.

그런데 하도가 도생역성을 통하여 선천의 태극太極을 드러내고, 낙서는 역생도성을 통하여 후천의 무극을 드러낸다고 하였다. 이를 통하여 하도는 무극無極이 중심이고, 낙서는 태극太極이 중심임을 알 수 있다. 그것

---

[234] 金恒, 『正易』第三張, "后天은 政於先天하니 水火니라. 先天은 政於后天하니 火水니라."

은 무극을 바탕으로 태극을 드러내는 것이 하도河圖이며, 태극을 바탕으로 무극을 드러내는 것이 낙서임을 뜻한다. 그러면 중위中位에 황극이 있음은 무엇을 나타내는가?

일부는 무극과 태극 그리고 황극의 관계를 수를 통하여 나타내고 있는데 그 내용은 다음과 같다.

> 말하자면 무극无極이니 십十이다. 십은 곧 태극太極으로 일一이다. 일에 십이 없으면 체體가 없고, 십에 일一이 없으면 용用이 없으니 합하면 토土이다. 그 가운데 존재하는 것이 오五로 황극皇極이다.[235]

인용문의 내용을 보면 수의 관계를 통하여 삼극의 특성과 관계를 밝히고 있다. 그는 무극과 태극을 각각 십과 일로 규정하고 양자가 체용의 관계임을 나타내고 있다. 일부는 체용을 합한 것은 토土로 규정하였는데 토土에는 무토戊土와 기토己土가 있다. 이 무토戊土를 무위戊位로 그리고 기토己土를 기위己位로 나타내어서 기위己位를 무극无極으로 그리고 무위戊位를 황극皇極으로 나타내고 있다.

그는 무극과 태극이 하나가 된 상태를 무극이면서 태극이라고 하여 수로는 십일十一이라고 하였다. 그리고 십일은 지덕地德이면서도 천도天道라고 하여 십일을 통하여 천지의 도덕道德을 나타냄을 밝히고 있다. 이는 무극이 태극으로 드러나는 것이 천지의 도덕원리[236]임을 뜻한다.

---

[235] 金恒, 「正易」第一張, "擧便无極이시니 十이니라. 十便是太極이니 一이니라. 一이 无十이면 无體요 十이 无一이면 無用이니 합하면 土라 居中이 五니 皇極이니라."

[236] 金恒, 「正易」雷風正位 用政數, "己位는 四金一水八木七火之中이니 无極이니라. 无極而太極이니 十一이니라. 十一은 地德而天道니라. 天道라 圓하니 庚壬甲丙이니라."

그리고 황극이면서 무극이라고 하여 수로는 오십五十이라고 하였다. 이 때 오십은 각각 천도天度와 지수地數라고 하여 천지의 도수度數를 나타내는 것이 오십五十임을 밝히고 있다.[237] 이를 통하여 무극과 태극 그리고 황극이 일체임을 알 수 있다. 그러면 무극과 태극 그리고 황극이 하도와 낙서에서는 어떻게 나타나는가?

하도에는 오五가 중심에 있고 그 밖을 십十이 감싸고 있어서의 십과 오가 한 자리에 있음을 뜻하는 동시에 양자가 하나가 된 차원, 경지를 나타낸다. 그것은 하도의 십오가 무극과 황극을 나타내는 동시에 양자가 하나가 된 오십을 나타냄을 뜻한다.

그런데 앞의 인용문에서 하도가 선천의 태극을 향하고, 낙서가 후천의 무극을 향한다고 하여 양자가 각각 무극과 태극이 중심임을 나타내고 있다. 따라서 낙서가 태극이 중심이라는 것은 무극이면서 태극의 세계 곧 천지의 도덕원리를 나타내는 것이 낙서임을 뜻한다.

이제 하도와 낙서를 언급하면서 마지막으로 오五가 중심에 있다는 의미가 바로 하도와 낙서의 중심이 황극임을 밝히고 있음을 알 수 있다. 하도는 오가 십으로 가서 십과 하나가 된 상태 곧 십무극十無極의 상태를 나타내고, 낙서는 오와 십이 하나가 됨으로써 십무극十無極이 오황극五皇極으로 와서 오황극五皇極이 본체가 되어 일태극一太極으로 드러남을 나타낸다.

그런데 일부는 도서圖書와 괘효卦爻의 관계를 언급하면서 도서의 이치는 후천에서 선천으로 작용하고, 천지의 도는 기제旣濟에서 미제未濟로

---

[237] 金恒, 『正易』雷風正位 用政數, "戊位는 二火三木六水九金之中이니 皇極이니라. 皇極而无極이니 五十이니라. 五十은 天度而地數니라. 地數라 方하니 丁乙癸辛이니라. 天度라 圓하니 九七五三이니라."

작용한다고 하였다.[238] 그것은 하도와 낙서가 표상하는 이치가 후천에서 선천으로 작용하는 도생역성倒生逆成의 관점이 중심이지만 괘효卦爻가 나타내는 천지의 도는 기제에서 미제를 향하는 역생도성逆生倒成의 관점 곧 역逆 방향이 중심임을 뜻한다. 그러면 도역의 생성과 인간은 어떤 관계인가?

『정역』에서 언급되고 있는 도역倒逆의 두 방향이 『주역』에서는 순역順逆으로 언급되고 있다. 그리고 십익에서는 순역의 내용을 생성이 아닌 회통會通, 합일合一로 규정[239]하고 있다.

합일合一은 물건적 관점에서 역逆방향이 중심인 것과 달리 도역倒逆의 생성은 순방향이 중심인 점에서 서로 차이가 있을 뿐만 아니라 순역이 합일된 차원에서 비로소 도생역성이 이루어진다.[240] 따라서 도서圖書의 리理를 바탕으로 할 때 비로소 천지의 도가 나타내는 역방향이 성립된다. 그러면 도서 원리와 인간은 어떤 관계인가?

도서 원리 안에서는 인간과 세계의 구분이 없을 뿐만 아니라 인간과 사물의 구분이 없기 때문에 인간과 자연, 인간과 세계의 관계를 나타낼 수 없다. 우리가 도서 원리가 표상하는 도역의 생성에 의하여 드러난 시간의 세계를 다시 대상화, 물건화하여 천지의 도로 드러낼 때 비로소 천지와 인간의 관계를 논할 수 있다.

그것은 도서가 표상하는 도역의 생성 원리를 객관화하여 순역의 합일

---

238 金恒, 『正易』第一張, "圖書之理는 后天先天이오 天地之道는 旣濟未濟니라."

239 『周易』繫辭上篇 第十二章, "聖人有以見天下之動, 而觀其會通, 以行其曲禮, 繫辭焉以斷其吉凶, 是故謂之爻."

240 이현중, 『한국사상과 방달方達의 인문학』, 충남대학교출판문화원, 2018, 245~308쪽.

로 나타냄으로써 비로소 물건적 세계로서의 천지인의 삼재의 세계가 전개됨을 뜻한다. 일부가 "반고의 변화에 의하여 천황의 무위와 지황의 재덕에 의하여 인황이 흥작한다"고 함은 이를 나타낸다.

시간성이 중심인 도서 원리를 공간성을 통하여 괘효 원리로 물건화, 대상화하여 나타낼 때 비로소 천지와 대응하는 인간의 세계가 문제가 된다. 일부는 "천지에 일월이 없으면 빈껍데기와 같고, 일월에 지인至人이 없으면 헛된 그림자와 같다"[241]고 하여 그 점을 밝히고 있다.

도역의 생성에 의하여 시간성이 시간으로 화하면서 시의성이 됨으로써 비로소 시의성 곧 공간성을 본성으로 하는 천지인의 세계가 드러난다. 그것은 공간성의 차원에서 비로소 미래성을 본성으로 하는 천성天性의 세계와 현재성을 본성으로 하는 인간성의 세계 그리고 과거성을 본성으로 하는 지성地性의 세계가 전개됨을 뜻한다.

천성의 땅을 향하는 순작용과 지성의 하늘을 향하는 역작용이 하나가 되어 현재성을 본성으로 인간의 본래성이 드러난다. 일부는 "이치는 본원에서 모이니 본원은 성性이다. 건곤의 천지에 뇌풍雷風이 중中이다"[242]고 하여 그 점을 밝히고 있다.

뇌풍은 팔괘 가운데서 진손괘震巽卦를 나타낸다. 진손괘는 건곤乾坤의 부모를 통하여 생성되는 장남과 장녀를 나타낸다. 일부는 "괘의 진손은 수의 십오로 오행의 종宗이고, 육종의 장長이다"[243]라고 하여 오행과 육종의

---

241 金恒,「正易」第八張, "天地는 匪日月이면 空殼이오 日月은 匪至人이면 虛影이니라."
242 金恒,「正易」第七張, "理會本原은 原是性이오 乾坤天地에 雷風中이라."
243 金恒,「正易」第二十三張, "卦之震巽은 數之十五니 五行之宗이오 六宗之長이니 中位正易이니라."

종장이 진손임을 나타내고 있다. 따라서 진손은 천지의 중심인 성인聖人을 나타내는 동시에 인간의 본래성을 가리킨다. 그러면 도역생성과 인간의 본래성은 어떤 관계인가?

일부는 뇌풍이 바른 위치에서 용사用事를 하면 비로소 중위정역中位正易이 이루어짐을 밝히고 있다. 그것은 본래성에 의하여 황극과 무극이 하나가 되고, 무극과 태극이 하나가 되어 천지의 도수와 천지의 도덕이 이루어짐을 뜻한다.

앞에서 살펴본 바와 같이 중국사상에서 형이상의 도와 형이하의 기를 구분하여 양자를 중심으로 기에서 출발하여 도를 향하는 역방향과 도에서 출발하여 기에 이르는 순방향을 구분하여 불교, 도교, 노장이 모두 불도를 이루거나 부처가 되고, 무극으로 돌아가는 역방향의 수도를 논하고, 유학이 순방향에서 순천휴명順天休命하는 도제천하道濟天下를 주장하는 것과 달리 일부는 순역이 합일된 차원에서 출발하여 형이상의 도에서 출발하여 형이하의 기로 드러나는 도생역성을 나타내는 동시에 그것이 현상의 측면에서는 기에서 출발하여 도를 향하는 역생도성임을 밝히고 있다.

일부가 『정역』을 통하여 밝히고 있는 도역생성은 형이상의 도의 작용으로서의 도생역성과 현상의 사물의 존재법칙을 나타내는 역생도성이 모두 도와 기를 구분할 수 없는 하나의 세계의 생성임을 나타낸다. 지금까지 살펴본 내용을 정리하여 도표로 나타내면 다음과 같다.

```
┌─────────────────────────────┐
│          반고盤古            │
│  도생역성  ⇓ ⇑  역생도성     │
│    순順    ⇓ ⇑    역逆      │
│      영원한 현재(正曆)       │
└─────────────────────────────┘
```

정역正易의 반고盤古와 순역합일

『정역』을 통하여 일부가 사용하여 세계를 나타내고 있는 반고라는 개념은 고조선사상에서 환인으로 나타내고 있는 혼님, 하나님을 나타내는 개념임을 알 수 있다.

그리고 환인에 의하여 이루어지는 환웅에서 시작하여 단군을 거쳐서 웅호로 드러나는 현상화의 측면은 도생역성으로 규정하고, 웅호에서 시작하여 단군을 거쳐서 환웅에서 끝나는 귀체, 귀공은 역생도성으로 나타내고 있음을 알 수 있다.

그런데 환웅에 의하여 이루어지는 재세이화는 중국역학의 전적인 『주역』에서 밝히고 있는 순방향을 생성으로 구분하여 도생역생으로 나타내고, 웅호에서 시작하여 환웅에서 끝나는 변화는 『주역』에서 밝히고 있는 역방향을 생성으로 구분하여 역생도성으로 나타낸 것이다. 따라서 『정역』에서 밝히고 있는 도역생성의 세계는 반고라는 순역이 합일된 세계를 바탕으로 그것이 도생역성과 역생도성의 변화로 나타남을 밝히고 있음을 알 수 있다.

반고의 세계를 현상적 측면에서 인간을 중심으로 나타낸 제세이화, 홍익인간은 『정역』에서는 정역正曆을 통하여 상징적으로 나타내고 있다.

그것은 도생역성의 측면에서 보면 원역原曆이 윤역閏曆을 거쳐서 정역正曆으로 나타나지만 역생도성의 측면에서 보면 정역은 그대로 윤역을 거쳐서 원역으로 귀체歸體, 귀공歸空된다. 따라서 정역이 나타내는 세계는 도생역성의 측면에서는 후천이지만 역생도성의 관점에서는 선천이어서 선천과 후천이 하나가 된 원천原天이다.

4. 20세기 대행불교大行佛敎의 평등공법平等空法과 순역합일의 나툼의 세계관

조선이 주권을 잃고 일제의 식민지 치하에서 신음을 하던 1927에 태어나서 2012년에 열반한 노대행盧大行 선사는 그만의 독특한 사상을 전개하였다. 그는 "생명의 근본을 불이라고 하며, 생활을 교라고 한다"[244]라고 하여 불교라는 개념 안에 초기불교, 중국불교는 물론 유학, 도교, 노장을 포섭하고 있을 뿐만 아니라 서양의 기독교와 과학, 의학, 철학을 비롯한 모든 문물을 아우르고 있다.

그의 사상이 인도불교와 중국불교와의 공통점을 갖고 있는 측면에서는 대행불교라고 할 수 있지만 중국불교와 다르고, 인도불교와 다른 특징을 갖고 있다.

그는 단군과 석가모니 부처가 다르지 않음[245]을 강조하고, 천부경天符經을 독특한 견해로 해석[246]하였을 뿐만 아니라 자신의 사상을 한마디로 나타

---

244 (재) 한마음선원, 『허공을 걷는 길』 법형제법회1, (재) 한마음선원출판부, 2007, 322쪽.
245 서혜원, 『한마음요전』 원리편, 한마음선원, 불기2537, 351~352쪽.
246 서혜원, 『한마음요전』 법연편, 한마음선원, 불기2537, 192~193쪽.

내는 한마음이 곧 한울[247]임을 표방하여 자신의 사상과 한국 고유의 사상이 다르지 않음을 밝히고 있다. 그런 점에서 보면 선사의 사상은 한국불교라고 하지 않을 수 없다.

그러나 한국불교라는 개념으로는 대행의 사상을 모두 드러낼 수 없을 뿐만 아니라 그의 사상을 연구한 사람들이 선불교의 관점에서 제시한 대행선이라는 개념은 그의 사상의 전모를 나타내기에는 너무 협애하다. 따라서 이 책에서는 선사의 사상을 대행사상으로 부르기로 한다.

대행사상은 그의 삶이 20세기 초에서 21세기의 초반에 이루어진 점에서 대한민국의 건국과 맞물려서 4차 산업혁명시대라고 불리는 과학 중심의 현대를 어떻게 살아갈 것인지를 밝히고 있는 점에서 중요한 의미를 갖는다.

그는 과학을 적극적으로 수용하여 인간의 본래성, 자성이 주체가 된 심성과학을 연구할 것을 제시하였을 뿐만 아니라 의학에도 관심을 갖고 제1의 치료의학, 제2의 예방의학, 제3의 재활의학을 넘어서 제4의 심성의학을 연구하도록 하였다.

그는 물질 중심의 현대인들이 육신을 자신으로 여기고 육신의 기능인 의식을 마음으로 여김으로써 오로지 육신의 본능에 따라서 살아가는 삶을 버리고 자성, 불성인 주인공을 주체로 살아가도록 하여 과학기술에 경도되어 살아가는 삶을 자성이 중심이 된 삶으로 바꾸도록 권하고 있다.

대행의 주장을 피상적으로 이해하면 수도를 통하여 깨달음을 얻어서 부처가 되는 견성성불과 다르지 않다고 생각할 수 있다. 그러나 그는 수도를 통하여 본래성, 자성을 찾는 것이 아니라 지금 여기의 내가 본래부터 갖고

---

247 (재) 한마음선원, 『허공을 걷는 길』 법형제법회2, (재) 한마음선원출판부, 2007, 1084쪽.

있을 뿐만 아니라 지금 여기의 나의 삶이 그대로 주인공, 자성의 작용에 의하여 이루어지기 때문에 자성이 뿌리가 되어 일상의 삶이 이루어짐을 믿고 맡기면서 경험하고, 체험하면서 살아가도록 권한다.

　삶을 떠나서 수행을 하는 것이 아니며, 깨달음을 얻은 후에 비로소 그것을 간직하여 놓치지 않는 보호임지保護任持를 하는 것이 아니라 삶 자체가 그대로 보호임지라는 그의 주장[248]은 그 점을 그대로 드러내고 있다.

　대행은 일상의 삶이 그대로 자성, 본래성이 중심이 되어 이루어지고 있기 때문에 지금 여기의 나의 삶을 떠나서 수행을 할 필요가 없고, 지금 여기의 나를 떠나서 부처를 찾을 필요가 없을 뿐만 아니라 중생을 떠나서 부처가 없어서 부처와 중생 그리고 보살이 함께하고 있음을 밝히고 있다.

　그는 우리의 자성, 본성이 바로 부처이며, 필요에 의하여 다양하게 이루어지는 자성의 작용을 그 작용에 따라서 관세음보살, 지장보살, 약사보살과 같은 이름으로 나타내고, 자성에 의하여 나타나는 생로병사의 생명 현상을 중생이라고 규정한다.

　그것은 대행이 지금 여기의 나를 통하여 부처와 보살, 중생이 함께하고 있음을 나타내는 동시에 부처와 중생 그리고 마음이 하나임을 밝히고 있는 화엄경을 비롯한 여러 경전들의 소식을 그대로 나타내고 있음을 뜻한다.

　그런데 대행은 삶이 그대로 진리이고, 삶이 그대로 불교인 세계를 열매의 관점 곧 과지果地의 측면에서 수행을 통하여 도달하는 열반의 경계로 제시하는 동시에 씨의 관점 곧 인지因地의 관점에서 삶이 본래 그러함을 나타내고 있다.

248　(재) 한마음선원, 『허공을 걷는 길』 법형제법회2, (재) 한마음선원출판부, 2007, 1286~1287쪽.

그것은 대행의 불교가 인지와 과지를 넘어선 중도, 실상의 세계를 그대로 보여주고 있음을 뜻한다. 그는 시간상의 인지와 과지를 넘어선 중도, 실상의 세계를 삶과 불교, 진리가 하나가 된 평등공법平等空法으로 규정하고 있다.

그가 중도, 실상을 비롯하여 무아, 열반과 같은 다양한 불교의 개념들을 사용하면서도 그와 달리 평등공법을 사용하는 까닭은 기존의 불교가 물건적 관점에서 접근하여 본성, 자성을 일종의 물건적 속성으로 여기는 폐단을 넘어서고자 함이라고 할 수 있다.

대행은 중국불교가 물건적 관점에서 불교에 접근하여 성성과 상相, 원각과 무명, 시각과 구경각을 구분하고, 삶을 상구보리와 하화중생, 수도와 제도로 구분하여 역방향에서 수도, 성성, 구경각, 원각을 추구함으로써 내도와 외도를 구분하여 선종과 교종을 구분하는 폐단을 넘어서 본래면목을 드러내고자 하였다.

그는 불교와 삶이 다르지 않으며, 중생과 부처가 일체일 뿐만 아니라 지금 여기의 나의 삶에서 끊임없이 작용하고 있기 때문에 삶을 떠나서 찾거나 수도할 필요가 없음을 나타내기 위하여 불법을 평등공법平等空法[249]으로 규정한다.

그것은 삶과 수행이 둘이 아니고, 부처와 중생이 둘이 아니며, 무위법無爲法과 유위법有爲法, 깨달음과 무명이 둘이 아님을 뜻한다. 지금 여기의 나의 자성이 그대로 온 우주의 모든 존재와 일체이기 때문에 내가 아닌 존재가 없어서 무아無我이며, 내 마음이 온 우주의 마음과 하나인 일심

---

[249] (재) 한마음선원, 『허공을 걷는 길』 법형제법회1, (재) 한마음선원출판부, 2007, 143쪽.

一心이기 때문에 무심無心이고, 그 마음이 모두의 마음이기 때문에 공심共心이다.

그리고 내 몸도 자성의 작용이 드러난 결과이기 때문에 온 우주의 모든 존재와 연결된 하나이다. 그는 지수화풍地水火風의 사대四大라는 공통적인 요소에 의하여 만물이 구성된 것처럼 인간의 몸도 구성되었기 때문에 인간의 몸과 만물이 같다고 말한다.[250]

대행은 자성과 마음 그리고 육신의 체용상體用相이 하나일 뿐만 아니라 온 우주와 더불어 일체이기 때문에 일상의 삶이 그대로 부처의 삶이라고 말한다. 그것은 삶과 수행, 부처와 중생의 구분이 없기 때문에 일상의 삶을 떠나서 불교를 따로 찾을 필요가 없음을 뜻한다.

그는 "불佛은 영원한 생명의 근본이며, 말하고 돌아가는 자체가 교이니 생활이 그대로 불법이다"[251]라고 하여 "일상의 삶이 그대로 진리[252]"임을 밝히고 있다.

평등공법의 공법空法은 정해진 이치나 진리가 아닌 무위법임을 나타낸다. 그러나 유위법을 벗어난 무위법이 아니라 유위법으로 드러나는 무위법인 점에서 평등공법이다.

평등은 부처와 중생이 하나여서 구분할 수 없는 중도, 실상을 나타내는 개념이다. 이처럼 평등공법은 유有와 무無, 생生과 사死, 분별과 무분별, 마음과 육신, 부처와 중생이 차별이 없어서 일체임을 나타내며, 현상의 이치를 나타는 세속법과 유위법을 넘어선 무위법으로서의 연기법을 포괄하

---

250 서혜원,『한마음요전』, 대한불교조계종 한마음선원, 불기 2537, 338~341쪽.
251 서혜원,『한마음요전』, 대한불교조계종 한마음선원, 불기 2537, 236쪽.
252 서혜원,『한마음요전』, 대한불교조계종 한마음선원, 불기 2537, 248쪽.

는 중도법中道法으로서의 공법空法을 나타낸다.

평등공법은 본체의 측면에서는 평등하지만 평등에만 머물지 않는다. 작용의 측면에서 나타내면 평등공법은 끊임없이 작용하는 살아 있는 법으로서의 활궁공법活弓空法이고, 무위법과 유위법의 세계를 넘나들면서 유생무생의 만물, 만생을 위하여 작용하는 수레공법이다.[253]

평등공법은 본체의 측면에서 불교를 나타낸 것이고, 활궁공법은 작용의 측면에서 불교를 나타낸 것이며, 체용상의 세 요소를 함께 나타내는 것이 수레공법이다. 그는 불교를 체용상의 측면에서 나타내어 수레의 굴대와 같이 두 바퀴를 연결하여 두 바퀴로 굴러가도록 지지해주는 중심이 있고, 중심에 의하여 두 바퀴가 돌아가는 것과 같아서 수레공법이라고 한다.

대행이 불교를 평등공법, 활궁공법, 수레공법으로 규정한 것은 그가 이른바 중도, 실상이라고 말하는 원각과 무명, 부처와 중생, 깨달음과 깨닫지 못함의 분별이 없는 세계에서 출발하고 있음을 보여준다.

평등공법은 역방향에서 색과 공을 구분하여 색으로부터 출발하여 공에 이르고 다시 공에서 색에 이르고자 하는 방향이 아니라 색色과 공空이 일체인 차원에서 색으로 드러내고, 공으로 드러내는 관점에서 불교를 나타낸 개념이다.

그것은 대행의 불교가 중국불교가 순과 역을 구분하여 역방향을 중심으로 수도를 통하여 깨달음을 얻고자 하는 견성성불에 치중하고 있기 때문에 발생하는 순방향에서 이루어지는 제도, 실천과의 괴리의 문제가 발생하는 것과 달리 순역이 합일된 차원에서 다양하게 드러나는 삶을 중심으로 불교

---

[253] (재) 한마음선원, 『허공을 걷는 길』 법형제법회1, (재) 한마음선원출판부, 2007, 143~273쪽.

를 나타내고 있음을 뜻한다.

순역이 합일된 차원에서는 분별에서 나타나는 합일의 문제가 없다. 그것은 순과 역을 구분하여 원각과 무명, 부처와 중생, 소승과 대승과 같은 분별을 바탕으로 불교를 접근할 때 발생하는 정통과 이단의 시비의 문제가 순역이 합일된 차원에서는 발생하지 않음을 뜻한다.

대행은 평등공법, 활궁공법, 수레공법의 특징을 두 관점에서 나타내고 있다. 그는 삶을 자성, 불성, 한마음의 나툼으로 규정할 뿐만 아니라 삶이 그대로 회향廻向이라고 말한다.

그것은 그가 활궁공법, 수레공법의 측면에서는 삶, 세상의 모든 현상을 나툼으로 규정하고, 평등공법의 측면에서는 회향으로 규정하였음을 뜻한다.

일상의 삶이 자성, 불성의 화함으로써의 나툼이기 때문에 수도나 깨달음, 수행이 삶을 떠나서 있지 않을 뿐만 아니라 정통의 수행 방법이 따로 있지 않다. 이처럼 삶이 자성에 의하여 이루어지기 때문에 자아와 무아에 의하여 이루어지는 무위無爲, 유위有爲의 문제가 발생하지 않는다.

그것은 그가 일상의 삶이 그대로 자성의 작용인 동시에 작용이 고정되지 않아서 머물지 않기 때문에 집착이 없는 회향으로 규정한 것임을 뜻한다.

대행은 일상의 삶이 그대로 자성이 육신의 수많은 중생을 제도하는 화화중생인 동시에 육신으로 드러나는 언행이 모두 자성에 의하여 이루어지는 점에서 상구보리임을 밝히고 있다.

그것은 지금 여기의 나로 드러나는 자성의 나툼과 회향 그것이 바로 평등공법임을 뜻한다. 지금 여기를 떠나서 정토와 예토가 없고, 지금 여기의 나를 떠나서 부처와 중생이 없으며, 지금 여기의 나의 삶을 떠나서 수도와 제도가 없고, 상구보리와 하화중생이 없다.

인간으로서의 나와 세계 그리고 만물은 구분이 되지 않는 일체이기 때문에 인간으로서의 나의 삶은 온 우주와 더불어 매 순간 다양하게 나를 드러냄이다. 지금 여기의 나는 시공과 하나가 되고, 만물과 하나가 된 나이다.

지금 여기의 나는 온 우주와 하나인 나이면서 동시에 과거와 미래가 하나가 된 현재 곧 영원한 현재를 살아가는 나이다. 그렇기 때문에 지금 여기의 나는 부족함이 없이 완전한 그 자체이며, 자신의 충만함이 넘쳐서 끝없이 타자로 화하는 나이다.

지금 여기의 나를 가장 심층의 측면에서 나타내면 주인, 뿌리, 근원이라고 할 수 있고, 부처, 성인, 신神, 진리라고 할 수 있으며, 본체라고 할 수 있다.

지금 여기의 나는 완전한 지혜를 갖추고 있는 점에서 전지全知하고, 무한한 사랑으로서의 자비를 갖추고 있는 점에서 전선全善하며, 아무런 조건이 없이 자신의 생명은 물론 모든 것을 베푸는 점에서 전능全能하다.

지금 여기의 나는 고정되지 않아서 무엇으로 규정할 수 없는 점에서는 무명無名이라고 하고, 어느 하나의 모양으로 나타낼 수 없는 점에서 무상無相이라고 하며, 사고를 통하여 도달할 수 없는 점에서 무념無念이라고 한다.

지금 여기의 나는 뿌리의 측면만이 있는 것이 아니라 인연에 따라서 수없이 다양하게 작용한다. 나의 물리적 생명이 한계에 이르러서 죽음을 면하고자 하면 지장보살地藏菩薩로 작용하고, 몸이 병들어서 아프면 약왕보살藥王菩薩로 작용하며, 세상을 살아가면서 해결하기 어려운 일들을 만나면 관세음보살觀世音菩薩로 작용하고, 아이를 잉태하고 싶으면 삼신三神으로 작용하며, 물에 가면 주수신主水神으로 작용하고, 숲에서는 주림신主林神으로 작용한다.

지금 여기의 내가 인연에 따라서 작용한 결과는 육신을 통하여 병이 낫게 되고, 죽음에 이른 사람은 죽음에서 벗어나며, 육신을 벗어나서 새로운 육신을 갖고자 하면 아무런 고통이 없이 원하는 시간에 벗어나게 된다. 그러면 수도를 하여 깨달음을 얻지 않아도 일상의 삶이 그대로 그렇게 되는가?

삶은 무엇을 찾아서 얻거나 부족한 것을 채우고, 불완전한 것을 완전하게 하는 것이 아니라 본래 완전하고, 부족함이 없는 자신을 끊임없이 다양하게 드러내어 남과 더불어 그리고 온 세상의 모든 존재와 함께 느끼고 체험하고, 경험하는 과정의 연속이다.

다만 일상의 사람들은 모든 일이 뿌리에서 나뭇잎으로 드러나는 자연스러운 과정의 연속임에도 불구하고 의식을 일으켜서 뭔가를 인위적으로 하려고 한다. 그렇기 때문에 뿌리, 주인공, 자성에서 모든 것이 이루어짐을 믿고 맡기는 과정을 거쳐야 한다.

매 순간 주인공, 자성에게 모든 것을 맡기면서 육신을 움직이며 살아가다 보면 어느 순간에 본성을 발견하는 견성見性의 과정과 성품과 하나가 되는 성불成佛의 과정 그리고 둘 아니게 나투면서 살아가는 열반涅槃의 과정을 체험하게 된다.

그것은 우리가 일상의 삶 가운데서 만나는 안팎의 인연을 뿌리에 두는 일심一心이 이루어지면 어떤 인연을 만나더라도 무심無心하게 대하면서 살아가게 되고, 무심이 한결같게 되면 인연에 따라서 사물과 하나가 되어 응해주는 공심共心의 상태에 이르러서 비로소 천백억의 화신化身으로 나투면서 살아가게 됨을 뜻한다.

앞에서 살펴본 바와 같이 대행선사는 자성의 나툼과 회향이 둘이 아니어서 하나임을 평등공법이라는 개념을 통하여 나타내고 있다. 평등공법은 소승과 대승, 삼승과 일승, 내도와 외도, 중생과 부처, 원각과 무명, 실상

實相과 가상假相, 시각始覺과 구경각究竟覺, 불각不覺과 본각本覺, 수도와 제도가 둘이 아니어서 평등함을 나타내는 동시에 그 평등함마저도 없어서 자유롭게 나툼을 나타낸다.

그가 제시하고 있는 평등공법은 무위법과 유위법의 구분이 없는 점에서 공법空法이면서도 양자를 포괄하는 점에서 평등법平等法이다. 그의 평등공법은 초기불교가 수행을 통하여 열반에 이르는 깨달음을 강조하거나 초기불교를 상구보리만을 추구하는 소승불교로 비판하고 상구보리와 하화중생의 기치를 내걸고 대승불교를 추구한 중국불교가 모두 물건적 관점에서 현상과 근원, 형이상과 형이하, 도道와 기器를 구분하여 양자를 근본과 지말의 본말本末 관계로 이해하는 것과는 그 방향과 방법이 다르다.

평등공법은 중국불교가 형이상과 형이하를 구분하여 지말의 형이하로부터 근본인 형이상을 향하는 역방향에 치중하여 상相을 벗어나서 성性을 향하는 회상귀성會相歸性, 견성성불見性成佛이라는 수도修道를 중심으로 인간의 삶을 나타냄으로써 제도와 하나가 된 삶의 전모를 드러내지 못하는 한계를 갖고 있는 것과 대조를 이룬다.

평등공법은 나툼과 회향이 매 순간의 삶에서 그대로 이루어짐을 밝히고 있다. 그것은 중도, 실상의 세계가 매 순간 나투어 만물로 화하기 때문에 그대로 제도이며, 매 순간의 제도는 실상으로의 회향인 점에서 그대로 수도이다. 지금까지 살펴본 내용을 정리하여 도표로 나타내면 다음과 같다.

```
        주인공主人空
    나툼  ⇓ ⇑  회향
    제도濟度 ⇓ ⇑ 수도修道
           삶
```

대행선사의 평등공법平等空法과 순역합일

평등공법은 수도를 통하여 깨달음을 얻은 후에 깨달음마저도 넘어서서 중생을 제도함으로써 비로소 자유자재自由自在한 것이 아니라 인간의 삶이 주인공의 나툼인 점에서 매 순간의 삶이 그대로 제도濟度인 동시에 제도가 육신이나 의식이 아닌 주인공主人空으로 귀결歸結되는 회향廻向인 점에서 그대로 개체적 관점에서는 수도修道가 된다.

초기불교, 중국불교에서 수도와 제도를 구분하여 수도 이후에 비로소 제도가 이루어지거나 제도로 드러날 때 비로소 수도가 올바른 것 또는 완성된 것이라고 하여 여전히 수도와 제도, 상구보리와 하화중생을 구분하여 양자의 합일을 추구하는 것과 달리 평등공법은 순역이 합일된 차원에서 삶이 그대로 제도와 수도임을 보여준다.

지금까지 우리는 고조선사상을 통하여 시간성의 차원에서는 시간성과 시간, 미래성과 과거성, 과거와 미래가 합일된 영원한 현재가 바로 순역이 합일된 세계이며, 지도地道의 관점에서는 천성과 지성, 신성과 물성이 하나가 된 인간성의 세계가 바로 순역이 합일된 세계이고, 인도의 관점에서는 시간성과 공간성, 천도와 지도, 본성과 본능이 합일된 마음이 순역이 합일된 세계임을 살펴보았다. 따라서 천도와 지도 그리고 인도가 하나가 된 세계를 나타내는 것이 고조선사상이다.

조선 시대의 초창기 사상을 찾아볼 수 있는 자료는 한글이다. 한글의 창제 원리에는 고조선사상의 내용인 신도神道 곧 환인桓因의 도道가 천지인의 물건적 관점에서 천지인의 삼재가 하나가 된 삼재합일三才合一의 세계로 표현되고 있다.

고조선사상이 19세기 말기에는 역학의 이론체계를 통하여 천지의 도로 표상되고 있다. 『정역』에서는 도역생성을 통하여 천도와 인도가 합일되고, 천도와 지도가 합일된 신도의 세계를 나타내고 있음을 뜻한다.

『정역』에서 신도를 세계를 나타내는 방법은 간지도수干支度數와 도서상수圖書象數이다. 간지도수를 통하여 천지인의 삼재가 합일된 세계를 나타내고, 천인이 합일된 세계를 나타내는 하도와 천지가 합일된 세계를 나타내는 낙서의 관계를 통하여 신도를 나타내고 있다.

20세기에서 21세기의 초기를 살다간 대행선사가 밝힌 대행불교에서는 고조선사상이 인간을 중심으로 본성과 마음 그리고 육신이라는 삼원三元이 하나가 된 주인공主人空을 통하여 표현되고 있다.

대행선사는 불교의 특성인 마음을 중심으로 인간의 삶이 주인공主人空의 나툼임을 밝히는 동시에 그것을 알고 살아가는 주인공 관법觀法을 통하여 삶과 인간 그리고 세계, 무위법無爲法과 유위법有爲法, 무無의 세계와 유有의 세계가 둘이 아님을 평등공법平等空法을 통하여 밝히고 있다. 지금까지 살펴본 내용을 정리하여 나타내면 다음과 같다.

	과학의 세계관	중국사상의 세계관	한국사상의 세계관
특성	자연적自然的	인문적人文的	천문적天文的, 신문적神文的
시공	물건적	물건적	사건적
이치	사물성(物理)	공간성(地道, 性理)	시간성(天道, 神性)
인간과 세계	실체적	합일적合一的	창신적創新的
순역	역방향	역방향 중심	순역합일

과학과 중국사상 그리고 한국사상의 세계관

위의 도표를 통하여 확인할 수 있는 것과 같이 시간적 측면에서 과학의 세계는 과거화한 세계이며, 중국사상의 세계는 미래화한 세계이고, 한국사상의 세계는 영원한 현재적 세계이다.

세계를 과거화했다는 것은 변화하여 고정됨이 없는 세계를 현재화하여 물건처럼 나타냄으로써 그것을 분석하여 인과 관계를 중심으로 이해한 것이 자연인 동시에 자연을 대상으로 하는 과학임을 뜻한다. 따라서 과학의 세계는 의식에 의하여 구성된 세계라는 점에서 실재의 세계가 아니라 생명이 없는 죽어 있는 세계이다. 그렇기 때문에 중국불교에서는 과학의 세계를 환상의 세계, 상相의 세계라고 말한다.

그런데 미래의 세계, 깨달음을 통하여 비로소 드러나는 이상적인 세계 역시 과거화된 현상을 대상으로 하는 과학과 달리 세계를 미래화시켜서 이상화하여 도, 원각, 깨달음, 정토로 나타낸 것이다. 따라서 변화하는 현상과 달리 변화하지 않는 부동不動의 세계라는 점에서 역시 생명이 없는 죽어 있는 세계와 같다.

시간상으로 과거와 미래가 현재를 기준으로 나누어지는 동시에 현재 가운데 과거와 미래가 모두 포함되어 있다. 이처럼 과거와 미래가 하나가 되어 매 순간 현재화함으로써 새롭게 변화하는 현재는 영원한 현재이다.

그것은 현재가 끊임없이 새롭게 드러나기 때문에 과거와 미래 역시 고정됨이 없이 새롭게 드러남을 뜻한다. 따라서 영원한 현재를 벗어나서 과거와 미래를 문제로 삼는 것은 한계를 갖지 않을 수 없다.

본질적 시간으로서의 영원한 현재를 바탕으로 하는 세계가 한국사상의 세계이다. 과학과 중국사상을 막론하고 모름(不知)과 앎(知)을 구분하여 모름의 상태에서 앎의 상태로 변화를 추구하는 것과 달리 한국사상에서 앎과 모름을 넘어선 차원에서 때로는 앎으로, 때로는 모름으로 드러내는 점에서 차이가 있다.

한국사상의 세계관은 과거적 관점에서 물건처럼 실체화하여 인과의 관계로 나타낼 수 있는 고정된 세계라고 하지 않을 뿐만 아니라 중국사상에서 부동不動의 원리로 규정하여 지말支末과 같은 변화하는 현상의 존재근거인 성품, 자성, 도, 리, 태극을 근본으로 여기는 것과 같지 않다.

한국사상에서는 세계 자체가 고정되지 않아서 끊임없이 변화하기 때문에 과학적인 자연도 아니고, 중국사상의 이치理致와 같이 그 어떤 것으로도 규정할 수 없는 무상無相, 무념無念, 무명無名, 이상적 세계에 머물지 않아서 때로는 자연으로, 때로는 이理로, 때로는 성품으로, 때로는 무상으로 나타내어도 걸림이 없는 신神으로 나타낸다.

과학의 세계관으로는 중국사상의 인문학적 세계를 알 수 없으며, 인문학적 세계관으로는 한국사상의 신적神的 세계를 이해할 수 없다.

훈님, 환인, 하나님이 상징하는 세계는 자연이나 사물처럼 인간과 별개의 물건적 존재를 가리키는 것이 아니라 변화와 부동, 분별과 무분별의 어느 일면이나 양자를 결합한 그 어떤 것으로도 드러낼 수 없는 세계이다.

그것은 이것과 저것으로 구분하여 나타낼 수 없는 신神, 신도神道이다. 이러한 신의 차원, 신도의 차원, 혼님, 하나님의 차원에서 비로소 자연과도, 서양사상과 중국사상, 과학과 인문학이 본래 하나임을 알고, 과학과 종교가 하나임을 알 수 있다. 따라서 한국사상을 통하여 인류가 어떤 이념이나 어떤 종교를 막론하고 일체의 다양한 드러남임을 알고, 공존共存하고, 공생共生하면서, 공영共榮할 수 있다.

혼님, 반고, 주인공, 한마음으로 나타내는 한국사상의 세계, 신도로 규정되는 한국사상의 세계는 지금 여기의 나와 둘이 아닌 하나라는 점에서 그 특성이 드러난다.

한국사상에서 밝히고 있는 세계는 지금 여기의 나와 둘이 아닌 세계이며, 나툼과 회향의 생성, 변화는 지금 여기의 나와 둘이 아닌 변화, 생성이고, 나툼과 회향이다.

한국사상에서 밝히고 있는 공생共生과 공존共存, 공영共榮의 세계, 홍익인간弘益人間의 세계, 열반涅槃의 세계, 재세이화의 세계, 접화군생接化生의 세계는 지금 여기의 나의 삶과 둘이 아닌 홍익인간, 열반, 공생, 공영의 세계이다.

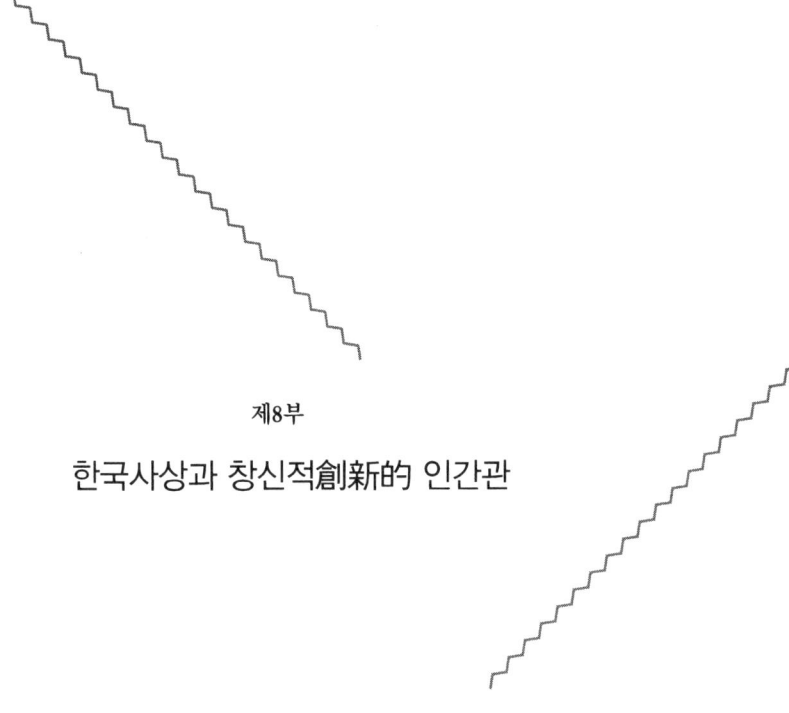

제8부

한국사상과 창신적創新的 인간관

우리는 앞에서 중국사상에서 추구하는 역방향의 수도修道와 순방향의 제도濟度가 하나가 된 순역합일順逆合一의 세계가 한국사상이 출발점으로 삼고 있는 세계관임을 살펴보았다.

그것은 중국사상이 실체적 세계관을 바탕으로 그것에서 벗어나고자 하는 문제에 초점이 있는 것과 달리 한국사상은 인간과 세계, 형이상과 형이하, 순과 역의 분별을 넘어선 고정됨이 없는 경지가 다양하게 드러나는 변화의 세계를 바탕으로 함을 뜻한다.

한국사상에서는 도道와 기器, 형이상과 형이하, 순順과 역逆, 성性과 상相, 이理와 사事의 분별을 넘어선 차원을 훈님桓因으로 나타내기도 하고, 현상적 측면에서 천지인天地人이 합일合一된 세계를 나타내는 한글로 표현하기도 하며, 반고盤古로 나타내기도 하고, 평등공법平等空法으로 나타내기도 하였다.

그것은 한국사상에서는 세계와 인간은 물론 순과 역, 형이상과 형이하,

성性과 상相이 둘이라거나 하나라고 하지 않고 단지 필요에 의하여 때로는 둘로, 때로는 하나로, 드러내는 점에서는 그저 일종의 생성, 나툼이지만 그것이 고정되게 어떤 것으로 머물지 않는 점에서는 회향廻向이고, 진화進化이며, 귀체歸體, 귀공歸空일 뿐이어서 생성, 나툼이 없음을 뜻한다. 그러면 혼님, 반고, 음양오행 원리, 평등공법은 어디에 있는가?

고조선이나 15세기의 조선, 19세기의 조선, 20세기가 모두 지금 여기의 나에게 있다. 지금 여기의 나를 기준으로 할 때 비로소 고조선, 삼국, 고려, 조선이라는 과거가 성립되고, 21세기의 현재와 23세기라는 미래가 성립된다.

고조선으로부터 지금에 이르기까지의 역사는 지금 여기의 나의 기억과 매 순간의 기억을 기록한 사건으로 있을 뿐이다. 그렇기 때문에 지금 여기의 내가 그것을 어떻게 의미를 부여하느냐에 따라서 역사적 사건은 달라진다. 따라서 고정되어 변하지 않는 객관적 사건은 없다.

오로지 지금 여기의 내가 이해하고 부여한 가치에 의하여 해석된 사건만이 있을 뿐이다. 그러면 지금 여기의 내가 역사적 사건을 자의적으로 해석하고 그것이 옳다고 남에게 강요하는 것이 옳은 것인가?

그것은 웅호적熊虎的 차원, 현상적 차원에서 세계를 이해하는 하나의 관점일 뿐이다. 그렇기 때문에 과거를 어떻게 이해하고, 그것에 따라서 미래의 방향을 어떻게 결정하느냐는 각자의 마음이지만 그 결과는 그 자신이 그대로 책임을 지게 된다. 만약 우리가 그 어떤 사고를 하고, 그 어떤 언행을 하더라도 함이 없음을 알면 그의 마음이 달라지고, 언행이 달라진다. 그러면 그것이 한국사상과 어떤 관계인가?

한국사상의 인간관은 세계관과 다르지 않다. 세계를 지금 여기의 나를 통하여 이해하면 인간관이고, 지금 여기의 나를 세계의 관점에서 나타내면 세계관이다. 그것은 한국사상의 인간관이 바로 자유자재自由自在한 인간관임을 뜻한다.

지금 여기의 나는 지금 여기라는 시공의 차원에서 보면 하나의 물건적 존재이지만 지금 여기라는 시공을 넘어선 차원에서 보면 온 우주와 구분이 없는 하나이다. 지금 여기의 내가 온 우주와 일체여서 분별이 없음을 단군으로 나타내고, 남과 다르고 사물과 다름을 나타내어 웅호로 나타내었으며, 웅호라는 둘과 단군이라는 하나를 넘어서 있음을 환웅이라고 나타내었으며, 이 셋의 그 어떤 것도 아니어서 자재自在함을 흔님으로 나타내고, 때에 따라서 셋으로 드러나서 자유自由로움을 흔님으로 나타낸 것이다. 그러면 한국사상의 인간관의 측면에서 삶은 어떤가?

지금 여기의 내가 바로 우주이고, 자연이며, 흔님, 반고이고, 평등공법이며, 주인공이다. 지금이라는 현재에 과거와 미래가 함께 있고, 여기라는 공간에 몇 억 광년 떨어진 우주가 있으며, 천국과 지옥이 있고, 나에게 온갖 사물인 만물이 함께 있다. 그러므로 지금 여기의 나의 삶이 우주의 삶이고, 만물의 삶이며, 부처의 삶이고, 대인의 삶이며, 성인의 삶이고, 중생의 삶이다.

우리는 한국사상에서 도道 자체의 자기 전개로서의 재세이화在世理化, 도역생성이나 주인공의 나툼을 제시하고 있기 때문에 그 자리에는 학문이나 수기, 수양의 문제가 개재될 수 없다고 생각할 수 있다. 왜냐하면 세계는 도 자체의 현현顯現이고, 인간의 삶도 본래성의 작용이라면 수도의 문제가 제기될 수 없기 때문이다.

그런데 도, 본래성, 수도, 수기라는 것은 하나의 개념일 뿐이다. 우리가 문자에 의하여 구성된 이론체계를 통하여 아무리 정교하고, 체계적으로 진리를 나타낼지라도 실천하지 않으면 아무런 의미가 없다.

그것은 비록 세계와 인간에 대하여 하나의 정교한 이론체계를 통하여 어떤 원리, 이치, 도를 제시할지라도 인간과 세계라고 하거나 진리, 도라고 할 수 있는 고정된 실체가 있는 것이 아니라 매 순간 실천을 통하여 다양한 이치, 원리, 도가 드러날 뿐임을 뜻한다.

세계 자체가 도의 현현이고, 삶이 그대로 본래성의 작용이라고 말하는 것은 실천을 통하여 그 어떤 원리, 진리, 도에도 걸림이 없이 자유자재自由自在하게 살아가도록 권하기 위함일 뿐으로 고정된 원리나 이치, 도가 있고 세계와 인간이 있음을 나타내기 위함이 아니다. 그러면 오늘날 우리에게는 오로지 한국사상이 의미가 있고, 다른 사상은 의미가 없는가?

한국사상의 관점에서 보면 그 어떤 이론이나 사상, 학문, 이념도 가치가 없는 것은 없다. 우리는 중국사상에서 역방향에 초점을 맞추어서 인간의 삶을 나타낸 것을 통하여 무엇을 하여도 그것에 걸림이 없이 자유로워야 함을 알 수 있다.

그리고 과학이 순방향에 초점을 맞추어서 실험과 관찰을 통하여 이치, 법칙을 밝히고 그것을 통하여 미래를 예측하고자 하는 것을 통하여 우리가 스스로 어떻게 살아가느냐에 따라서 삶의 결과를 자신이 그대로 수용하게 됨을 알 수 있다.

그러나 인간의 삶은 순역으로 구분하기 이전을 통하여 그 전모를 알 수 있다. 그럼에도 불구하고 이미 순과 역을 구분하여 삶을 나타내었기 때문에 어쩔 수 없이 순역이 합일된 세계를 논하고, 순역이 합일된 삶 곧 수도와 제도가 하나가 되어 구분할 수 없는 삶을 논할 수밖에 없다.

우리의 삶 그 자체가 그대로 자유자재하기 때문에 자유자재하다고 말할 필요가 없다. 그러나 아무리 우리의 삶이 그렇다고 하여도 그러함을 말하지 않으면 그렇게 살고자 하는 뜻을 세워서 살아갈 수 없다. 그것이 수많은 선현先賢들이 끊임없이 말을 하지 않을 수 없었던 까닭이다.

우리는 지금 여기의 내가 어떻게 살아갈 것인지를 파악하기 위하여 고조선 사상에서 밝히고 있는 시간성의 차원에서 시간으로 화하는 이화理化를 통하여 드러나는 홍익인간의 삶을 살펴보지 않을 수 없으며, 도역생성을 통하여 순역합일의 세계를 인간의 관점에서 도학道學으로 나타내고 있는 『정역』을 고찰하지 않을 수 없고, 주인공의 나툼에 의한 평등공법의 세계를 제시하고 있는 대행사상에서는 일상의 삶을 어떻게 나타내고 있는지 고찰하지 않을 수 없다.

고조선 사상에서는 시간성의 본성에 의하여 탈자脫自함으로써 타자화他者化하는 시간성의 시간화가 인간의 세계에서는 이화理化로 나타나며, 그것이 인간을 널리 이롭게 하는 홍익인간으로 나타난다. 그것은 이화의 내용인 시간성의 시간화가 인간의 삶에서 서로가 서로의 존재근거가 되어주고 서로가 서로를 존재하게 해주는 홍익인간으로 나타남을 뜻한다.

김일부金一夫는 『정역』을 통하여 도역의 생성을 제시하면서 후천後天에서 선천先天을 향하는 성리性理의 도道와 선천에서 후천을 향하는 심법心法의 학學을 제시하였다. 그것은 그가 도생역성을 바탕으로 역생도성이 이루어지듯이 성리의 도가 심법의 학으로 드러나는 도학道學을 제시하였음을 뜻한다.

대행선사는 주인공의 나툼을 바탕으로 안팎에서 일어나는 모든 일이 주인공이라는 뿌리에서 이루어지는 잎의 변화임을 믿고, 뿌리에 맡기면서,

일상의 삶을 살아가는 주인공 관법觀法을 제시하였다.

도학道學과 주인공 관법觀法은 앎과 모름, 할 수 있음과 할 수 없음, 선善과 악惡, 옳음과 그름이 모두 도, 주인공이라는 하나의 자리에서 드러난 다양함이기에 있어도 있지 않음을 믿고(信), 하나의 자리에 맡겨 놓고(任), 육신의 해야 할 일을 함으로써(行), 과거의 일들이 새롭게 창조되어 미래에서 다시 나타남을 지켜보면서(觀) 생활하는 방법이다.

일부一夫에 의하여 제시된 도학은 부지不知의 상태에서 지知에 이르고자 하는 인위적인 학문에 치중하고 있는 역방향 일변도의 중국성리학을 비롯하여 도를 학문적 과제로 제시하고 있는 넓은 의미의 도학道學과 다르며, 주인공 관법觀法은 수행을 통하여 깨달음을 얻어서 부처가 되고, 열반에 이르고자 하는 역방향에서 수행을 논하는 초기불교, 대승불교와 다르다.

우리는 삶이 그대로 성리의 작용이기 때문에 일상의 마음을 씀이 그대로 학문함이며, 삶이 그대로 부처의 작용이기 때문에 그러함을 믿고 그 자리에 맡기면서 살아가면 견성, 성불, 열반의 단계 아닌 단계로 드러나는 부처의 작용을 지켜보고, 일상의 삶을 통하여 둘 아니게 나투면서 살아간다.

그러면 먼저 고조선사상에서 일상의 삶을 나타내고 있는 재세이화를 바탕으로 한 인간관에 대하여 살펴보고, 일부의 도역생성과 도학에 대하여 살펴본 후에, 대행선사의 주인공의 나툼과 관법에 대하여 살펴보고, 마지막으로 한국사상을 통하여 나는 무엇인가의 문제가 날마다 새로운 날로 현현함임을 살펴보고자 한다.

1. 재세이화在世理化와 홍익인간의 인간관

고조선 사상을 상징적으로 나타내고 있는 단군신화檀君神話에서는 환인의 뜻을 환웅을 통하여 나타내고 있다. 그것은 환웅이 "수에 의하여 뜻을 나타낸 천하로서 인간의 세계를 구하고자 함"[254]이다. 이를 통하여 환인의 뜻이 인간의 세계를 구함임을 알 수 있다.

환인은 환웅의 뜻을 수용하여 인간의 세계로 내려 보냈다. 따라서 환인이 환웅을 인간세계로 내려 보낸 뜻은 다름이 아니라 "널리 인간을 이롭게 함(弘益人間)"일 뿐만 아니라 환인이 환웅을 통하여 인간세계에 실행한 일도 역시 홍익인간이다.

그리고 웅호가 원하는 것도 역시 인간이 됨이다. 하나의 동굴에 살고 있었던 곰과 호랑이가 모두 사람이 되기를 원하였지만 환웅이 주었던 계율을 준수한 곰은 사람이 되었고, 계율을 지키지 못한 호랑이는 사람이 되지 못하였다.

사람이 된 곰은 다시 환웅과 결혼하여 자식을 낳기를 원하였다. 그것은 환웅과 하나가 되어 새로운 세계의 창조를 원함을 뜻한다. 이를 통하여 사물의 본질은 사람의 차원에 이르고, 다시 환웅의 차원에 이르는 진화進化임을 알 수 있다.

곰과 호랑이를 통하여 사물의 본질이 진화일 뿐만 아니라 진화는 외재적이고 피동적인 원인에 의하여 이루어지는 것이 아니라 그들이 스스로 원하

---

[254] 一然, 『三國遺事』, 古朝鮮, "魏書云 乃往二千載 有檀君王儉 立都阿斯達 開國號朝鮮 與高同時 古記云 昔有桓因庶子桓雄 數意天下 貪求人世 父知子意 下視三危太伯 可以弘益人間."

여(原化爲人) 이루어지고, 아무리 원할지라도 스스로 진화하고자 노력할 때 비로소 이루어짐[255]을 알 수 있다.

또한 진화는 물질적 차원, 물건적 차원에서 기능을 향상시키는 것이 아니라 자신의 차원을 벗어나서 인간의 차원에 이르는 것임을 알 수 있다. 그것은 진화가 단순하게 육신의 기능을 향상시키는 것이 아니라 차원의 고양高揚임을 뜻한다.

진화의 궁극은 환웅과 결혼을 하여 하나가 됨이다. 이때 환웅은 웅호가 본래 왔던 곳이다. 따라서 웅호의 본질인 진화를 원하는 속성이 환웅으로 돌아감이다. 이처럼 사물의 진화는 곧 왔던 곳으로 돌아가는 귀체歸體, 귀공歸空이다.

우리는 직선적 시간관에서 진화가 기능의 향상을 통하여 끊임없이 앞으로 나아가는 직선적인 성격의 사건인 것과 달리 고조선사상에서의 진화는 시간의 시간성으로의 회귀回歸임을 알 수 있다.

그런데 환웅이 자신의 뜻을 세우고, 그것을 이루기 위하여 내려온 곳은 인간이며, 웅호가 뜻을 세우고 환웅과 하나가 되어 새로운 생명을 낳았던 것도 인간을 통하여 이루어진다. 이를 통하여 환웅에서 시작하여 웅호로 드러나는 변화와 웅호에서 시작하여 환웅에서 끝나는 변화가 모두 인간을 매개로 하여 이루어짐을 알 수 있다.

그것은 훈님(桓因)이라는 개념을 통하여 나타내는 세계가 환웅이라는 천신과 웅호라는 지물 그리고 단군이라는 인간으로 현상화하는 것도 인간을 매개로 하여 이루어지며, 환웅과 웅호 그리고 단군이 훈님으로 회귀回歸,

---

[255] 一然,『三國遺事』古朝鮮, "虎不能忌 不得人身."

귀공歸空하는 것도 인간에 의하여 이루어짐을 뜻한다. 그러면 흔님의 현상화와 현상의 흔님으로서의 귀체, 회귀가 모두 인간을 매개로 이루어짐이 무엇을 의미하는가?

인간은 천신天神이라는 형이상적 세계나 지물地物이라는 형이하적 세계의 어느 일면을 중심으로 사물, 시공, 자연, 세계와 둘이라고 하거나 하나라고 할 수 없다. 그것은 물질적 차원에서 육신을 인간이라고 하거나 형이상적 차원에서 본성, 자성을 인간이라고 할 수 없음을 뜻한다.

인간은 사물적 차원에서 자연과 둘로 살아가는 것처럼 느껴지지만 형이상의 측면에서는 온 우주의 모든 존재와 더불어 하나로 살아간다. 흔님, 환인이 때로는 환웅으로, 때로는 단군으로, 때로는 웅호로 나타나지만 웅호도 단군도, 환웅도 고정되게 있지 않아서 다시 흔님으로 돌아가서 흔님도, 환웅도, 단군도, 웅호도 없다.

인간은 흔님, 환인으로 표현된 자기 주체, 중심을 갖고 있어서 자유로울 뿐만 아니라 그 어떤 상태로 자신을 드러내더라도 그것에 얽매임이 없어서 자재하다. 이처럼 자유롭고 자재한 것이 인간의 삶이다.

그런데 공간성을 상징하는 웅호를 통하여 웅호에서 시작하여 환웅에서 끝나는 진화의 방향은 환웅에서 시작하여 웅호의 세계에서 끝나는 이화를 근거로 이루어진다. 그것은 웅호가 사람이 되고, 환웅과 결혼을 하는 것이 모두 환웅의 인도에 의하여 이루어지고 있음을 보면 알 수 있다. 그러면 환웅에 의하여 이루어지는 이화理化는 무엇인가?

환웅에 의하여 이루어지는 이화는 시간성의 시간화이며, 웅호의 환웅으로의 회귀, 귀체, 귀공은 시간의 시간성화이다. 그러면 이화를 이해하기 위하여 시간성의 시간화가 무엇인지 살펴보자.

시간성은 일상의 언어와 다른 형식을 사용하여 나타낸다. 그런데 시간을 나타내는 수단은 수이다. 따라서 시간성은 시간을 나타내는 수를 통하여 상징적으로 나타낼 수 있다.

시간을 나타내는 수는 역수曆數이다. 그러므로 시간성은 역수를 통하여 상징적으로 나타낸다. 『서경』과 『논어』에서는 역수 원리를 인간과 관련하여 다음과 같이 밝히고 있다.

천의 역수曆數가 네 몸에 있으니 진실로 그 중中을 잡으라. 사해四海가 곤궁困窮하면 천록天祿이 영원히 끊어질 것이다.[256]

천天의 역수가 인간의 몸에 있다는 것은 천도의 내용인 역수 원리曆數原理가 인간의 본래성으로 내재화하였음을 나타낸다. 그리고 중中을 잡는다는 것은 본래성의 자각自覺을 통하여 천도를 자각함을 뜻한다. 마지막으로 사해四海가 곤궁하면 천록天祿이 영원히 끊어질 것이라는 것은 천명天命으로 자각한 천도를 왕도정치王道政治를 통하여 실천할 것을 나타낸 것이다.

역수 원리는 물리적 시간의 존재법칙을 나타내거나 기수朞數를 구성하는 법칙을 가리키는 것이 아니라 그 존재근거인 시간성, 시의성時義性[257]

---

[256] 明·胡廣等撰, 『四書大全(2)』, 『論語』堯曰, "堯曰咨爾舜 天之曆數在爾躬, 允執其中. 四海困窮, 天祿永終. 舜亦以命禹."

[257] 『周易』이나 『論語』 등의 先秦 儒學의 경전에서는 曆數가 표상하는 내용을 時로 규정하고 있다. 이 時에는 형이상적 존재로서의 時間性, 時義性과 형이하적 존재인 시간이 포함되어 있다. 『中庸』에서는 "君子之中庸也 君子而時中"이라고 하여 時를 언급하고 있는데 이때의 時는 時間性을 나타내는 동시에 시간을 나타낸다. 한편 『周易』의 重天乾卦 彖辭에서는 "大明終始 六位時成 時乘六龍 以御天"이라고 하여 時間性을 終始로 규정하고 시간은 始終으로 규정하고 있다.

의 원리이다. 그러므로 역수 원리를 상징적으로 나타내는 역수는 형이상적 존재인 시간성의 원리를 상징적으로 나타내는 수라고 할 수 있다.

시간성은 시간이 갖는 속성屬性이 아니라 시간의 본성本性을 가리킨다. 그리고 시의성은 시간의 의미, 시간의 뜻이라는 말로 곧 시간성을 시간의 관점에서 나타낸 것이다. 이처럼 일상의 수數가 아무런 의미가 없는 추상적인 개념인 것과 달리 도수度數, 역수는 시간성, 시의성의 상징적 표상 형식이라는 점에서 그것을 이수理數[258]라고 한다.

역수, 도수가 시간성, 시의성을 상징적으로 나타내는 이수로 사용되기 때문에 이수가 표상하는 세계는 시간성의 세계이다. 다시 말하면 형이상적 세계인 시간성의 세계, 시의성의 세계가 시간을 나타내는 형식인 역수, 도수를 통하여 상징적으로 표현된다.

천도의 내용인 역수 원리는 변화 원리이다. 시간이 흐르면서 고조선사상은 외래의 사상을 수용하여 발전하다가 삼국과 고려를 거쳐서 조선의 말기에 이르면 다양한 사상으로 나타난다. 그 가운데서 천도를 중심으로 신도神道를 밝히고 있는 역학易學의 전적인 『정역』이 저작된다.

『정역』에서는 "역도는 역수 원리이다"[259]라고 하여 천도의 내용이 역수 원리임을 밝히고 있다. 그것은 역수 원리가 바로 역도의 내용임을 밝힌 것이

---

258 金一夫『正易』「化无上帝重言」, "推衍无或違正倫 倒喪天理父母危 不肯敢焉推理數 只願安泰父母心."

259 金一夫, 『正易』大易序, "易者曆也."

다. 『주역』에서는 역도를 변화의 도[260]로 규정하고 있다. 따라서 단군신화에서 곰이 사람으로 변화하고, 천신天神인 환웅이 남자로 변화하며, 환웅과 웅녀가 결혼하는 변화, 단군을 낳는 변화가 모두 역수 원리를 상징적으로 나타낸다.

환인, 환웅에 의하여 표상된 천의 세계가 시간성의 세계, 천도를 상징적으로 나타내고 있음은 환웅이 인간의 세계에 내려와서 행한 정사政事를 보아도 알 수 있다. 환웅이 인간의 세계에 내려와서 정사政事를 행하였다는 것은 곧 시공상에 드러남을 뜻한다. 그것은 곧 천도를 작용의 관점에서 나타낸 것이 정사를 행함임을 뜻한다.

고조선사상을 나타내고 있는 단군신화에서는 환웅에 의하여 이루어지는 인간 세상에서의 정사를 이화理化로 나타내고 있다. 환웅이 인간 세상에 내려와서 이화理化한 내용은 인간의 360 여사餘事의 주관이다. 이때 360은 사물의 관점에서 사람이 일상의 삶을 영위하는 과정에서 가장 중요한 360가지의 일을 가리킨다고 이해할 수도 있다.

그러나 사람이 살아가면서 해결해야 할 일을 굳이 360가지에 불과하다고 할 수는 없다. 따라서 이때의 360은 단순한 계산수가 아니라 다른 수와 마찬가지로 이수理數로 이해하는 것이 타당하다. 그러면 360은 무엇을 나타내는 수數인가?

『서경書經』에서는 "기朞는 366일日이니 윤월閏月로 사시四時를 정하면

---

[260] 『周易』의 繫辭上編 第九章에서는 "知變化之道者其知神之所爲乎"라고 하였다. 그런데 繫辭上編 第五章에서는 "一陰一陽之謂道"라고 말하고 "陰陽不測之謂神"이라고 하여 陰陽合德의 관점에서 易道를 나타낸 것이 神임을 밝히고 있다. 따라서 神, 易道는 같은 존재를 나타내는 개념으로 그것을 變化의 道로 규정한 것은 곧 易道가 變化의 道임을 밝힌 것이다.

일 년一年이 이루어진다"²⁶¹고 하여 366일日의 기수朞數를 제시하고 있고, 『주역』에서는 "건책乾策은 216이며, 곤책坤策은 144로 (합하면) 360일日이 곧 기일朞日에 해당된다"²⁶²고 하여 360일日의 기수를 제시하고 있다.

366일역日曆은 360일역日曆을 기준으로 6도度가 더하여 형성된 양윤역陽閏曆이다. 그리고 360은 음역陰曆과 양력陽曆이 하나가 된 중정역中正曆을 가리킨다. 따라서 환웅이 이화한 내용으로서의 주主360은 곧 중정역인 360역수를 운행시켰음을 뜻한다. 그러면 불견일광백일不見日光百日, 기삼칠일忌三七日은 무엇을 상징하는가?

이는 역수 원리를 중심으로 살펴보면 다음과 같이 이해할 수 있다. 100일과 21일은 20과 80을 중심으로 양자의 관계를 나타낸다. 이때 21일에 사람의 모습을 갖추었다고 하였다. 이는 20일이 두 측면의 작용을 통하여 본체를 상징적으로 나타내는 수라면 이를 바탕으로 이루어지는 작용을 나타내는 수가 21일부터 시작하여 100에 이르러서 끝나는 80일임을 뜻한다.

20일이 본체라면 그 작용이 처음 나타냄을 나타내는 수가 21일이다. 그러므로 21일에 비로소 사람의 모습을 갖추었다는 것은 사람으로 탄생하였음을 뜻한다. 그러나 사람이 아기로 태어나서 바로 사람의 구실을 하면서 살아가는 것은 아니다. 성인이 되는 성장의 기간을 거쳐야 비로소 사람의 구실을 하면서 사람으로 살아갈 수 있다. 그것을 나타내는 수가 80이라고 할 수 있다.

---

261 明・胡廣等撰, 『書傳大全』, 堯典, "朞三百有六旬有六日 以閏月定四時成歲 允釐百工 庶績咸熙."

262 明・胡廣等撰, 『周易大全』, 繫辭上編 第九章, "乾之策二百一十有六 坤之策百四十有四 凡三百有六十當期之日."

그런데 20수와 21수는 1수의 차이가 있다. 21은 20수에 내재해 있다가 80의 작용으로 나타나는 씨를 나타내는 1수가 20에 더하여져서 형성된 수이다. 그러므로 80은 이 1과 합하여 81이 된다. 그것은 20 안에 있던 1이 자라서 81이 됨으로써 100이라는 완전한 수가 됨을 뜻한다. 그러면 360의 중정역이 상징하는 내용은 무엇인가?

이미 앞에서 살펴본 바와 같이 역수의 측면에서 360은 음역과 양력이 하나가 된 중정역이다. 그것은 환웅이 인간의 세상에서 이화理化한 내용을 나타낸다. 그렇다면 이는 시간 곧 역수를 나타내는 것으로 역수의 근원이 되는 시간성을 나타내는 것은 아니다. 그러면 역수의 본체를 수로 나타내면 무엇인가?

이는 『서경』에서 밝히고 있는 366의 역수와 현행역인 365와 1/4일 역의 관계를 통하여 추연할 수 있다. 366일역과 365와 1/4일 역은 360일역을 기준으로 6도와 5와 1/4일이 더하여진 역曆이다.

그런데 81일 수를 분석하여 보면 9×9는 81이다. 이때의 구구법九九法[263]은 역수를 추연推衍하는 방법, 원리이다. 추연은 더하고, 빼고, 나누고, 곱하는 자연수의 계산법을 지칭하는 개념이다. 그럼에도 불구하고 가감승제加減乘除와 다른 의미를 갖는 것은 그것을 통하여 도출되는 과정과 그 결과로 나타나는 수가 모두 상징적인 의미를 갖고 있는 이수理數이기 때문이다.

구구법은 구수를 중심으로 이루어진다. 그렇기 때문에 추연의 방법을 상징하는 구九와 윤도수가 시작되는 6도를 더하면 15도가 된다. 구九가 역수추연의 방법을 상징한다는 것은 그것이 역수의 마디를 나타내는 도수이

---

[263] 九九法을 바탕으로 이루어지는 曆數의 推衍에 대하여는 이현중의 『정역철학』, 서울, 학고방, 2017, 143~147쪽을 참고하기 바란다.

며, 6도수는 윤역閏曆을 생성하는 도수임을 뜻한다. 그러므로 양자를 합하면 본체수인 15도가 추연된다. 이것이 바로 360도수로 나타나는 본체를 나타내는 수이다. 그러면 360역수의 본체를 나타내는 도수인 15도는 무엇을 상징하는가?

먼저 이 본체도수가 어떻게 추연되었는지 살펴보자. 그것은 햇빛을 보지 않아야 할 기간을 나타내는 100일과 본체도수를 나타내는 20일의 관계를 통하여 알 수 있다. 100일과 20일을 구성하는 요소는 10이다. 10을 더하면 20이 되고, 10과 10을 곱하면 100이 된다. 이를 통하여 시간성을 표상하는 방법은 십十이라는 수를 통하여 가능함을 알 수 있다.

『주역』에서는 신도神道, 천도天道를 표상하는 체계를 천지天地의 수數에 의하여 구성된 하도河圖와 낙서洛書로 밝히고 있다. 그리고 천지의 수를 일一에서 십十까지의 열 가지 수로 제시하고 있다.

천지의 수를 통하여 구성된 도상인 하도와 낙서가 확정된 것은 송대宋代의 주희朱熹에 이르러서이다. 그럼에도 불구하고 그것이 무슨 내용을 나타내고 있는지는 밝혀지지 않았다.

『정역』에서는 천지의 수가 표상하는 내용이 역수 원리임을 분명하게 밝히고 있을 뿐만 아니라 하도河圖와 낙서洛書를 통하여 제시하고 있는 내용이 무엇인지도 밝히고 있다.

『정역』에서는 과거성과 미래성 그리고 현재성으로서의 시의성時義性을 각각 태극太極과 무극无極 그리고 황극皇極으로 규정하고 그것을 천지의 수와 결합하여 일태극一太極과 십무극十无極 그리고 오황극五皇極으로

밝히고 있다.[264]

　삼극三極을 중심으로 20의 수를 분석하여 보면 15는 십무극十无極과 오황극五皇極이 합덕된 수이다. 이 15가 상승하면 50이 되면서 곧 그것이 대연大衍의 수數가 된다. 그러므로 100수는 50수에 의하여 이루어지는 각각의 양면 작용을 더한 것이라고 할 수 있다.

　20수 가운데서 15 본체도수에 의하여 이루어지는 작용을 표상하는 수가 5이다. 20수 가운데서 작용을 표상하는 5수는 오행작용을 표상한다고 할 수 있다. 그것은 오수五數가 십수十數와 하나가 되어 십오十五가 됨으로써 천지의 합덕이 이루어지고, 십수十數가 오수五數와 하나가 되어서 오십五十이 됨으로써 자화自化 작용이 이루어짐을 뜻한다.

　십오와 오가 상징하는 작용은 구체적으로는 십에서 시작하여 일에서 끝나는 작용과 일에서 시작하여 십에서 끝나는 작용이다. 이 두 측면의 작용을 수로 나타낸 것이 십오와 오가 더하여진 수와 일치하는 이십二十이다.

　십에서 시작하여 일에서 끝나는 작용은 환웅의 이화理化를 상징하고, 일에서 시작하여 십에서 끝나는 작용은 웅호가 사람이 되고, 다시 환웅과 결혼하여 하나가 되는 작용을 상징한다. 이를 통하여 단군신화에서 천도의 역수 원리와 신도의 내용을 표상하는 이수理數 체계의 대체를 밝히고 있음을 알 수 있다. 그러면 환웅과 웅호 그리고 단군을 통하여 상징적으로 나타내고 있는 내용은 무엇인가?

　환웅은 십무극十无極을 나타내며, 단군은 오황극五皇極을 나타내고, 웅호는 일태극一太極을 나타낸다. 환웅에서 시작하여 웅호에서 끝나는 작

264　金恒, 「正易」第一張, "擧便无極이시니 十이니라. 十便是太極이니 一이니라. 一이 无十이면 无體요 十이 无一이면 無用이니 合하면 土라 居中이 五니 皇極이니라."

용을 나타내는 십에서 일까지의 수의 변화와 웅호에서 시작하여 환웅에 끝나는 작용을 나타내는 일에서 십까지의 수의 변화를 나타내는 이십二十을 구성하는 수는 일一이다.

그것은 무극을 나타내는 십十과 황극을 나타내는 오五 그리고 태극을 나타내는 일一이 모두 일一에 의하여 구성됨을 통하여 확인할 수 있다. 일一이 누적되어 오五와 십十이 되는 동시에 십十이 둘로 나누어져서 오五가 되고, 오五가 다시 나누어져서 일一이 된다.

십과 오 그리고 일의 관계를 통하여 나타내는 삼자의 관계는 무극과 황극이 일체이고, 무극과 태극이 일체임을 나타낸다. 십이 둘로 나누어져서 오가 되고, 십이 열로 나누어지는 과정을 통하여 일이 된다. 그러면 백일百日은 어떻게 구성된 수인가?

백일百日은 이십일二十一로부터 시작되는 웅호熊虎의 환웅화桓雄化가 완성된 상태를 나타낸다. 그것은 웅호와 환웅이 하나가 된 상태 곧 웅호가 환웅과 하나가 되어 환인으로 돌아간 상태를 나타낸다. 그렇기 때문에 수에 의하여 나타내는 역수 원리의 측면에서는 삼극三極을 나타내는 십오일十五一이 하나가 된 상태를 나타낸다.

환인桓因을 나타내는 백수百數는 이십을 구성하는 십과 십의 상승에 의하여 이루어진다. 그것은 웅호가 웅호의 상태 곧 일一의 상태에서 환웅과 하나가 되는 것이 아니라 웅호가 자신의 상태를 벗어나서 환웅의 상태에 이르러서 비로소 환웅과 하나가 됨을 뜻한다. 그렇기 때문에 웅호가 십의 상태에 이르러서 비로소 환웅의 십과 하나가 되어 백일이 형성되듯이 환인에 이르게 된다. 그러면 백일의 세계를 나타내는 체계는 무엇인가?

백일의 내용은 환웅과 단군 그리고 웅호의 삼극을 나타내는 수인 십十

과 오五 그리고 일一을 통하여 상징적으로 표현된다. 그것은 단군이 환웅과 하나가 된 십오十五와 환웅이 단군과 하나가 된 오십五十의 상태를 나타내는 두 도상圖像을 통하여 상징적으로 나타낼 수 있다.

고조선의 신도神道사상을 계승하여 천도天道를 중심으로 그것을 밝히고 있는 『정역』에서는 천도가 하도河圖와 낙서洛書라는 도상을 통하여 밝히고 있는 역수 원리임을 천명闡明하고 있다. 하도와 낙서는 백수를 오십오五十五와 사십오四十五로 나누어서 역수 원리를 나타내고 있다. 하도는 십오十五를 본체로 하여 이루어지는 사십수四十數의 작용을 나타내는 도상이며, 낙서는 오五를 본체로 하여 이루어지는 사십수四十數의 작용을 나타내는 도상이다.[265]

『정역』에 의하면 하도는 십十과 오五의 합일合一을 통하여 환웅과 단군 그리고 웅호가 하나가 된 환인桓因의 상태를 나타내고, 낙서는 환인에 의하여 이루어지는 환웅의 이화理化의 내용인 시간성의 시간화를 사역四曆의 변화를 통하여 상징적으로 나타내고 있다. 그러면 사역의 변화[266]는 무엇인가?

사역四曆은 원역原曆과 윤역閏曆, 윤역閏曆 그리고 정역正曆이다. 윤역은 음력陰曆과 양력陽曆이 나누어진 역曆이며, 정역은 음력과 양력이 하나가 된 합덕이면서도 동시에 중정역이다. 그리고 원역은 정역正曆과 본체인 십오十五가 합덕된 역이다.

사역은 기수朞數를 통하여 나타내면 375도와 366도 그리고 365와 1/4도와 360도이다. 375도의 원역이 15도의 본체와 360의 작용도수로

---

265 이현중, 『정역철학』, 서울, 학고방, 2017, 259~272쪽.
266 이현중, 『정역철학』, 서울, 학고방, 2017, 273~278쪽.

나누어지면서 15도가 9와 6으로 나누어져서 작용하게 된다. 그러므로 360에 6도가 더하여진 366일의 윤역이 출생하고 그것이 자라서 365와 1/4일의 역이 되고, 그것이 장성하여 360일역이 된다. 그러면서 기수는 다시 375도의 원역으로 돌아가게 된다.[267]

사역의 변화는 낙서를 통하여 상징적으로 표현되고 있다. 그것은 용구用九, 용팔用八, 용칠用七, 용육用六의 변화와 용일用一, 용이用二, 용삼用三, 용사用四의 변화가 정령政令과 율여律如[268]의 관계를 이루면서 십과 오를 본체로 하여 이루어진다. 그러면 사역의 변화가 나타내는 내용은 무엇인가?

단군신화에서는 환웅과 웅호 그리고 단군의 삼자를 환웅과 웅녀가 결혼을 하여 단군을 낳고, 단군이 조선을 건국하여 다스리는 것으로 나타내고 있다. 그것은 환웅과 웅호가 표상하는 미래성과 과거성이 단군이 표상하는 현재성에서 하나가 되어 360의 도수가 표상하는 영원한 현재라는 본질적 시간이 전개됨을 나타낸다.

하도와 낙서를 통하여 나타내고 있는 내용은 오수五數가 표상하는 황극皇極에 의하여 십수十數가 표상하는 무극無極의 세계가 다양한 형태의 태극太極으로 드러남을 나타낸다. 이처럼 십오에 의하여 이루어지는 태극의 세계는 하도와 낙서에서는 천지의 수 가운데서 본체도수인 십十와 오

---

[267] 金恒,『正易』正易詩,"天地之數는 數日月이니 日月이 不正이면 易匪易이라 易爲正易이라사 易爲易이니 原易이 何常用閏易고."

[268] 河圖와 洛書를 구성하는 一二三四와 六七八九는 그 상징하는 의미가 다르다. 六七八九는 五를 본체로 하여 작용하는 동시에 十을 본체로 하여 九八七六으로 작용한다. 그러나 四三二一는 六七八九와 九八七六의 이면에서 그 마디를 지어줄 뿐으로 작용하지 않기 때문에 律呂度數라고 할 수 있다.

五를 제외한 일一에서 구九까지의 수를 중심으로 사역四曆의 변화를 통하여 상징적으로 표현하고 있다.

사역의 변화는 용구用九, 용팔用八, 용칠用七, 용육用六과 용일用一, 용이用二, 용삼用三, 용사用四의 사상수四象數를 통하여 상징적으로 나타내고 있다. 그것은 375도度의 원역을 나타내는 용구와 366도의 윤역을 나타내는 용팔, 365와 1/4도를 나타내는 용칠 그리고 360도를 나타내는 용육의 사상수와 원역, 윤역, 윤역, 정역의 네 마디를 나타내는 용일, 용이, 용삼, 용사의 사상수를 통하여 사역의 변화가 상징적으로 표현됨을 뜻한다.

겉으로 드러나는 변화를 나타내는 용구用九, 용팔用八, 용칠用七, 용육用六의 내면을 살펴보면 시위를 나타내는 구九, 팔八, 칠七, 육六의 변화의 이면에서는 언제나 일一이다. 그것은 원역에 의하여 윤역이 시생하여 생장하고 다시 정역正曆으로 장성하는 생장성生長成의 과정을 거쳐서 드러나는 시간성의 시간화가 내면으로는 일一에서 이二, 삼三, 사四로 향하는 시간의 시간성화임을 나타낸다.

그것은 정령도수의 이면에서 작용하는 율려도수를 살펴보면 보다 분명하게 드러난다. 용구, 용팔, 용칠, 용육의 이면에서 작용하는 용일用一과 용이用二 그리고 용삼用三과 용사用四는 내면에서 작용하여 겉으로 드러나지 않지만 모두 일一의 변화이다. 이때 이二와 삼三 그리고 사四는 수의 변화를 통하여 시위를 나타내지만 그 내용은 언제나 일一이다.

시간성의 시간화와 시간의 시간성화는 『정역』에서는 각각 도생역성倒生逆成과 역생도성逆生倒成으로 나타내고 있다. 도생역성은 시간성의 시간화를 나타내며, 역생도성은 시간의 시간성화를 나타낸다. 양자의 관계를 씨와 열매를 중심으로 상징적으로 나타내면 다음과 같이 이해할 수 있다.

역생도성은 현상적 측면에서 물리적 시간의 흐름을 중심으로 이해하면 씨가 변하여 싹으로 자라나고 다시 그것이 자라서 꽃으로 화한 후에 그것이 자라서 열매를 맺는 현상을 통하여 이해할 수 있다. 이때의 생성은 시종의 사건으로 드러나는 현상적 생성의 작용원리라고 할 수 있다.

도생역성은 물리적 시간의 흐름의 이면에서 작용하는 형이상적 시간의 흐름이라고 할 수 있다. 그것은 열매가 변하여 씨로 화하는 작용이다. 단군신화에서는 환인이 환웅으로 나타나고 다시 환웅이 환웅과 단군을 거쳐서 웅호로 드러나는 변화를 통하여 상징적으로 나타내고 있다.

그런데 싹이 트고 그것이 자라서 꽃이 피고 열매를 맺는 현상적 과정을 중심으로 세계를 이해하면 인과 관계를 이루는 선후의 사건의 연속이다. 그러나 열매가 변하여 씨로 화하는 것이 전제가 되지 않으면 현상적 작용은 이루어질 수 없다.

그것은 환인을 환웅에서 시작하여 웅호로 드러나는 방향에서 나타내거나 웅호에서 시작하여 환웅에 이르는 방향에서 나타내거나를 막론하고 양자는 둘이 아니라 하나를 두 측면에서 나타낸 것이라는 뜻이다.

환웅에서 웅호를 향하는 도생역성과 웅호에서 환웅을 향하는 역생도성은 하나이다. 그것은 환인을 두 측면에서 구분하여 각각 나타낸 것이 도역의 생성임을 뜻한다. 따라서 도역생성은 도생역성을 바탕으로 역생도성의 관점에서 이해되어야 한다.

도생역성을 바탕으로 이루어지는 역생도성의 관점에서 보면 환인은 도역의 생성으로 자신을 드러낸다. 도생역생의 관점에서 보면 시종의 사건이 끊임없이 일어난다. 그러나 역생도성의 관점에서 보면 시종의 변화는 모두 환웅으로 귀결된다. 그러면 두 방향의 생성이 상징하는 의미는 무엇인가?

도생역성의 관점에서 보면 세계는 끊임없이 새롭게 창조되어 나타나는 사건의 연속이다. 그러나 역생도성의 관점에서 보면 모든 변화가 처음 시작된 본래의 자리로 귀체, 귀공된다. 따라서 사건이 일어나도 일어남이 없다.

끊임없이 이어지는 시종始終의 사건을 대상화하여 나타낸 것이 만물이다. 물건은 사건을 떠나서 존재하지 않는 점에서 양자가 일체이지만 사건이 물건으로 드러나는 점에서 사건이 물건보다 근원적이라고 할 수 있다.

도역생성의 사건을 물건적 관점에서 이해하면 도생역성의 관점에서 열매가 씨로 변화하고, 역생도성의 관점에서 씨가 싹으로 그리고 꽃으로 변화하는 현상을 통하여 나타낼 수 있다.

도역생성이라는 사건을 물건적 관점에서 나타내면 도생역성은 환웅이 변하여 단군으로 화하고, 단군이 변하여 웅호로 화하는 변화이며, 역생도성은 웅호가 변하여 단군으로 화하고, 단군이 변하여 환웅으로 화하는 변화이다.

열매가 씨로 변하여 화하는 환웅에서 시작되어 웅호에서 끝나는 변화는 무無에서 유有로의 변화이고, 씨가 싹으로 그리고 꽃으로 변하여 화하는 웅호에서 시작하여 환웅에서 끝나는 변화는 유有에서 무無로의 변화이다. 그러면 물건적 관점에서 셋은 어떤 관계인가?

도역의 생성과 환웅, 그리고 단군, 웅호의 변화는 환인을 사건과 물건의 관점에서 나타낸 것이다. 그렇기 때문에 환인의 관점에서 물건화하여 셋으로 나타낸 환웅과 단군, 웅호는 하나로 나타낼 수 있다. 그것은 환웅이 본체라면 단군은 작용이고, 웅호는 현상이라고 할 수 있음을 뜻한다.

19세기 말기에 고조선사상을 역학적易學的 관점에서 이론체계화하여 나타낸 『정역正易』의 내용을 바탕으로 환웅과 단군 그리고 웅호를 이해하면 시간성을 나타내는 환인의 구조를 나타내는 환웅과 단군 그리고 웅호는 각각 무극과 황극, 태극으로 이해할 수 있다. 지금까지 살펴본 내용을 도표화하여 나타내면 다음과 같다.[269]

단군신화	환웅	단군	웅호
시간성	미래성	현재성	과거성
삼극	무극無極	황극皇極	태극太極
도역생성	도생역성 ⇐ 원천原天 ⇒ 역생도성 倒生逆成 ⇒ 환인桓因 ⇐ 逆生倒成		
수	십十	오五	일一
체용상體用相	본체	작용	현상
물리적 시간	미래	현재	과거
천문天文	후천後天		선천先天

도표에서 나타내고 있는 바와 같이 단군신화를 통하여 나타내고 있는 사상의 특징 곧 환인의 특징이 무엇인지를 시간의 측면에서 살펴보자. 그것은 신도사상을 시간의 관점에서 시간관을 중심으로 고찰하는 작업이다.

우리는 동양적 시간관과 서양적 시간관을 구분하여 서양의 시간관을 직선적 시간관으로 나타내고, 동양적 시간관을 순환적 시간관으로 규정한다.

직선적 시간관은 형이상의 세계가 없는 형이하적 시간관이다. 그것은 과학의 관점에서 오로지 물리적 시간을 대상으로 형성된 시간관이다. 물리적 시간은 과거에서 미래를 향하는 한 방향에서 흐를 뿐으로 그 반대로 미래에서 과거를 향하여 흐르지 않는 점에서 직선적이다.

그러나 동양에서는 사계절이 반복되고, 일 년一年이 반복되며, 12,960

---

269 이현중, 『고조선철학』, 문진, 2019, 253쪽.

의 주기가 반복된다. 중국의 소강절邵康節은 원회운세元會運世라는 단위를 중심으로 129,600년이 반복되는 역사관을 제시하였다.

순환적 시간관에 의하면 미래에서 과거를 향하여 흐르는 물리적 시간과 다른 시간이 전제가 되지 않은 물리적 시간은 존재할 수 없다. 그것은 미래에서 과거를 향하여 흐르는 시간의 흐름이 없다면 과거에서 미래를 향하는 흐르는 시간의 흐름이 성립할 수 없음을 뜻한다. 따라서 순환적 시간관에서는 과거에서 미래를 향하여 흐르는 일방적인 시간관이 부정된다. 그러면 양자는 어떤 관계인가?

직선적 시간관과 순환적 시간관을 합일合一하여 나타낸 것이 나선적 시간관이다. 나선적 시간관에 의하면 시간은 반복되면서 앞으로 나아간다. 나선적 시간관은 시간이 반복되지만 앞으로 나아가기 때문에 단순한 순환이 아니며, 앞으로 나아가지만 반복되기 때문에 단순한 직선적 시간관이 아니다.

그러나 나선적 시간관 역시 한계를 갖는다. 나선적 시간관이 비록 직선적 시간관과 순환적 시간관의 한계를 극복하였지만 물리적 시간관의 한계를 벗어나지 못하고 있다. 그것은 형이상적 측면에서 시간성과 관계를 중심으로 시간을 이해하지 못한 것이 세 가지의 시간관의 한계임을 뜻한다. 그러면 단군신화에서 밝히고 있는 시간관은 무엇인가?

단군신화에서 밝히고 있는 시간은 영원한 현재이다. 그것은 형이상의 시간성과 형이하의 시간을 하나로 나타낸 것이다. 이때 현재는 과거와 미래가 하나가 된 현재이지만 단순하게 지속되는 현재가 아니라 끊임없이 새롭게 나타나는 현재인 점에서 영원한 현재이다.

우리가 일반적으로 이해하는 물건과 같은 시간은 없다. 그것은 시간은 형상이 없기 때문에 물건과 같이 운동을 하지 않음을 뜻한다. 그럼에도 불구하고 우리는 시간을 물과 같이 흐르고, 물건처럼 운동하는 현상을 통하여 나타낸다.

우리가 시간을 나선이나 직선으로 흐르고, 원으로 순환한다고 이해한 것은 시간을 인식하는 우리 자신과 분리하여 둘로 이해하기 때문에 빚어지는 현상이다.

우리가 인간의 본래성이라는 형이상적 차원, 시간을 넘어선 영원한 차원에서 시간을 이해할 때 비로소 시간의 본성인 시간성을 중심으로 시간을 이해하게 된다.

시간성의 본성에 의하여 이루어지는 시간성의 시간화는 시공의 차원에서 이루어지는 것이 아니기 때문에 시간 자체는 있다고 할 수 없다. 그렇다고 하여 시간이 없는 것은 아니다.

다만 시간성의 시간화는 본래성을 매개로 하여 이루어지는 무분별의 분별화이다. 시종의 사건을 통하여 무분별의 세계, 영원한 세계를 분별하여 드러냄이 시간성의 시간화이다.

시간성의 시간화와 더불어 그 이면에서 시간의 시간성화가 이루어진다. 본래성에 의하여 이루어지는 분별의 무분별화가 시간의 시간성화이다. 그러면 이화의 내용인 분별화와 무분별화는 무엇을 나타내는가?

분별화와 무분별화는 마음에 의하여 이루어진다. 이때 마음은 물질적 존재로서의 육신의 기능으로서의 의식과 다르다. 이 마음은 무심無心, 일심一心, 공심共心, 공심空心, 공심公心과 같이 다양하게 표현된다. 그것을 한마디로 나타내면 도심道心이다.

도심道心, 공심空心, 공심共心에 의하여 이루어지는 이화理化는 미래성을 과거화하고, 과거성을 미래화함이다. 미래성의 과거화는 수數를 통하여 계량화함으로써 분석하여 드러내는 대상화, 객체화, 물건화 작용이며, 과거성의 미래화는 물건, 사건의 합일습一에 의하여 이루어지는 이치화, 원리화이다.

미래성의 과거화는 미래성에 의하여 이루어지는 시간성의 시간화이고, 과거성의 미래화는 시간의 시간성화이다. 이 두 측면의 작용이 모두 본래성이라는 현재성을 중심으로 이루어진다. 그렇기 때문에 시간은 영원한 본성을 가진 시간성이 드러나는 시간으로서의 영원한 현재[270]만이 있을 뿐이다.

영원한 현재의 현재는 과거와 미래와 단절된 현재가 아니라 과거와 미래가 하나가 된 현재인 점에서 영원하다. 그리고 현재가 영원함은 현재의 지속이나 계속이 아니라 끊임없이 새롭게 드러남으로써의 영원함이다.

그것은 환인이 분별과 무분별을 넘어선 차원, 경계를 나타내는 개념으로 그 내용을 환웅이라는 무분별과 웅호라는 분별 그리고 양자의 매개로서의 단군이라는 구조가 그대로 인간의 구조임을 뜻한다.

인간은 고정되게 무엇이라고 규정할 수 없는 존재이다. 인간은 분별이 가능한 물질적 존재로서의 육신만을 갖고 있거나 분별할 수 없어서 나와 남, 사물, 세계가 일체인 본성, 자성, 성품, 인성의 측면만이 있는 것도 아니고 그렇다고 하여 분별과 무분별을 하는 마음의 측면만이 있는 것도 아니다.

시간의 측면에서 보면 인간의 본성은 미래적 측면에서의 일종의 기대期待, 희망希望으로 나타낼 수 있고, 인간의 육신은 과거적 측면에서 일종의 기억記憶으로 나타낼 수 있다.

---

[270] 이현중, 『고조선철학』, 문진, 2019, 228~255쪽.

우리는 자신은 물론 한 사람을 평가할 때 그 사람의 육신에 의하여 이루어지는 언행을 대상으로 가치상의 선악善惡, 시비是非를 분별하여 기억한다.

그리고 자신이나 다른 사람의 미래 곧 이상을 기대할 때는 성인, 대인, 신인神人, 부처, 구세주와 같은 천도天道와 합일合一하고, 하느님과 일치하며, 불성佛性을 깨달은 존재로서의 원리적 존재, 법신法身과 같은 존재를 기대한다.

과거의 형태로서의 기억은 순방향의 시간의식이 만들어낸 물건화, 사건화된 시간이며, 미래의 형태로서의 기대, 희망은 역방향의 시간의식이 만들어낸 원리화, 이치화된 시간이다.

그러나 우리가 순방향에서 본래성을 바탕으로 시간성을 시간화하고, 역방향에서 본래성을 바탕으로 시간을 시간성화함으로써 언제나 영원한 현재를 살아가게 된다.

영원한 현재를 살아감은 환인이 상징하는 세계, 시간성과 하나가 되어 다양하게 자신을 드러내는 시간성의 시간화의 측면에서는 끊임없이 다양하게 자신을 드러냄으로써 서로가 서로를 존재하게 함이다.

시간성이 시의성으로 나타나면서 매 순간의 시간이 존재하게 된다. 그것은 영원한 시간성의 세계를 현재라는 기준에 의하여 구분하여 나타냄으로써 끊임없이 과거와 미래가 새롭게 창조됨을 뜻한다.

시간성이 시간으로 나타남은 물건적 관점에서는 본래성에 의하여 지혜로 나와 남을 구분함으로써 남이 남으로 존재하게 해 주는 동시에 내가 나로 존재하게 함이다. 이처럼 이것과 저것을 구분하여 이것을 이것으로 대하여 줌으로써 이것이 이것으로 존재함은 그대로 동시에 나를 나로 존재하게 함인 점에서 공존共存하고 공생共生함이다.

영원한 현재를 살아감은 시간의 시간성화 측면에서는 매 순간에 나타난 물건이 그대로 하나로 돌아가서 무화함으로써 시간성과 하나가 됨을 뜻한다.

현상적 측면에서 인연에 따라서 남과 만나서 그와 공심共心이 되어 하나가 된다. 그리고 일심一心이 되면 다시 그도 없고, 나도 없는 무심無心이 되어 시간성의 차원 곧 환인으로 돌아간다.

영원한 현재를 살아가는 삶은 인연에 따라서 끊임없이 다양하게 자신을 드러내어 모든 존재와 공존하고, 공생함으로써 서로가 서로를 이롭게 하는 삶이다. 그렇기 때문에 단군신화에서는 영원한 현재를 살아가는 삶을 홍익인간으로 표현하였다.

홍익인간은 우리가 영원한 현재를 살아갈 때 비로소 시간성과 시간의 어느 일면에도 걸림이 없이 자유자재自由自在하게 살아감을 나타낸다.

영원한 현재를 살아가는 사람의 삶은 시간성의 시간화를 통하여 무분별의 세계를 수를 통하여 계량화함으로써 분별하여 다양한 사건으로 나타낼 뿐만 아니라 그것을 다시 대상화하여 여러 물건으로 드러낸다. 그러나 사물화, 대상화에 얽매임이 없어서 항상 그 결과를 인류와 공유共有하고, 공용共用한다.

영원한 현재를 살아가는 사람은 시간의 시간성화를 통하여 현상의 다양성을 하나로 귀체歸體, 귀공歸空하여 하나마저도 없음을 알려주어 현상에 얽매지이 않게 한다. 그러나 하나마저도 없음의 자리에도 머물지 않기 때문에 항상 모든 존재에게 거울처럼 자신을 돌아보아 그 어떤 것에도 집착하지 않아서 자유롭게 한다.

2. 성리性理와 심법心法의 도학적道學的 인간관

　우리는 앞에서 고조선 사상을 신화로 나타내고 있는 단군신화에서 환인을 통하여 세계를 나타내고 있음을 살펴보았다. 환인은 나와 남, 자연의 구분이 없으면서도 환웅과 단군 그리고 웅호로 자신을 끊임없이 다양하게 나타내는 세계를 상징적으로 표현하는 개념이다.

　흔님, 환인의 특성은 시간적 관점에서 인과의 관계로 대상화하여 나타내면 환웅에서 시작하여 웅호에서 끝나는 도생역성과 웅호에서 시작하여 환웅에서 끝나는 역생도성이다.

　환웅에서 시작되어 웅호로 드러나는 도생역성은 흔님, 환인이 환웅이라는 열매가 씨로 심어져서 싹이 트고 자라기 시작하는 현상과 같다. 그리고 웅호에서 시작하여 환웅에서 끝나는 역생도성은 웅호라는 씨가 싹이 트고 자라나서 꽃이 피어 열매를 맺는 현상과 같다.

　그런데 흔님, 환인의 작용은 환웅에서 시작하여 웅호로 드러나며, 그것의 특성을 현상적 측면에서 나타낸 것이 웅호의 환웅을 향하는 작용이다. 이때 환웅에서 시작하여 웅호에서 끝나는 작용과 웅호가 시작하여 환웅에서 끝나는 작용이 모두 환웅에 의하여 이루어지는 점에서 도생역성이 바탕이 되어 역생도성이 이루어짐을 알 수 있다.

　도생역성은 물건적 관점에서의 순역의 합일을 사건적 관점에서는 도생역성을 바탕으로 한 역생도성으로 나타낸 것이다. 도생역성의 관점에서 보면 환웅의 단군으로 화하여 웅호로 드러나는 작용이 없지는 않다. 그러나 역생도성의 관점에서 보면 그것이 그대로 웅호에서 시작하여 환웅으로 수

렴되기 때문에 있어도 있는 것이 아니다.

우리는 여기서 물건적 관점에서 역逆방향을 중심으로 순역합일을 추구하는 중국사상과 순역이 합일된 세계를 바탕으로 사건적 관점에서 도역의 생성을 나타내는 한국사상의 차이를 분명하게 알 수 있다.

도역의 생성을 중심으로 변화의 현상을 이해하면 유위有爲이면서 무위無爲이다. 그러나 역방향의 수도를 추구하는 중국도가에서는 무위無爲이면서 유위有爲인 무위자연無爲自然, 무위이무불위無爲而無不爲를 주장한다. 이는 부정적 방법을 통하여 그 어떤 것에도 집착하지 않고 끊임없이 더 높은 차원으로의 고양高揚을 추구하는 역방향에서 세계와 인간을 나타내었음을 단적으로 보여준다.

우리는 앞에서 고조선 사상에서 이화理化가 영원한 현재를 살아감이며, 그것이 홍익인간으로 나타남을 살펴보았다. 영원한 현재는 영원함이 매 순간 나타나 있음으로써의 현재이다.

그것은 과거의 기억도 아니고 미래의 소망, 기대로 아니며, 지금의 기억과 지금의 기대이고, 지금 역시 고정되지 않아서 나타났다가 사라지기 때문에 고정된 과거와 미래 그리고 현재라는 시간이 없을 뿐만 아니라 시간성이라는 고정된 실체적 존재가 없음을 뜻한다. 그것이 홍익인간이라는 것은 어떤 의미인가?

인간의 세계를 고정된 것으로 이해하여 시작과 종말의 시종으로 이해한다. 그리고 시종은 벗어날 수 없는 인과의 그물로 이해한다. 그렇기 때문에 태어나서 죽어가는 생사가 있고, 생사를 다시 고정화하여 어떤 것으로 물건으로 이해한다. 그것이 바로 생로병사生老病死의 주체인 내가 있다는 실체론적인 사고이다.

우리가 시간성을 시의성 곧 공간성을 중심으로 이해할 때 비로소 인간의 삶의 문제가 제기된다. 우리는 공간성을 통하여 시간성의 차원에서 언급되는 이화理化가 어떻게 홍익인간의 문제가 되는지를 살펴볼 수 있다.

시간성을 공간성을 중심으로 이해하면 인간의 성품, 본성의 문제가 된다. 그것은 시간성의 시간화를 통하여 시의성의 차원에서 인간을 이해할 때 시간성의 현재성이 인간의 본성의 문제가 됨을 뜻한다.

고조선 사상을 역학적 관점에서 이론체계화한 『정역』에서는 송대宋代의 성리학性理學을 수용하여 성리와 심법을 통하여 홍익인간의 내용을 밝히고 있다.

그것은 김일부金一夫가 고조선 사상을 통하여 드러나는 한국전통의 사상을 바탕으로 중국의 성리학을 주체적으로 수용하여 중국성리학과 다른 유학儒學을 제시하였음을 뜻한다.

당말唐末에 유학의 부흥을 꿈꾸었던 한유韓愈가 내세우기 시작한 도학道學이라는 개념은 성리학자들에 의하여 자신들의 학문을 지칭하는 개념으로 사용되었다. 성리학을 이론체계화한 주희가 『대학』의 격치론格致論을 중시하게 되면서 도학이라는 개념이 이학理學과 더불어 송학宋學의 특징을 나타내는 개념으로 사용되었다.[271]

주희朱熹는 거경居敬과 궁리窮理를 학문론으로 제시하고, 궁리窮理의 내용을 격물치지로 제시하면서 성품과 이치가 하나가 되는 응연應然의 천인합일天人合一을 내용으로 하는 성즉리性卽理의 성리학을 제시하였다.

주희가 제시하고 있는 것과 같이 송대宋代의 성리학은 학문과 실천을

---

[271] 蒙培元 지음, 홍원식 외 옮김, 『성리학의 개념들』, 예문서원, 2008, 80~123쪽.

구분하여 오로지 학문을 중심으로 삶을 이해하였다. 그것은 그들이 이론체계를 통하여 학행합일學行合一, 지행합일知行合一을 끊임없이 제기하지 않을 수 없음을 뜻한다.

그러나 김일부金一夫는 인간의 삶을 그대로 도학道學으로 규정하고 있다. 일부는 도역倒逆의 생성을 바탕으로 인간과 세계가 구분되지 않는 경계에서 학문과 삶을 논한다. 그것은 그가 천인天人이 합일合一되고, 천지天地가 합일合一된 차원에서 도역의 생성을 논하고, 도역의 생성에 의하여 학문과 삶을 논함을 뜻한다.

그는 도역의 생성을 통하여 인간의 삶을 비롯하여 세계가 갖고 있는 정리正理, 성명性命, 태극太極을 찾아가는 역방향에서 학문을 논하는 것이 아니라 순역이 합일된 차원에서 끊임없이 새롭게 생성됨을 밝히고 있다.

그것은 세계가 끊임없는 변화의 과정일 뿐으로 고정된 사람이나 자연의 구분이 없음을 뜻한다. 비록 현상의 변화가 끊임없이 일어나지만 시간성의 자기 현현이라는 점에서 변화하는 현상 자체도 고정되게 있다고 할 수 없다.

그러나 변화의 현상 자체가 고정되지 않지만 현상 자체가 없는 것은 아니다. 그렇기 때문에 일부도 천지를 논하고, 사람을 논하며, 학문과 삶을 논한다. 그러면 일부는 학문을 어떻게 이해하고 있는가?

그는 선천과 후천을 나누어서 학문과 삶을 도와 학으로 나타내고 있는데 그 내용은 다음과 같다.

> 억음抑陰존양尊陽은 선천先天의 심법心法의 학學이며, 조양調陽율음律陰은 후천後天의 성리性理의 도道이다.[272]

---

[272] 金恒,『正易』第八張, "抑陰尊陽은 先天心法之學이니라. 調陽律陰은 后天性理之道니라."

위의 내용을 보면 후천과 선천을 나누어서 후천은 도道로 그리고 선천은 학學으로 규정하고 있다. 그리고 음양을 중심으로 음양이 서로 하나가 되어 조화를 이루어 작용하는 성리性理와 억음존양抑陰尊陽의 심법心法을 구분하여 논하고 있다. 그러면 먼저 심법의 학과 성리의 도가 무엇인지 살펴보자.

선천의 세계를 나타내는 학이라는 개념은 배우는 사람과 가르치는 사람을 구분하여 논하지 않을 수 없다. 그것은 배우는 사람과 배움의 내용이 하나가 되지 않은 상태를 나타내는 것이 학문임을 뜻한다.

학문이 배우는 사람과 배움의 내용을 전제로 할 때 양자가 하나가 되는 것이 학문의 목표라고 하지 않을 수 없다. 그렇기 때문에 배움의 내용은 분별의 상태에서 무분별의 상태에 이름 곧 합일의 상태에 이르는 것이라고 할 수 있다.

일부는 학문을 심법으로 규정하고 그 내용을 "음을 억누르고 양을 받듦"이라고 하였다. 심법은 마음을 쓰는 방법으로서의 용심법用心法을 가리킨다. 용심법의 구체적인 방법이 억음존양이다. 그러면 억음존양의 음양은 무엇인가?

일부는 태양과 태음을 중심으로 음양의 특성을 밝히고 있는데 그 내용은 다음과 같다.

> 태양太陽은 항상恒常하여 성품이 완전하고 이치가 곧으며, 태음太陰은 소장消長하여 수가 차면 기氣가 빈다.[273]

---

[273] 金恒,『正易』第八張, "太陽恒常은 性全理直이니라. 太陰消長은 數盈氣虛니라."

위의 내용을 보면 양陽은 항상한 세계를 나타내며, 음陰은 소장의 변화하는 세계를 나타냄을 알 수 있다. 그리고 일부는 "가득 찬 상태에서 비워지는 것은 기氣로 선천先天이고, 소멸된 상태에서 자라는 것은 리理로 후천後天이다"[274]라고 하였다. 이를 통하여 음陰이 기氣, 현상, 육신을 나타내고, 양陽은 성품, 리理를 나타냄을 알 수 있다.

억음존양은 기氣의 세계인 현상의 세계를 실체로 여기는 마음을 버리고, 리理의 세계를 주체로 함을 뜻한다. 그것은 『주역』의 중지곤괘重地坤卦의 괘사卦辭에서 "앞서면 미혹되고, 뒤에 서면 주체를 얻어서 이롭다"[275]고 한 것과 같다. 따라서 선천의 학문은 현상의 세계에 마음이 끌려가지 않고 그것이 바로 본성의 작용임을 아는 것이라고 할 수 있다.

일부는 선천의 억음존양의 심법이 이루어지면 그것이 모두 근원의 작용임을 알게 됨을 다음과 같이 밝히고 있다.

> 진실한 뜻과 바른 마음으로 종시終始에 게으름이 없으면 정녕코 우리 화화옹化化翁이 반드시 친히 가르침을 베풀어줄 것이다.[276]

성의誠意와 정심正心으로 한결같으면 반드시 화화옹化化翁이 가르침을 베풀리라는 것은 본성의 작용이 이루어지고 있음을 느끼게 될 것임을 뜻한다.

그것은 본래 본성의 작용이 이루어지고 있기 때문에 본성의 작용에 의하여 심법의 학이 이루어짐에도 불구하고 그것을 모르다가 육신을 자신으로

---

[274] 金恒, 『正易』第八張, "盈虛는 氣也니 先天이니라. 消長은 理也니 后天이니라."
[275] 『周易』重地坤卦 卦辭, "君子의 有攸往이니라. 先하면 迷하고 後하면 得主하야 利하니라."
[276] 金恒, 『正易』第十八張, "誠意正心하야 終始无怠하면 丁寧我化化翁이 必親施敎시리니."

여기는 마음을 버리고 본성을 주체로 하는 억음존양이 이루어지면 비로소 본성의 작용임을 아는 지혜가 발현됨을 뜻한다. 따라서 선천의 심법을 통하여 이루어지는 학문은 역생도성의 관점에서 천인합일天人合一을 나타낸 것이라고 할 수 있다. 그러면 후천의 성리의 도는 무엇인가?

선천의 심법의 학學은 육신과 육신의 기능인 의식을 자신으로 여기고, 영허하는 기氣의 현상을 리理로 여기는 마음을 버리고 리理를 근원으로 여김이라면 성리의 도는 성리가 그대로 마음과 육신을 통하여 드러남을 뜻한다.

성리는 본성의 작용이 그대로 마음과 몸을 통하여 드러나기 때문에 도가 된다. 그렇기 때문에 후천은 학문의 성과, 결과를 나타낸다고 할 수 있다. 그것은 지금 여기의 나를 통하여 도생역성이 이루어짐을 나타낸다. 그러면 양자를 어떻게 이해할 것인가?

선천의 심법의 학과 후천의 성리의 도의 관계를 파악하기 위해서는 선천과 후천의 관계를 파악하지 않을 수 없다. 일부는 선천과 후천의 관계를 다음과 같이 밝히고 있다.

> 선천은 후천에 정사政事를 하고, 후천은 선천에 정사政事를 한다.[277]

인용문의 내용을 보면 선천과 후천을 구분하여 둘로 나타냈지만 양자가 둘이 아님을 알 수 있다. 일부는 선천과 후천을 언급하면서 영원한 세계인 원천原天[278]을 언급하여 원천을 바탕으로 선천과 후천이 성립됨을 밝히고

---

[277] 金恒, 「正易」第三張, "后天은 政於先天하니 水火니라. 先天은 政於后天하니 火水니라."
[278] 金恒, 「正易」先后天 正閏度數, "先天은 體方用圓하니 二十七朔而閏이니라. 后天은 體圓用方하니 三百六旬而正이니라. 原天은 无量이니라."

있다. 그러면 원천과 선후천은 어떤 관계인가?

원천의 작용에 의하여 선천과 후천이 전개된다. 이때 원천의 작용이 바로 도생역성과 역생도성이다. 그리고 도생역성이 하도적河圖的 작용, 십무극十无極의 작용이며, 역생도성이 낙서적洛書的 작용, 오황극五皇極의 작용으로 도생역성을 바탕으로 역생도성이 이루어진다. 그러면 성리의 도와 심법의 학은 어떻게 이해할 것인가?

우리가 물건적 관점에서 도道와 기器를 구분하고, 인간과 자연을 구분하여 양자가 합일合一하는 역방향에서 학문을 이해하면 억음존양의 심법을 통하여 비로소 성취되는 것이 성리의 도라고 할 수 있다. 성리학자들은 자신들의 학문을 기器에서 도道를 향하는 역逆방향에서 도학道學으로 규정하였다.

그러나 형이상과 형이하, 리理와 기氣, 선천과 후천의 구분이 없는 원천, 반고盤古의 차원에서 보면 후천의 성리의 도가 선천의 심법의 학으로 드러난다. 그렇기 때문에 양자가 둘이 아닐 뿐만 아니라 시간상의 간극이 없다.

도생역성을 바탕으로 한 역생도성의 관점에서 일부一夫가 제시한 삶은 한마디로 나타내면 도학道學이다. 그것은 매 순간의 삶이 그대로 성품 곧 성리性理의 드러남으로 심법의 측면에서는 억음존양抑陰尊陽이다.

억음존양은 육신과 의식을 자신으로 여기는 마음을 버리고 무극, 반고와 합일合一하는 역방향의 억음抑陰과 무극, 반고, 원천의 작용이 그대로 육신을 통하여 드러나도록 지켜보고 따르는 순방향의 존양尊陽을 이른다.

순역의 두 방향이 하나가 된 억음존양의 심법은 그대로 육신을 통하여 운신運身으로 나타난다. 그것은 억음존양의 심법이 온 우주와 일체가 되어 이루어지는 운신運身으로 드러남을 뜻한다. 일부一夫는 "천지天地는 일부一夫의 말을 하고, 일부一夫는 천지의 말을 말한다"[279]고 하여 그 점을 나타내고 있다.

도생역성의 관점에서 도학을 이해하면 매 순간의 삶은 성리의 드러남이기 때문에 그대로 도이다. 그리고 역생도성의 관점에서 보면 매 순간의 삶은 근원, 본체로 귀체歸體, 귀공歸空하는 용심抑陰과 본래성을 주체로 언행을 하는 운신尊陽이다.

일부는 도학을 통하여 형이하의 도道 자체의 차원에서 그것이 그대로 유불도儒佛道로 나누어지고, 형이상의 도道와 형이하의 기器로 드러남을 밝히고 있다. 이를 통하여 인간학으로서의 인문학人文學과 자연에 관한 학문으로서의 과학科學이 도道로부터 드러나는 다양한 학문이라는 점에서 도를 대상으로 하는 도학을 바탕으로 하여 이루어지는 과학, 성품, 본래성이 주체가 되어 이루어지는 심성과학[280]이 오늘날에 과학이 지향해야 할 방향임을 알 수 있다. 그러면 일부에 의하여 제시된 도학을 바탕으로 한 한국유학과 중국유학의 차이는 무엇인가?

중국유학은 순順방향에서 출발하여 명덕明德을 천하에 밝혀서 모든 사람들로 하여금 인간답게 살아가도록 하여 천하를 평정平定하는 도제천하를 내세웠지만 여전히 물건적 관점에서 나(己)와 남(人)을 구분하여 수기修己와 안인安人을 제시하고 천인합일을 추구하였다.

성리학자들도 거경居敬과 격물치지格物致知의 궁리窮理를 통하여 성품과 이치가 하나가 되는 성즉리性卽理 곧 천인합일을 추구하였다.

---

[279] 金恒,「正易」第九張, "天地는 言一夫言하고 一夫는 言天地言이니라."
[280] 서혜원,「한마음요전」, 한마음선원, 불기2537, 312쪽.

그들은 순방향에서 평천하를 추구하면서도 역방향에서 자신들의 학문을 도학道學으로 규정하고, 도학이 정통正統이며, 도가道家, 도교道敎와 불가佛家를 이단異端으로 규정하여 적대시敵對視하였다.

성리학자들이 제시하고 있는 학문방법인 거경궁리는 『주역』에 나타내는 개념들이다. 그리고 격물치지는 『대학』에서 제시하고 있는 학문방법이다. 『주역』에서는 순과 역을 구분하여 역방향에서 출발할 것을 제시하고 있다.

성리학의 학문방법 역시 역방향에서 거경을 바탕으로 역방향에서 격물치지하는 궁리를 통하여 천도를 자각하고, 천명을 자각하는 천인합일의 방법이다.

그러나 김일부金一夫가 제시하는 도학은 인간은 누구나 성품을 갖고 있기 때문에 성품을 그대로 현실에서 드러나게 함으로써 그것이 학문으로 나타나게 하는 방법을 제시하고 있다.

그것은 그가 성품이 그대로 발현되도록 성의誠意, 정심正心으로 항상 게으름이 없어야 함을 강조할 뿐만 아니라 화옹化翁, 화무상제化無上帝와 대화를 강조하는 것을 보아도 알 수 있다.

그는 성리학자들이 강조하는 태극과 같은 죽은 정리定理, 나와 무관하게 대상으로 존재하는 상대적인 성리를 말하지 않는다. 그는 본유하고, 고유한 성품이 작용하여 다양한 이치로 드러나는 도역의 생성을 논하고 있을 뿐이다.

역방향에서 찾아야 할 성품, 깨달아야 할 성품, 나와 하나가 되어야 할 성품은 나와 둘이다. 그것은 지금 여기의 나의 삶이 본성의 드러남이기 때문에 격물치지의 궁리를 통하여 성품의 이치와 하나가 되는 합일을 추구할 필요가 없음을 뜻한다.

만약 사물의 이치를 연구함으로써 비로소 본성이 얻어지는 것이라면 사물의 이치를 연구하지 않으면 사라진다. 그렇기 때문에 그러한 이치는 인연因緣에 의하여 이루어지는 유위법有爲法이기 때문에 성품은 사물의 이치에 종속된다.

그러나 심학자心學者들의 경우와 같이 오로지 내 양지良知가 밖으로 향하여 작용하는 측면만을 강조하면 자연自然일 뿐으로 밖과 무관하게 된다.

그것은 심학의 관점에서 보면 인간의 성리性理와 자연의 물리物理가 하나인 측면만이 부각될 뿐으로 매 순간 성리, 물리, 심리로 다양하게 드러나는 도생역성의 측면이 드러나지 않음을 뜻한다.

도생역성의 관점에서 보면 변화의 현상은 환인, 도, 반고로 표현된 근원적 존재의 자기 현현이기 때문에 자연이지만 역생도성의 관점에서 보면 변화의 현상은 시종의 인과로 드러나는 인연이다. 그렇기 때문에 세계는 자연과 인연을 넘어서 있으면서도 양자를 벗어나지 않는다. 그러면 도학道學의 의미를 좀 더 구체적으로 살펴보자.

먼저 도학을 구성하는 두 글자를 분석하여 보자. 도는 수首와 착辶으로 구성된다. 수首는 근원을 상징하고, 착辶은 착辵으로 행行과 지止가 결합된 글자이다. 착은 가고 멈춤의 의미로 곧 작용을 뜻한다. 따라서 도는 근원적 존재의 작용을 가리킨다.

그리고 학學의 고자古字는 효斆이다. 효斆는 "본받다"의 의미를 갖고 있다. 따라서 도학을 글자 그대로 이해하면 도의 작용을 따라서 살아감, 도를 주체로 살아감의 의미가 된다.

도학은 도생역성의 측면에서 성리의 도가 역생도성의 측면에서 심법心法의 학學으로 드러남을 나타낸다. 그것은 성리性理가 그대로 용심用心

을 통하여 일상의 삶으로 드러남을 뜻한다.

일상의 우리의 삶이 그대로 성품이 마음으로 드러나고, 마음이 육신의 언행으로 드러나는 도생역성이며, 우리의 일상에서 이루어지는 언행이 그대로 성리로 귀결되는 역생도성이다. 따라서 도생역성의 측면에서 닥쳐오는 그 어떤 일들도 마다하지 않고 하기 때문에 허무虛無에 빠지지 않는 실다운 학문이며, 역생도성의 측면에서 그 어떤 일을 하여도 개체적 육신이 하는 것이 아니기 때문에 함이 없는 무위無爲여서 집착이 없고, 걸림이 없다.

도학은 『정역』의 내용을 인간의 삶에 적용하여 나타낸 개념이라고 할 수 있다. 그것은 『정역』의 내용을 인간의 관점에서 한마디로 나타낸 개념이 도학임을 뜻한다.

『정역』은 상하의 두 편으로 구분하여 상편은 십오일언十五一言으로 규정하고, 하편은 십일일언十一一言으로 규정하고 있다. 이때 십오와 십일은 상하편의 내용을 집약하여 나타낸 것으로 십오와 십일 곧 십오일이 『정역』의 내용이다.

『정역』의 내용을 나타내는 십오일十五一은 삼극三極을 가리키는 수라고 할 수 있다. 이를 보면 『정역』의 내용을 한마디로 나타내어 삼극의 도라고 할 수 있다. 그것은 일부가 하도와 낙서를 십오十五와 십일十一의 관계를 통하여 삼극의 도를 상징적으로 나타내고 있는 신물神物로 규정한 것을 보아도 알 수 있다.

일부一夫는 십오의 합일 곧 십오일언을 천지의 수에 의하여 상징적으로 나타낸 도상이 하도河圖이며, 십일의 합일 곧 십일일언을 천지의 수에 의하여 상징적으로 나타낸 도상이 낙서洛임을 밝히고 있다.

십오가 천인합일天人合一의 세계를 나타낸다면 십일은 천지합일天地

合一을 나타낸다. 따라서 천지인天地人의 삼재가 하나가 된 세계 곧 천지인의 삼재라는 물건적 세계로 드러나기 이전의 구분할 수 없는 세계를 나타내는 것이 반고盤古이자 고조선사상을 나타내고 있는 단군신화에서 환인桓因으로 나타내고 있는 세계이다.

일부는 『정역』이라는 저작을 통하여 신도 곧 천도, 지도, 인도로 구분하여 나타내기 이전의 세계, 분별과 무분별을 넘어서면서도 양자를 벗어나지 않는 세계를 나타내고 있다.

그것은 하도와 낙서라는 도상을 통하여 신도神道를 두 측면 곧 도생역성과 역생도성의 두 측면에서 나타내는 동시에 간지도수干支度數라는 물건적 특성과 사건적 특성을 모두 갖고 있는 독특한 매개를 통하여 세계가 본래 고정되지 않아서 과거화된 자연自然도 아니고 미래화된 원리, 도道의 세계도 아님을 나타내고 있음을 뜻한다.

도학의 관점 곧 인간의 관점에서 하도와 낙서를 이해하면 하도의 십오의 합일은 인간이 억음존양을 통하여 현재 의식의 차원을 벗어나서 본래성과 하나가 된 상태를 나타낸다.

십오는 오가 십으로 가서 십과 하나가 된 상태 곧 지천태괘地天泰卦의 상태를 나타낸다. 이를 선후천의 관점에서 나타내면 후천의 상태라고 할 수 있다.

그것은 선천의 상태에서 후천에 이름이다. 이는 하도가 십오의 상태를 나타낸다는 것은 역생하여 도성이 된 상태를 나타냄을 뜻한다. 역방향에서 시작한다는 것은 선천에서 시작하였음을 뜻하고, 순방향에서 완성된 것을 나타내는 것이 도성이다. 그렇기 때문에 도성은 본래성과 하나가 됨을 뜻한다. 따라서 하도는 역생도성을 바탕으로 도생역성을 나타낸다.

역생도성의 결과로서의 도생역성의 세계를 나타내는 하도와 달리 도생역성을 바탕으로 드러나는 역생도성의 세계를 나타내는 것이 낙서이다.

십오가 합일되어 나타나는 십일의 합일의 세계를 나타내는 도상圖像이 낙서이다. 낙서는 십오의 합일을 바탕으로 이루어지는 십일의 합일을 나타낸다. 그렇기 때문에 낙서의 중심은 오이다. 그리고 오를 본체로 하여 이루어지는 작용을 모두 십과 일에 의하여 표상되고 있다.

그것은 오를 바탕으로 십十이 나누어져서 각각 일一과 구九, 이二와 팔八, 삼三과 칠七, 사四와 육六으로 화하는 변화를 통하여 천지의 합일을 나타냄을 뜻한다.

낙서가 나타내는 오를 바탕으로 이루어지는 십의 분화는 인간의 현재 의식과 본래성이 하나가 되어 천인합일이 이루어지면 그 결과로 오가 상징하는 본래성을 본체로 하여 천지의 작용이 이루어짐을 뜻한다.

낙서가 상징하는 내용은 십오에 의하여 이루어지는 사건적 생성을 현상의 측면, 물건적 측면에서 오를 본체로 하여 천지의 생성으로 나타낸 것이다.

오를 본체로 하여 도생역성과 역생도성의 천지의 변화, 물건적 변화가 둘이면서도 하나임을 나타낸다. 그것은 하도가 나타내는 도역의 생성이 사건적 현현, 나툼이지만 낙서가 나타내는 도역의 생성은 곧 순역의 합일임을 뜻한다.

하도와 낙서가 나타내는 도역의 생성과 순역의 합일을 일부는 상제와 일부와의 대화로 나타내고 있다. 그는 십오의 합일이 나타내는 도역의 생성이 십일의 합일 곧 순역의 생성으로 드러남을 천天과 합일合一하고, 상제上帝와 합일合一에 의하여 일상의 삶이 이루어짐을 천天과 대화, 상제上帝와의 대화를 통하여 나타내고 있다.

아! 천지가 말이 없으면 일부가 어찌 말을 하겠는가. 천지가 말을 하기 때문에 일부가 감히 말을 한다. 천지는 일부一夫의 말을 하고, 일부一夫는 천지의 말을 한다.[281]

위의 내용을 보면 그가 천지와 합일된 차원에 천지의 말을 나타낸 것이 『정역』임을 알 수 있다. 그것은 천지와 일부가 하나가 된 상태의 드러남이 일부의 말임을 뜻한다. 따라서 일부로 표현된 모든 사람들의 삶 자체가 그대로 천지인이 하나가 된 상태에서 나타나는 천지의 현현顯現이다.

도학道學을 오로지 역逆방향에서 이해할 때 발생하는 폐단弊端이 도통道統을 통하여 정통과 이단을 구분하는 사고이다. 그것은 도라는 고정된 것이 없기 때문에 도생역성의 관점에서 도를 주고받는 인간을 중심으로 그 전수계통으로서의 도통道統을 나타내지만 역생도성의 관점에서 보면 모든 것이 도통이어서 도통이 아님이 없음에도 불구하고 역逆방향에서 도통을 언급함으로써 정통과 이단을 구분하여 자파自派 이론의 차별성을 드러내고자 한다는 점이다.

김일부도 송대宋代의 성리학性理學을 수용하여 자신의 학문 연원을 나타내기 위하여 도통을 언급하고 있다. 그러면 먼저 그가 밝히고 있는 도통의 내용이 무엇인지 살펴보자.

유소有巢가 이미 집을 지었으며, 수인燧人이 이어 불을 사용하였다. 신령스럽다, 복희伏羲가 괘卦를 긋고, 성스럽다, 신농神農이 논사農事를

---

[281] 金恒, 『正易』 十五一言 第九張, "嗚呼라 天地无言이시면 一夫何言이리오 天地有言하시니 一夫敢言하노라. 天地는 言一夫言하고 一夫는 言天地言이니라."

시작하였다. 황제黃帝는 남두南斗 육성六星을 관찰하여 간지도수干支度數를 제정制定하였고, 신령스런 요堯임금은 갑진년甲辰年에 등극登極하였다. 제순帝舜은 선기옥형璿璣玉衡을 관찰하여 칠정七政을 행하였으며, 대우大禹는 현묘玄妙한 낙서원리洛書原理를 응용하여 나라를 구주九州로 나누어 다스렸다. 은묘殷廟에서 탕湯임금의 덕德을 볼 수 있으며, 기자箕子도 이에 성인聖人이시니 주周나라의 덕德이 이로부터 시작된다. 주周나라의 건국建國은 문왕文王과 무왕武王에 있으며, 문물文物 제도制度의 완비는 주공周公의 덕德이다. 기린麒麟스럽다, 우리의 성인聖人 공자孔子여! 건곤乾坤 중립中立하여 위로는 천시天時를 본받고 아래로는 성인의 도를 물려받아 오늘에 전하였다. 아아, 오늘, 오늘이여! 육십삼六十三과 칠십이七十二와 팔십일八十一은 일부一夫에서 하나가 된다.[282]

인용문의 내용을 보면 도의 전수계통을 유소, 수인, 복희, 신농, 황제, 요, 순, 우, 탕, 문왕, 무왕, 주공, 공자와 일부 자신을 포함하여 논하고 있다.

여기서 도통에 참여한 성인들을 살펴보면 중국의 『주역』과 『논어』, 『맹자』를 비롯한 여러 전적들에서 언급되고 있기 때문에 성리학의 도통과 같다고 생각할 수 있다.

그런데 김일부는 도통을 언급하면서 마지막에 "아, 오늘, 오늘이여, 육십삼六十三과 칠십이七十二와 팔십일八十一은 일부一夫에서 하나가 된다"고 하여 지금 여기의 내가 바로 영원한 현재의 현현임을 나타내고 있다.

---

[282] 金恒, 『正易』「十五一言」第一張, "嗚呼라 盤古化하시니 天皇无爲시고 地皇載德하시고 人皇作이로다. 有巢旣巢하시고 燧人乃燧로다. 神哉라 伏羲劃結하시고 聖哉라 神農耕市로다. 黃帝甲子星斗요 神堯日月甲辰이로다. 帝舜七政玉衡이오 大禹九州玄龜로다. 殷廟에 可以觀德이오 箕聖乃聖이시니 周德在茲하야 二南七月이로다. 麟兮我聖이여 乾坤中立하사 上律下襲하시니 襲于今日이로다. 嗚呼라 今日今日이여 六十三 七十二 八十一은 一乎一夫니라."

육십삼六十三과 칠십이七十二와 팔십일八十一은 건책도수를 나타내는 216이다. 따라서 그것이 일부에서 하나가 된다고 하였을 뿐만 아니라 금일, 금일은 언급한 것은 바로 영원한 현재를 나타내는 금일에 도통이 집약됨을 나타낸 것이다.
　그리고 그것이 일부에서 하나가 됨을 통하여 지금 여기의 나를 통하여 이루어짐을 나타내고 있다. 따라서 송대宋代의 성리학이나 『주역』을 비롯한 『서경』, 『논어』, 『맹자』를 비롯한 유가의 전적들에서 밝히고 있는 도통과는 그 성격이 다르다.
　중국유학의 전적에서 밝히고 있는 도통은 그것을 근거로 자신들의 이론이 정통이고, 나머지의 다른 학문들은 이단이라는 가치판단의 기준으로 삼기 위하여 나타낸 것이다.
　그런데 도는 유형적인 것이 아니기 때문에 사람과 사람이 서로 주고받을 수 없을 뿐만 아니라 사람이 주고받지 않거나 깨닫지 못한다고 하여 도가 사라지는 것은 아니다.
　도는 사람이 깨달았을 때 비로소 생겨나는 것도 아니고, 인간이 깨닫지 못하였다고 하여 사라지는 것도 아니다. 뿐만 아니라 도는 사람이 다른 사람에게 전해줌으로써 전달되고, 그렇지 않으면 사라지는 것이 아니다.
　도통의 개념에 의하여 학문을 이단과 정통으로 구분하고 나타냄으로써 유학儒學 안에서도 이학理學과 심학心學이 정통을 놓고 다투고, 시대상으로는 훈고학訓詁學, 이학理學, 심학心學, 고증학考證學이 서로 정통이라고 다툰다.
　그것은 단지 학문을 하는 사람들이 스스로 이단과 정통을 구분하여 나타내는 주장일 뿐이다. 그렇기 때문에 도 자체에는 이단과 정통이 없을 뿐만 아니라 도 자체도 고정되지 않아서 있다거나 없다고 할 수 없다.

도통에 의하여 도학이 형성되면서 성리학과 심학心學이 정통을 다투었듯이 한국 성리학자들도 도통道統을 통하여 이단과 정통을 논하고 있다. 사실 정통과 이단은 인간의 생각일 뿐으로 도道에는 없다.

김일부가 제시한 『정역』에서 밝히고 있는 도역의 생성은 도의 양면적 성격을 분명하게 드러내고 있다. 도생역성의 관점에서 보면 끊임없이 지금으로 나타나기 때문에 도가 없는 것은 아니다. 그러나 역생도성의 관점에서 보면 나타났다고 하여도 나타남이 없기 때문에 나타났다고 수 없다.

그것은 일부가 제시한 반고盤古, 원천原天, 도학道學이 자신의 삶으로 드러나는 금일今日임을 뜻한다. 따라서 김일부가 밝힌 도학에는 정통과 이단의 구분이 없고, 한국유학과 중국유학, 한국사상과 중국사상의 구분이 없다.

도학은 성리가 현상에서 억음존양의 심법으로 드러남을 통하여 인간이 영원한 현재적 존재인 동시에 매 순간 끊임없이 새롭고 다양하게 자신을 드러내는 생성적 존재임을 나타낸다. 따라서 도학적 인간관은 생성적 인간관, 변화의 인간관이라고 할 수 있다.

3. 관법觀法과 대행大行의 공생적共生的 인간관

우리는 앞에서 고조선사상을 통하여 신도神道의 관점에서 지금 여기의 나의 삶이 지금 여기를 끊임없이 새롭게 창조하면서 살아가는 재세이화在世理化임을 살펴보았고, 이어서 『정역』을 통하여 천도天道의 관점에서 지금 여기의 나는 도를 지금 여기의 다양한 현상으로 드러나는 삶으로서의 도학道學임을 살펴보았다.

우리는 고조선 사상을 통하여 시간성, 세계성의 차원에서 순역합일의 세계를 고찰하였으며, 『정역』을 통하여 성리性理와 그것이 드러난 심법心法의 관점에서 인간을 고찰하였다. 다음에 우리가 살펴보아야 할 문제는 마음을 중심으로 지금 여기의 내가 누구인가를 고찰하는 일이다.

그것은 순역합일의 세계, 도의 세계가 지금 여기의 나를 통하여 어떻게 드러나는지를 마음과 그 결과로서의 육신을 중심으로 고찰하는 일이다.

마음을 중심으로 인간과 세계를 고찰하는 이론체계는 불교이다. 따라서 한국불교를 통하여 마음을 중심으로 순역합일의 세계가 어떻게 드러나는지를 고찰할 수 있다.

20세기에서 21세기에 나타난 현대불교 가운데서 대행선사大行禪師에 의하여 제시된 대행불교는 한국불교의 정수를 그대로 보여주고 있다. 이에 따라서 지금부터 대행불교를 중심으로 순역합일의 차원에서 드러나는 내가 누구인지를 살펴보자.

초기불교는 무상無常, 고苦, 무아無我, 열반涅槃의 사법인四法印을 중심으로 이고득락離苦得樂을 추구하는 종교이다. 그것은 나와 세계를 오온과 12처, 18계, 12연기를 통하여 모든 유위법의 무상, 고, 무아를 통찰함으로써 염오, 이욕, 소멸의 과정을 거쳐 열반에 이르는 수행론이 초기불교의 내용임을 뜻한다.[283]

초기불교가 중국에 전래되어 중국화한 중국불교에서는 소승불교와 대승

---

[283] 각묵 스님 지음, 『초기불교이해』, 초기불전연구원, 2018, 26~268쪽.

불교를 일관하는 원리를 삼법인三法印으로 이해하였다. 그것은 중국불교에서 물건적 관점에서 세계를 제법무아諸法無我로 나타내고, 사건적 관점에서 제행무상諸行無常으로 이해하여 실상實相의 세계가 열반적정涅槃寂靜의 세계임을 나타낸 것으로 이해하였음을 뜻한다.[284]

무상, 고苦, 무아의 고苦의 세계로부터 출발하여 열반涅槃에 이르고자 하는 수행론 중심의 초기불교는 중국불교에서도 그대로 계승된다. 중국불교에서는 초기불교와 대승불교를 수용하여 양자의 관계를 나타내는 교상판석敎相判釋을 가하였다.

불교 교리의 서로 다른 내용들의 상하관계를 규정하는 교판敎判은 다양한 교리로 드러나기 이전의 하나의 근원을 찾는 문제가 중국불교의 중심이 되었음을 뜻한다. 중국불교가 끊임없이 소승과 대승, 교종과 선종, 남종과 북종의 회통, 합일을 추구하고, 내도와 외도의 합일合一을 추구하였음은 이를 반증한다.[285]

중국불교의 특성은 『원각경』을 통하여 확인할 수 있다. 『원각경』에서는 육신과 마음을 자신으로 여기는 것을 인간에 대한 전도顚倒된 지견知見으로서의 무명無明으로 규정하고, 무명을 영단永斷하는 원리遠離를 통하여 불도佛道를 이루는 증오성불證悟成佛論을 제시하고 있다.

수행을 통하여 불도를 이루는 성불론成佛論의 관점에서 보면 회상귀성會相歸性의 관점에서는 증오성불證悟成佛을 논하고, 성기론性起論의 관점에서는 본래성불本來成佛을 논하여 무명과 원각圓覺, 중생과 부처의

---

[284] 이상민, 「삼법인과 동아시아불교」, 『한국불교학』제89집, 한국불교학회, 2019, 130쪽.
[285] 이현중, 「유불도와 통관의 인문학」, 충남대학교 출판문화원, 2017, 106~114쪽.

양자의 관계가 하나의 사건인 성불成佛의 문제가 된다. 그러면 본래성불과 증오성불은 어떤 관계인가?

증오성불과 본래성불은 하나의 성불이라는 사건을 실체화하여 과거적 측면에서 본래성불로 나타내고, 미래적 측면에서 증오성불로 나타낸 것이다. 이때 과거와 미래라는 실체적 시간이 있는 것이 아니라 양자가 하나가 되어 현재에서 나타날 뿐만 아니라 현재도 고정되지 않기 때문에 없다.

본래성불과 증오성불이 하나의 성불을 두 측면에서 나타낸 것일 뿐만 아니라 성불도 실체적 사건이 아니다. 그것은 성불이라는 실체적 사건이 없음을 뜻한다. 따라서 성불이라는 사건을 물건적 존재로 대상화하여 나타낸 부처와 중생이라는 물건적 존재도 없다.

윤회輪廻와 해탈解脫, 무명無明과 원각圓覺, 중생과 부처라는 양립이 불가능한 양자兩者가 없음은 양자를 벗어난 중도中道라는 새로운 법이나 실상實相이라는 실다운 세계 역시 없음을 뜻한다.

우리는 역방향에서 현실의 삶을 버리고 떠나야 할 환화幻化로 이해하여 꿈에서 깨어난 실다운 세계를 논하고, 깨어남에서도 벗어난 중도中道를 논한다. 그러나 순역으로 구분하여 달리 나타내기 이전의 관점에서 보면 우리가 살아가는 현실現實은 글자 그대로 실다움이 드러난 세계이다.

대행은 부처와 중생, 무명과 원각, 수행과 제도를 구분하여 나타내지 않는다. 그것은 선사가 언제나 중도, 실상이라는 개념마저도 나타낼 수 없는 경지에서 때로는 중도中道로 때로는 부처로 때로는 중생衆生으로 나타내어 오로지 모든 존재들을 이롭게 하고자 하는 자비慈悲를 실천하는 삶을 추구하였음을 뜻한다.

대행은 세계를 평등공법平等空法, 활궁공법活宮空法, 수레공법空法으로 표현하고 있다. 그는 무위법無爲法과 유위법有爲法, 유유와 무無, 부처와 중생, 무명과 원각, 수행과 제도가 일체임을 나타내기 위하여 일체가 평등하여 평등함마저도 없는 공법空法인 평등공법으로 나타내었다.

그러나 세계는 평등이라는 하나의 고정된 세계에 머물러 있는 죽음의 세계가 아니라 살아 있는 활궁活宮의 세계이자 공법共法의 세계이다. 그것은 마치 수레가 굴대라는 축에 의하여 굴러가는 것처럼 아무렇게나 가는 것이 아니라 중심에 의하여 굴러가면서 수많은 생명들을 태워서 언제나 이로운 세계로 옮겨주지만 옮김이 없는 점에서 수레공법이라고 하였다.

선사가 평등공법, 활궁공법, 수레공법의 세계를 그대로 나타내기 위하여 자주 사용하는 개념이 나툼이다. 나툼은 세계가 그대로 끊임없이 새롭게 드러나는 창조의 연속이자 창발創發의 연속임을 나타내는 개념이다. 나툼의 관점에서 보면 세계가 그대로 부처의 작용, 부처의 드러남이 아닐 수 없다. 그렇기 때문에 선사는 부처나 중생을 구분할 수 없음을 다음과 같이 밝히고 있다.

> 삼계三界가 다 부처님의 나툼 아닌 게 없으니 부처 중생이 따로 없다.[286]

삼계는 중생에 의하여 전도顚倒된 세계가 아니라 그대로 실상이어서 실상이라는 개념도 붙일 수 없다. 그것은 삼계를 벗어나서 불국 정도佛國淨土가 따로 있는 것이 아니라 삼계가 그대로 정토淨土임을 뜻한다.

삼계가 그대로 부처님의 나툼이기 때문에 삼계에서 이루어지는 일상의

---

[286] 서혜원, 『한마음요전』 심인편 제자와의 대화, 한마음선원, 불기2537년, 249쪽.

삶은 그대로 불법이다. 따라서 불법을 추구하는 종교로서의 불교는 일상의 삶과 둘일 수 없다. 선사는 불교를 다음과 같이 정의하고 있다.

우리가 살고 있는 생명의 근본이 불입니다. 또 교라는 자체는 바로 삶의 지금 현재입니다. 그럼으로써 항상 불교라는 그 이름이 문제가 아니라 불교 그 자체가 바로 진리인 것입니다. [287]

삼계가 그대로 불성의 현현顯現, 불성의 나툼이기 때문에 하나의 마음이라고 하지 않을 수 없다. 삼계가 그대로 불성의 나툼임을 나타내는 다른 개념이 한마음이다. 그것은 세계를 본성, 자성의 현현인 마음의 관점에서 나타낸 개념이라고 할 수 있다. 선사는 한마음에 대하여 다음과 같이 말하고 있다.

불성佛性이란 우주를 감싸고 있는 대원리이다. 이 우주 삼라만상에 불성으로부터 비롯되지 않은 것이 없다. 불성은 무시이래로 있어 왔고 지금도 있으며 영원토록 있을 것이다. 불성은 진리요, 영원이요, 모든 것이다. 불성은 개별적인 것이 아니라 일체의 근본이다. 불성은 오직 하나라는 의미에서 한마음이요, 너무나 커서 한마음이요, 전체라서 한마음이다. 일체 만물이 그로부터 비롯되니 한마음이다.[288]

한마음은 불성이라는 실체가 있어서 그것이 끊임없이 변화함을 나타내

---

[287] 한마음선원, 『허공을 걷는 길』 국외법회3, (재)한마음선원출판부, 2011, 1891쪽.
[288] 서혜원, 『한마음요전』 원리편, 한마음선원, 불기2537년, 312쪽.

는 것이 아니라 나툼을 실체적 관점에서 대상화하여 마치 일종의 물건처럼 비유하여 나타낸 것이다.

"한마음은 모든 생명의 것이며, 일체 중생의 마음이기에 누구 것도 아니다. 한마음은 전체이다. 허공같이 원대하고 광활하다. 한마음은 너무나 커서 이쪽이나 저쪽이라고 구분할 수 없다."[289]

한마음은 마음을 통하여 실상의 세계를 나타낸 개념이다. 그렇기 때문에 한마음은 시공時空을 초월하지만 시공時空을 벗어나지 않는다. 선사는 한마음의 특성을 다음과 같이 밝히고 있다.

> 한마음은 시공을 초월한다. 한마음은 온 만물의 시작 이전부터 있었고 만물의 끝남 이후에도 있다. 한마음에는 어제오늘이 따로 없고 크고 작음이 따로 있지 않다. 모든 물줄기가 바다에 이르러 하나가 되듯이 이 세계의 모든 것은 다 한마음에 포섭된다. 한마음은 바로 만물이 비롯된 근원이요 돌아갈 고향이다.[290]

한마음은 불성과 그것의 작용인 마음 그리고 그 결과로서의 현상을 포함하는 개념이다. 한마음이 마음을 중심으로 세계를 나타낸 것이라면 개체적 관점에서 세계를 나타내는 개념이 주인공主人公이다. 선사는 한마음과 주인공을 함께 한마음 주인공이라고 부르기도 한다. 선사의 주인공에 대한 언급은 다음과 같다.

---

[289] 서혜원, 『한마음요전』 원리편, 한마음선원, 불기2537년, 312쪽.
[290] 서혜원, 『한마음요전』 원리편, 한마음선원, 불기2537년, 314쪽.

모든 사생의 일체 만물만생의 근본이 하나로 뭉쳐서 시공 없이 돌아가는 그 자체를 한마음이라 하니 내 한마음 주인공은 전체로 가설된 자가 발전소와 같아 무한량의 에너지가 주어져 있다.[291]

우리는 주인공을 한마음을 체용體用을 중심으로 구분하여 나타낸 개념으로 이해할 수 있다. 그것은 주인主人이 한마음을 주체, 본체의 관점에서 나타낸 것이라면 공空은 본체, 주체의 특성이 공空함을 나타낸 개념임을 뜻한다.

그러나 한마음이나 주인공을 막론하고 현실을 가리키는 일종의 개념일 뿐으로 그것이 현실 자체는 아니다. 선사는 한마음이나 주인공이라는 개념이 방편상 필요하여 세운 개념임을 다음과 같이 밝히고 있다.

자기의 참 부처를 발견하려면 생각나기 이전의 근본에 부합되어야 하나 말로써 부합시킬 수 없으니 나고 드는 자리를 한마음 주인공이라는 하나로 세운 것이다.'[292]

주인공은 불성佛性으로 사람마다 갖추고 있는 스스로의 본성인 자성自性이다. 그러나 특정한 개체의 본성에 그치는 것이 아니라 모든 존재의 본성인 점에서 공空하다. 그렇기 때문에 주체이면서 공空함을 나타내기 위하여 주인공主人空이라고 하였다.

주인공은 본체인 점에서는 공空하지만 주인인 점에서는 공하지 않다. 그

---

291 서혜원, 『한마음요전』 원리편, 한마음선원, 불기2537년, 321~322쪽.
292 서혜원, 『한마음요전』 원리편, 한마음선원, 불기2537년, 328쪽.

것은 공空하면서도 공을 고집하지 않고 공에서 벗어나서 타자화他者化함
으로써 자신을 드러냄을 뜻한다. 선사는 삶이 그대로 한마음의 나툼이자
주인공의 현현顯現임을 다음과 같이 밝히고 있다.

> 우주의 섭리는 시작이자 끝이요, 끝이자 시작인 한마음이 돌고
> 도는 그것이다. 인간도 마찬가지라서 앉아도 앉은 게 아니고, 서도 선
> 게 아닌 채로 그냥 돌아가고 있다. 어디 문을 열어야 할 자리가 있고
> 문을 닫을 자리가 있는 게 아니며 동서와 남북도 있는 게 아니다.
> 영원한 불바퀴가 돌고 돌 뿐이다.[293]

일상의 삶이 한마음의 나툼이자 주인공의 나툼이다. 따라서 일상의 삶을
떠나서 불법을 찾거나 수행을 찾는 것은 있을 수 없다. 선사는 일상의 삶
이 그대로 불법이며, 수행임을 다음과 같이 밝히고 있다.

> 바로 여러분들이 살아 숨을 쉬고 사는 삶 그 자체가 그대로 불법이고
> 진리眞理이며 참선參禪이요 길이다. 따로 체계가 있고 수행의 방법과
> 단계가 있어서 배울 수 있는 게 아니라 여러분들이 지금, 여기에
> 있다는 그 자체 속에 불법의 체계와 수행 방법이 있다.[294]

삼계三界가 그대로 부처님의 나툼이기 때문에 부처의 가르침은 경전에
있는 것이 아니라 세계 자체가 그대로 부처님의 가르침이다. 선사는 이에
대하여 다음과 같이 말하였다.

---

293 서혜원, 『한마음요전』 법연편 회향과 서원, 한마음선원, 불기2537년, 135쪽.
294 서혜원, 『한마음요전』 심인편 제자와의 대화, 한마음선원, 불기2537년, 248쪽.

삼천 대천 세계에서 우러나오는 일체의 소리가 가르침이다. 산새가 우는 소리, 바람 부는 소리, 낙엽 지는 소리도 다 부처님의 청정 법음이다. 문자화되지 않은 설법이다. 다만 중생이 미혹해서 그것을 듣지 못하고 있을 뿐이니 그것을 듣기 위해서는 마음을 깨달아야 한다.

삼계가 그대로 법계이고, 일상의 삶이 그대로 불성의 현현이라면 수행은 제도濟度와 다르지 않으며, 삶과 수행이 따로 있지 않다. 따라서 부처가 자신을 중생이라고 여기고, 부처를 찾아서 부처가 되고자 하는 수행을 할 필요가 없을 뿐만 아니라 수행을 통하여 부처를 이루는 성불成佛은 없다. 그러면 일상의 수행은 무엇인가?

선사는 부처가 되기 위하여 수행을 하는 것이 아니라 본래 부처임을 알고 부처로 살아가는 것이 삶이며, 수행임을 강조한다.

> 가만히 있으면 생각 내기 이전 부처요, 생각을 냈다 하면 법신 문수요, 움직였다 하면 보신, 화신이요 보현이다.[295]

부처는 개별적인 어떤 존재를 말하는 게 아니라 전체가 한마음으로 한데 합쳐 평등하게 돌아가는 것을 말한다. 따라서 부처에겐 과거와 현재, 미래의 시간이 없기 때문에 과거불, 현재불, 미래불이라는 것도 다만 이름일 뿐이다. 그러면 삶은 어떻게 살아야 하는가?

일상의 삶이 그대로 주인공의 나툼이기 때문에 그 자리에 맡기고 살아가는 것이 그대로 수행이자 제도이다. 그것은 수행을 통하여 깨달음을 얻음

---

[295] 서혜원, 『한마음요전』 원리편 마음의 도리, 한마음선원, 불기2537년, 389쪽.

으로써 비로소 이루어지는 보호임지保護任持가 따로 있는 것이 아니라 일상의 삶이 그대로 보호임지保護任持임을 뜻한다.

대행선사는 본래 부처이기 때문에 부처로서의 삶을 살아갈 것을 강조할 뿐으로 새삼스럽게 인위적인 수행을 통하여 깨달으라는 말을 하지 않는다. 왜냐하면 깨달음은 아직 깨닫지 못한 중생이 깨달음을 통하여 부처가 되는 점에서 지지와 부지不知를 구분하고, 부처와 중생, 원각圓覺과 무명無明을 구분하여 세계를 이해할 때 비로소 언급될 수 있는 개념이기 때문이다. 그러면 수행과 하나가 된 삶 자체는 어떤가?

선사는 현상이 주인공의 나툼이기에 공체共體이면서 공심共心이기 때문에 공용共用하고 공식共食하면서 공생共生함을 다음과 같이 밝히고 있다.

> 삼천 대천 세계와 삼계가 마음의 근본에 하나로 통하였으니 일체가 공체요 공생 공용 공식하는 것이다. 마음은 수천, 수만리 밖이라도 어디든 걸림 없이 넘나들 수 있으니, 우주 만물은 모두가 한 정원에 오손도손 모여 사는 것과 같다. 앞뒤 없는 피리 소리가 우주 삼천 대천 세계에 두루 하면서 요리를 하고 있다.[296]

삼계가 공체이면서 공심으로 공용하고, 공식하면서 공생하기 때문에 내 육신 역시 공체, 공심, 공용, 공식, 공생하고 있다.

> 내 몸이 뭇 중생들의 주둔지이듯 현상계도 그와 같이 공체로서 공심, 공용, 공식, 공생하고 있으니 벌레 한 마리, 풀 한 포기를 보더라도

---

[296] 서혜원, 『한마음요전』 원리편 마음의 도리, 한마음선원, 1993, 370~371쪽.

남이 아니라 바로 "나 아닌 게 없다"라고 생각해야 한다. 우리 몸속에 있는 세포 하나하나가 상전이다. 먹고 싶은 것 대 줘야 하고, 춥고 더운 것 가려 줘야 하고, 가고 싶은 데로 데려다 줘야 하니 내가 사는 게 아니라 수없이 많은 세포들을 살리고 있는 것이다. 마치 부모가 자식을 기를 때 그 자식들이 상전 노릇은 다 하고 부모란 그저 윗사람이라는 꼬리표만 달고 있는 것과 같으니, 이 몸속의 중생들이 병이 나면 나도 병이 나고 죽으면 나도 죽는다. 그러기에 어찌 내가 산다고 하고 내가 먹는다 하고, 내가 잠잔다 할 것인가. 그 중생들이 바로 나와 둘이 아니라 내 육신은 공체로 공생하고 공식하고 공용하고 있는 것이다.[297]

삼계와 인간이 모두 공체共體이면서 공심共心이라는 것은 삼계는 공空하면서도 공空하지 않아서 무아無我의 상태에서 끊임없이 다양한 자아로 나투고 있음을 뜻한다. 이처럼 부처와 중생이 따로 없고, 무명과 원각이 따로 없어서 삶을 떠난 수행이 따로 없다면 수행은 어떤 의미를 갖는가?

선사는 수행을 중생을 부처로 만드는 인위적인 행위가 아니라고 말한다. 왜냐하면 만약 중생이 수행을 통하여 부처가 되었다면 부처가 수행을 하지 않으면 다시 중생으로 전락할 것이기 때문이다. 다만 수행이란 본래 자신이 부처임을 확인하고 부처로 살아가는 연습이라고 할 수 있다. 그러면 선사는 수행을 어떻게 규정하고 있는가?

선사는 수행이라는 삶을 떠난 인위적인 행위를 제시하지 않는다. 그것은 깨달아야 할 지혜가 본래 나에게 갖추어져 있고, 찾아야 할 불성이 본래 있으며, 일상의 삶이 그대로 불성의 작용이기 때문에 삶을 떠나서 수행

---

297 서혜원, 『한마음요전』 원리편 나의 실상, 한마음선원, 1993, 343~344쪽.

이나 깨달음 그리고 부처를 논하지 않음을 뜻한다.[298]

그러나 사람마다 자신의 중심인 주인공을 믿고 그 자리에 맡겨 놓으면서 일상의 삶을 살아가는 삶을 그대로 영위하는 것이 필요하다. 따라서 수행은 어떤 목적의 달성을 위하여 하는 것이 아니라 그것 자체가 그대로 삶이다. 이에 대하여 선사는 다음과 같이 말한다.

> 수행자란 오늘을 영원한 오늘로 살아가는 사람, 새롭게 닥쳐오는 오늘을 여유롭게 기쁘게 묵연히 사는 사람이다. 그런 사람은 완성되지 않은 상태로 이미 완성되어 있고, 도달하지 않은 상태로 이미 도달해 있는 사람이다. 초발심이 곧 정각이라는 참뜻은 거기에 있다. 언제 그 길고 긴 수행이 끝나서 성불하기에 이르겠는가. 그것까지도 다 놓고 쉬었을 때 그는 곧 참된 수행자인 것이다.[299]

매 순간의 삶이 그대로 주인공의 나툼이고, 한마음의 나툼이기 때문에 삶이 그대로 수행이자 제도이다. 따라서 "지금 여기가 그대로 도량이다. 자성이 그대로 사찰이다. 세속을 떨치고 입산해야만 입산이 아니고, 몸을 움직여 집을 나가야만 출가가 아니다. 자기 마음의 산, 마음의 도량으로 입산하고 출가하여야 한다. 밖으로 끄달리며 집착하는 마음을 거두어 내면으로 향하는 것이 그대로 귀의이다."[300] 삶이 그대로 수행이라면 수행자는 어떤 마음가짐으로 살아야 하는가?

---

298 서혜원, 『한마음요전』 심인편 제자와의 대화, 한마음선원, 불기2537년, 246~248쪽.
299 서혜원, 『한마음요전』 수행편 참선, 한마음선원, 불기2537년, 568쪽.
300 서혜원, 『한마음요전』 수행편 참선, 한마음선원, 불기2537년, 569쪽.

"중생의 가정과 일터가 곧 여래의 처소이다. 지금 살고 있는 이 자리가 바로 구정토요, 구경계이다. 자기의 일거수일투족 닿는 곳마다 여래의 처소로 알고 청정케 한다면 참된 수행자라 할 수 있다."[301] 그러면 수행이란 무엇인가?

수행은 삶이 자성에 의하여 이루어지기 때문에 육신의 차원에서 보면 함이 있지만 자성의 차원에서 보면 오로지 주인공의 나툼일 뿐이어서 함이 없음을 알고 살아가기 위함이다. 그것은 매 순간 육신과 마음을 운용하면서도 운용함이 없어야 함을 뜻한다. 따라서 수행은 일상의 삶 자체에 대한 돌이켜봄이라고 할 수 있다. 대행선사는 수행이 성격에 대하여 다음과 같이 밝히고 있다.

> 누구나 부처 자리에 한자리 한 것이요, 그대로 부처님 법을 활용하는 것이요, 그대로 한마음으로 돌아가는 것이라, 그대로가 견성성불이지 어찌 따로 있는 것이겠는가. 그러나 마음으로 가로 긋고 세로로 그어 놓고 끄달리고 있으니 가로로 그으면 가로로 그은 대로 자기가 걸리고 세로로 그으면 또 그대로 자기가 걸려서 빠져 나오지도 못하고 여여하게 나아가지도 못하고 있는 것이다. 불법이란 본래로 여여하고 당당한 것이니 곧 마음으로 지은 감옥을 마음으로 허물어 가는 것이 불법 공부이다."[302]

세계가 한마음의 나툼, 주인공의 나툼이기 때문에 수행은 성불成佛을

---

[301] 서혜원, 「한마음요전」 수행편 참선, 한마음선원, 불기2537년, 569쪽.
[302] 서혜원, 「한마음요전」 수행편 관념의 타파, 한마음선원, 불기2537년, 510쪽.

하려는 인위적인 행위가 아닐 뿐만 아니라 성불도 중생이 부처를 이루는 것이 아니라 본래 자신이 부처임을 경험하고 체험하는 점에서 본래 그러함을 확인하는 일이라고 할 수 있다. 그러면 생활 속에서 어떻게 수행을 하는가?

삶이 그대로 주인공의 나툼임을 믿고 주인공에게 맡기면 과거의 일을 무화無化시켜서 가볍게 하는 작용이 있다. 선사는 그것을 녹음기에 비유하여 다음과 같이 밝히고 있다.

> 녹음이 되어 있는 테이프에 다시 녹음을 하면 앞서의 녹음 내용은 지워지고 새 내용이 녹음된다. 그러므로 악업보다는 선업을 녹음해야 한다. 그러나 선업을 녹음하기보다는 악업도 선업도 모두 쉬고 이 도리를 알아 진리에 맡겨 둠으로써 공 테이프를 만들어라. 비유하자면 그것은 오랜 세월 동안 먼지에 뒤덮인 거울일지라도 한번 닦아냄으로써 당장 깨끗해지는 것과 같다. 업을 짊어지고 나와서 지금 살아가고 있는데 나오는 대로 거기다 되넣고 또 되넣고 하면 앞서의 것은 새로 넣는 대로 없어진다. 그러므로 업이 붙을 틈이 없게 된다.[303]

선사는 일상의 삶이 그대로 놓고 가기 때문에 놓을 필요가 없음에도 닦아야 할 때가 끼고, 털어야 할 먼지가 있다고 생각하기 때문에 그러한 마음을 놓아버려야 함을 다음과 같이 밝히고 있다.

> 육조 혜능선사께서 "먼지 앉을 틈이 없는데 어찌 털고 닦을 게 있느냐?" 하신 것은 몰락 되놓으면 공 테이프 본래의 모습일 뿐이라는

---

[303] 서혜원, 『한마음요전』 원리편 인연과 업보, 한마음선원, 불기2537, 400쪽.

이야기이다. 짊어지고 나온 것을 몽땅 맡겨 놓아 그게 모두 없어지면 그다음엔 채워지고 비워지고, 채워지고 비워지면서 채우고 비우고가 없이 본래로 맑을 뿐이니 더러운 그릇을 수돗물이 콸콸 쏟아지는 데다 갖다 놓았을 때 자연적으로 넘치고 또 넘치고 해서 더러움은 싹 가시고 맑은 물만 고이는 이치와 같다.[304]

일상의 삶이 모두 주인공의 나툼이기 때문에 주인공에게 맡김은 현상을 실체화여 집착함으로써 소유하지 않음이다. 그것은 주인공을 믿고 맡김을 통하여 육신이 작용하는 것이 아니라 주인공의 나툼이 이루어지도록 하는 것이다.

주인공에게 믿고 맡긴 후에는 주인공에서 이루어지는 작용을 지켜보면서 육신을 움직이면서 일상의 삶을 살아야 한다. 이에 대하여 선사는 소와 마부 그리고 달구지를 통하여 다음과 같이 밝히고 있다.

소가 있고 마부가 있고 달구지가 있다. 달구지의 입장에서 보니까 자기를 끌고 다니는 소가 있다. 또 소만 있는 게 아니라 이리 가고 저리 가고, 섰다가 갔다가 하는 것을 조정하는 마부, 나침반을 쥔 운전수가 있다. 고로 달구지는 움직이더라도 소에 의해 끌려 다니니 움직인 사이가 없다. 소의 입장에서 보면 능력을 갖고 있으되 마부가 하자는 대로 능력을 내줄 뿐이다. 소는 잠재된 능력이고 마부는 현재 의식인 셈이다. 마부는 마음을 낼 뿐이다. 그런데 이 마부가 달구지와 마부를 자기라고 한다. 소가 있어 달구지를 끌고 다니는 줄은 모르고 있다. 50%밖에 모르는 것이다. 현실세계는 소와 마부와 달구지가 삼합이

---

[304] 서혜원, 『한마음요전』 원리편 인연과 업보, 한마음선원, 불기2537, 400쪽.

되어 돌아간다. 그걸 아는 게 현명한 마부이다.[305]

주인공을 믿고 맡겨 놓으면서 해야 할 일은 할 때 믿고 맡김은 수동적인 측면이 있지만 지켜보면서 행하는 측면에서는 능동적인 측면이 있다. 그것은 믿고 맡김이 과거를 무화해 가는 과정이라면 지켜보면서 행함은 나툼의 과정임을 뜻한다. 그런 점에서 보면 소와 마부 그리고 달구지는 셋이면서도 하나이다. 이에 대하여 선사는 다음과 밝히고 있다.

> 마부의 입장에서는 달구지에 실린 짐에 대해서도 잘 알고 소의 능력도 알아야 고삐를 쥔 채 "이랴! 이랴!" "워! 워!" 하면서 달구지를 잘 몰 수 있다. 오다가다가 짐을 싣고 부리고 자재로이 할 수 있다. 고삐를 쥔 것은 '주인공이 다 하는 것이라는 믿음'을 말하고 '이랴 이랴' '워 워' 하는 것은 놓고 맡김을 뜻한다. 채찍은 주장자이다. 짐을 싣고 부리고 하는 것은 연방 돌아가며 생활하는 것과 같다. 달구지와 자기만을 전부인 줄 알았던 마부가 소와 둘이 아님을 알았을 때 소의 능력에 감사하는 것은 당연하다. 마부로 생겨났으면 마땅히 소를 부릴 줄 알아야 진정코 마부답다고 할 것이다. 소가 있고 마부가 있고 달구지가 있다. 삼합으로 돌아간다.[306]

주인공을 믿고 맡기면서 지켜보고 행하는 삶은 그대로 수행의 과정인 동시에 주인공의 나툼이다. 주인공이 나툼인 현상은 그대로 실상이기 때문에 실상이라는 개념을 필요로 하지 않는다.

---

305 서혜원, 『한마음요전』 원리편 나의 실상, 한마음선원, 불기2537, 346~347쪽.
306 서혜원, 『한마음요전』 원리편 나의 실상, 한마음선원, 불기2537, 347쪽.

그러나 한마음 주인공을 소의 관점에서 마부와 달구지를 체용상體用相의 관계로 나타내어 일체一體로 나타내기도 하고, 달구지에서 시작하여 마부 그리고 소의 방향으로 인과관계로 나타내어 수행修行이라고 말하기도 한다.

소를 달구지의 관점에서 보면 둘로 보기 때문에 성품, 자성自性, 불성佛性을 발견했을 뿐으로 하나가 되지 못한 상태로 나타내어 견성見性이라고 하고, 마부의 관점에서 소과 마부가 일체여서 소도 마부도 없음을 나타내어 성불成佛이라고 말하며, 소의 관점에서 마부로도 나타내고, 달구지로도 나타내어 자유자재自由自在함을 들어서 열반涅槃이라고 나타내기도 한다. 이에 대하여 선사는 다음과 같이 밝히고 있다.

> 생각나기 이전을 믿고 가다가 그것을 깨치면 그때를 이름하여 견성이라 한다. 견성한 후에 나와 전체가 같이 돌아간다는 대공의 이치를 알아 행할 수 있다면 그때를 성불이라고 한다. 거기서 다시 계단 없는 계단을 올라가 나를 세울 게 없는 줄 확철히 알아 그대로 나툼으로 돌아가면 그때를 열반이라 한다. 불교의 가르침은 살아서 구경에 이름을 제시하고 있다. 살아서 부활하라는 것이다.[307]

견성과 성불 그리고 열반은 수행의 과정에서 체험하는 세 단계이지만 한마음의 관점에서 보면 단계는 없다. 그렇기 때문에 선사는 세 단계를 언급하면서도 그것이 별개의 것이 아님을 다음과 같이 밝히고 있다.

---

307 서혜원, 『한마음요전』 수행편 깨달음, 한마음선원, 불기2537, 346~347쪽.

굳은 신심을 지닌 수행자라면 마음공부에 단계라는 것은 없다. 평등한 진리이기 때문에 계단이 없다. 그러나 계단이 없는 반면에 또 계단은 엄연히 있다. 그것을 게으르지 않게 밟고 가야 한다. 비유하자면 나를 발견한 단계는 '물이 얕다' 할 수 있고, 둘 아닌 도리를 안 단계는 '물이 좀 깊다' 할 수 있고, 나툼까지 통한 단계는 '깊은 물에 용이 뛰논다' 할 수 있다. 얕은 물에는 아직 송사리밖에는 뛰놀 수가 없다. 너와 내가 있는 데서 너와 내가 없는 데로 들어가 무심도를 깨쳐 다시금 너와 내가 있는 데로 다시 나오는 것이 이 공부이다.[308]

달구지와 마부 그리고 소를 셋으로 구분하여 보는 현상적 관점에서 보면 첫 번째는 달구지로서의 내가 죽고, 마부로 태어남이며, 두 번째는 마부로서의 내가 죽고 소로 태어남이며, 세 번째는 소로서의 내가 죽어서 소로, 마부로, 달구지로 자유자재自由自在함을 나타낸다.

그것은 수행은 육신으로서의 내가 죽어서 본래성과 하나가 되고, 본래성으로서의 나를 버려서 그 어떤 것에도 머묾이 없어서 자유자재하게 나툼을 뜻한다. 선사는 이에 대하여 다음과 같이 밝히고 있다.

첫 번째 단계는 '중생으로서의 나'를 되돌려 주인공 자리에 놓음으로써 '참 나'를 알게 되는 데까지이다. 이때 수행자는 한 번 죽는 것이고 동시에 새로이 태어나는 것이다. 첫 단계에서 모름지기 수행자는 마음의 중심을 주인공에 두고 밖으로 확산되는 사량심을 거두어들여 일체 경계를 주인공에 맡겨야 한다. 주인공이야말로 나의 시작이요 끝이요, 그야말로

---

308 서혜원, 『한마음요전』 수행편 깨달음, 한마음선원, 불기2537, 575~576쪽.

영원하고 무한함을 알아 주인공에 모든 것을 귀일시켜야 한다.[309]

안팎에서 일어나는 모든 현상을 주인공에게 믿고 맡기는 참선이 지속되면 자성이 발현된다. 이에 대하여 선사는 다음과 같이 밝히고 있다.

> 거짓 나를 내던지는 공부가 깊어져서 지극하고 순수하게 된다면 삼매 중에 참 성품이 저절로 발현된다. 마치 잉태되었던 아기가 태어나는 것과 같다. 이때 중생으로서의 나의 입장에서 보자면 일체 경계를 다 맡기고 집착을 버린 것이니 그것이 곧 죽음이지만, 주인공의 입장에서 보면 죽음이기는커녕 탄생이 된다. 그리하여 참 성품이 발현된다면 형언할 수 없는 법열을 느끼게 된다. 그러나 그것이 끝은 아니다. 이제부터 주인의 입장에서 세상을 살아가야 한다. 비로소 진정한 공부가 시작되는 것이다.[310]

성품이 발현되면 비로소 공부가 시작된다. 그러나 이후의 단계도 역시 주인공에게 맡기고 일상의 삶을 살아가는 방법은 다르지 않다. 선사는 두 번째 단계에 대하여 다음과 같이 밝히고 있다.

> 자기를 알고 나서부터 참 공부가 시작된다. 처음에는 주인공을 잡고 나가다가 자기를 찾고 나면 그때부터 만행이 시작된다. 이 과정은 마치 어린아이에게 누가 장난감을 갖다 주면 그것을 뜯어보고 맞추고 하다가 다 알고 나니 시시하여 손을 떼는 것에 비유할 수 있다. 처음 견성하기

---

309 서혜원,『한마음요전』수행편 깨달음, 한마음선원, 불기2537, 584~585쪽.
310 서혜원,『한마음요전』수행편 깨달음, 한마음선원, 불기2537, 585쪽.

전에는 오직 한 주처에 모으는 공부를 해야 한다. 주처란 본래 공하여 지팡이다, 주머니다, 주인공이다 이름하지만 한 군데로 몰고 들어가 마침내 그 하나까지 놓게 될 때라야 비로소 견성이 되는데 견성하고 나서도 보이는 중생, 보이지 않는 중생, 보이는 국토, 보이지 않는 국토를 다 보고 행하고 시공이 없는 자리에서 일체와 더불어 화하여 나투는 공부를 하여야 한다.[311]

견성이 어린아이의 태어남이라면 어린아이가 성장하여 어른이 됨으로써 모든 사람을 이롭게 하는 삶을 살아갈 수 있도록 하는 과정이 두 번째의 성불의 단계라고 할 수 있다. 어린아이가 태어나는 것도 어렵지만 올바른 성인으로 자라는 것은 더욱 어렵다. 그렇기 때문에 선사는 "태어나기는 했는데 어른이 되기까지 배우고 성장하는 과정이 어렵듯이 마음공부도 그러하다. 그래서 '견성하기 어려워라 하였더니 더불어 같이 인간되기 어렵더라. 인간되기 어렵다 하였더니 더불어 같이 열반하기 어렵더라' 하는 얘기가 있다"[312]고 하였다.

어린아이가 성장하여 어른이 됨으로써 다른 사람과 함께 살아가면서 모든 사람에게 자유자재하게 이로움을 베풀면서 살아가는 삶이 열반의 경지이다. 열반의 경지에 대하여 선사는 다음과 같이 밝히고 있다.

겉눈이 아니라 속눈으로 보라. 그러다 속눈까지도 사라지는 때가 온다. 그때는 각성 자체로 보게 된다. 각성은 우주 자체이다. 그러므로

---

[311] 서혜원, 『한마음요전』 수행편 깨달음, 불한마음선원, 불기2537, 587쪽.
[312] 서혜원, 『한마음요전』 수행편 깨달음, 불한마음선원, 불기2537, 588쪽.

그때는 삼라만상이 다 그대로 깨달음이다. 거기엔 지옥도 없고, 극락도 없고, 삶도 죽음도 없다.[313]

지옥도, 극락도, 죽음도 없다는 것은 필요에 의하여 지옥을 보여주고, 극락을 보여주어 그 어떤 것에도 집착하지 않도록 이끌어 줄 뿐만 아니라 필요에 따라서 함께 그 길을 걸어가는 삶을 살아갈 뿐임을 뜻한다. 그러면 삶이 그대로 수행이어서 수행이라고 할 것도 없다고 하였는데 수행의 단계는 무엇인가?

수행은 삶을 살아가면서 그냥 살아가는 것이 아니라 삶에 대하여 끊임없이 돌이켜보는 과정이 필요하다. 그것을 선사는 삶의 모든 과정을 지켜보는 관법으로 규정하고 있다. 관법은 안팎에서 일어나는 현상이 주인공의 나툼임을 믿고(信), 맡기고(任), 지켜보면서(觀), 살아감(行)이다.

삶은 주인공의 나툼으로 주인공 자체가 실체가 아니기 때문에 나툼도 나툼이 아닌 나툼이다. 그럼에도 불구하고 신임관행을 통하여 삶을 나타낸 것은 그 어떤 것을 하여도 함이 없어서 자유자재自由自在함을 나타낸다.

그것은 공심共心에 의하여 세계를 나타내어 열반涅槃이라고 말하고, 무심無心으로 세계를 나타내어 성불成佛이라고 말하며, 일심一心을 통하여 세계를 나타내어 견성見性이라고 말하였지만 삼자가 따로 없음을 뜻한다.

공심과 무심 그리고 일심은 한마음을 나누어서 표현한 것이다. 그것은 한마음을 일심, 무심, 공심으로 단계를 지어서 나타낼 수 있지만 삼심三心을 하나로 하여 한마음으로 나타낼 수 있음을 뜻한다.

---

313 서혜원, 『한마음요전』 수행편 깨달음, 불한마음선원, 불기2537, 577쪽.

수행의 단계는 일심과 무심 그리고 공심을 인과 관계로 나타낼 때 비로소 성립된다. 그것은 공심이나 무심 그리고 일심이 모두 한마음을 나타낸 점에서 구분이 없음을 뜻한다.

대행선사는 평등공법의 세계관에 의하여 인간의 삶을 관법觀法으로 나타내었음을 알 수 있다. 그가 끊임없이 새롭게 나투면서 회향하는 변화의 세계관을 바탕으로 삶을 나타내어 주인공 관법이라고 말한 것이다. 따라서 관법은 수행법이 아니라 수행법인 동시에 제도법이다.

그것은 대행선사의 사상이 나툼이라는 창조적 측면과 회향이라는 귀체, 귀공의 두 측면을 통하여 드러나는 변화의 세계관에 바탕으로 전개되고 있음을 뜻한다.

회향의 중심으로 인간의 삶을 나타내면 끊임없는 진화의 과정으로서의 수도라고 할 수 있고, 나툼을 중심으로 인간의 삶을 나타내면 끊임없는 창조의 과정으로서의 제도라고 할 수 있다. 따라서 대행선사가 제시하는 삶은 수도와 제도가 하나가 된 삶이다.

대행선사는 지금 여기의 나의 삶이 그대로 부처의 삶이자 보살이의 삶이며, 지금 여기의 내가 그대로 부처이고 보살이고, 지금 여기가 그대로 정토이기 때문에 지금 여기의 나를 통하여 불교, 부처, 진리가 그대로 현현顯現됨을 밝히고 있다.

우리는 앞에서 대행에 의하여 제시된 불교는 석가모니의 가르침을 따르는 측면에서는 불교이지만 자성自性과 석가모니를 비롯한 일체의 부처의 불성佛性을 둘로 보지 않을 뿐만 아니라 일체의 부처와 보살의 성품과 나의 자성을 둘이 아니게 보기 때문에 삶이 그대로 자성을 현현인 점에서 수행이자 수도이고, 제도임을 살펴보았다.

그것은 대행사상이 불교와 다른 종교를 구분하여 보지 않을 뿐만 아니라 깨달음과 무명無明을 둘로 보지 않음을 통하여 상구보리上求菩提와 하화중생下化衆生의 대승불교를 표상하면서도 역방향에서 수도를 통하여 깨달을 치중하는 중국불교와 다름을 뜻한다.

그리고 대행불교는 특별한 화두를 선택하여 수행하는 간화선看話禪을 추구하지 않기 때문에 간화선과도 다르다. 대행은 모든 사람이 불성을 갖고 있으며, 자성이 만법을 들이고 내기 때문에 그 자리에서 이루어짐을 믿고 맡기면서 지켜보고 실천하는 삶이 그대로 참선이고 수행이라고 하였다.

그것은 가까이는 19세기의 김일부金一夫가 제시한 도학道學의 내용을 마음을 중심으로 나타낸 것이라고 할 수 있다. 김일부金一夫가 성리性理의 도道와 심법心法의 학學을 통하여 도역 생성의 세계를 나타낸 것처럼 대행은 관법을 통하여 수도와 제도가 하나가 된 삶을 제시하였다.

그리고 멀리는 고조선 사상에서 제시하고 있는 재세이화在世理化와 홍익인간의 삶이 대행을 통하여 주인공 관법觀法으로 나타난 것이라고 할 수 있다.

대행은 일상의 삶이 그대로 나눔이면서 회향이라고 하여 도생역성의 관점에서의 성리의 도와 역생도성의 관점에서는 심법의 학이 그대로 주인공의 나눔과 회향임을 밝히고 있다. 따라서 대행의 사상은 초기불교, 근본불교와 다른 한국불교이면서 시대상으로는 과거의 불교와 다른 한국현대불교라고 할 수 있다.

4. 끊임없이 화化하여 나투는 자유자재自由自在의 인간관

우리는 앞에서 자연과 인문의 관점에서 인간이 어떤 존재인가를 살펴본 후에 천문天文의 관점에서 인간에 대하여 살펴보았다. 자연과 구분된 인간은 육신이 중심이 되고, 자연과 인간의 구분이 없는 하나의 세계를 중심으로 인간을 이해할 때 사회가 중심이 된다. 이러한 양자는 고정된 실체적 존재로서의 인간과 세계를 전제로 접근하는 방법의 산물이다.

자연을 대상으로 하는 과학과 인문을 대상으로 하는 중국사상과 달리 천문을 대상으로 하는 한국사상은 인간과 자연, 세계를 둘이나 하나의 실체적 존재, 물건적 존재로 여기지 않는다.

한국사상에서는 인간과 세계는 때로는 하나로, 때로는 둘로, 때로는 다양하게 매 순간 끊임없이 화하여 나타날 뿐이어서 고정되지 않음을 밝히고 있다.

우리는 과학과 중국사상의 인간과 삶에 관한 내용들을 통하여 역逆방향에서 물리物理를 찾기 위하여 탐구적探究的 방법을 적용하거나 본각本覺과 시각始覺의 합일合一을 위하여 견성성불見性成佛, 성명합일性命合一을 추구하거나 순順방향에서 치국, 평천하를 통하여 천인합일天人合一을 추구하거나를 막론하고 하나의 틀에 갇혀서 자유롭지 못함을 확인하였다.

과학이 대상으로 하는 자연은 죽어 있는 세계이다. 그것은 시간을 정지시키고 물건화하여 분석함으로써 수를 통하여 계량화하여 나타낸 세계가 자연임을 뜻한다. 그렇기 때문에 자연은 언제나 현재를 거쳐서 과거화된 세계이다. 이러한 자연은 중국불교의 관점에서 보면 상相의 세계, 환화幻化의 세계이다.

중국사상이 대상으로 하는 세계世界, 천지天地의 근본, 근원인 도道, 이理, 성性의 세계는 환화, 상相을 넘어선 세계이다. 그것은 중국사상이 추구하는 세계가 자연으로부터 출발하여 그것을 넘어선 세계임을 뜻한다. 중국사상은 과거에서 출발하여 미래화된 세계라는 점에서 여전히 현재는 아니다.

과학은 역방향에서 출발하여 물리, 물질의 차원에 멈춰 있고, 중국사상은 역방향을 넘어선 순방향에 이르고자 한다. 그러나 여전히 순역이 하나가 된 차원을 대상으로 하지 않는 점에서는 과학과 같다고 할 수 있다.

중국불교, 중국도가가 역방향에 치중하는 것과 달리 중국유학은 평천하의 실천을 추구한다. 그러나 중국유학이 여전히 지구라는 한정된 세계 그것도 중국이라는 협애한 세계를 대상으로 하는 점에서는 중국불교, 중국도가, 중국도교가 추구하는 세계와는 천양지차天壤之差가 있다.

중국불교, 중국도교는 불국정토, 선계仙界에 도달하는 것이 목표이기 때문에 성불成佛, 성단成丹에 대하여 주된 관심을 가질 뿐으로 현실에 대한 적극적인 관심을 갖지 않는다. 그렇기 때문에 중국사상을 통해서는 과학이 대상으로 하는 자연, 과학을 바탕으로 이루어지는 기술과 하나가 되는 통섭統攝, 회통會通을 이룰 수 없다.

한국사상은 순과 역이 하나가 된 차원에서 출발한다. 그것은 순順과 역逆, 수도修道와 제도濟度, 물건과 사건, 형이상과 형이하, 성性과 상相, 도道와 기器, 과거와 미래가 하나가 된 삶 자체를 출발점으로 하는 것이 한국사상임을 뜻한다.

한국사상은 영원한 현재가 중심이 되어 매 순간 끊임없이 과거화하고, 미래화하는 생성의 세계를 나타낸다. 과거에서 미래를 향하는 변화는 과학자들이 말하는 진화進化이며, 중국사상에서 말하는 수도修道이다. 그리고 미래에서 과거를 향하는 변화는 중국사상에서 말하는 제도濟度이다. 이 양자가 하나가 된 것이 한국사상에서 나타내는 인간의 삶이다.

한국사상에서 제시하고 있는 인간의 삶은 매 순간 그대로 수도修道이자 제도濟度이며, 진화進化이자 창조創造이다. 그것은 삶은 언제나 도생역성倒生逆成의 창조創造와 역생도성逆生倒成의 진화進化이며, 매 순간의 나툼이자 회향廻向임을 뜻한다. 이처럼 한국사상에서 이해하는 삶은 생성의 연속이다.

한국사상에서는 지금 여기의 나를 떠나서 과거화된 세계로서의 자연을 논하거나 미래화된 세계, 이상적인 세계, 이치화된 세계로서의 인문의 세계를 논하지 않는다.

내가 살아가는 지금은 과거와 미래가 하나가 된 영원한 현재이며, 내가 살아가는 여기는 온 우주가 하나가 된 여기이고, 나는 온 우주의 모든 존재와 하나인 나이다.

그러나 온 우주와 일체여서 무아無我인 지금 여기의 나는 매 순간 끊임없이 변화하여 다양하게 드러나는 자아自我이며, 지금은 미래에서 현재화하고, 다시 과거화함으로써 미래화하는 현재이며, 여기는 다양한 세계로 나타나는 여기라는 점에서 오로지 하나의 생성, 나툼일 뿐이다.

끊임없이 다양하게 나타나는 지금과 여기 그리고 나는 나타나면 다시 본래의 자리로 돌아가는 귀공歸空의 측면에서 나타남이 그대로 무화無化되어 나타남이 없는 회향일 뿐이다.

한국사상에서는 지금 여기의 내가 바로 부처이며, 성인이고, 신이며, 하늘이고, 상제일 뿐만 아니라 지금 여기의 나에 의하여 이루어지는 삶이 천도天道의 나툼이고, 천신天神의 나툼이며, 지금 여기의 나의 삶이 어떤 장애도 없는 자유자재自由自在한 삶이고, 지금 여기의 삶이 그대로 중도가 작용하는 중용임을 밝히고 있다.

지금까지 살펴본 과학 중심의 서구사상과 인문 중심의 중국사상 그리고 신문 중심의 한국사상의 특성과 동이점同異點을 도표화하여 나타내면 다음과 같다.

	과학의 인간관	중국사상의 인간관	한국사상의 인간관
특성	자연적自然的	인문적人文的	신문적神文的
시공	물건적	물건적	사건적
이치	사물성(物理)	공간성(地道, 性理)	시간성(天道, 神性)
인간과 세계	실체적	합일적合一的	창신적創新的
순역	역방향	역방향 중심	순역합일
수도와 제도	실험과 관찰	수도 중심	삶(수도와 제도)
방법	탐구적	자각적自覺的	생성적

과학과 중국사상 그리고 한국사상의 인간관

위의 도표에서 확인할 수 있는 것과 같이 만약 우리가 지금 여기의 나를 지금 여기라는 시공의 한계 안에서 살아가는 구속된 나로 여기거나 때와 장소에 따라서 다양하게 드러내는 자유로운 나로 여기거나를 막론하고 시공時空과 나라는 한계에 갇혀 있다.

우리가 실체적 세계관에 의하여 남과 구분되는 나를 상정하고 삶의 목표를 정하게 되면 나라는 한계를 벗어나지 못할 뿐만 아니라 삶의 목표에 얽매이게 된다.

나도 고정되지 않을 뿐만 아니라 세계도 고정되지 않는다. 그것이 한국사상에서 나타내고 있는 인간관이다. 나는 한순간도 고정되지 않고 매 순간 새롭게 나툰다. 그러나 매 순간의 나툼은 또한 그대로 회향回向이다. 그렇기 때문에 나투어도 나툼이 없다.

도생역성은 매 순간 이루어지는 생성을 나타낸다. 그러나 역생도성은 매 순간 이루어지는 생성이 반고盤古, 흔님, 하나님, 주인공主人空이라는 나 아닌 나에 의하여 이루어지는 점에서 내가 함이 없음을 나타낸다.

나 아닌 나는 자식을 만나면 아버지로 나투고, 부모를 만나면 자식으로 나투며, 아내를 만나면 남편으로 나투고, 제자를 만나면 스승으로 나툰다. 그러나 나는 부모도 아니고, 자식도 아니며, 스승도 아니고, 제자도 아니며, 남편도 아니다.

나는 스승이 되기 위하여 삶을 살지 않으며, 남편이 되기 위하여 그리고 교수라는 직업을 갖거나 그것을 통하여 재화財貨를 얻기 위하여 사는 것이 아니다. 단지 나는 매 순간 남편, 아버지, 교수, 아들의 역할을 하면서 살아갈 뿐이다.

지금 여기의 나의 삶은 매 순간 온 우주와 하나가 되어 이루어지는 도생역성이면서 동시에 개체적인 내가 함이 없는 점에서 역생도성이다. 그렇기 때문에 나의 삶은 매 순간 새로운 나를 창조하는 나툼이지만 내가 없기 때문에 나투어도 나툼이 없어서 언제나 역생도성이면서 회향이다.

우리는 고정된 세계에서 살아가는 것이 아니기 때문에 세계라거나 학문, 종교, 예술이라는 정해진 인간의 활동이 없다. 그렇기 때문에 우리는 삶의 과정에서 과학이 필요하면 과학으로 세계를 나타내고, 인문학이 필요하면 인문학으로 세계를 드러내며, 문학이 필요하면 문학에 의하여 나를 드러내고, 예술이 필요하면 예술에 의하여 세계를 나타낼 뿐이다.

우리가 서구문화, 서양사상, 서양철학이라고 다른 것과 구분하여 이름을 붙이고 그것을 통하여 세계를 드러내고 싶으면 그렇게 할 뿐이다. 그렇기 때문에 사람과 사람, 사람과 자연, 사람과 세계로 구분하여 나타내는 그 어떤 것도 가치상의 우열이 없다. 마찬가지로 학문으로서의 인문학이나 과학에 가치상의 우열이나 옳고 그름이 없으며, 중국사상이나 한국사상의 가치상의 우열이나 옳고 그름이 없다.

단지 우리는 상황과 필요에 따라서 인간과 세계를 새롭게 그리고 다양하게 창조하여 나타낼 뿐이다. 나와 세계 자체가 고정되지 않기 때문에 사고와 언행을 통하여 그리고 문자를 통하여, 예술과 종교를 통하여 새롭게 창조하여 온 세상과 공유共有할 뿐이다. 그러면 아무런 생각이 없이 무심無心하게 창조하면 그뿐인가?

그렇다. 인간의 모든 활동을 나타내는 인문, 문명, 문화 가운데서 어떤 것을 막론하고 무심無心하게 새롭게 창조하면 된다. 그것은 내 몸 안의 수많은 생명들이 한마음이 되어, 그리고 온 우주와 하나가 되어 공체共體, 공심共心으로 공용共用하면서 공식共食하고 공생共生함을 뜻한다.

매 순간의 나눔, 도생역성과 회향, 역생도성이 그대로 공체共體에 의하여 공심共心으로 이루어지기 때문에 그 결과를 공용共用하고, 공식共食하면서 공생共生한다. 그렇기 때문에 우리의 삶, 사물의 생멸生滅, 우주의 생멸生滅 그 어떤 것에도 시비是非, 선악善惡이 없다.

그러나 매 순간에 이루어지는 창조의 결과가 없는 것은 아니다. 모든 존재가 고정되지 않고 변變하여 화化하면서 살아가기 때문에 하나의 개체가 창조한 결과는 자신은 물론 주변과 세계가 공유共有하게 된다. 그것은 어떤 마음으로 창조하느냐에 따라서 그 결과를 오로지 개체가 수용하거나 온 우주와 더불어 공유하게 됨을 뜻한다.

사람은 누구나 본래성이라는 온 세계와 함께 할 수 있는 통로를 갖고 있다. 그렇기 때문에 본래성을 어떤 마음으로 사용하느냐에 따라서 그 결과가 달라진다. 그것은 우리의 육신을 통하여 이루어지는 언행의 결과가 때로는 자신만이 책임을 지는 결과를 낳기도 하고, 때로는 온 우주가 공유共有하는 결과를 낳기도 함을 뜻한다.

본래성이 자신임을 아는 사람은 나라는 생각 곧 사심私心이 없는 무심無心, 공심空心, 공심共心으로 창조를 한다. 그것은 본래성이라거나 마음, 육신이라는 의식이 없이 삶을 살아가기 때문에 어느 순간을 무엇을 창조하여도 그대로 나눔이면서 회향임을 뜻한다.

공심共心, 무심無心에 의하여 공체共體로 이루어지는 나눔은 공용共用하고, 공식共食하면서 공생共生하기 때문에 그대로 회향廻向이다. 그렇기 때문에 한 사람이 창조를 하거나 열 사람, 만 사람이 창조를 하여도 모두 한 사람의 나눔이며, 한 사람의 회향이다.

그러나 육신을 자신으로 여기고 자신의 이익을 위하여 그리고 자신이 속한 집단의 이익을 위하는 마음 곧 사심私心으로 어떤 일을 하더라도 그 결과는 자신과 자신이 속한 집단에 돌아간다.

어떤 사람이 때로는 사심私心에 의하여 이익을 추구한 결과가 어느 순간에 많은 사람의 이익으로 드러날 수도 있다. 그러나 그것은 그 순간일 뿐으로 사심에 의하여 이루어진 다른 결과에 의하여 상쇄되기 때문에 결국은 부정적인 결과를 스스로 감당하지 않을 수 없게 된다. 그것은 인과因果에 얽매여서 삶을 살아가는 사람은 언제나 인과因果를 벗어나지 못함을 뜻한다.

물은 어떤 사람이 와서 마시고자 하여도 거부하거나 환영하지 않는다. 단지 그 물을 마시고 어떤 결과를 낳느냐는 그 사람의 행동에 달려 있다.

마찬가지로 삶은 누구에게나 공평하다. 삶은 백지와 같아서 아무런 조건이 없다. 단지 누구나 백지에 그림을 그리듯이 자신이 어떤 궤적을 그리면서 살아가느냐에 달려 있을 뿐이다.

독사毒蛇가 물을 마시면 그 물은 독毒이 되고, 젖소가 마시면 생명을 살리는 우유가 된다. 설사 독사의 독이 때로는 독을 치료하는 좋은 결과를 낳았을지라도 역시 독은 독이며, 독사는 독사일 뿐이다.

독사가 되어 독을 생산하여 남을 해치고 자신만이 살아가고자 할 것인가 아니면 젖소가 되어 우유를 생산하여 모든 사람들을 이롭게 하면서 살아갈 것인가는 자신의 선택에 달려 있다. 그렇기 때문에 세계는 공평하고, 인생도 공평하다. 지금까지 살펴본 한국사상의 인간관을 정리하여 나타내면 다음과 같다.

	관점	본체	작용	현상
고조선 사상	신도神道	훈님(桓因)	재세이화	홍익인간
한글창제	지도地道	태극 음양오행원리	천인합일	천지인합일
정역사상	신도(天道)	반고, 원역, 원천	도역생성	도학
대행사상	인도人道	한마음, 주인공	나툼과 회향	관법

한국사상의 인간관과 21세기 한국사상

우리는 세계를 어떤 차원에서 나타내느냐에 따라서 마음의 관점에서 한마음으로 나타내고, 역사의 주체, 시간이 근원인 시간성의 관점에서 반고로 나타내기도 하고, 변화의 근원이라는 점에서 화화옹, 화무상제로 나타내기도 하며, 시공의 관점에서 사물의 속성을 중심으로 유무를 넘어선 실상, 중도로 나타내기도 하며, 평등공법, 주인공으로 나타내기도 한다.

그러나 어떤 개념도 개념일 뿐으로 그것이 세상 자체는 아니다. 그렇기 때문에 개념이나 글, 말에 얽매이지 않고 삶 자체에 집중하여 살아가는 것이 중요하다. 순역, 도역, 도와 기, 수도와 제도, 깨달음, 부처, 대인, 중생, 소인이 중요한 것이 아니라 그저 삶을 살아가는 것이 중요하다. 그러면 어떻게 살 것인가?

서구적 세계관, 인간관에 의한 삶과 중국사상, 인문적 세계관, 인간관에 의한 삶 그리고 한국사상의 세계관, 인간관에 의한 삶이 다르지 않다. 왜냐하면 서양, 중국, 한국을 구분하고, 각각의 사상을 나타내는 것은 하나의 본성, 자성, 성품의 작용이기 때문이다. 따라서 우리가 서로 구분하여 보았던 서로 다른 세계관, 인간관으로 드러나기 이전의 본성, 자성, 불성, 인성이 본래의 자신임을 알고 자신으로 살아가는 것이 필요하다.

현상을 대상으로 그것이 일어나는 원인과 결과를 통하여 설명하고자 하는 과학적 태도는 인과因果를 통하여 세계를 이해하는 방법이다. 그렇기 때문에 과학적 태도를 통하여 인간이 악惡을 행하지 않고 선善을 행하며, 끊임없이 세상의 발전과 모든 존재의 이로움을 위하여 노력해야 함을 알게 된다.

중국사상을 통하여 선善을 행하고, 악惡을 행하지 않으며, 천하를 도로 제도濟度하기 위하여 열심히 살아도 한순간도 살아감이 없음을 알게 된다. 그것은 본성, 자성自性, 성품, 인성人性이라는 하나에서 온 세상의 모든 현상이 일어나기 때문에 남과 구분되는 내가 없을 뿐만 아니라 내가 없기 때문에 내가 무엇을 하여도 함이 없음을 뜻한다. 이처럼 중국사상을 통하여 삶을 살아도 삶에 집착執着하지 않고 살 수 있다.

서구문화, 서구사상이 과거화된 세계를 대상으로 인간을 이해하는 것과 달리 중국사상은 미래화된 세계를 대상으로 인간을 이해한다. 그렇기 때문에 과학적 인간관에 의하여 끊임없이 진화하려고 노력하고, 중국사상의 인간관에 의하여 본래의 나인 불성, 자성, 인성과 하나가 되고자 한다.

그런데 과거화된 세계가 시간의 흐름 곧 변화가 없는 죽음의 세계이듯이 형이상의 도道, 본성本性, 불성佛性, 자성自性의 세계 역시 시공을 넘어선 측면에서 보면 죽어있는 세계이다. 그것은 앎과 모름의 지지부지不知의 현상 세계나 그 근원으로서의 지지부지不知를 넘어선 리理, 본성, 자성自性, 신성神性의 세계가 모두 현상과 근원, 현실과 이상을 둘로 나누어 보는 불완전한 세계임을 뜻한다. 따라서 과거와 미래가 하나가 된 현재적 관점 곧 이상과 현실이 하나가 된 관점에서 세계와 인간 그리고 삶을 살아가는 것이 필요하다.

한국사상은 과거와 미래가 하나가 된 영원한 현재적 세계관에 의하여 인간을 이해한다. 이때 현재는 과거와 미래가 하나가 현재이다. 그것은 영원한 현재가 바로 형이상의 본성, 자성, 신성을 나타내는 영원한 세계와 순간으로 드러나는 과거와 미래가 하나가 된 현재의 시간을 함께 나타내고 있음을 뜻한다. 그러면 그것이 인간의 삶에서는 어떤 의미를 갖는가?

인간의 삶은 미래적 관점에서 나타내어 성인, 부처, 대인, 깨달음, 구경각, 도제천하, 천국, 열반과 같은 다양한 개념들로 나타낸다. 이러한 개념들은 인간이 수기, 수행, 수도와 같은 일정한 행위를 통하여 얻게 되는 이상적인 경계라는 점에서 열매와 같다.

일상적인 사람들은 성인, 부처, 대인, 진인과 같이 항상 편안하고, 근심과 걱정, 두려움이 없이 살아가지 않는다. 그들은 언제나 선과 악을 구분하고, 옳음과 그름을 구분하여 악이 많고 그름이 많은 불완전하고, 불선不善한 세상이라고 말한다. 우리는 이처럼 어느 일면에 치우친 일상의 삶을 중생, 소인의 삶이라고 한다.

그런데 삶은 언제나 열매가 씨로 심어지는 동시에 씨는 열매를 향하여 변화하는 두 측면을 갖고 있다. 그렇기 때문에 매 순간의 삶은 열매도 아니고, 씨도 아니면서 열매가 씨가 되어 나타나는 열매를 향하는 변화이다.

인간의 삶은 그대로 흔님, 하나님, 반고, 한마음, 주인공의 드러남, 나툼, 생성이기 때문에 언제나 그 자리에서 일어남을 알고 그 자리에 맡기고 그 자리를 지켜보면서 살아갈 뿐이다.

매 순간의 우리의 삶은 미래적 측면에서 열매로서의 열반, 자유, 평등, 대인, 부처, 성인의 드러남, 작용, 나툼이며, 과거적 측면에서는 본래의 나온 그 자리로 돌아가는 회향이며, 귀체, 귀공이다.

과거는 지나갔기 때문에 없지만 다른 곳에 있지 않고 본성의 자리, 주인공, 흔님의 자리로 돌아갔기에 없다고 하여 아무것도 없는 절대무가 아니다. 그리고 미래는 오지 않았기 때문에 아직은 없지만 없는 것은 아니어서 언제나 새로운 현재로 나타난다. 그러면 우리는 일상의 삶을 어떻게 살아가야 하는가?

오늘날의 우리가 살아가는 삶의 방법은 19세기 말의 김항金恒과 20세기의 대행선사에 의하여 제기된 역학易學과 불교를 통하여 이해할 수 있다.

김항은 음양陰陽, 오행五行을 통하여 세계를 나타내었다. 그는 반고, 상제가 인간에 있어서는 성리性理로 나타나며, 성리性理의 세계는 음양이 조율된 조화로운 세계로 현상의 측면에서는 성리가 억음존양抑陰尊陽의 심법心法으로 나타남을 밝히고 있다.

대행선사는 마음과 언행을 중심으로 인간의 본성과 세계의 본성이 일체임을 한마음, 주인공으로 나타내어서 한마음, 주인공에 의하여 이루어지는 우주의 변화와 인간의 삶을 나툼으로 나타내고 있다.

인간의 삶은 주인공의 나툼이기 때문에 매 순간 언제나 마음은 그 자리에 두고, 상황에 따라서 말과 행동을 하면서 살아가는 것이 그대로 삶이다. 따라서 삶이 그대로 주인공의 나툼이기 때문에 수도이고, 제도이다. 이를 도표화하여 나타내면 다음과 같다.

	관점	본체	작용	현상
정역사상	신도 천도	반고, 원역, 원천	도역생성	도학道學
대행사상	인도	한마음, 주인공	나툼과 회향	관법觀法
운용법	유학	반고, 상제	조양율음 調陽律陰	억음존양 抑陰尊陽
운용법	불교	한마음, 주인공	신임관행 信任觀行	공심共心 공체共體 공용共用 공식共食 공생共生.

한국 근현대 사상과 심신心身의 운용법運用法

우리의 본성이 상제上帝, 반고, 흔님이고, 한마음, 주인공이기 때문에 우리가 본래 부처이며, 대인이고, 본성의 작용인 마음이 다양하게 작용하기 때문에 마음이 그대로 보살이며, 본성이 작용에 의하여 나타난 결과가 생명 현상이기 때문에 중생이다. 그러므로 지금 여기의 나가 그대로 부처이고 보살이며, 중생이면서 동시에 우주이고, 만물이다. 따라서 우리의 삶은 지금 여기라는 시공에 얽매이지 않을 뿐만 나도 고정되지 않아서 자유롭다.

한국사상과 중국사상 그리고 서구사상도 비록 필요에 따라서 구분하여 나타내지만 절대적이지 않다. 우리가 삶의 과정에서 필요에 따라서 구분하여 나타낼 뿐이다.

우리는 현상을 대상으로 하는 과학적 방법, 서구적 삶에 의하여 현상의 문제점을 발견하여 개선하려는 마음을 갖게 되고, 중국사상을 통하여 무화無化시킴으로써 본래 문제가 없었음을 알게 된다.

그리고 한국사상을 통하여 삶을 살아가고, 수도를 하며, 진화를 하여도 수도함이 없고, 살아감이 없으며, 진화함이 없음을 알게 된다. 따라서 과학적 삶과 인문학적 삶 그리고 양자가 하나가 된 신도적神道的 삶이 본래 일체의 다양한 드러남일 뿐이다.

삶은 고정되지 않아서 매 순간 끊임없이 새롭게 창조되기 때문에 인생은 날마다 새로운 날이다. 우리는 지금 여기 곧 현대라는 시간과 한국이라는 공간에서 살아가는 존재이다.

그러나 현대라는 시간이나 한국이라는 공간은 편의상 구분한 것에 불과하다. 오늘날의 한국이 예전부터 오늘날의 영토를 갖고 있었던 것도 아니고 우리가 항상 한반도를 나눈 절반의 땅에서 살아갈 필요도 없다. 오늘의 한국이라는 곳에서 지금 살아가는 우리가 어떻게 살아가느냐에 달렸다.

오늘날의 우리가 한국을 어떻게 창조하느냐에 따라서 오늘날의 한국이 나타날 뿐이다. 그렇기 때문에 한국을 비하卑下하여 헬조선이라고 하거나 그와 반대로 세계에서 가장 우수한 민족이나 훌륭한 국가라는 자긍심은 모두 어리석은 생각이다.

남의 나라, 남의 민족이 우리나라에 대하여 어떤 평가를 하거나를 막론하고 우리나라의 미래는 우리가 창조한다. 자신이 스스로 창조한 결과가 마음이 들지 않으면 새롭게 창조하면 된다. 그렇기 때문에 부정적인 비판은 새롭게 창조할 재료의 역할이면 충분하다.

그러나 한국이라는 나라 자체를 부정하거나 한국이 세계의 최고라는 생각, 정부와 관료, 그리고 국민의 일부가 나라를 잘 다스리고 있거나 그들에 의하여 나라가 운영한다는 생각은 짧은 소견이라고 하지 않을 수 없다.

한국이라는 나라의 미래를 창조하는 마음은 무심無心, 공심空心, 공심共心이어야 한다. 어느 개인이나 특정한 집단이 한국을 잘 운영했다고 생각하고, 그 공적을 특정한 개인에게 돌리는 것은 사심私心에 의하여 한국이라는 국가를 모독冒瀆하는 태도이다.

한국이라는 국가는 현재의 대통령과 정부 그리고 일부의 정치인들에 의하여 운영이 되는 것이 아니라 모든 국민이 각각 자신의 역할을 함으로써 경영經營이 된다. 그렇기 때문에 국가 안에서 대통령이라는 하나의 역할을 하는 국민이 있고, 정부의 각료들이나 각각의 역할을 국민이 있을 뿐이다.

그리고 과거의 국민들이 각각의 역할을 했기 때문에 때로는 나라를 남의 나라에 빼앗기는 수모를 겪기도 하고, 여러 나라로 나누어지기도 하고, 영토의 크고 작은 변화가 있었지만 여전히 오늘날의 우리나라가 존재할 수 있었다.

그리고 과거로부터 오늘날에 이르기까지 국민들이 자신 많은 역할이 무엇이거나를 막론하고 자신의 역할을 다 할 때 비로소 미래의 대한민국도 존재할 수 있다.

한국이라는 나라의 미래를 창조하는 일을 우리는 경영經營한다고 말한다. 그러나 경영은 대통령이나 정부, 여당이라는 국민 가운데 특정한 역할을 하는 소수의 국민에 의하여 이루어지는 것이 아니라 모든 국민들에 의하여 이루어지는 미래 창조를 경영이라고 말한다.

온 우주의 모든 존재 곧 공체共體에 의하여 그리고 온 우주의 모든 존재의 마음 곧 공심共心에 의하여 한국이 세워지고 온 우주의 모든 존재와 함께 한국이 경영되며, 온 우주의 모든 존재와 더불어 한국이 존재한다.

한때 우리나라의 여당의 대표인 어떤 사람이 100년 동안 집권하자는 말을 한 적이 있다. 하나의 집단인 2020년의 여당與黨이 잠시 대한민국을 운영한다고 하여 장기집권을 하겠다는 것은 자신과 또 다른 자신으로서의 모든 국민 그리고 국가를 함부로 대하고 버리는 자포자기自暴自棄의 태도이다.

국가를 경영하는 중심 역할을 하는 대통령으로부터 정부의 각 부처에 참여하는 장관을 비롯하여 하위의 공무원에 이르기까지 모든 사람들은 국민의 선택에 의하여 그 역할에 참여하게 된다. 그리고 대통령으로부터 정부, 여당의 모든 정치인들의 역할에 대한 평가는 스스로 하는 것이 아니라 국민이 해야 한다. 그러면 앞으로 우리가 한국을 어떻게 창조할 것인지 좀 더 구체적으로 살펴보자.

오늘날 한국의 미래는 인류의 미래이면서 온 우주의 미래이다. 그렇기 때문에 오로지 인류의 차원에서 생각하여 세계의 다른 국가와 다른 우리의 이익만을 추구하는 국가 이기주의로는 한국의 미래가 보장되지 않는다. 그러면 어떻게 해야 하나?

가장 한국적인 것이 가장 미래적이고, 세계적인 것이다. 그것은 우리의 문화, 우리의 사상, 우리의 전통을 바탕으로 현대의 과학기술을 수용하여 우리 문화, 우리 사상, 우리 전통을 인류와 함께 공유共有하는 것이다.

왜냐하면 우리가 앞에서 살펴본 바와 같이 한국전통사상인 신도神道, 천도天道가 인도人道, 지도地道를 포함하고 있기 때문이다. 그것은 이미 우리나라에서 반도체와 전기자동차, 의료, 스마트폰, 인터넷을 비롯하여 발달한 과학기술과 인문학의 합일合一을 통하여 그 어떤 국가도 보여주지 못한 새로운 세계를 끊임없이 생성하고 있음을 통하여 확인할 수 있다.

그리고 한국문화가 대중가요와 영화, 음식과 같은 예술, 문화 그리고 문학을 비롯한 다양한 분야에서 세계로 점차 확산되고 있음을 통해서도 확인할 수 있다. 앞으로는 서구적인 세계관, 가치관, 인간관으로는 이해할 수 없는 한국기업만의 독특한 경영철학 역시 세계인의 주목을 받게 될 것이다.

그러나 우리 국민들은 아직도 서구의 유물론적인 인간관, 가치관, 세계관의 한계를 모를 뿐만 아니라 우리 자신의 전통적인 세계관, 가치관, 인간관의 우수함을 모르고 있다. 우리는 코로나19 사태를 통하여 세계의 각국에서 우리 자신보다 더 우리나라의 의료, 과학기술, 문화, 예술을 비롯한 여러 분야에 관심을 갖고 배우고자 함을 보면서도 여전히 우리 자신을 과소평가過小評價하고 있다.

만약 인류가 지금 우리나라가 보여주는 코로나19 사태에 대한 대처에서 드러나는 의료, 방역체계, 경찰, 교육, 문화를 비롯한 여러 분야에서 나타나는 한국의 우수성이 무엇으로부터 나타나는지를 배우고자 한다면 우리는 그들에게 무엇을 제시할 수 있을까?

예를 들면 의료 시스템이나 구체적인 기술은 전수해줄 수 있지만 국민들이 보여준 사회적 거리두기에 대한 참여는 서구 사회에서 그대로 따라 할 수 없는 것들이다. 그것은 우리나라의 전통적인 사유체계가 무엇인지, 우리가 어떤 사상, 어떤 가치관, 어떤 세계관, 어떤 인간관에 의하여 살아가는지를 배우지 않으면 실천할 수 없는 일들이다.

이제 우리는 대한민국의 미래를 새롭게 창조하기 위하여 준비를 해야 한다. 우리의 전통문화, 전통사상은 선사시대 이후 전해져 온 인류의 문화, 사상을 신도神道, 천도天道를 중심으로 발전시켜왔다. 신도神道는 인도

人道와 지도地道를 포함하고 있을 뿐만 아니라 천도天道를 포함하고 있다.

천도는 종교, 철학에서 밝히고자 하는 근원적 세계를 나타내며, 천도를 바탕으로 과학의 세계인 지도의 세계가 전개되고, 인문학의 세계인 인도의 세계가 전개된다. 따라서 오늘날의 시대 상황은 인도와 지도, 인문학과 과학 그리고 종교가 일체인 차원 곧 신도의 차원에서 인류의 미래를 창조해야 할 때이다.

신도를 바탕으로 한 인문학과 자연과학, 인간과 과학기술, 인간과 사물의 세계가 하나가 되는 천지인天地人의 합일合一의 세계는 오로지 한국사상, 한국문화를 통하여 그 방향과 방법을 찾을 수 있다.

그러나 인류사회는 하루아침에 갑자기 변화하지 않는다. 그것은 오로지 계획적이고 끊임없이 오랜 시간의 지속적인 교육을 통하여 인간이 스스로 자신自身의 정체성을 찾아서 자신自神으로 살아갈 때 비로소 가능하다.

지금 우리 사회에서 관심을 가져야 할 최우선 분야는 교육이다. 우리의 다음 세대들이 본래성을 깨달아서 저마다 갖고 있는 지혜知慧와 자비慈悲를 자유롭게 활용하며 살아가는 이상적인 인격을 형성하고 그것을 바탕으로 모든 분야에서 자신의 역할을 다하면 우리나라는 정치는 물론 모든 분야에서 세계의 모범이 되어 그들을 이끌 것이다.

우리가 우리 사회의 미래를 위하여 올바른 교육을 펼치기 위해서는 교육을 담당하고 있는 기성세대들이 스스로 자신을 돌아보고 인간으로서의 자신이 어떤 존재이며, 어떻게 살아야 하는지를 깨달아서 삶의 방향을 올바로 설정하여 살아갈 수 있어야 한다.

유물론적인 가치관, 세계관, 인간관에 갇혀서 육신을 인간의 모든 것으로 여기고, 기능을 향상시키려고 하거나 개인의 방종放縱을 추구하는 자유민주주의, 사회라는 집단, 전체의 이익만을 추구하는 사회주의, 그리고 오로지 물질만을 추구하는 자본주의나 그와 반대로 공동의 소유를 주장하는 공산주의를 벗어나야 한다.

인간은 육신이 자신이 아니라 본래성이라는 생사生死를 넘어서 영원하고, 그 어느 곳이라도 닿지 않는 곳이 없어서 마음을 따라서 지혜와 자비를 활용하여 온 우주를 이롭게 하면서도 자유롭고 자재하게 살아갈 수 있는 능력과 권리를 가진 존재이다.

우리는 인간이면 누구나 갖고 있는 자신의 자성신自性神을 찾아서 자신으로 살아가는 것이 필요하다. 그것은 자신에게 본유하고 고유한 지혜와 자비를 바탕으로 다양한 방편에 의하여 자신의 삶을 새롭게 창조하고, 인류가 함께 세상을 새롭게 창조할 때 비로소 가능하게 된다. 그러면 지금까지 자연을 대상으로 하는 과학과 인문을 대상으로 하는 중국사상 그리고 천문을 대상으로 하는 신도의 차원에서 살펴본 한국사상은 어떤 관계인가?

세계는 혼, 하나이면서 언제나 현상이 그대로 근본의 드러남으로써의 님이다. 그렇기 때문에 혼님, 환인, 한마음, 반고의 관점에서 보면 한국사상이나 중국사상, 서양사상이 서로 다른 각각의 가치가 있을 뿐만 아니라 그 가치상의 우열이 없는 혼님의 드러남으로써의 신도神道이다.

한국사상은 천도와 신도가 중심이기 때문에 신도의 내용을 드러낼 수 있으며, 중국사상은 인도가 중심이고, 서구사상은 지도가 중심이다. 그것은 혼님, 환인, 한마음, 반고를 각각 천도를 중심으로 나타내고, 인도를 중심으로 나타내며, 지도를 중심으로 나타내고, 천지인의 삼재三才가 하나인 신도神道로 나타내어 한국사상, 중국사상, 서양사상이 형성되었음을 뜻한다.

그러나 한국이나 미국, 중국, 미국, 영국, 그리고 일본이라는 나라는 지구의 표면表面을 구분하여 나타낸 것에 불과할 뿐이다. 각국의 영토는 시간에 흐름에 따라서 변할 수 있다. 어떤 나라도 영원한 나라는 없다. 그러므로 경제나 문화, 교육, 종교의 기준에 의하여 선진국이나 중진국, 개발도상국이라고 구분할 수는 있지만 그것이 그 나라의 가치에 대한 우열을 평가하는 기준이 되어서는 안 된다.

선진국은 개발도상국, 후진국의 모범이 되어 그들이 번영할 수 있도록 도와주는 역할을 하는 나라일 뿐이다. 이처럼 세계의 어떤 나라, 어떤 국민도 외적인 조건이나 환경과 상관이 없이 모두 동등한 존재가치를 가진 완전한 존재이다. 그러면 우리는 같은 민족이면서도 서로를 적과 같이 여기는 북한을 어떻게 대하여야 하는가?

대한민국의 헌법에 한반도와 부속도서를 영토로 규정하고 있기 때문에 북한도 우리나라이다. 그렇기 때문에 현재의 북한 정권은 우리나라를 불법으로 점거하여 우리의 국민들을 고통 속에 빠뜨리고 있는 불법정권이다.

우리나라의 대통령이나 여당은 좌우의 어떤 이념을 가진 사람이라도 북한의 우리 국민을 남한의 국민과 동등하게 대하여야 한다. 왜냐하면 대한민국의 헌법에 의하여 우리나라의 국민들이 대통령으로 선출하였고, 대통령은 국민 앞에서 헌법을 준수하겠다고 선서하였기 때문이다.

만약 대통령을 비롯하여 어떤 지위에 있는 정치인들을 막론하고 그가 남한이나 북한의 국민의 안녕과 국가의 안보를 위협하는 행위를 하는 것은 국민으로 위임받은 권력을 올바로 사용하지 않는 것은 물론 더 나아가서 헌법을 준수하지 않고, 국가와 국민을 배신하는 행위이다.

맹자孟子는 폭군暴君인 은殷나라의 마지막 왕인 주紂를 처벌하고 주周나라를 세운 무왕武王에 대하여 신하가 임금을 시해弑害하는 비도덕적인 행위를 하였다고 비판을 가하는 사람에 대하여 "인仁을 해치는 사람을 적賊이라고 하고, 의義를 해치는 사람을 잔殘이라고 하며, 인仁을 해치고 의義를 해지는 사람을 한 남자라고 부른다. 한 남자인 주紂를 베었다는 말은 들었어도 임금을 시해하였다는 말은 듣지 못하였다"[314]고 하여 임금이라는 지위에 있으면서도 그 지위에 걸맞게 임금의 역할을 못 한 한 남자로서의 주를 죽였을 뿐으로 아랫사람이 윗사람을 죽였다는 말을 듣지 못하였다고 하였다.

지금 정부의 대통령은 국민으로부터 위임받은 권력을 행사하는 것이 정치임에도 불구하고 국민에 대하여 겸손한 태도를 보이지 않고 모든 치적을 자신의 공功으로 내세우고 자화자찬自畵自讚하고 있다.

그러나 경제와 안보, 통일, 교육, 부동산, 문화, 사회, 정치 그 어느 면에서도 올바로 경영한 것이 없고, 오로지 국민을 좌파와 우파, 친일과 반일, 진보와 보수, 친중과 친미, 친미와 반미로 편을 갈라서 서로를 이간질하고 있다.

지금의 정부가 내세우는 명분名分이 촛불혁명이다. 그것은 이전 정권의 대통령이 이름만 대통령일 뿐으로 대통령의 역할을 못 하였기 때문에 국민의 힘으로 탄핵을 하고 자신들이 국민으로부터 정권을 받았음을 나타내는 말이다. 그렇다면 지금의 정권 역시 대통령의 역할을 올바로 하지 못하면 반드시 국민으로부터 받은 권력을 국민에게 돌려주고 그 잘못에 대하여 심판을 받아야 한다. 그러면 지금의 상황을 어떻게 타개해야 하는가?

오늘날 우리 국민들은 정부의 23번에 걸친 부동산 정책에도 불구하고 전국의 집값은 계속 올라가고, C19사태에 대하여 다른 나라와 달리 세계

---

[314] 『孟子』梁惠王章句下, "齊宣王問曰 湯放桀 武王伐紂, 有諸 孟子對曰 於傳有之 曰臣弑其君可乎曰賊仁者謂之賊 賊義者謂之殘 殘賊之人謂之一夫 聞誅一夫紂矣 未聞弑君也."

의 모범이 되도록 잘 대응하고 있다고 하지만 이미 망가진 경제는 삼성과 같은 일부의 대기업의 호황에 의존하고 있을 뿐으로 국민들이 체감하는 실물경제는 매우 어렵다.

그러나 대통령과 여당은 자신들의 집단의 이익을 위하여 국민들을 철저하게 무시하고 짓밟고 있다. 지금 우리 국민들은 민주주의라는 다수결의 사회가 어떻게 합법적으로 독재화하여 쉽게 무너질 수 있는지를 목격하고 있다. 국민의 41%라는 소수의 절대지지층을 통하여 나머지 대다수의 전체 사회를 쉽게 지배하고 마음대로 좌지우지할 수 있는 것이 민주주의, 자유주의, 자본주의의 맹점盲點이다. 그러면 우리는 어떻게 해야 하는가?

지금 우리나라에서 일어나는 정치를 비롯하여 경제, 교육, 사회, 외교, 안보, 문화, 예술, 종교에서 일어나는 사회 전반적인 현상은 우리에게 사이비似而非 정치인, 사이비 종교인, 사이비 교육자와 같은 겉은 비슷하지만 본질은 전혀 정치인이 아니고, 종교인이 아니며, 교육자가 아닌 사람들의 실상을 투명하게 보여주고 있다.

우리 사회의 전반적인 분야에서 사이비似而非가 드러나고 있음은 우리 사회를 구성하는 국민들의 의식 수준이 예전에 비하여 높아졌음을 보여주는 현상이다. 우리는 그것이 우리 사회뿐만 아니라 인류사회에서 일어나고 있는 일반적인 현상이라는 점에 주목해야 한다.

우리는 오늘날의 우리 사회에서 일어나는 현상을 통하여 비록 민주주의, 자본주의가 사회주의, 공산주의보다 장점이 많지만 역시 단점을 갖고 있는 완벽한 제도가 아님을 알 수 있다.

그리고 우리는 지금 인류에게 필요한 것은 민주주의와 사회주의, 자본주의와 공산주의를 넘어서는 새로운 세계관, 가치관과 국가사회를 넘어선 새로운 형태의 발전한 사회임을 알 수 있다. 그러면 우리는 어떻게 해야 하는가?

현상적 측면에서 보면 우리 사회를 이끌어가는 대통령으로부터 내각, 여당, 국회의원을 비롯하여 모든 정치인들이 국민이 스스로 선택한 사람들이기 때문에 국민의 뜻에 어긋나는 사람들로부터 국민의 권리를 돌려받아야 한다.

대통령으로부터 시작하여 정부의 모든 구성들은 물론 정치인들이 국민이 원하는 수준의 역할을 하지 못하는 원인은 일차적으로 국민의 잘못된 선택에 의하여 나타나는 현상임을 알았다면 국민들이 스스로 움직여야 한다. 국민들이 스스로 헌법에 보장된 권리를 사용하여 대통령부터 국회의원 그리고 모든 공무원들로 하여금 국민을 기만하지 말고 헌법에 따라서 정치를 하도록 권리를 행사해야 한다.

그러나 대통령이나 모든 정치인들도 한 사람의 국민이다. 따라서 그들의 잘못을 바로잡기는 하지만 그들을 미워해서는 안 된다. 그들의 그릇된 행위도 그들의 그릇된 행위를 바로잡는 국민들의 행위도 모두 하나의 본성本性, 자성自性에서 나왔기 때문에 함이 없기 때문이다. 그러면 현상의 잘못된 부분을 바로잡으면 끝나는가?

그것은 마치 일시적으로 일어나는 병을 치료한다고 하여 다시 병이 일어나지 않는 것은 아님과 같다. 만약 우리가 병을 일으키는 근본적인 원인을 해결하지 않으면 하나의 병을 치료하여도 또다시 수많은 형태의 다른 병이 일어나서 끊임없이 반복하게 된다.

지금 정부의 오만傲慢과 무지無知, 위선僞善, 무능無能, 욕심慾心에 의한 실책失策을 질책하고 그들을 정권에서 끌어내리는 것으로는 근본적인 문제 해결이 되지 않는다. 오직 국민 각자가 정치란 무엇이고, 사회는 무엇이며, 교육은 어떻게 이루어져야 하는지를 파악할 수 있는 지혜知慧

와 그것을 모든 사람들과 함께 할 수 있는 자비慈悲를 가졌을 때 비로소 근본문제가 해결된다.

우리는 오늘날의 현상에 얽매여 삶을 살아가지 말고, 미래를 바라보고 삶의 방향을 설정하고 그것을 향하여 지금 여기서 내가 무엇을 할 것인지를 실천해야 한다. 우리의 미래는 홍익인간의 세상이다. 그리고 그것을 위해서 오늘날의 우리가 지금 여기서 해야 할 일은 바로 본성本性, 자성自性, 인성人性을 주체로 그 자리에 맡기면서 살아가는 일이다.

그것이 바로 삶에 대한 과학적 태도와 방법 그리고 중국사상적 태도와 방법을 함께 하여 살아가는 방법이다. 그것은 한국사상에서 제시하고 있는 형이상과 형이하, 종교와 과학, 철학과 역사, 과학이 하나가 된 삶을 살아가는 방법이다.

우리 개인들 각자의 삶은 결정된 것이 없을 뿐만 아니라 우리나라, 인류사회의 미래도 결정된 것이 없다. 오로지 우리 스스로 어떻게 창조하느냐에 따라서 우리의 미래가 달라진다. 그렇기 때문에 우리 국민들 각자가 오로지 남을 비판하기만 할 뿐으로 우리나라의 미래를 창조하는 일에 스스로 동참하여 실천하지 않으면 아무런 결과를 얻을 수 없다.

우리가 스스로 우리 자신의 정체성을 파악하여 내가 어떤 존재인지, 어떤 능력이 있는지 그리고 어떻게 살아갈 수 있는지를 알고, 그렇게 살아갈 때 비로소 사람답게 살아갈 수 있다. 우리 국민들 개개인이 모두 사람다운 사람이 무엇인지를 알고, 사람다운 삶을 살아가면 그대로 모든 일들이 해결된다.

우리의 삶은 본래 그대로 진리이고, 종교이며, 수도이고, 세계를 이롭게 하는 제도濟度이다. 우리가 지혜와 자비 그리고 다양한 방편을 통하여 삶을 끊임없이 새롭게 창조하는 것이 그대로 나라를 새롭게 하고, 인류를 새롭게 하고, 우주를 새롭게 하는 일이다.

　육신과 마음을 운용하는 일과 가정을 다스리는 일, 국가를 다스리는 일, 인류를 다스리는 일 그리고 우주와 함께 하는 일이 모두 하나의 일이다. 그것은 지금 여기의 삶이 그대로 가정, 국가, 인류, 우주의 삶임을 뜻한다.

　끊임없이 새롭게 창조하는 삶은 고정되지 않기 때문에 말로 나타낼 수 없고, 이론 체계화할 수 없으며, 이치로 나타낼 수 있는 것이 아니다. 오로지 삶을 통하여 실천함으로써 맛을 볼 수 있을 뿐이다.

　말과 글은 다른 사람으로 하여금 스스로 실천하고자 하는 마음을 일으킬 수 있도록 도와줄 수 있을 뿐이다. 한 알의 곡식이라도 심어서 가꾸지 않고, "이것이 무엇일까?" 하고 바라보거나 이론으로 "이것이다" "저것이다"라고 해봐야 먹을 수 있는 열매가 맺어지지 않는다. 말 이전에 무겁고 진중한 걸음으로 한 알의 곡식을 심어 가꾸는 용기와 인내 그리고 그것을 남에게 먹이고자 하는 자비심이 필요하다.

　기술을 계발하기 이전에 온 인류를 하나로 아는 지혜와 모든 존재를 나로 대하는 자비가 있어야 기술의 발달이 인류를 이롭게 하는 우유가 된다. 남과 경쟁하여 이기고자 하거나 재화를 얻고자 하는 욕심에서 기술을 개발하고자 한다면 그것은 독사가 마시는 물처럼 독약이 되어 자신은 물론 남들도 해치게 된다.

　우리의 삶도 또한 그러하다. 온 인류와 더불어 살아가고자 하는 지혜와 자비가 없다면 삶의 모든 과정이 그대로 독사가 물을 마시고 끊임없이 남을 해치는 독을 만들어내는 것과 같다. 젖소처럼 우유를 만들어서 남들을 이롭게 하여도 천국에 이를까 염려하는데 어찌 독사의 삶을 살아가면서 천국에 가기를 바랄 수 있겠는가!

살아서 천국의 삶을 살아가지 못하면 죽어서 어찌 천국에 갈 수 있을까? 천국도 지옥도 자신이 만들어서 스스로 갇힌 것인데 누가 그를 꺼내주겠는가? 그것은 오로지 우리 스스로 해결할 수 있는 문제일 뿐이다.

우리는 모두가 당당한 사람들이다. 우리는 이미 원하는 모든 일을 이룰 수 있는 자성自性이라는 여의주如意珠를 갖고 있고, 본성이라는 반야줄을 갖고 있다. 우리는 모두 자유롭게 살아가고 자재自在할 수 있는 방법이 무엇인지를 아는 지혜智慧와 그것을 실천할 수 있는 능력을 갖고 있다.

그러나 현대의 인류는 과학, 기술의 발달로 물질문명의 이로움 속에서 살아가면서 이념, 종교, 사상, 제도, 물질, 기술에 자신을 맡기고 자신이 어떤 존재인지를 파악하고, 자신으로 살아가려는 노력을 하지 않는다.

우리가 스스로 자신으로 살아가고자 하는 노력은 하지 않고 남을 탓하고, 세상을 탓하면서 재물이나 지식, 지위地位를 통하여 재력財力, 지력知力, 권력權力과 같은 외적인 힘에 의지하여 살아가고자 하면 힘의 노예, 물질의 노예, 이념의 노예, 사상의 노예, 종교의 노예가 되어 항상 남에게 구걸하는 삶을 살아가지 않을 수 없다.

이제 우리는 온 우주에서 가장 소중한 자신을 돌아보고, 자신이 어떤 존재인지를 느끼고, 자신의 무한한 능력을 계발하여, 스스로 자유롭게 살아가는 것은 물론 모든 존재들을 자유롭게 하고, 모든 존재들을 이롭게 하는 삶을 살아가자.

지금 여기의 나의 삶 그 자체에 진리도, 종교도, 이념도, 사상도, 제도도, 천국도, 지옥도 있음을 알고, 그 어떤 것에도 얽매임이 없이 자유로운 삶을 살아가면 삶이 그대로 모든 존재를 이롭게 하는 지혜와 모든 존재와 함께 하는 자비임을 체험하게 될 것이다.

정치의 측면에서는 중도와 좌우 또는 보수와 진보라는 개념을 새롭게 이해해야 한다. 중도中道는 바로 한님, 환인桓因, 주인공主人空으로 표현된 불성佛性, 자성自性이다. 그것은 인간의 본성인 동시에 세계의 본성이다. 그렇기 때문에 중도를 바탕으로 할 때 비로소 좌파左派와 우파右派, 진보進步와 보수保守라는 개념이 성립된다.

본래성, 자성, 불성, 주인공을 주체로 하는 정치행위는 인간이면 기본적으로 지켜야 할 자유自由, 평등平等, 자비慈悲, 지혜智慧를 중심으로 인간과 사회, 자연의 존엄을 지키고자 하는 측면에 정치적 역량을 모으면 보수가 되고, 현상적 측면에서 문물제도의 개혁에 정치적 역량을 집중하면 진보가 된다.

그것은 본래성, 자성, 주인공을 주체로 하여 이루어지는 삶이 소극적 측면에서는 자유, 평등, 지혜, 자비와 같은 가치를 지키고자 하는 보수적 행위로 나타나고, 적극적 측면에서는 다양한 문물제도를 통하여 사회를 끊임없이 개혁하려는 진보적 행위로 나타남을 뜻한다.

삶과 정치에 대한 진보적 태도와 보수적 태도는 양자가 함께할 수 없는 모순관계가 아니라 서로가 서로를 살려주는 존재, 상대가 있을 때 비로소 다른 하나가 성립될 수 있는 점에서 서로는 서로의 존재근거가 된다. 따라서 우리는 중도를 바탕으로 한 우파와 좌파, 중도를 바탕으로 한 진보와 보수라는 점에서 좌우와 진보, 보수를 이해하는 것이 필요하다. 그러면 중도적 관점 곧 본래성, 자성, 주인공이 바탕이 되어 이루어지는 정치의 미래적 이상은 무엇인가?

오늘날의 자유를 추구하는 민주주의와 평등을 추구하는 사회주의, 개인의 이익을 존중하는 자본주의와 사회의 이익을 추구하는 공산주의는 서로 다른 것이 아니라 모두 유물론적 세계관, 인간관에 의하여 형성된 이념들이다.

개인과 사회는 양립이 불가능한 관계가 아니라 개인이 모여서 사회가 되고, 사회 안에서 개인이 존재한다. 그렇기 때문에 개인의 자유와 사회적 평등은 별개의 개념이 아니다. 인류가 나아가야 할 방향은 유물론적 세계관, 인간관을 넘어서고, 형이상적 세계관, 인간관도 넘어서야 한다.

그것은 한국사상에서 제시하고 있는 인간과 세계의 분별이 없는 일체의 세계, 인간과 자연이 하나가 되어 나누어지지 않는 세계를 바탕으로 할 때 비로소 가능하다. 우리가 흐님, 환인, 주인공, 반고盤古로 표현된 인간과 세계의 구분이 없는 하나의 세계를 바탕으로 할 때 비로소 유물론적 세계관과 인간관을 넘어서면서도 유물론적 세계를 벗어나지 않아서 인간과 자연, 세계의 가치를 더욱 빛나게 한다.

인간과 세계는 본래 구분되거나 하나가 아니다. 끊임없이 변變하여 새롭게 화化하기 때문에 때로는 인간을 중심으로 세계를 나타내기도 하고, 때로는 세계를 중심으로 인간을 나타내기도 하며, 때로는 인간과 세계의 구분이 없는 하나의 차원에서 세계와 인간을 나타내기도 할 뿐이다.

우리가 일심一心을 넘어서고, 무심無心을 넘어서 공심共心으로 이념을 추구하고, 종교를 추구하며, 학문을 하면 자연스럽게 그것이 그대로 홍익인간弘益人間이 되는 동시에 널리 모든 중생을 제도濟度하고, 온 세계의 모든 존재와 함께 하는 도제천하道濟天下의 삶이다.

자유와 평등은 인위적인 문물제도를 통하여 얻어지는 것이 아니라 인간이 자신의 본래 차원을 회복하여 공심共心으로 살아갈 때 비로소 본래 그러함을 알고 그렇게 살아가는 경계임을 알게 된다.

그것은 자유와 평등이라는 하나의 고정된 사태가 있는 것이 아니라 인간의 삶 자체가 본래 그러함을 뜻한다. 그럼에도 불구하고 사람들은 육신을 중심으로 세계를 이해하고 인간을 이해하여 지금 여기의 자신은 자유롭지 못하고, 평등하지 못하다고 착각하게 된다. 그러면 그것은 인간의 모든 인위적인 것을 제거한 무위자연無爲自然인가?

그것은 아무것도 하지 않는 무위無爲가 아니라 모든 것을 하지만 언제나 본래의 자리로 돌아가기 때문에 함이 없는 점에서 무위無爲이다. 인간의 삶은 고정됨이 없어서 끊임없는 나툼이지만 그 나툼은 다시 본래의 자리로 돌아가는 회향廻向이다.

삶의 과정에서 매 순간 드러나는 현상들은 가치상의 우열이나 선악이 없는 평등의 세계이다. 그리고 어느 순간에 어떤 언행을 하거나를 막론하고 그것이 그대로 진리가 되기 때문에 자유自由로울 뿐만 아니라 그 어떤 법칙이나 기준에 의하여 살아가지 않은 점에서 자재自在롭다.

훈님, 환인, 반고, 주인공의 나툼으로서의 인간의 삶은 항상 새롭게 나투는 점에서는 유위有爲지만 언제나 회향하는 무위이다. 그렇기 때문에 그러한 삶은 자연과 인연을 넘어서지만 자연과 인연을 벗어나지 않는다.

훈님, 환인, 반고, 주인공의 도학, 나툼으로서의 삶은 곧 세계의 자기 현현이다. 그것은 끊임없이 새로운 세계를 드러내는 도생역성이면서 매 순간 본래의 자리로 돌아가는 귀체歸體, 귀공歸空하는 역생도성의 도역의 두 방향에서 이루어지는 생성이다.

인간의 삶은 모든 존재가 함께 살아가는 공생共生이며, 모든 존재가 함께하는 공존共存이고, 서로가 하나인 공체共體이자, 하나의 마음인 공심共心이고, 서로가 함께 작용하는 공용共用이며, 서로가 서로를 존재하게 하는 공식共食이다.

색인

ㄱ

견성, 성불, 열반	409, 410, 411, 412
고조선사상과 순역합일	273, 274, 275
공간성	284
공체, 공심, 공용, 공식, 공생	402
공심共心	114, 373, 413, 430, 442
과학적 방법	47, 266, 416
군자의 도	232, 233
군자와 소인	234
궁리, 진성, 지명	137, 139, 161, 162, 163, 164
극기복예위인	239, 240, 241
김일부	230, 322, 323, 324
깃발과 바람	58
깨달음	254

ㄴ

나는 누구인가	21, 69, 100, 227, 349
나툼과 회향	338, 340, 341
뇌사와 심장사	74

ㄷ

단군	286, 287, 288
단군신화	280, 281
단상斷常과 중도	93
대행불교와 평등공법	332, 333, 337
대행선사	332, 333, 334, 393
대형이정大亨以正	138, 246
도道와 기器	130
도학道學	385, 386
도학과 도통道統	391, 392
돈오점수	202, 203

ㅁ

무극, 황극, 태극	229, 319, 320, 321
무명無明	212
무사無思, 무념無念, 무명無名, 무상無相	109
무아無我	68
무아와 대아大我	89
무지無知	68, 69

ㅂ

박문약례博文約禮	238
반고盤古	317, 318, 319
법무아	82
법신	84
보살	64
본래면목	100
본래성	108

분석과 종합	41
불리불잡不離不雜	308
불성	102

ㅅ

사역취순사역취순捨逆取順	156, 160
삶과 생성, 창조	428
삼간三看	315, 316
삼계三界와 불성의 나툼	397
삼극三極과 시간성	320, 321
삼법인	87
선천과 후천	325
성기론性起論	113, 205, 206, 209
성리性理의 도	382
성명합일性命合一	167
성상융회性相融會	219
수기修己 안인安人	229, 237
수양과 지계	143, 145
수행자	404
순순과 역역	131, 143
순역과 도역생성倒逆生成	322, 323
순역합일과 한국사상	292, 293, 294
순추순추順推와 역추역추逆推	310, 311
시간과 공간	22
시간성	143, 282, 283, 284
시의성	284
실상實相과 공불공空不空	126

ㅇ

양자역학	45
억음존양抑陰尊陽	378, 379
여래장	85
열반	88
영원한 현재와 한국사상	343, 344, 345, 425
오온	81
우주	23
원각묘심	211
유물론적 세계관	24
유식불교	52
유전자	27
윤집기중允執其中	250
이념 대립	65
인간과 자연	24
인간의 삶	50
인공생명	31
인무아人無我	81
인문人文과 천문天文	344
인문학	21
인심과 도심	115
일심一心과 무심無心	112
의식 이전	61

ㅈ

자연	23
잠룡(潛龍), 현룡見龍, 군자, 약룡躍龍, 비룡飛龍, 항룡亢龍	153, 162, 163, 164
재세이화在世理化	353, 354, 355

적연부동寂然不動 144
점占 144
정견正見과 전도견顚倒見 176, 180, 183, 184
정명론正命論 254
정역正易 229
조선 286
주역周易과 삼역三易 133
주인공 100, 399
주인공 관법觀法 352, 413
주인공과 인류의 미래 442, 443
주충신主忠信 250
중국유학, 중국불교, 중국도교 226, 227
중도와 보수, 진보 441
중생전도衆生顚倒와 세계전도世界顚倒 181, 186
중천건괘重天乾卦와 중지곤괘重地坤卦 151
중화 55
증오성불證悟成佛과 본래성불本來成佛 197, 198, 205
지금 여기의 나와 대긍정 270, 271
지금 여기의 나의 삶 414
지금 여기의 나와 한마음, 주인공 339
지부지지不知 119
지부지知不知와 중도中道 103
지산겸괘地山謙卦 140
지적 설계 53
집중執中과 공심空心 116

ㅊ

창조와 진화 417, 418
천명 248, 249
천인합일 158, 167

ㅌ

타자화他者化 351
탈자脫自 351
트랜스휴머니스트 32
트랜스휴머니즘 31

ㅍ

평등공법平等空法, 활궁공법活宮空法, 수레공법空法 396
포스트휴먼 31

ㅎ

하학이상달下學而上達 241, 242
한국사상과 신도神道 431, 432, 433
한국사상과 천지인 합일 304
혼님과 한국사상 272, 278, 279, 280
한마음 398
한마음 주인공의 나툼 400
한주寒州와 일부一夫 307
홍익인간 44
회상귀성會相歸性 190, 201, 209